LUDWIG FEUERBACH

Gesammelte Werke

8

LUDWIG FEUERBACH

GESAMMELTE WERKE

HERAUSGEGEBEN VON

WERNER SCHUFFENHAUER

8

AKADEMIE-VERLAG BERLIN

1989

LUDWIG FEUERBACH

Kleinere Schriften I

(1835–1839)

3., gegenüber der 2. durchgesehene Auflage

AKADEMIE-VERLAG BERLIN
1989

Bearbeiter der 1. Auflage dieses Bandes (1969)
WOLFGANG HARICH

Redaktion dieser Auflage
WERNER SCHUFFENHAUER

Gesamt-ISBN 3-05-000 251-4
Bd. 8-ISBN 3-05-000 260-3

Erschienen im Akademie-Verlag Berlin, DDR - 1086 Berlin,
Leipziger Str. 3–4

Lizenznummer: 202 · 100/186/89
Printed in the German Democratic Republic
Offsetdruck und buchbinderische Weiterverarbeitung.
VEB Druckerei „Thomas Müntzer", 5820 Bad Langensalza
LSV 0116
Bestellnummer: 751 491 4 (4042/8)
02250

Vorbemerkung

Unsere Ausgabe bringt in den Bänden 8 bis 11 unter dem Titel „Kleinere Schriften I–IV" alle kleineren Schriften, Beiträge und Buchbesprechungen Ludwig Feuerbachs zu Zeitschriften und Sammelwerken (darunter auch zu Konversationslexika) aus den Jahren 1835 bis 1866, in sich chronologisch nach dem Erscheinen geordnet und in bisher erreichbarer Vollständigkeit. Die Grundsätze der Textbearbeitung und der Gestaltung des Variantenapparates sind im Vorwort des Herausgebers zu den Gesammelten Werken Ludwig Feuerbachs (im folgenden: GW) in Band 1 unserer Ausgabe, S. XLVII ff. eingehend erläutert.

Die Texte werden jeweils nach dem Erstdruck, in Orthographie und Zeichensetzung bei strenger Wahrung des Lautstandes modernisiert, wiedergegeben; aus späteren Auflagen, bis zur Ausgabe letzter Hand, werden textliche Abweichungen von der Erstfassung durch Bearbeiterfußnoten vermittelt. Sind Zeitschriftenbeiträge ursprünglich in Fortsetzungen veröffentlicht worden, so wird auf die jeweiligen Zäsuren durch Bearbeiterfußnoten aufmerksam gemacht, jedoch ohne Wiederholung von Titelangaben. Der Erstdruck einer Schrift wird für den Textvergleich immer mit *A*, spätere Fassungen werden nach chronologischer Abfolge mit *B*, *C* bezeichnet. Bearbeiterfußnoten werden durch hochgestellte arabische Bruchziffern und ***kursiven*** Satz gekennzeichnet, während Sternnoten Fußnoten des Autors markieren.

Band 8 der Gesammelten Werke – „Kleinere Schriften I" – enthält Feuerbachs kleinere Publikationen aus den Jahren 1835 bis 1839. Am Beginn dieses Zeitraumes stand die letztmalige Lehrtätigkeit Feuerbachs an der Universität Erlangen (die dort gehaltenen „Vorlesungen über die Geschichte der neueren Philosophie, 1835/36" enthält Band 14 unserer Ausgabe). Weitere Schwerpunkte seiner

Tätigkeit bildeten die Monographien über G. W. Leibniz und P. Bayle (Bände 3 und 4 unserer Ausgabe).

Die im vorliegenden Band enthaltenen Veröffentlichungen vermitteln in Einheit mit den vorgenannten größeren philosophiegeschichtlichen Abhandlungen besonders eindringlich die Ausformung von Feuerbachs radikalisiertem Hegelianismus, vor allem als Mitstreiter der Junghegelianer, in den in jenen Jahren heftig auflebenden philosophisch-publizistischen Auseinandersetzungen um Hegels Philosophie und um die Freiheit und Unabhängigkeit philosophischer Forschung und Kritik. In teilweise leidenschaftlich geführten Auseinandersetzungen mit konservativen Zeiterscheinungen und gegen den Junghegelianismus gerichteten Angriffen – vornehmlich aus dem konservativen Lager (H. Leo u. a.), das sich zunehmend auf Schellings „positive" Philosophie stützte (F. J. Stahl) –, aber auch mit empiristisch-eklektischen Positionen (C. F. Bachmann, F. Dorguth) profilierte sich Feuerbachs polemisch-kritisches Talent. In diesen Auseinandersetzungen verstärkten sich Feuerbachs kritische Einstellungen zum spekulativen philosophischen Idealismus; es verdichteten sich dabei zunehmend auch seine kritischen Vorbehalte und Einwände gegen Hegels Philosophie, und er gelangte in den letzten Veröffentlichungen dieses Zeitraumes bis dicht an die Schwelle des Übergangs zu materialistisch-philosophischen Auffassungen.

Ihrem Charakter nach handelt es sich bei den im vorliegenden Band zusammengefaßten Publikationen zum größeren Teil um Buchbesprechungen. Der Philosoph schrieb sie für die beiden bedeutendsten deutschsprachigen philosophisch-literarischen Periodika der damaligen Zeit: Zunächst (1835 bis 1838) für die von Leopold von Henning seit dem Jahre 1827 als Organ der Hegelschen Schule redigierten, von der Sozietät für wissenschaftliche Kritik zu Berlin herausgegebenen *„Jahrbücher für wissenschaftliche Kritik"*; später (von 1838 an) für die soeben gegründete Zeitschrift des Junghegelianismus, die von Arnold Ruge und Theodor Echtermeyer herausgegebenen *„Hallischen Jahrbücher für deutsche Wissenschaft und Kunst"*. Hinzu kommen noch zwei gesonderte Streitschriften, die aber gleichfalls aus der Rezensententätigkeit für die Berliner bzw. Hallischen Jahrbücher hervorgegangen sind (Nr. 5 und 12), und eine religionskritische Abhandlung, die zuerst in der junghegelianischen, von Feuerbachs Studienfreund Karl Riedel redigierten Zeitschrift „*Athenäum für Wissenschaft, Kunst und Leben*" erschien (Nr. 13).

Feuerbach hat alle diese Veröffentlichungen später, mehr oder weniger umgearbeitet, in seine von ihm selbst besorgten „Sämtlichen Werke", Verlag Otto Wigand, Leipzig 1846 bis 1866, aufgenommen. Dort finden wir ihre Fassungen letzter Hand in Band I, „Erläuterungen und Ergänzungen zum ‚Wesen des Christentums'", und in Band II, „Philosophische Kritiken und Grundsätze"; beide erschienen 1846. Zu den einzelnen, im vorliegenden Band 8 enthaltenen Stücken sind folgende textgeschichtliche Bemerkungen zu machen:

1. Zur Rezension *„Hegel. Sendschreiben an den Hrn. Dr. C. F. Bachmann." Von Dr. K. Rosenkranz. Königsberg 1834. 140 S.* Unter dem frischen Eindruck der „Geschichte der neuern Philosophie von Bacon von Verulam bis Benedikt Spinoza" (Bd. 2 unserer Ausgabe) forderte L. v. Henning im Mai 1834 (vgl. GW 17, S. 194f.) L. Feuerbach im Namen der Berliner Sozietät für wissenschaftliche Kritik zur Mitarbeit an deren „Jahrbüchern" auf. Feuerbach wurde der Vorschlag unterbreitet, das Buch von J. Kuhn über F. H. Jacobi (siehe unter Nr. 2) und das Sendschreiben von K. Rosenkranz an C. F. Bachmann – eine Erwiderung auf Bachmanns 1833 in Jena erschienene Schrift „Hegels System und die Notwendigkeit einer nochmaligen Umgestaltung der Philosophie" – zu rezensieren. Feuerbach ging auf den Vorschlag ein und übersandte im November 1834 (vgl. GW 17, S. 211) seine Beurteilung, die – über Rosenkranz hinausgehend – in vielem eine eigenständige Polemik gegen Bachmanns Hegel-Kritik war. Sie erschien im April 1835 (mit einer Fortsetzung) in den Berliner „Jahrbüchern für wissenschaftliche Kritik", Jahrgang 1835, erster Halbband, Nummer 64 (Spalten 521 bis 525) und Nummer 65 (Spalten 529 bis 535). Verfasserangabe am Schluß des Beitrages: *Ludwig Feuerbach*. Wir bringen auf S. 3–13 den vollständigen Wortlaut nach der Erstveröffentlichung. Feuerbach übernahm, mit

geringfügigen Veränderungen (Weglassung der sich unmittelbar auf K. Rosenkranz' Schrift beziehenden Passagen), den Text dieser Besprechung in die ebenfalls gegen C. F. Bachmann gerichtete Streitschrift *„Kritik des ‚Anti-Hegels' ...“* (siehe unter Nr. 5), wo sie, nach einem kurzen Vorwort, den einführenden Abschnitt bildet.

2. Zur Rezension *„Jacobi und die Philosophie seiner Zeit. Ein Versuch, das wissenschaftliche Fundament der Philosophie historisch zu erörtern.“ Von J. Kuhn. Mainz 1834. 558 S.* Zur Beauftragung Feuerbachs vgl. Bemerkungen zu Nr. 1. Das Manuskript wurde der Redaktion im Dezember 1834 zugestellt (vgl. GW 17, S. 211). Erstdruck im Mai 1835 in den Berliner „Jahrbüchern für wissenschaftliche Kritik“, Jahrgang 1835, erster Halbband, Nummer 90 (Spalten 729 bis 736). Verfasserangabe am Schluß des Beitrags: *Ludwig Feuerbach.* Später, 1846, nahm Feuerbach die Rezension unter dem Titel *„‚Jacobi und die Philosophie seiner Zeit.' Von J. Kuhn“* überarbeitet und gekürzt in den Band II seiner „Sämtlichen Werke“, Leipzig 1846, S. 83–91, auf, der den Titel „Philosophische Kritiken und Grundsätze“ trägt. Wir geben hier auf S. 14–23 den Erstdruck (=A) und in Fußnoten die Textabweichungen der letztgenannten zweiten und endgültigen Fassung (=B) wieder.

3. Zur Rezension *„Die Philosophie des Rechts nach geschichtlicher Ansicht.“ Von Friedr. Jul. Stahl. Erster Band: „Die Genesis der gegenwärtigen Rechtsphilosophie.“ Heidelberg 1830. XVI, 362 S. Zweiter Band: „Christliche Rechts- und Staatslehre.“ Erste Abteilung. Heidelberg 1833, XVI, 344 S.* Die Besprechung geht auf einen Vorschlag Feuerbachs an die Redaktion der Berliner „Jahrbücher für wissenschaftliche Kritik“ zurück, der mit der Kritik der religiös begründeten und konservativ orientierten Rechts- und Staatslehre des in Erlangen wirkenden Juristen zugleich die in Bayern „in Macht und Ansehen“ stehende Philosophie von F. W. J. v. Schelling, der F. J. Stahl protegierte, zu treffen beabsichtigte (vgl. GW 17, S. 211f., 219f., 227). Nach einigem Zögern, im Bewußtsein, sich mit dieser Kritik um ein weiteres den Zugang zu einer An-

stellung in Bayern zu verstellen (a. a. O., S. 227f.), sandte Feuerbach das Manuskript der Besprechung Anfang März 1835 nach Verlin (a. a. O., S. 226, 235). Die Redaktion begrüßte die Bloßstellung Stahls und der „neuschellingschen Freiheits- oder vielmehr Beliebigkeitslehren" zwar sehr, forderte indessen von Feuerbach, einige Aspekte der Kritik (die Betonung einer Unvereinbarkeit von Christentum, Eigentum, Ehe und Strafrecht), die auch hegelianisches Verständnis tangierten, zu überdenken (vgl. a. a. O., S. 236ff.). Feuerbach scheint den gemachten Einwendungen formell durch sprachliche Mäßigung und geringe Streichungen entsprochen zu haben, so daß der Beitrag im Juli 1835 in drei Fortsetzungen in den Berliner „Jahrbüchern für wissenschaftliche Kritik", Jahrgang 1835, zweiter Halbband, Nummer 1 (Spalten 1 bis 7), Nummer 2 (Spalten 9 bis 16) und Nummer 3 (Spalten 17 bis 20) erscheinen konnte (Erstdruck = A). Verfasserangabe am Schluß des Beitrags: *Ludwig Feuerbach*. Zweite und endgültige Fassung, leicht überarbeitet und gekürzt, als erstes Stück von drei *„Kritiken des modernen Afterchristentums"* unter der Überschrift *„I. Kritik der ‚Christlichen Rechts- und Staatslehre'. (Von Fr. Jul. Stahl, 1833)"* in Feuerbachs „Sämtlichen Werken", Band I, Leipzig 1846, S. 108–127 (= B). Im vorliegenden Band auf S. 24–43 Abdruck von A, dazu in Fußnoten die Textabweichungen von B.

4. Zur Rezension *Hegels Werke. Vollständige Ausgabe. XIII. u. XIV. Bd. Hegels Vorlesungen über die Geschichte der Philosophie. Herausgegeben von Dr. Carl Ludwig Michelet. I. Bd. XVIII, 418. II. Bd. 586. Berlin 1833.* Die Beurteilung der von dem mit Feuerbach etwa gleichaltrigen Hegelschüler C. L. Michelet besorgten Ausgabe von Hegels Vorlesungen über die Geschichte der Philosophie, 1. und 2. Band, übernahm Feuerbach auf Vorschlag der Redaktion der Berliner „Jahrbücher für wissenschaftliche Kritik" vom Mai 1834. Obwohl alsbald damit beschäftigt, vollendete er die Besprechung – in die in bedeutendem Maße seine eigene, von Hegel geprägte Auffassung von der Geschichte der Philosophie, einfloß – erst im Frühjahr bis Sommermitte 1835 (vgl. GW 17, S. 199, 223, 226, 235 und

256). Erstdruck September 1835 in Fortsetzungen in den Berliner „Jahrbüchern für wissenschaftliche Kritik", Jahrgang 1835, zweiter Halbband, Nummer 46 (Spalten 369 bis 376), Nummer 47 (Spalten 377 bis 381) und Nummer 48 (Spalten 385 bis 389) (= A). Verfasserangabe am Schluß des Beitrags: *Ludwig Feuerbach*. Zweite und endgültige Fassung, leicht überarbeitet und gekürzt, unter der Überschrift „*Hegels Geschichte der Philosophie (I. und II. Band. 1833)*" in Feuerbachs „Sämtlichen Werken", Band II, Leipzig 1846, S. 1–17 (= B). Im vorliegenden Band auf S. 44–61 Abdruck von A, dazu in Fußnoten die Textabweichungen von B.

5. Zu der Streitschrift *Kritik des „Anti-Hegels". Zur Einleitung in das Studium der Philosophie.* Feuerbach bezieht sich hier auf C. F. Bachmanns Schrift „Anti-Hegel" (1835 in Jena erschienen), die den Hegel-Bachmann-Rosenkranzschen Streit des Jahres 1834 (siehe unter Nr. 1) fortführt und gleichzeitig die unter Nr. 1 mitgeteilte Anzeige der Rosenkranzschen Schrift von Feuerbach in den Berliner „Jahrbüchern für wissenschaftliche Kritik" zum Gegenstand hat, der „Frechheit und Arroganz, Unwissenheit und Unverstand" vorgeworfen wurde. Feuerbach wollte seine „Rezensentenehre" unbedingt wahren und beabsichtigte ursprünglich, in den „Jahrbüchern für wissenschaftliche Kritik" erneut gegen Bachmann Stellung zu nehmen. Alsbald entschloß er sich jedoch zu einer eingehenderen philosophischen Polemik (August 1835: „Jetzt bin ich ... entschlossen, die Rezension als ein eignes kleines Schriftchen erscheinen zu lassen ... Ich werde ihn [C. F. Bachmann] allein durch rein wissenschaftliche Gründe darniederschlagen." Vgl. GW 17, S. 246). Die Streitschrift erschien im Verlag von C. Brügel, Ansbach 1835, und gleichzeitig in Kommission im Verlag von Herbig, Leipzig 1835, mit drei Titelblättern. Auf dem ersten steht: *Kritiken auf dem Gebiete der Philosophie. Von Ludwig Feuerbach, Privatdozenten der Philosophie. Erstes Heft;* auf dem zweiten: *Kritiken auf dem Gebiete der Philosophie. Von Ludwig Feuerbach, Privatdozenten der Philosophie. Erstes Heft. Kritik des „Anti-Hegels";* auf dem dritten: *Kritik des „Anti-Hegels". Zur Einleitung in das Studium der Philosophie.*

Von Ludwig Feuerbach, Privatdozenten der Philosophie (=A). Wie in seinen Vorbemerkungen zu dieser Schrift dargelegt, stellte Feuerbach – unter Weglassung der auf K. Rosenkranz' Schrift speziell Bezug nehmenden Passagen – seine in den Berliner „Jahrbüchern" 1834 abgedruckte Polemik gegen Bachmann (siehe unter Nr. 1) an den Anfang der Auseinandersetzung. 1844 veranstaltete der Verlag Otto Wigand, Leipzig, der in Vorbereitung der Sämtlichen Werke L. Feuerbachs die Restbestände früherer Veröffentlichungen im Verlag C. Brügel, Ansbach, erworben hatte, durch Aufbinden und Änderung der Titelblätter (vgl. GW 18, S. 381 f.) eine sonst unveränderte Neuauflage der Schrift unter dem im ursprünglich dritten Titelblatt genannten Titel, der nun lediglich den Zusatz *„Zweite Ausgabe"* trägt (=B). In veränderter Form nahm Feuerbach dann zwei Jahre später die Arbeit unter dem kürzeren Titel *„Kritik des ‚Antihegel'"* in seine „Sämtlichen Werke", Band II, Leipzig 1846, S. 18–82 auf (=C). Wir bringen hier S. 62–127 den gleichlautenden Text von A und B und dazu in Fußnoten die Textabweichungen von C. Die Berichtigungen des identischen Druckfehlerverzeichnisses zu A und B wurden eingearbeitet.

6. Zur Rezension *1) „Versuch einer wissenschaftlichen Darstellung der Geschichte der neuern Philosophie." Ersten Bandes erste Abteilung: „Darstellung und Kritik der Philosophie des Cartesius, nebst einer Einleitung in die Geschichte der neuern Philosophie." Von Dr. Joh. Ed. Erdmann. Riga und Dorpat 1834. X, 336. – 2) „Cartesius und seine Gegner. Ein Beitrag zur Charakteristik der philosophischen Bestrebungen unserer Zeit." Von Dr. C. F. Hock, Wien 1835. IV, 114.* Der Beitrag geht offenbar auf einen Vorschlag Feuerbachs an die Redaktion der Berliner „Jahrbücher für wissenschaftliche Kritik" zurück; er gilt einerseits einer ersten bedeutenden philosophiegeschichtlichen Arbeit des Hegelianers J. E. Erdmann, der Feuerbachs „Geschichte der neuern Philosophie . . ." von 1833 (vgl. GW 2) in den Berliner „Jahrbüchern" (Dezember 1833, Nummer 106, Spalten 841 bis 848) gewürdigt hatte. Die Rezension wurde von der Redaktion Juli/August 1835 angemahnt (vgl. GW 17, S. 256). Andererseits zielt sie – als eine verdeckte Anti-

kritik – auf C. F. v. Hock, den österreichischen Anhänger des spekulativen Theismus A. Günthers, der in seinem Buch über Feuerbachs „Geschichte der neuern Philosophie ..." von 1833 „auf ein paar Seiten ein oberflächliches Urteil gefällt" hatte, wie Feuerbach seinem Freunde Chr. Kapp am 27. Juni 1835 schrieb (vgl. GW 17, S. 242). Erstdruck April 1836 in Fortsetzungen in den Berliner „Jahrbüchern für wissenschaftliche Kritik", Jahrgang 1836, erster Halbband, Nummer 72 (Spalte 573 bis 576) und Nummer 73 (Spalten 577 bis 580) (=A). Verfasserangabe am Schluß des Beitrags: *Ludwig Feuerbach*. Zweite und endgültige Fassung, leicht überarbeitet und gekürzt, unter der Überschrift „1) *‚Geschichte der neuern Philosophie.' Von Dr. J. E. Erdmann. (I. Bd., I. Abtl.), 2) ‚Cartesius und seine Gegner'. Von Dr. C. F. Hock*" in Feuerbachs „Sämtlichen Werken", II. Band, Leipzig 1846, S. 92–99 (=B). Im vorliegenden Band auf S. 128–136 Abdruck von A, dazu in Fußnoten die Textabweichungen von B.

7. Zur Rezension *„Die Idee der Freiheit und der Begriff des Gedankens." Von Dr. K. Bayer, gr. 8. Nürnberg 1837. 1 1/3 Tlr.* Die Besprechung dieses Buches von Bayer markiert den Beginn der Mitarbeit Ludwig Feuerbachs an den von A. Ruge und E. Th. Echtermeyer mit Jahresbeginn 1838 herausgegebenen „Hallischen Jahrbüchern für deutsche Wissenschaft und Kunst", die alsbald zum Sammelpunkt der linken Hegelianer wurden. Ruge hatte Feuerbach im Oktober 1837 unter dem Eindruck seiner Leibniz-Monographie (Bd. 3 unserer Ausgabe) und einiger der vorstehend aufgeführten Rezensionen (Nr. 1 bis 4 und Nr. 6) zur Mitarbeit an der neuen Literaturzeitung eingeladen und ihm einen Plan des Unternehmens beigelegt. Feuerbach hatte daraufhin unter dem 23. November 1837 als ersten Beitrag eine Beurteilung der Schrift seines Freundes Karl Bayer, Gymnasiallehrer in Erlangen, vorgeschlagen (vgl. GW 17, S. 300f., 306). Das Manuskript ging mit Schreiben vom 5. Dezember 1837 an die Redaktion der „Hallischen Jahrbücher" (vgl. GW 17, S. 307). Im Schreiben vom 27. Februar 1838 weist Feuerbach darauf hin, daß in der ersten Fußnote der Rezension die Angabe der Jahreszahl der (Piscator-)Ausgabe des P. Ramus falsch ist (vgl.

GW 17, S. 315); diese Feststellung ist ihm bei der Bearbeitung der 2. Auflage entgangen. Bei Übersendung des Manuskripts an A. Ruge betont Feuerbach, daß K. Bayer sein philosophischer Freund sei, daß aber persönliche Rücksichten nicht in die Rezension eingeflossen seien. Mängel der Schrift – überwiegende Subjektivität und abermalige Wiederholung desselben Gedankens, eigensinnige Subtilität mit den Präposition-pronominal-Terminis – habe er aber als gegenüber der Leistung der Schrift unwesentlich bewußt nicht kritisch herausgestellt (vgl. GW 17, S. 311). Die Arbeit erschien in Fortsetzungen in den „Hallischen Jahrbüchern", Jahrgang 1838, Nummer 6 vom 6. Januar (Spalten 46 bis 48) und Nummer 7 vom 8. Januar (Spalten 51 bis 56). Dies ist der Erstdruck (= A). Verfasserangabe am Schluß des Beitrags: *Ludw. Feuerbach.* Die zweite und endgültige Fassung, leicht überarbeitet und gekürzt, aber auch mit kleinen Zusätzen versehen, steht unter der Überschrift: *„,Die Idee der Freiheit.' Von K. Bayer"* in Feuerbachs „Sämtlichen Werken", Band II, Leipzig 1846, S. 116–125 (= B). Im vorliegenden Band auf S. 137–148 Abdruck von A, dazu die Textabweichungen von B.

8. Zur Rezension *Zur Kritik des Empirismus. „Kritik des Idealismus und Materialien zur Grundlage des apodiktischen Realrationalismus." Von F. Dorguth, Geh. Justiz- und Oberlandes Gerichtsrat. gr. 8. Magdeburg 1837. Heinrichshofen. (17 1/2 B. 1 1/3 Tlr.).* Wie aus Briefen an die Redaktionen der Berliner „Jahrbücher für wissenschaftliche Kritik" und der „Hallischen Jahrbücher" gegen Ende 1837 hervorgeht, gewann die Auseinandersetzung mit Schriften von Empirikern, mit „gegen die Philosophie des Idealismus gerichtete(n) Schriften" (vgl. GW 17, S. 305, 307f.), Feuerbachs Aufmerksamkeit. Inwieweit die Schrift F. L. A. Dorguths, eines philosophisch dilettierenden, pensionierten Magdeburger Juristen, die ihm wohl im Herbst 1837 vom Autor selbst zur Beurteilung vorgelegt wurde (vgl. GW 17, S. 345), die Anregung oder mehr nur Veranlassung gab, sich gegenüber antiidealistischen Positionen zu den „wichtigsten und schwierigsten Fragen der Philosophie" zu äußern, ist aufgrund der Quellenlage kaum entscheidbar. Nach Publikation der Rezension ergaben sich

mehrere umfangreiche Zuschriften Dorguths an Feuerbach, die erstmals geschlossen und in vollständigem Wortlaut in GW 17, Nr. 177, 180, 181 veröffentlicht wurden. Vgl. dazu auch das Fragment eines Briefentwurfs von Feuerbach vom November 1838 (ebenda, Nr. 182), das sein Ringen um eine philosophisch stichhaltige Bestimmung des Verhältnisses von Denken und Sein veranschaulicht und andererseits, deutlicher als die Rezension, Dorguths eklektische Vermengung mechanistisch- bzw. vulgär-materialistischer Auffassungen mit Schopenhauerschen Denkansätzen und schließlich auch religiösen Mystizismen in Dorguths „Realrationalismus" herausstellt. Nach Wiederveröffentlichung der Rezension in Feuerbachs „Sämtlichen Werken" (1846) bemüht sich Dorguth unter dem 28. Oktober 1846 (GW 19, Nr. 535) vergeblich, das Thema des Jahres 1838 mit Feuerbach wieder aufzunehmen. Erstdruck in Fortsetzungen in den „Hallischen Jahrbüchern", Jahrgang 1838, Nummer 73 vom 26. März (Spalten 582 bis 584), Nummer 74 vom 27. März (Spalten 588 bis 592) und Nummer 75 vom 28. März (Spalten 597 bis 600) (=A). Verfasserangabe am Schluß des Beitrags: *L. Feuerbach*. Zweite und endgültige Fassung, leicht überarbeitet und gekürzt, unter der Überschrift: *„‚Kritik des Idealismus'. Von F. Dorguth"* in Feuerbachs „Sämtlichen Werken", Band II, Leipzig 1846, S. 137–152 (=B). Im vorliegenden Band auf S. 149–164 Abdruck von A, dazu die Textabweichungen von B.

9. Zur Rezension *„Versuch einer wissenschaftlichen Darstellung der Geschichte der neuern Philosophie." Ersten Bandes zweite Abteilung: „Malebranche, Spinoza und die Skeptiker und Mystiker des XVII. Jahrhunderts. Darstellung und Kritik ihrer Systeme." Von Dr. J. E. Erdmann, 1836. XXII, 257. Beilagen CX.* Die Arbeit setzt die für die Berliner „Jahrbücher für wissenschaftliche Kritik" übernommene Besprechung der Erdmannschen Geschichte der neueren Philosophie (vgl. unter Nr. 6.) fort; sie wurde der Redaktion Mitte Dezember 1837 zugestellt. Im Brief vom 15. Dezember 1837 an A. Ruge (vgl. GW 17, S. 309f.) bedauerte Feuerbach, die Rezension nicht für die „Hallischen Jahrbücher" verfaßt zu haben, denn er habe, allein schon

wegen des begrenzten Umfangs von Rezensionen in den Berliner „Jahrbüchern", darauf verzichten müssen, sich unmittelbar über die Prinzipien und die Methode der Geschichtsschreibung der neueren Philosophiehistoriker (er meinte die unkritische Abhängigkeit Erdmanns, aber u. a. auch C. L. Michelets von Hegels Geschichte der Philosophie, weshalb er es noch nicht vermochte, sich zu Michelets „Geschichte der letzten Systeme der Philosophie in Deutschland von Kant bis Hegel", Berlin 1837/38, zu äußern) auszulassen, wiewohl die Rezension, bei aller Schonung des Autors, auch substantiell sehr kritisch ausgefallen sei. Erstdruck im April 1838 in Fortsetzungen in den Berliner „Jahrbüchern für wissenschaftliche Kritik", Jahrgang 1838, erster Halbband, Nummer 67 (Spalten 534 bis 536), Nummer 68 (Spalten 537 bis 542) und Nummer 69 (Spalten 545 bis 551) (= A). Verfasserangabe am Schluß des Beitrags: *Ludwig Feuerbach*. Mit dem Abdruck dieses Beitrages endete Feuerbachs Mitarbeit an den Berliner „Jahrbüchern", nachdem bereits kurz vorher seine Rezensententätigkeit für die „Hallischen Jahrbücher" begonnen hatte (vgl. vorl. Band, Nr. 7 und 8). Zweite und endgültige Fassung der zweiten Erdmann-Rezension, leicht überarbeitet, unter der Überschrift: *„‚Geschichte der neuern Philosophie'. Von Dr. Joh. Ed. Erdmann. (I. Bd. II. Abtl.)"* in Feuerbachs „Sämtlichen Werken", Band II, Leipzig 1846, S. 100–115 (=B). Im vorliegenden Band auf S. 165–180 Abdruck von A, dazu die Textabweichungen von B.

10. Zur Rezension *Zur Kritik der „positiven Philosophie". „Über das Wesen und die Bedeutung der spekulativen Philosophie und Theologie in der gegenwärtigen Zeit, mit besonderer Rücksicht auf die Religionsphilosophie. Spezielle Einleitung in die Philosophie und spekulative Theologie." Von Dr. Sengler, ord. Prof. der Philos., Heidelberg 1837*. Die Schrift J. Senglers diente Feuerbach (vgl. GW 17, S. 363) als Mittel einer grundsätzlicher gehaltenen Auseinandersetzung mit der um A. Günther, F. v. Baader und F. W. J. v. Schelling gruppierten Richtung spekulativer Philosophie und Theologie, die mit dem Anspruch, „positive" Philosophie zu sein, religiöse Inhalte und Irrationalismen belebte und konservativen Bestrebungen förderlich war.

In Fortentwicklung kritischer Ansätze, wie sie in den Abhandlungen zu F. J. Stahl, C. F. Hock und K. Bayer (siehe unter Nr. 3, 6 und 7) bereits hervortraten, trifft die Arbeit in starkem Maße Schellings spätere philosophische Ambitionen. Die Kritik spekulativen, idealistischen Denkens führt Feuerbach auch zur Artikulation erster Motive seiner späteren Hegelkritik. Erstdruck – ohne Verfasserangabe – in Fortsetzungen in den „Hallischen Jahrbüchern", Jahrgang 1838, Nummer 289 vom 3. Dezember (Spalten 2305 bis 2311), Nummer 290 vom 4. Dezember (Spalten 2313 bis 2316), Nummer 291 vom 5. Dezember (Spalten 2321 bis 2324), Nummer 292 vom 6. Dezember (Spalten 2329 bis 2333) und Nummer 293 vom 7. Dezember (Spalten 2337 bis 2340) (= A). Zweite und endgültige Fassung, überarbeitet und gekürzt, aber auch mit kleinen Zusätzen versehen, als zweites Stück der *„Kritiken des modernen Afterchristentums"* unter der Überschrift *„II. Kritik der christlichen oder ‚positiven' Philosophie. (‚Über das Wesen und die Bedeutung der spekulativen Philosophie und Theologie in der gegenwärtigen Zeit.' Von Dr. Sengler, ord. Prof. der Phil. 1837)"*, in Feuerbachs „Sämtlichen Werken", Band I, Leipzig 1846, S. 128–154 (= B). Im vorliegenden Band auf S. 181–207 Abdruck von A, dazu die Textabweichungen von B.

11. Zu dem Artikel *Der wahre Gesichtspunkt, aus welchem der „Leo-Hegelsche Streit" beurteilt werden muß; in Beziehung auf die in der „Augsburger Allgemeinen Zeitung" hierüber enthaltenen Artikel.* Der „Leo-Hegelsche Streit" nahm seinen Ausgang von den Kölner kirchlichen Wirren (1838), einem an einander widersprechenden Grundsätzen des Preußischen Staats- und des Kanonischen Rechts in der Frage der Kindererziehung bei gemischten Ehen entzündeten Konflikt zwischen dem preußischen Staat und Exponenten der ultramontanen Kräfte, der mit der Verhaftung und Verbannung des Kölner Erzbischofs von Droste-Vischering seinen Höhepunkt erreichte. J. J. v. Görres war bestrebt, in seiner Schrift „Athanasius", Regensburg 1838, das auf Ablehnung jeder staatlichen Einmischung in vermeintlich rein kirchliche Belange gerichtete Verhalten des Erzbischofs zu rechtfertigen. Dagegen versuchte der

konservative, protestantisch-orthodoxe Hallenser Historiker H. Leo, in einem „Sendschreiben an Görres", Halle 1838, das rigorose Vorgehen des Staats als rechtmäßig zu begründen. Mit einer Rezension des Leoschen Sendschreibens in den „Hallischen Jahrbüchern" von A. Ruge (20., 23./25. Juni 1838) bezog die Zeitschrift der Junghegelianer erstmals eine direkt-politische Position, indem unter Beschwörung des Ideals eines im Geiste der Reformation aufgeklärten, der Vernunft und Humanität verpflichteten Rechtsstaats gegen den je einseitigen Konservatismus der streitenden Parteien Front gemacht wurde. Diese Position zog der Zeitschrift, besonders in der Schrift „Die Hegelingen" von H. Leo, Halle 1838, Denunziationen, Religionsfeindlichkeit und umstürzlerische Tendenzen zu vertreten, zu. Während A. Ruge in „Die Denunziation der Hallischen Jahrbücher" (daselbst, 27./28. Juli 1838) und „Der Pietismus und die Jesuiten" (ebenda, 5., 6., 9., 11. Februar 1839) die Herausforderung der konservativen Kreise auf politisch-philosophischer Ebene annahm, unternahm Feuerbach – bezogen vor allem auf die Beiträge der Augsburger „Allgemeinen Zeitung" zum sogenannten „Leo-Hegelschen-Streit" – eine kritische Beleuchtung der Auseinandersetzung vor ihrem weltanschaulich-philosophischen Hintergrund, der Frage des Verhältnisses von Philosophie und Christentum, wonach alle Angriffe auf Hegel und Hegels Anhänger die Berechtigung philosophischer Auseinandersetzung mit Religion und Theologie überhaupt tangieren. Unter diesem „wahren Gesichtspunkt" gewann die Stellungnahme Feuerbachs den Charakter einer Streitschrift für freie philosophische Forschung und Kritik. Angesichts der Gefährdung der „Hallischen Jahrbücher" durch jene politisch akzentuierten Denunziationen wollte Feuerbach die Schrift anfangs gesondert in Ansbach drucken lassen; A. Ruges Artikel „Der Pietismus und die Jesuiten" bestimmte ihn jedoch, die Stellungnahme den „Hallischen Jahrbüchern" anzubieten (vgl. GW 17, S. 351 f.). Zwei Tage nach Übersendung, am 15. Februar 1839, unterbreitete er A. Ruge, im Bewußtsein der Gefahr von Zensurschwierigkeiten, eine Reihe von Vorschlägen zur Kürzung oder Vermeidung besonderer Schärfen (GW 17, S. 354–356). A. Ruge griff Feuerbachs Beitrag begeistert auf und sorgte für schnellstmöglichen Abdruck, ohne wohl auf Feuerbachs Abänderungsvorschläge einzugehen. Nach dem bereits mit Zensureingriffen in den Text begonnenen Abdruck des Beitrags erfolgte nach der zweiten Fortsetzung das Verbot einer weiteren Veröffentlichung durch die Zensur (vgl. GW 17, S. 356f., 358–360). – Wir geben hier auf S. 208–218 die beiden in den „Hallischen Jahrbüchern" im Jahrgang 1839, Nr. 61 vom 12. März, Spalten 481–488, und Nr. 62 vom 13. März, Spalten 498–499 veröffentlichten einleitenden Teile des Beitrags wieder. Er erschien unter dem oben genannten Titel mit der auf besonderer Zeile nachgestellten Verfasserangabe: *Von L. Feuerbach.* – Feuerbach gab nach dem Zensurverbot die Schrift mit A. Ruges und des Leipziger Verlegers O. Wigand Unterstützung (GW 17, S. 359f.) als gesonderte Broschüre außerhalb Preußens heraus. Zu der vollständigen Fassung der Streitschrift siehe nachfolgende Nr. 12.

12. Zu der Streitschrift *Über Philosophie und Christentum in Beziehung auf den der Hegelschen Philosophie gemachten Vorwurf der Unchristlichkeit.* Zur Entstehungsgeschichte dieser Arbeit siehe oben, Nr. 11. Nachdem die preußische Zensur nach zwei Fortsetzungen den weiteren Abdruck der Arbeit Feuerbachs über den Leo-Hegelschen Streit in den „Hallischen Jahrbüchern" durch Verbot verhindert hatte, publizierte Feuerbach das ganze Manuskript, zusammen mit einer neu hinzugefügten Vorrede, unter dem oben genannten neuen Titel in der Hoff- und Heuserschen Buchdruckerei, Mannheim 1839, und in Kommission im Verlag Otto Wigand, Leipzig 1839. Wir bezeichnen diese Ausgabe als den Erstdruck (=A), obwohl genaugenommen der Erstdruck des Anfangs (wohlgemerkt: mit Ausnahme der Vorrede) mit der oben Nr. 11 genannten Arbeit, hier S. 208ff., identisch ist. Nach dem Titel folgt auf zwei Zeilen die Verfasserangabe: *Von/ Ludwig Feuerbach.* Später übernahm Feuerbach die Streitschrift, überarbeitet, aber mit unverändertem Titel, in Band I seiner „Sämtlichen Werke", Leipzig 1846, S. 42 bis 107 (=B). Lediglich die Vorrede, die möglicherweise ursprünglich als eine Selbstanzeige seiner Schrift gesondert veröffentlicht werden sollte, findet sich gekürzt unter der

neuen Überschrift *„Über Philosophie und Christentum. Von L. F.“* in Band II, Leipzig 1846, S. 179–184 (ebenfalls = B). Wir machen hier diese Abtrennung der Vorrede vom übrigen Text rückgängig und bringen auf S. 219–292 das Ganze im Wortlaut von A und dazu in Fußnoten die Abweichungen von B.

13. Zu der Abhandlung *Über das Wunder*. Die Arbeit, die bereits in den Themenkreis seines Werkes „Das Wesen des Christentums“ von 1841 (GW 5) vorbereitend eingreift, übersandte Feuerbach Mitte April 1839 der von seinem Studienfreund K. Riedel redigierten, junghegelianisch orientierten Zeitschrift „Athenäum für Wissenschaft, Kunst und Leben. Eine Monatsschrift für das gebildete Deutschland“, Nürnberg, wo sie Mai 1839, S. 1–55, erschien (= A). Nach dem Titel folgt auf zwei Zeilen die Verfasserangabe: *Von/Ludwig Feuerbach*. Die Studie steht im Zusammenhang mit der späteren Polemik Feuerbachs „Luther als Schiedsrichter zwischen Strauß und Feuerbach“, 1841 (vgl. die im Register-Sonderband zu den Bänden 1 bis 12 unserer Ausgabe enthaltenen Nachträge; vgl. auch GW 1, S. XLVI). Zweite und endgültige Fassung, überarbeitet und gekürzt, aber auch mit kleinen Zusätzen versehen, in Band I der „Sämtlichen Werke“, Leipzig 1846, S. 1–41 (= B). Im vorliegenden Band auf S. 293–340 Abdruck von A, dazu die Textabweichung von B.

Bei der Redaktion der dritten, durchgesehenen Auflage des vorliegenden Bandes konnten unsere Aussagen zur Textgeschichte und -konstitution im Ergebnis des Fortschreitens der Forschung und insbesondere der Erschließung des Briefwechsels von und an Ludwig Feuerbach im Rahmen unserer Ausgabe präzisiert und erweitert werden. Geringfügige Druckfehlerberichtigungen gegenüber der ersten und der zweiten, durchgesehenen Auflage (1969 bzw. 1982) erfolgten stillschweigend.

Herrn Wolfgang Harich, Berlin, gilt unser Dank für die intensive Mitwirkung bei der Ermittlung der Textgrundlagen und die Erarbeitung der Textgeschichte (Überlieferung), für die Bearbeitung der Texte (einschließlich der Variantenvergleiche) in der Gestalt der ersten Auflage

1969. Die in eckigen Klammern in den Text eingefügten Verdeutschungen fremdsprachiger Stellen besorgten Irene Selle, geb. Schottlaender, Berlin, Rudolf Schottlaender (†) und der Herausgeber. Alle Veränderungen gegenüber der ersten Auflage gehen auf den Herausgeber zurück.

Der Herausgeber

Kleinere Schriften I

(1835–1839)

„Hegel. Sendschreiben an den Hrn. Dr. C. F. Bachmann.“ Von Dr. K. Rosenkranz. Königsberg 1834. 140 S.

Die philosophischen Systeme erfuhren von jeher eine doppelte Kritik: die Kritik der Erkenntnis und die Kritik des Mißverstands. Die Widerlegung, welche die Kritik der Erkenntnis charakterisiert, besteht entweder darin, daß *der* Begriff, der das Prinzip eines philosophischen Systems bildet und in ihm für den absoluten, den einzig, ausschließlich wahren Begriff gilt, nur als ein *bestimmter* und damit zugleich die Realität des ihm entgegengesetzten Begriffes aufgezeigt wird – so hat Plato in seinem „Sophistes“ den Parmenides widerlegt, indem er in dem Begriffe des *ἕτερον*, des Unterschieds, die Realität des Begriffes des *μή-ὄν* [Nichtseienden] aufzeigte –, oder darin, daß in einem Prinzip, das auf Totalität Anspruch machen will, der Mangel eines wesentlichen Momentes nachgewiesen wird – so machte Aristoteles den ältern Naturphilosophen den Vorwurf, daß in ihren Prinzipien das der Bewegung fehle –, oder darin, daß *die* Bedeutung, *die* Stellung und Ausdehnung, die dem Grundbegriffe eines Systems in seiner wirklichen Entwicklung gegeben wird, im Widerspruche mit *der* Bedeutung erkannt wird, die er *an sich*, in der Idee des Systems, hat – so haben Spinoza und Malebranche den Cartesius teils direkt, teils indirekt widerlegt und zugleich weiterentwickelt, indem sie der bei ihm von den beiden Substanzen, dem Geiste und der Materie, in die Enge getriebnen[1] unbeschränkten göttlichen Substanz freien Spielraum zu unumschränkter Herrschaft und Entfaltung ließen –, oder darin, daß gezeigt wird, daß die Leistungen eines Prinzips hinter den Forderungen zurückbleiben, die es an sich selbst stellt, und hiemit das Prinzip selbst zur Realisierung der Idee der Wissenschaft nicht hinreicht – so kritisierte Hegel Fichte –, oder darin,

[1] *Im Original folgt sinnentstellend ein Komma.*

daß die Schranke, die eine Philosophie als eine objektive unüberwindliche anerkennt, außer sich selbst hinausschiebt, als die *eigne* Schranke dieser Philosophie nachgewiesen wird – so kritisierte Fichte Kant.

Die philosophischen Systeme sind keine Thesen, die das Individuum nach eignem Gutdünken und Ermessen aufstellt, so daß hier eine Widerlegung in dem Sinne stattfinden könnte, daß das Widerlegte als ein reiner gegenstandloser Irrtum oder gar Unsinn sich in nichts auflöste. Sie sind notwendige, unumgängliche Standpunkte der Vernunft – Gesichtspunkte, unter denen *einmal* die göttliche Wahrheit *sich selbst* mit *sichtbarem Wohlgefallen* betrachtet, um von allen, auch den entgegengesetztesten Seiten sich die wollüstige[1] Überzeugung zu geben, daß sie überall dieselbe, Wahrheit ist; sie sind wesentliche Bestimmungen der Wahrheit selber, wie sie in einer gesetzmäßigen Sukzession in das Bewußtsein der Menschheit eintritt, und zwar so, daß jedes System *eine* wesentliche Bestimmung der Wahrheit erkennt, diese *eine* aber als die Totalität aller ihrer Bestimmungen setzt. Jede Philosophie hat darum ein allen Ein- und Angriffen sich entziehendes Heiligtum, einen absolut unwiderleglichen Kern in sich. Dieser Kern ist ihre *Idee*, wovon das, was man gewöhnlich als Grund- und Hauptsatz hervorhebt und angreift, nur der äußerliche Ausdruck, das Phänomen, ist. Die wahre Kritik ist daher die, welche die Idee einer Philosophie aufsucht, sie als Maßstab ihrer Beurteilung zugrunde legt und darnach ermittelt, ob und wieweit der Philosoph, seine Auffassung, sein Ausdruck, seine Darstellung und Entwicklung, dieser Idee ent- oder widerspricht. Das Falsche, das Mangelhafte eines Systems leitet sie gerade aus seinem Positiven, Wahren ab. Sie spricht eigentlich nur aus, was der kritisierte Philosoph selbst schon auf der Zunge oder doch im Sinne hatte, wofür er aber keine oder nur höchst ungeschickte Vorstellungen und Ausdrücke fand, wie es z. B. am auffallendsten bei Cartesius ist; sie ist nur die Stimme seines eignen innern Gewissens. Und die Einsicht, die sie zu ihrem Resultat hat, ist eben überhaupt keine andre als die, daß eine bestimmte Philosophie, die dem bestimmten Individuum oder dem bestimmten Zeitalter, das sie ausspricht, not-

[1] *Feuerbach schreibt:* wohllüstige

wendig für die Gattung, für die Philosophie selbst gilt, nur eine species [Art], aber wesentliche species der Philosophie ist. Eine Kritik dieser Art ist darum eine Befreiung von einer wirklichen Schranke der menschlichen Vernunft, ein neuer Fund in der Philosophie.

Die Kritik des Mißverstandes dagegen kehrt sich nicht sowohl gegen das Negative als vielmehr gegen das *Positive* eines Systems, sie greift von einer bestimmten Philosophie nicht ihre Bestimmtheit, ihre Einseitigkeit und Endlichkeit, sondern gerade das an, was in ihr *Philosophie* ist. Der Kritiker sondert hier nicht die Philosophie von dem Philosophen; er identifiziert sich nicht mit seinem Wesen, macht sich nicht zu seinem anderen Ich, um in dieser mystischen *unio essentialis* [wesentlichen Einheit] die von außen unvernehmliche Stimme der Idee zu erlauschen, die den Philosophen bei der Schöpfung seiner Werke beseelte und begeisterte. Er hat stets *andere* Dinge in seinem Kopfe als sein Gegner; er kann seine Idee sich nicht assimilieren und folglich nicht mit seinem Verstande zusammenreimen; sie bewegen sich in dem leeren Raume seines eignen Selbstes wie epikuräische Atome durcheinander, und sein Verstand ist der *Zufall*, der sie durch besondere äußerlich angebrachte Häkchen zu einem scheinbaren Ganzen zusammenbringt. Der einzige gültige, der objektive Maßstab, die Idee des Systems, welche die allgegenwärtige Seele, die selbst in den großen Widersprüchen noch gegenwärtige Einheit desselben ist, ist ihm entweder gar nicht oder nur in einer selbstgemachten schlechten Kopie Gegenstand. Er befindet sich daher auf dem Gebiete seines Gegners in ein weltfremdes Land versetzt, wo ihm notwendig alles so wunderlich, so „neuholländisch" vorkommt, daß „ihm Sehen und Hören vergeht", daß er selber nicht mehr weiß, ob er wacht oder träumt, und vielleicht bisweilen, jedoch gewiß nur in den flüchtigen Momenten seiner *intervalla lucida* [lichten Augenblicke], sogar an der Identität seiner Person und der Richtigkeit seines Verstandes zweifelt. Die edelsten harmonisch verbundenen Gestalten tanzen in den abenteuerlichsten Verschlingungen als ungereimte fratzenhafte Figuren vor seinen betroffnen Augen vorüber, die erhabensten Aussprüche der Vernunft klingen wie sinnlose Kindermärchen an seinen Ohren vorbei. In seinem Kopfe findet er wohl auch den philosophischen Ideen analoge Vorstellungen oder Begriffe vor und besitzt an ihnen einige notdürftige Anhaltspunkte, aber nur zu dem Zwecke, um damit den Philosophen als einen Verbrecher am gemeinen Menschenverstande an das Kreuz zu schlagen. Denn diese Begriffe kennt er nur in einem ganz beschränkten Maße und hält dieses Maß für das Gesetz ihrer Gültigkeit; werden sie über diese enge Grenze ausgedehnt, so verliert er sie aus dem Gesichte; sie versteigen sich für ihn in den blauen Dunst des Unerreichbaren als Phantasmen, die jedoch der Philosoph vermittelst eines geheimen, bis jetzt indes noch unerklärten Kunstgriffs gleichsam als das *second sight* [die Hellseherei] seiner Vernunft hypostasiert. So wurde z. B. die Identität des Realen und Idealen für eine Hypostase des Satzes „A = A", Spinozas Idee der Substanz für eine Hypostase des logischen Begriffs der Allheit oder des Konnexus zwischen Grund und Folge erklärt; eine Erklärung, die ebensoviel sagt, als wenn ein Naturhistoriker, der aus enormer Beschränktheit seiner Erfahrung und Kenntnisse die Größe der Natur in seiner Zone für ihr absolutes Maß hielte, den Rizinus, wie er in Afrika und Asien als gewaltiger Baum existiert, um seine Wirklichkeit wegzuleugnen, für die Hypostase einer überspannten Vorstellung von der elenden Staude, in welcher er bei uns erscheint, erklären wollte.

In diese zweite Klasse der Kritik gehört auch Bachmanns Schrift gegen Hegel. Den ausführlichen Beweis hiervon liefert die Gegenschrift von Rosenkranz, der ihm in einem zwar sehr derben, aber ebendeswegen angemessenen Tone und, obgleich manche schwierige Materien nur leicht berührend, doch gründlich geantwortet hat. Hier können zur Bestätigung dieses Urteils nur einige Beweise gegeben werden.

Gleich schon von vorneherein bei seinen Einwürfen gegen Hegels Lehre von der Identität der Religion und Philosophie beweist B., daß er den Begriff der Identität, wie Hegel sie bestimmt, nicht verstanden hat; sonst hätte er nicht, um nur dieses zu erwähnen, das Beispiel von Menschen, die Religion hätten, ohne zu philosophieren – ein Beispiel, das übrigens an und für sich verwerflich ist, denn bei Menschen wie den Frauen, die keine Philosophie haben, ist eben gerade die Religion ihre Philosophie –, als eine Instanz gegen diese Identität geltend machen können. Denn der Begriff der

Identität schließt nach H. den Begriff des Unterschieds nicht nur nicht aus, sondern begreift ihn vielmehr wesentlich in sich; die Identität bläst nicht das Licht des Verstandes, den Unterschied, aus; sie ist Identität nur als Identität Unterschiedener. Wenn daher H. die Identität zweier Gegenstände behauptet, so ist damit nicht gesagt, daß kein Unterschied zwischen ihnen stattfinde, daß sie so *sans façon* [ohne weiteres] eines und dasselbe sind und nicht in der Welt als besondre Gestalten auftreten können. Der Begriff der Identität in dieser Bedeutung ist aber einer der wesentlichsten, wo nicht selbst der wesentlichste Begriff der Hegelschen Philosophie; denn er ist nur der formelle Ausdruck von der absoluten Idee derselben: daß die Substanz Subjekt, d. h., populär ausgedrückt, Gott wesentlich Persönlichkeit, eine sich in sich selbst unterscheidende Einheit ist. Wer daher diesen Begriff nicht oder – es ist ziemlich eins – falsch versteht, hat schon im voraus seine Kritik um allen Kredit gebracht.[1]

[2]Von derselben Art nun wie seine Einwürfe gegen die Identität der Religion und Philosophie sind auch die Vorwürfe, daß H.s Philosophie an der „Logik" und „Phänomenologie" einen doppelten ersten Teil habe, daß H. erst am Ende von Gott handle, und seine Ausstellungen an den Sätzen, daß die Philosophie immer erst aus einem Bruch der Wirklichkeit hervorgehe und die der Zeit nach späteste Philosophie auch die konkreteste sei – Punkte, die bis auf den letztern R[osenkranz] gründlich beleuchtet hat. Wie zur Zeit des ärgsten Verfalls des Römischen Reichs nach Ammian die römischen Richter und Anwälte, wenn sie die Namen berühmter Rechtsgelehrten hörten, dabei nur an fremde Fische und Eßwaren dachten, so denkt B. bei den Sätzen H.s, bei den Worten „Identität", „Vernunft", „Logik" stets nur, zwar nicht an ausländische, sondern an die ganz gemeinen inländischen Produkte seiner eignen Vorstellungen, die er teils schon vorrätig in sich hat, teils sich erst von den Begriffen seines Gegners macht, und es ist daher natürlich, daß aus diesem Konflikt von den Begriffen H.s und seinen

1 *Im Erstdruck folgt auf einer besonderen Zeile:* (Der Beschluß folgt). *Der Schluß beginnt dort Spalte 529.*

2 *Darüber im Erstdruck auf zwei Zeilen Wiederholung der Überschrift bis* Rosenkranz. *Darunter auf einer Zeile:* (Schluß)

eignen Vorstellungen das tollste Zeug hervorkommt. So ist es nach H.s, d. h. nach der *Bachmann*-Hegelschen, „Logik" Gott selbst, „welcher in seinem ewigen Wesen vor der Schöpfung durch einen notwendigen logischen Prozeß sich in die kategorischen und andern Schlüsse verwandelt, sich selbst definiert, einteilt, urteilt, beweist, um sich zuletzt als absolute Idee zu finden". Eine Auffassung, ganz in dem Stile, in welchem man Spinoza vorwarf, daß nach ihm, weil alle Dinge in Gott selbst seien, Gott sich selbst esse, verdaue und sezerniere. Bei *seinen* Vorstellungen von der Logik und der Vernunft, die nach ihm nur eine *„besondere Richtung* (?) unserer Seelentätigkeiten ist, die zu ihrer eigenen Entwicklung der *Unterstützung* (?) der übrigen sowie des ganzen kunstreichen *Apparates* (?) bedarf, den wir unsern Leib nennen", geht es sowohl aus der Bachmannschen als Hegelschen „Logik" – in diesem Punkte koinzidieren beide auf eine merkwürdige Weise – mit Notwendigkeit hervor, daß ihm überhaupt die „Logik" H.s und die Bedeutung, die er ihr gibt, rein phantastisch und konzentrisch erscheint. In der Idee von der Identität der Logik und Metaphysik erblickt er weiter nichts als einen „zauberischen Glanz, der die Jugend, die ohnedies gewöhnlich oben hinauswill, leicht besticht". Indes hierin ist B. vollkommen zu entschuldigen. Diese Idee findet selbst bei Köpfen Anstoß, die H. besser verstehen als B. Zur Erläuterung dieser Idee sei daher nur soviel gesagt: Wenn die Gesetze der Welt nicht auch die Gesetze unsers Denkens sind, wo sie aber natürlich aufhören, in der Form von Gesetzen zu existieren, und sich zu freien Selbstbestimmungen des Geistes erheben, und umgekehrt, wenn die allgemeinen und wesentlichen Formen, in denen wir denken, nicht zugleich allgemeine und wesentliche Formen der Dinge selbst sind, so ist überhaupt keine reale Erkenntnis, keine Metaphysik möglich, so ist in der Welt ein absoluter hiatus [Schlund], ein absolutes Vakuum, ein absoluter Unsinn, und dieser absolute Unsinn, dieses existierende non-ens [Nicht-Seiende], dieser faule Fleck ist unser Geist selbst, so ist unsre Vernunft selbst weiter nichts als das ens rationis [Gedankending] einer absoluten Unvernunft. Aber was berechtigte uns auch zu dieser Annahme? Stecken wir denn etwa bloß bis ans Herzgrübchen, bis an den Hals oder gar nur bis an den Nabel und nicht vielmehr bis über die Ohren mitten drin in den

Fluten des Weltmeers? Ist in uns die Kontinuität mit ihm abgebrochen? Ist unser Geist oder Selbst, oder wie man es nennen mag ein außer der Welt in nichts in sich webendes Nichts? Sind unsre Hirngespinste ohne innern Zusammenhang mit dem großen Gewebe des Weltalls? Sind wir nicht gerade in dem Innersten unserer Subjektivität frei von der Schranke der Subjektivität? Ist nicht der Geist selbst die aufgeschloßne tiefste Tiefe des Weltalls? Sind wir nicht in jedem Akte der Lebenstätigkeit in einem und demselben Momente zugleich in uns und außer uns? Sind wir in der Außenwelt nicht bei uns selbst und in unserer Innenwelt nicht zugleich in der realen Welt? Fasse man auch das Denken nur als eine Kraft, und zwar als eine besondere Kraft, auf, so ist es doch eine *reale*, positive Kraft, eine dem Menschen immanente, substantielle Kraft, eine Kraft, durch die er nur ist, was er ist, die nicht fehlen kann, ohne die er aufhört, Mensch zu sein, aufhört folglich, zu *sein* – denn das *Menschsein* ist das *Sein* des Menschen –, eine Kraft, die also sein *Sein* selbst konstituiert, an die es wesentlich gebunden ist. Ist nun aber unser Sein ein der Welt, der Natur, der Objektivität, oder wie man es benennen und fassen mag, akzidentelles oder nicht vielmehr in ihrem Sein und Wesen notwendig enthaltenes Sein? Ist also das Denken als eine unser Sein konstituierende Kraft nicht auch eine dem Sein und Wesen der Objektivität nicht akzidentelle Kraft? Ist es nicht *Sein im Sein*? Ist es eine *extramundane* oder nicht vielmehr eine in der Kraft der Welt selbst immanente, eingeborne Kraft? Ist es nicht zugleich eine ebenso subjektiv als objektiv reale Kraft? Ist es also nur ein illusorischer Gedanke, daß die allgemeinen wesentlichen Denkbestimmungen, *die* Bestimmungen, durch die das Denken *Denken* ist, zugleich allgemeine, wesentliche Sachbestimmungen, daß folglich die logischen Formen zugleich metaphysische, die innere Natur der Dinge ausdrückende und enthaltende Bestimmungen sind? Ist es nicht unmöglich, daß, wenn die Logik nicht schon Metaphysik ist, wir je, wir mögen auch anfangen, was wir wollen, zu einer Metaphysik kommen, wenn sie uns nicht etwa im Traum von Gott beschert wird? Ist die Idee von der Einheit der Logik und Metaphysik nicht also eine die Natur des Denkens selbst ausdrückende, ihr adäquate Idee? Liegt diese Idee nicht jeder tiefern Philosophie zugrunde? Hat

H[egel] etwas andres getan, als daß er sie aus ihrer Verborgenheit mit ausdrücklichen Worten zum Bewußtsein hervorhob? Sind nicht schon die Kategorien des Aristoteles, unter denen er selbst den Raum und die Zeit aufzählt, inwiefern sie Behauptungen, Prädikamente sind, die wir im Denken und in der Sprache anwenden, logische, inwiefern sie aber von den Dingen selbst gelten, reale Eigenschaften an ihnen bezeichnen und ausdrücken, metaphysische Bestimmungen? Wenn aber die allgemeinen Denkbestimmungen zugleich wirklich reale Bestimmungen sind, sind sie dann nicht *an und für sich* allgemein? Sind sie aber als *an und für sich* allgemeine Bestimmungen nicht höhern Ursprungs als wir selbst und die Dinge außer uns, sind sie nicht göttlichen Ursprungs und Wesens? Ist es nun aber nicht ein lächerlicher Mißverstand, zu meinen, daß, wenn die logisch-metaphysischen Bestimmungen in ihrer *Totalität*, in ihrer *Absolutheit*, kurz, sie, wie sie in ihrem *wahren Wesen* sind, zu Bestimmungen des göttlichen Wesens gemacht werden, sie auch *so*, wie sie der Philosoph erfaßt, wie sie in der Erscheinung auf dem Papier nacheinander auftreten, kurz, sie in ihrer Verendlichung, Vereinzelung und Besonderung, die sie in der wissenschaftlichen Exposition für den Menschen notwendig erfahren, zu Bestimmungen Gottes gemacht werden? Wenn wir die moralischen Bestimmungen des Menschen in ihrer Totalität und Absolutheit zu Prädikaten Gottes und Gott in der Bestimmung des absolut Guten zum Prinzip der Moral machen, wäre es nicht lächerlich, daraus zu folgern, daß nun auch die Tugenden, wie sie in einem Kompendium der Moral nacheinander distinguiert und spezifiziert werden, die Tugenden der Keuschheit, Mäßigkeit, Ehrlichkeit, Sparsamkeit, des Patriotismus, der Elternliebe usw., zu Prädikaten Gottes gemacht würden? Hätte doch lieber B. dem H. vorgeworfen, daß Gott nach seiner „Logik" aus drei Bänden besteht, wovon der erste 334, der zweite 282, der dritte 400 Seiten ausmacht, so daß der ganze Inhalt Gottes netto 1016 Seiten beträgt, daß folglich Gott im Jahre des Heils 1813 in Nürnberg bei Schrag zum ersten Mal in seinem Leben das Licht dieser Welt erblickt hat, so wäre er vielleicht gerade durch diese Konsequenz seiner Folgerungen zur Einsicht in die Ungereimtheit seiner Auffassungsweise gekommen.

Da schon in der „Logik" Bachmann-Hegels oder Hegel-

Bachmanns, wo es doch vor allem mit rechten Dingen hätte zugehen sollen, so tolles Zeug vorkommt, daß Gott darin sich in die verschiedenen Syllogismen verwandelt, so kann es uns nicht wundern, wenn es von ihm in der Geistesphilosophie, wo es von jeher in den Köpfen der Menschen gespukt hat, heißt, daß er erst durch die Natur und die verschiedenen Stufen der Bildung zu sich selbst komme, daß Hegel (respekt. Bachmann-Hegel) „nicht nur der Sohn Gottes, sondern der heilige Geist selbst sei, daß Gott nicht zum vollkommnen Bewußtsein seiner selbst gekommen wäre, wenn er sich nicht in den Philosophen Hegel verwandelt hätte". Denn hätte B. die „Logik" H.s begriffen, hätte er den Begriff seiner Methode – der wichtigste, unerläßlichste Begriff, um H. richtig zu erkennen und zu beurteilen, weil gerade sie es ist, die am leichtesten zu den größten Mißverständnissen Anlaß gibt – erfaßt, so hätte er ihm nicht ein solches *crimen laesae majestatis* [Verbrechen der Majestätsbeleidigung] Gottes aufbürden können, als dieser Vorwurf enthält. Nach H. kann nämlich das *wahrhaft erste* nicht am Anfange der Wissenschaft stehen. Das, was das erste ist, muß sich als das erste beweisen; als solches kann es sich aber nur erweisen, wenn es sich als den Grund darstellt, auf den alles zurückgeführt und bezogen werden muß, um in seiner Wahrheit erkannt werden zu können; erst im Resultate der Wissenschaft erhellt daher, was wahrhaft das erste ist. Das, worin ich an ein Ende komme, worüber ich nicht mehr hinauskann, das, was ich nicht mehr weiter auf ein Höheres als auf seinen Grund reduzieren kann, erst dieses letzte, dieses Unauflösliche ist das wahrhaft erste. So ist das Sein in der „Logik" nur das subjektiv [erste], das scheinbar erste, die Idee dagegen das wahrhaft erste. Die absolute Idee windet sich nicht durch die Gestalten des Wesens und Seins wie ein Schmetterling durch die Metamorphosen der Puppe und Raupe hindurch, um endlich im Lichte des Bewußtseins zu sich selbst zu kommen. Es ist nur der Philosoph, der am Schlusse der „Logik" sich zum Bewußtsein der Idee erhebt. Sie entsteht nicht für sich selbst, sondern nur für ihn, und sie entsteht nur für ihn, damit er mit dem ersten Blick, womit er sie erschaut, erkennt, daß sie ewig und unentstanden ist. Sie entzieht sich im Anfang nur seinen Blicken, damit er um so tiefer von der Herrlichkeit und Allmacht ihres Lichtes ergriffen werde. Sein und Wesen sind Rätsel, die erst in der absoluten Idee ihre Lösung und wahre Bedeutung finden, sind nur die Beweise, daß nicht sie, sondern die Idee das absolut erste ist, welches sie als das allein Voraussetzungslose voraussetzen. Die Idee ist wohl in sich selbst nach H[egel] Prozeß, Resultat ihrer selbst, Leben, aber nur im Verlauf der wissenschaftlichen Exposition legt sich dieser ewige Prozeß, in dem weder Anfang noch Ende, kein Vorher, kein Nachher ist, so auseinander, daß erst im Resultate, am Schlusse das wahre Prinzip erkannt wird. Die Methode der „Logik" ist nun bei H. die absolute Methode, folglich auch die Methode der übrigen philosophischen Wissenschaften. Alles wird im Prozesse des Werdens dargestellt, überall mit dem Abstrakten, dem Einfachsten angefangen, um endlich zu dem zu kommen, was als das *non plus ultra* [der Höchstgrad], als der *terminus ad quem* [Endpunkt] zugleich als der wahre *terminus a quo* [Ausgangspunkt] sich erweist. Sowenig nun die absolute Idee in der „Logik" (realiter) zu sich selbst kommt, sowenig kommt Gott (realiter) durch den Verlauf der Natur und Geschichte zu sich selbst, so daß Gott erst ohne Bewußtsein gewesen – was eine absolute Absurdität wäre, denn der Begriff des Bewußtseins schließt alle reale Entstehung von sich aus – und dann hintendrein erst im Menschen zum Bewußtsein herangekrochen wäre. Das Selbstbewußtsein Gottes ist vielmehr das absolut erste, aus dem Natur und Menschheit entsprang, wie die absolute Idee der Grund des Seins und Wesens ist. Der menschliche Geist hat überhaupt zu Gott dasselbe Verhältnis, das der Philosoph zur absoluten Idee hat. Die Philosophie ist freilich nicht die absolute Idee in höchsteigener Person, aber sie ist das Bewußtsein von dem Selbstbewußtsein der absoluten Idee; hierin liegt ihr Unterschied von ihr wie ihre Identität mit ihr. Gott erkennt sich wohl im Menschen selbst, indem der Mensch Gott erkennt, aber dieses Sicherkennen Gottes im Menschen ist nur eine Wiedererkennung, eine Verdopplung seiner ursprünglichen, vom Menschen unabhängigen Selbsterkenntnis; unsre Vorstellungen von Gott, in denen er uns gegenwärtig ist, sind nur Vorstellungen von den Vorstellungen, die Gott von sich selbst hat und in denen er sich selbst gegenwärtig ist.

Da bereits in der Logik und Psychologie H. bei dem Examen, dem ihn B. unterwarf, mit Schande und Spott abgefahren ist, so kann es uns auch nicht im mindesten wundern, wenn er endlich auch mit seinem Naturrecht bei ihm durchfällt. Als Probestück des Geistes seiner Kritik und Auffassungsweise philosophischer Begriffe diene daher nur noch folgendes Beispiel. Der treffliche, ebenso tiefe als wahre Begriff, den Hegel von dem sittlichen Wesen gibt, wie es sich in der Familie verwirklicht, soll der Wirklichkeit widersprechen und folglich nichts taugen, indem „manche Familien sehr verdorben und tief gesunken sind, in anderen bloß einzelne Glieder und nur in sehr wenigen alle Glieder auf einer hohen sittlichen Stufe stehen". Du lieber Himmel! Soll denn der Philosoph den Begriff einer Sache nicht von ihrer wahrhaften, sondern von ihrer lügenhaften, unvollkommnen Existenz abziehen? Soll er das Wesen der Poesie etwa nach den Exemplaren eines Gottsched darstellen? Sollen verkrüppelte Bastarde oder nicht vielmehr die genuinen Erzeugungen die Modelle des Philosophen sein? Sollen ihm nicht die reinsten Bilder bei der Erzeugung seiner Begriffe vorschweben? Wenn B. uns dereinst ein neues philosophisches System geben will, und es schweben ihm bei der Erzeugung seiner Begriffe dieselben Bilder vor, die bei der Kritik H.s ihm vorschwebten, was wird doch das Produkt seiner philosophischen Schäferstunden für ein Geschöpf sein? Daß übrigens B. selbst in der populären Sphäre der Hegelschen Philosophie nicht nur nicht einen richtigen Gebrauch von seiner Vernunft, sondern auch nicht einmal von seinen Augen machte (vgl. Rosenkranz, z. B. p. 108, 109), kann nur dem auffallen, der nicht weiß, daß dergleichen Empiriker, wie B. einer ist, gerade nur da Idealisten sind, wo sie Realisten sein, ihre Sinne öffnen sollten, und gerade da nur Realisten, wo allein der Idealismus die wahre Empirie ist, das einzige Organ, eine Sache in ihrer Wahrheit und Wirklichkeit zu erkennen.[1]

[1] *Im Erstdruck folgt auf besonderer Zeile die Unterschrift* Ludwig Feuerbach

„Jacobi und die Philosophie seiner Zeit. Ein Versuch, das wissenschaftliche Fundament der Philosophie historisch zu erörtern." Von J. Kuhn. Mainz 1834. 558 S.[1]

Die Aufgabe des Verfs.[2] dieser Schrift ist die Darstellung und Beurteilung der Jacobischen Philosophie, um an und vermittelst derselben das Fundament der Philosophie zu bestimmen und zu erörtern. Sein Verhältnis zu Jacobi ist jedoch, wie schon aus diesem Zwecke erhellt, kein rein historisches, sondern ein innerlich bestimmtes. Zwei Momente haben wir daher in seiner Schrift zu unterscheiden: seine Übereinstimmung mit Jacobi und seine eigentümliche Verschiedenheit von ihm.

Seine Übereinstimmung mit dem Pempelforter Philosophen beurkundet der Verf. hinlänglich schon in der ganzen Art und Weise, wie er die neuere Philosophie, die er in das Gebiet seiner Aufgabe notwendig hineinziehen muß, indem die Jacobische Philosophie nur in ihrer Opposition und Relation zu ihr gehörig begriffen und gewürdigt werden kann, auffaßt und beurteilt; denn die Begriffe der Demonstration, des Wissens, des Denkens liegen so, wie J.[3] sie bestimmte, seinen Urteilen als die leitenden Prinzipien zugrunde. Er macht deswegen der neuern Philosophie den Vorwurf, daß sie „das Primitive im menschlichen Bewußtsein ignoriert" (p. 30)[4], daß sie das (im Sinne der Mathematik) demonstrative Wissen für das allein wahre Wissen gehalten habe (p. 64–69, 309–311), daß nur das durch Vorstellungen vermittelte, vom Bedingten zum Bedingten

[1] *In B lautet die Überschrift, auf drei Zeilen gebracht:* Jacobi und die Philosophie seiner Zeit. / Von J. Kuhn. (1835)

[2] Verfassers *B*

[3] *In B ausgeschrieben:* Jacobi. *Derartige Ergänzungen in B zum vollen Namen werden im folgenden nicht mehr eigens vermerkt.*

[4] *In B fehlen diese und die folgenden Seitenangaben.*

fortschreitende und über dasselbe nicht hinauskommende, das endliche[1] äußerliche Wissen ihr Wissen gewesen sei. So heißt es p. 77[2]: „Eine Folge des Cartesianismus war die Einführung der Demonstration in die Philosophie, d. h. des durchgängigen Vermittelns der Vorstellungen und Begriffe durch einander zum Zwecke der Erlangung der philosophischen Wahrheit. Daß ein Gott sei und Dinge außer uns, daß diese in kausalem Zusammenhange stehen, sind Sätze, welche nicht eher für gewiß gehalten werden durften, bis sie bewiesen waren, und aus keinem andern Grunde (?) Wahrheit haben sollten als wegen ihrer Demonstrationen"; p. 83: „Die Existenz Gottes geht nicht unmittelbar aus der Vorstellung von Gott hervor, sondern muß durch einen Schluß daraus abgeleitet werden. Gott *ist* also, sobald nur die Existenz der Vorstellung von ihm in unserm Bewußtsein nachgewiesen werden kann durch einen Schluß." Es ist allerdings nicht zu leugnen, daß die Herrschaft, welche die mathematische Methode nicht nur, sondern auch überhaupt die mathematische Anschauung über die Geister der neuern Philosophen ausübte, nachteilige Wirkungen zur Folge hatte, daß es eine mangelhafte Seite der neuern Philosophie war, daß sie auf ihre Gegenstände die Form der mathematischen Demonstration anwandte. Allein wenn man tiefer auf die philosophischen Systeme der neueren Zeit eingeht, so verschwindet dieser Mangel vor ihrem Inhalte als ein bloßer Mangel in der Form. Denn die Schluß- und Beweisform hat in ihnen nur die Bedeutung einer *subjektiven*, nicht einer realen, objektiven Vermittlung. Die Art, wie der Verf. in den angeführten Stellen den cartesianischen Beweis vom Dasein Gottes auffaßt und ausdrückt, widerspricht daher gänzlich nicht nur dem Geiste, sondern auch sogar den ausdrücklichen wörtlichen Bestimmungen des C[artesius]. Die Gewißheit nämlich, daß Gott ist, ist nicht die Folge eines Schlusses, ist vielmehr *unmittelbar* mit der Idee Gottes selbst gegeben. C. sagt: Das Wesen Gottes allein enthält notwendige Existenz, d. h., das Sein ist unmittelbar mit ihm eins[3]. Nun ist aber das Wesen

[1] *In B folgt Komma.*
[2] p. 77: z. B. *B*
[3] mit ... eins: eins mit dem Wesen *B*

Gegenstand der Idee; es ist also, da im Objekt der Idee zwischen Wesen und Sein kein Mittelglied liegt, das sie als unterschiedene erst verbände, zugleich, unmittelbar mit dem Wesen Gottes seine Existenz Gegenstand der Idee, d. h., eben die Idee von Gott enthält die unmittelbare Gewißheit ihrer Realität und Objektivität in sich. Die Verknüpfung oder Vermittlung der Existenz mit dem Wesen, wie sie die Schlußform enthält, hat keinen andern Zweck, als gerade ihre *unmittelbare* Identität zu zeigen. Die Form des Schlusses verschwindet daher vor dem Inhalt des Schlusses als ein bloßer Notbehelf des Subjekts, der für das Objekt ohne alle reelle Bedeutung ist. Von *dem* unmittelbaren Wissen, das Jacobi selbst auf dem Gebiete des Übersinnlichen geltend machte, wußte freilich Cartesius nichts. So glücklich wie er waren überhaupt die neuern Philosophen nicht. Ihm flogen ja – dem Sonntagskinde – im eigentlichen Sinne die Tauben gebraten in den Mund. Er aß – der vor allen Philosophen Bevorzugte – die Früchte vom Baume der Erkenntnis herab, ohne irgendeines vermittelnden Werkzeugs dazu zu bedürfen; er aß sie herab bloß mittelst der mirakulösen Magie seines auserlesenen Geschmacksinnes, ohne seine Hände, ja, ohne das lästige Gebiß des allzermalmenden Verstandes mit den gemeinen Hunds-[1] und Eckzähnen seiner logischen Begriffe dabei zu applizieren[2]. Cartesius dagegen machte, wie so vielen andern seiner Leidensgefährten und Brüder *in corpore* [von derselben Zunft], die Materie mit ihren fünf Sinnen gewaltig zu schaffen; sie stand ihm als eine Grenze zwischen ihm und der Wahrheit im Wege; denn die Materie abstrahiert von Gott[3]. Um zum Lichte hindurchzudringen, fand er daher kein andres Mittel, als vom Sinnlichen zu abstrahieren, als zu denken, geleitet von dem richtigen Instinkt, daß, wie Empedokles sagte, „das Gleiche nur mit dem Gleichen", das Unsinnliche nur wieder mit dem Unsinnlichen erkannt wird, daß Gott, da sein Wesen un- und übersinnlich, folglich auch sein Sein es ist, nur auf eine ihm korrespondierende, d. i. auch selbst un- und übersinnliche

[1] Schneide- *B*
[2] gebrauchen *B*
[3] abstrahiert . . . Gott: zieht von Gott ab *B*

Weise, also nur durch das Denken, als die einzige objektive, der Natur des Gegenstandes adäquate Tätigkeit im Menschen, ergriffen werden kann; denn was ist das Denken in seiner allernächsten ersten[1] Bedeutung anders[2] als eine Abkehr von der störenden und zerstreuenden Außenwelt, als ein Abstrahieren vom Sinnlichen und ebendamit ein übersinnliches Sinnen? Insofern ist nun allerdings die Idee Gottes und die Gewißheit von seiner Existenz eine mittelbare, denn dazu reicht nicht hin, Augen und Ohren aufzusperren, sie ist vermittelt durch die Abstraktion vom Sinnlichen, durch das Denken. *Ἄνευ ἱδρῶτος οὐδὲν διδόασι θεοί* [ohne Schweiß geben die Götter nichts], am wenigsten die Seligkeit der Überzeugung von ihrem Dasein. Allein mit der Idee Gottes, wenn sie einmal erreicht ist, ist auch alle weitre[3] Vermittlung abgebrochen, denn der Beweis von ihrer Realität ist nur das Mittel, wodurch das Subjekt die *unmittelbare Identität* der Existenz und des Wesens in Gott sich veranschaulicht. „*Quod autem ad Deum attinet*", sagt C. (*Medit. V*), um nur diese eine Stelle anzuführen, „*certe nisi praejudiciis obruerer et rerum sensibilium imagines cogitationem meam omni ex parte obsiderent, nihil illo prius aut facilius agnoscerem: nam quid ex se apertius*[4], *quam summum ens esse sive Deum, ad cujus solius essentiam existentia pertinet, existere* [was aber Gott angeht, sagt C. ⟨usw.⟩, so würde ich, wenigstens wenn ich nicht in Vorurteilen befangen wäre und wenn nicht die Sinneseindrücke mein Denken von allen Seiten mit Beschlag belegten, nichts eher oder leichter als ihn erkennen; denn was ist von sich aus offenkundiger, als daß das höchste Seiende ist, d. h., daß Gott, zu dessen Wesen – und nur zu seinem Wesen – die Existenz gehört, existiert]." Nur wer ganz rohe sinnliche Vorstellungen vom Denken sich macht, kann überhaupt verkennen, daß auch ihm die Unmittelbarkeit zukommt, daß wir gar nichts denken und erkennen könnten, wenn das Denken bloße Vermittlung in sich wäre; denn dann wäre es ja eine mit der Zeit völlig identische Tätigkeit, eine reine

[1] *Fehlt in B.* [2] andres *B*

[3] weitere *B*.

[4] ex . . . apertius *In A gesperrt und kursiv, in B gesperrt. A bringt das ganze Zitat aus Descartes auch sonst kursiv, B normal.*

Sukzession von vorher und nachher, in der die erste Grundbedingung alles Denkens: die Identität mit sich und die Verbindung des Unterschiedenen und Mannigfaltigen in ein Bewußtsein, verlorenginge. Das Denken ist wesentlich die zeitfreie Identität, die simultane Zusammenfassung seiner Vermittlungsreihen: Es ist immer zugleich ein alles Folgende antizipierender, über das Diskursive übergreifender Akt, ein Akt der Intuition. Für das Subjekt entfaltet sich freilich das Denken in einer sukzessiven Reihe von sich gegenseitig bedingenden und voneinander abhängigen Gedanken, aber das betrifft nur die Erscheinung, nicht das Wesen des Denkens, bei dem leider die meisten Menschen den Unterschied zwischen Phänomen und Ding an sich, Erscheinung und Wesen, welchen sie sonst überall so gerne berücksichtigen, sonderbarerweise völlig übersehen. Wenn nun aber schon dem Denken als solchem, als Tätigkeit überhaupt die Unmittelbarkeit zukommt, um wieviel mehr kommt ihm diese in seinem tiefsten Inhalte, in seiner Versenkung in die Idee des Unendlichen, die Idee Gottes, zu, in welcher der sonst gültige Unterschied zwischen Idealität und Realität, Denken und Sein sich aufhebt, wie bei Cartesius in dem ontologischen Beweise?

Es ist daher auch ganz unrichtig, wenn der Verf.[1] p. 24 sagt: „Nach den Systemen der neuern und neusten Philosophie haben die Vorstellungen der übersinnlichen Dinge oder die Ideen zu der Erkenntnis dieser Dinge und zu ihnen selbst dasselbe Verhältnis wie die Vorstellungen im engern Sinne zu der sinnlichen Erkenntnis und ihrem Objekte." Denn steht etwa die Idee Gottes, die darin vor allen andern Ideen nach C. sich auszeichnet, daß sie *notwendige* (d.i. vom Wesen unabtrennbare) Existenz in sich begreift, in demselben Verhältnis zu ihrem Objekte, in dem die Vorstellungen der sinnlichen Dinge, deren Existenz nur eine mögliche und zufällige, also nicht in ihrer Idee enthalten ist, zu diesen sinnlichen Dingen stehen? Oder steht die Idee der Substanz bei Spinoza, die gar nicht anders als *seiend* gedacht werden kann, in demselben Verhältnis zu ihrem Objekte und der Erkenntnis desselben, in welchem die

[1] Verfasser *B. Geringfügige Veränderung, wird im folgenden nicht mehr vermerkt.*

Ideen der endlichen Modifikationen, die gedacht werden können, ohne zu existieren, zu diesen stehn? Findet hier nicht eine wesentliche Differenz statt? Oder haben etwa die Ideen, welche nach Leibniz uns eingeboren sind, weil und wie wir uns selbst eingeboren sind *(„quod ipsi nobis innati sumus")*, deren Bewußtsein eins ist mit unserm Selbstbewußtsein, die wir rein aus uns selbst erkennen („*veritates menti inscriptae omnes ex hac nostri perceptione fluunt* [die dem Geist eingeschriebenen Wahrheiten fließen alle aus dieser Wahrnehmung von uns]"), dasselbe Verhältnis zu ihren Gegenständen als die Vorstellungen, die wir aus den Sinnen schöpfen, die also nur mittelbar mit unserm Selbstbewußtsein verknüpft sind, zu ihren Gegenständen? So unrichtig wie diese sind aber auch die weitern Behauptungen des Verf.s[1], wie z. B., daß der tiefe inhaltsreiche Gedanke des C.: „*Cogito ergo sum*", ein „identischer Satz ist", daß „der Grund (?)[2] seiner Gewißheit der Widerspruch der gegenteiligen Annahme" sei, als wäre dieser Satz des C. nicht gerade deswegen dieser Satz, der er ist, und kein andrer, daß er *durch sich selbst allein*, durch seinen *Inhalt* schlechthin gewiß ist, und als dürfte man jener Stelle bei C., die, oberflächlich genommen, allerdings diesen Mißverstand veranlassen kann, eine solche Bedeutung und Wichtigkeit einräumen als der Verf. Indes der enge Raum, der uns verstattet ist, verbietet uns, weiter in seine Beurteilungs- und Auffassungsweise der Geschichte einzugehen. Nur seine Ansicht vom Pantheismus des Spinoza möge noch kürzlich berührt werden, da über diese so viel beschriene Materie die trivialsten und schlechtesten Vorstellungen im Publikum grassieren und die Ansichten des Vf.[1] hiervon nicht abweichen. „Der Pantheist", sagt er nämlich unter anderm, „liegt ausgestreckt auf dem Boden des Nichtzuunterscheidenden; alle Gestalten fließen ineinander", usw. Wüßte man nicht, daß die meisten gelehrten Herren einen wahrhaft blinden Haß gegen alle wirklichen oder sogenannten pantheistischen Prinzipien hegen, so würde man solche und ähnliche Urteile über Spinoza und andere ihm verwandte

1 Verfassers *B. Geringfügige Veränderung, wird im folgenden nicht mehr vermerkt.*

2 *Fehlt in B.*

Geister für unbegreiflich halten, da, auch nur äußerlich angeschaut, seine ganze Philosophie nichts weiter ist als eine ausführliche Bestimmung von der Differenz zwischen dem Unendlichen und Endlichen. Ist denn nicht schon von vornenherein gleich in den Definitionen dieser Unterschied von Sp. gesetzt? Beruht nicht bei der zugrunde liegenden Identität gerade auf dieser Differenz das Interessante seiner Philosophie? Kommen denn der Substanz nicht *besondere*, sie vor allen Dingen und Wesen auszeichnende und bevorziehende Bestimmungen zu? Ist die Substanz nicht dadurch *besonders* bestimmt, daß sie *allein in sich* ist, daß nur in ihr der Begriff des Seins rein aufgeht, daß nur sie Substanz ist, alle andern Dinge aber nur in ihr sind und bestehen, nur endliche Weisen, d. i. Partizipationen, des Seins sind? Ist nicht das ganze[1] System des Sp. eine innere Gradation von dem absoluten[2] unendlichen Maße des Seins, welches die Substanz ist, bis herab zu den endlichen beschränkten Graden des Seins? Mäht also der Pantheist so ohne allen Unterschied mit der Sichel blinder Notwendigkeit das Endliche nieder? Er huldigt allerdings nicht dem Polytheismus, sei es nun, daß dieser in einen gegenwärtigen Olympus oder in ein fernes zukünftiges Jenseits seine unendlichen Endlichkeiten, seine unsterblichen Individuen versetzt; er vergöttert nicht das Endliche; er sagt nicht wie der Dualist: Gott *und* das Endliche ist, als käme beiden gleiche Realität zu, als wäre beider Sein auf gleiche Weise gewiß; er gibt jedem nach seinem Maße, dem Unendlichen unendliches, dem Endlichen endliches (beschränktes, negatives) Sein. Hebt also der Spinozismus den Standpunkt der Erfahrung auf, wie der Verf. meint? Er hebt ihn nicht nur nicht auf, sondern er braucht ihn auch nicht aufzuheben, denn die Erfahrung lehrt selbst sowohl im Gebiete der Natur als Geschichte, daß die einzelnen endlichen Dinge und Wesen sich selbst aufheben, vergänglich sind, daß ihnen nur ein *gewisses*, d. i. negatives, aber kein gottgleiches, unsterbliches, absolutes Sein zukommt. Und diese Gradation des Seins beruht nicht etwa, wie die unterschiedenen Attribute des Denkens und der Ausdehnung, die nur aus der Cartesischen Philosophie

[1] Ist ... ganze: Enthält nicht das *B*
[2] *In B folgt Komma.*

aufgenommen sind,[1] auf der zufälligen, der Substanz äußerlichen Unterscheidungstätigkeit des Subjektes, sondern sie liegt in dem ursprünglichen Begriffe der Substanz, als welche[2] nicht eine leere, kahle und flache Identität, sondern die Fülle alles Seins, der gedrängte Inhalt, der rein geistige Extrakt, die Quintessenz, die ausgesuchte[3] Anthologie der Wirklichkeit, die reiche, unergründliche[4] Schatz- und Fundgrube aller Realität und Perfektion, die unerschöpfliche Quelle unendlicher Arten und Weisen des Seins ist. Das nähere Prinzip der Gradation und damit das reale Medium zwischen dem Unendlichen und Endlichen ist aber bei Sp. der Modus, der von ihm in den unendlichen und endlichen unterschieden wird, so daß der Modus also der verbindende Gattungsbegriff ist, indem die beiden entgegengesetzten Begriffe des Endlichen und Unendlichen von ihm prädiziert werden. Zunächst ist nämlich der Modus allgemeine, (im Sinne des Sp.) undeterminierte Bestimmtheit und insofern eins mit der Substanz; aber da er überhaupt Bestimmtheit ist, so ist er zugleich die Quelle näherer,[5] speziellerer und dadurch die einzelnen endlichen Dinge in ihrer Mannigfaltigkeit und Verschiedenheit begründender Bestimmtheit.

Sosehr übrigens der Verf., um auf ihn wieder zurückzukommen, in seinen Urteilen über die neuere und neuste Philosophie, abgesehen von andern Punkten der Übereinstimmung, von Jacobis Ansichten bestimmt ist, so nimmt er doch darin einen völlig eigentümlichen Standpunkt ein, daß er „die Möglichkeit einer Wissenschaft des Absoluten auf dem Grunde des Relativen" (p. 338) statuiert, daß er die Philosophie J.s als das Glied eines Gegensatzes, als ein Extrem, auffaßt und daher die Kluft, die J. zwischen dem mittelbaren und unmittelbaren Wissen machte, durch Verbindungsmittel auszufüllen sucht – ein Bestreben, dessen Verdienstlichkeit unbedenklich anzuerkennen ist. So sagt der Vf. ganz richtig p. 422: „Jeder reale Wissensakt stellt das ganze Bewußtsein auf eine besondere Weise dar";

[1] ,wie ... sind, *Fehlt in B.*
[2] als welche: nach welchem sie *B*
[3] der gedrängte ... ausgesuchte: die Quintessenz und *B*
[4] reiche, unergründliche *Fehlt in B.*
[5] *Fehlt, mitsamt dem Komma, in B.*

p. 420: „Mittelbares Wissen und unmittelbares Wissen sind, für sich genommen, nichts, kommen auch niemals rein als solche vor, sind bloße Momente oder Pole eines ungeteilten Ganzen." [1] Die Weise nun, wie der Vf. das Mittelbare und Unmittelbare miteinander zu vereinbaren sucht, mag aus folgender Stelle erhellen: „Das Unveränderliche an der menschlichen Erkenntnis wird nicht in der Art unmittelbar erkannt, wie Jacobi will, der diesem Worte die möglichst strengste Bedeutung gibt und dadurch, als durch eine ewige Kluft, die unmittelbare Erkenntnis und ihr Objekt von der mittelbaren Erkenntnis und ihrem Objekte trennt. Denn das Unveränderliche besteht ja nicht schlechthin für sich, sondern an (?) dem Veränderlichen, und die Nachweisung desselben an diesem ist zwar nur durch einen *salto* [Sprung], also gleichfalls unmittelbar möglich, aber darum noch nicht durch einen *salto* aus dem Leeren, sondern aus einem Gegebenen, dergestalt, daß das Mittelbare *Schwungkraft* (?) und *Richtung* (?) zugleich zum Unmittelbaren gibt. Darin nur, nämlich aus einem gegebenen Mittelbaren, nicht in ununterbrochener Schlußreihe, also auf mittelbare Weise, sondern in einer freieren, aber gleichfalls bestimmten Weise zum Unmittelbaren zu gelangen, besteht das eigentliche Wesen der Spekulation gegenüber der Demonstration" (p. 45). „Das mittelbare Wissen und Erkennen bleibt das natürliche Vehikel, um das Unmittelbare mittelbar und unmittelbar zugleich zu erkennen" (p. 48 und 407). Indes dürfte dieser schwierige Knoten von dem Verfasser wohl schwerlich befriedigend aufgelöst sein. Er scheint dies auch selbst gefühlt zu haben, wenn er sagt: Dieses Problem, nämlich das richtige Verhältnis des primitiven und abgeleiteten Bewußtseins, „*ganz* zu erklären wird niemals möglich sein; denn soweit man auch darin vordringen mag und gerade je weiter man kommt, desto näher rückt ein Punkt, der ein absolutes Geheimnis bezeichnet" (p. 409 u. p. 50). Übrigens ist es freilich schon an und für sich selber ein höchst gewagtes und mißliches Unternehmen, von dem unmittelbaren Wissen, wie Jacobi es bestimmte, [2] auch nur einen Übergang zum mittelbaren Wissen auffinden zu wollen,

[1] – ein Bestreben, dessen ... ungeteilten Ganzen." *Fehlt in B.*
[2] , wie ... bestimmte,: Jacobis *B*

da gerade in seiner rigorosen Ausschließlichkeit, in seiner unvermittelbaren, lediglich mit der Persönlichkeit, dem Gefühl identischen Subjektivität das eigentümliche Wesen des[1] unmittelbaren Wissens, das am Ende doch nichts ist als eine Idiosynkrasie der neuern Zeit, enthalten ist.[2]

[1] dieses *B*
[2] *In A folgt auf neuer Zeile die Unterschrift:* Ludwig Feuerbach

„Die Philosophie des Rechts nach geschichtlicher Ansicht." Von Friedr. Jul. Stahl. Erster Band: „Die Genesis der gegenwärtigen Rechtsphilosophie." Heidelberg 1830. XVI. 362 S. Zweiter Band: „Christliche Rechts- und Staatslehre." Erste Abteilung. Heidelberg 1833. XVI, 344 S.[1]

Nachdem der Verf. in dem ersten Bande zur niederschlagenden Beschämung der menschlichen Vernunft, die nun, für immer gewitzigt, sich nicht mehr unterstehen wird, auf eigne Faust zu spekulieren, die großen Philosophen, ehemals die Götzen ihrer Zeit, namentlich einen Spinoza (S. 62–67)[2], Fichte und Hegel, als gottlose Heiden aus dem Reiche des zeitlichen und ewigen Lebens in das scheol [Schattenreich] der dürren toten Abstraktion hinabgeschleudert und hiermit den negativen und theoretischen Beweis von den Schwächen der Vernunft geliefert hat, so folgt denn nun in dem zweiten, positiven Teile, dem wir daher auch wegen seiner größern Wichtigkeit aus Mangel an Raum allein diese Anzeige bestimmt haben, der praktische und positive Beweis, den er jedoch – und zwar ganz konsequenterweise – hier nicht mehr von der Vernunft anderer, sondern seiner eignen ablegt. Der Verf.[3] geht nämlich bei seiner Philosophie von den Prinzipien des Christentums aus, und er mußte daher, nachdem er die Splitter in den Augen der andern aufgezeigt hat, die Balken in seinem eignen Auge öffentlich zur Schau tragen, um so mehr, als eben gerade diese Balken die einzigen festen Stützen seines philosophischen Gebäudes sind. Denn hätte er nicht da[4] Blößen seiner eignen Vernunft aufgedeckt, so

[1] *B ist das erste Stück der drei* „Kritiken des modernen Afterchristentums". *Die Überschrift lautet in B, auf sechs Zeilen gebracht:* Kritiken des modernen Afterchristentums/I/Kritik der „Christlichen Rechts- und Staatslehre"/(Von Fr. Jul. Stahl 1833)/1835.

[2] *Seitenangabe fehlt in B.*

[3] Verfasser *B. Geringfügige Veränderung, wird im folgenden nicht mehr vermerkt.*

[4] die *B*

wäre er ja als die Instanz übriggeblieben, an welche die menschliche Vernunft, nachdem sie doch bereits in dem ersten Teile den Prozeß verloren, noch immer und gewiß mit Erfolg hätte appellieren können. Erkennen wir hierin die tiefe Ironie des Verfassers! Die Philosophen sind gefallen durch eine fremde Hand. Er aber fällt durch seine eigne; er stirbt den Tod des Helden, den Tod des Märtyrers, um die Wahrheit seiner Philosophie, daß es mit der Vernunft nichts ist, mit seinem Blute zu besiegeln.

Doch zur Sache! Das Buch beginnt auf eine wunderlich-pathetische Weise – indes wir abstrahieren von einer Charakteristik seiner subjektiven Beschaffenheiten, wir beabsichtigen lediglich eine Kritik der Sache – von[1] der Freiheit und Persönlichkeit Gottes als dem Prinzipe, an welches von nun an die Philosophie und die Wissenschaften überhaupt angebunden werden sollen. Die bisherigen Begriffe der Philosophie von der Freiheit sind aber nach dem Verf. nur negative Begriffe, so auch der Begriff der Selbstbestimmung. „Auch das notwendig Wirkende, das Gesetz, der Mechanismus, ist nicht von anderem bestimmt" (d. h. also, nach des Verfs. Theorie wird die Uhr nicht von einem andern, sondern von sich selbst aufgezogen)[2]. „Der positive Begriff der Freiheit ist, daß dieses eigne Wesen, welches von keinem andern bestimmt wird, auch ein schöpferisches sei, *d. i.*, daß ihm eine *unendliche Wahl* zukomme." „Freiheit ist Wahl." „Bei der Vorstellung der Freiheit stellt sich unserem Bewußtsein auch die der Wahl unzertrennlich dar. Wer keine Wahl hat, den wird niemand frei nennen." Schon in ihrem Anfange gibt die sogenannte positive Philosophie des Verfs.[3] ein augenfälliges Beispiel von der grenzenlosen[4] Oberflächlichkeit und Unwahrhaftigkeit, mit der sie die bereits vorhandnen tiefen Bestimmungen der Philosophie von der Freiheit auffaßt. Von der Selbstbestimmung (der Spontaneität)[5], um nur bei dieser als der allgemeinsten Bestimmung stehenzubleiben, ist unzertrennlich die Aktuosität. Mit dem Begriffe eines

[1] auf eine wunderlich . . . Sache – von: mit *B*

[2] (d. h. also . . . aufgezogen) *Fehlt in B.*

[3] des Verfs. *Fehlt in B. Davor in B:* „positive Philosophie"

[4] *Fehlt in B.*

[5] (der Spontaneität) *Fehlt in B.*

bestimmt seienden Wesens wurde von jeher in der Philosophie der Begriff eines passiven, mit dem Begriffe aber eines sich selbst bestimmenden der Begriff eines durch und aus sich selbst aktiven Wesens verbunden. Man denke z. B. nur an die Leibnizischen Monaden. Der Begriff des Geistes, des Lebens (im allgemeinen), der aus sich selbst zeugenden und schaffenden Kraft, ist also identisch mit dem Begriffe der Selbstbestimmung. Dem Verf. aber ist die Selbstbestimmung eins mit Nicht-von-anderm-bestimmt-Werden und daher, aus dem ganz natürlichen Grunde, weil er sie nur negativ auffaßt und ausdrückt, ein negativer Begriff, gleichwie jeder positive Satz, negativ ausgedrückt, nichtssagend ist. Die ursprünglich in dem Begriffe der Selbstbestimmung schon enthaltene und mitgedachte Bestimmung der schaffenden Tätigkeit bringt er erst, nachdem er sie eigenmächtig daraus weggelassen hat, hintennach herbei, und zwar als eine *besondere*, aparte Bestimmung, und verbindet dann nach seiner leicht-fertigen Manier durch ein gedankenloses „*d. i.*"[1] das Schaffen mit dem Wählen, als verstünde sich deren Einheit von selber. Die Art, wie der Verf. die Philosophie versteht und beurteilt, besteht überhaupt darin, daß er durch die eigne Seichtigkeit seiner Auffassung ihre Ideen auf das Minimum ihres Inhalts reduziert, daß er gerade den Kern aus ihnen herausfallen läßt und nur die leere Schale in seinen Händen behält, um dann die eignen Bestimmungen als die wahren positiven Bestimmungen hineinlegen zu können. Das Schönste aber dabei ist, daß der sogenannte negative Begriff immer gerade der positive wahre Begriff, dagegen der sogenannte positive Begriff nicht nur der allernegativste, dürftigste Begriff, sondern vielmehr die der Sache unangemessenste, die begriff- und gedankenloseste Bestimmung ist, die man sich nur immer vorstellen kann. Denn was soll man dazu sagen, wenn man liest, daß die Wahl der positive Begriff der Freiheit, ja, der absoluten Freiheit Gottes sein soll? Die Wahl ist so wenig Freiheit, daß gerade nur in der *Negation* der Wahl die Freiheit besteht, daß akkurat da, wo die Wahl aufhört, die Freiheit anfängt. Wahl macht Qual. Frei fühlt sich der Mensch nur da, wo er es zum Entschluß, zur Entscheidung, zu *bestimmten*,

[1] das ist *B*

das Gegenteil, ja, die Möglichkeit des Gegenteils ausschließenden Handlung gebracht hat, frei fühlt er sich nur im *Tun*, aber nicht im Wählen, frei also nur in der Kraft der Selbstbestimmung, in der Energie, die Wahl aufzuheben, sich selbst seine Notwendigkeit zu sein. Die lebendige Tat, der positive Begriff der Freiheit, ist die *Selbstbestimmung*, die Wahl nur ein der Freiheit, wie sie am Endlichen, im menschlichen Individuum erscheint, voraus- und entgegengesetzter, ein auf Unbestimmtheit und Unentschiedenheit, also auf einem Mangel beruhender, folglich ein aufzuhebender, endlicher Zustand – ein Zustand, keine Tat, keine Energie. Der göttlichen Freiheit wird daher der Mensch nur in solchen Momenten des Lebens teilhaftig, wo seine Handlungen, Worte, Empfindungen, Gedanken den Charakter der absoluten Bestimmtheit, d. i.[1] der Notwendigkeit, an sich tragen. Der schöpferische Geist des Menschen ist, wenn und indem er wählt, aus sich herausgerissen, in einem unseligen Mittelzustand zwischen Schaffen und Nichtschaffen. Nur da fühlt der Mensch sich frei, wird er die Kraft des Schaffens auf eine beseligende Weise inne wo seine Empfindungen und Gedanken die Möglichkeit des Andersseins ausschließen, wo sie mit ihrem Gegenstand identische, d. i. notwendige, sind, wo sein Kopf kein Lexikon ist, in dem er aus einer Menge gleichbedeutender oder verwandter Ausdrücke den passendsten nach Gutdünken auswählt, sondern ein geistvolles Kollektaneenbuch sozusagen, in dem lauter *ἅπαξ λεγόμενα* [einmalige Aussprüche] vorkommen. Aber der Mensch erhebt sich vermöge der Schranke seiner Individualität nie,[2] auch in den Momenten der höchsten Freiheit, in den Momenten seiner geistigen Schöpfungen, nicht[3] in das ungetrübte Gefühl und Bewußtsein der absoluten Vollkommenheit und Notwendigkeit, es bleibt ihm immer noch im Hintergrunde das, wenngleich schwache, Gefühl der Möglichkeit des Anders- und Besserseins übrig. Wahl ist also ein unverkennbares Zeichen der *Beschränktheit* eines Wesens. Das Genie trifft mit einem Schlage den Nagel auf den Kopf; es wählt nicht.

[1] das ist *B*
[2] *Fehlt, mitsamt dem Komma, in B.*
[3] nur selten *B*

Es ist richtig: Die Auswahl, die der Verf. nach seiner unzuverlässigen, schwankenden, begrifflosen Konfusionsmethode nicht von Wahl unterscheidet, bedeutet im Leben soviel als Reichtum. „Freiheit", sagt der Vf., „ist Reichtum, aber nicht ein Reichtum des Besitzes, sondern der Erzeugung" – ein Zusatz, der jedoch hier nicht in Betracht kommt –, und als einen „unwiderleglichen" (?) Beweis von dem Dasein einer unendlichen Wahl führt er ein Beispiel ihrer Wirkungen an, nämlich dies, daß es „unzählige Steine und Muscheln und Gewächse und unzählige menschliche Individualitäten gibt"! Es ist richtig, wer eine reiche Garderobe hat, ist nicht beschränkt und abhängig wie der arme Teufel, der nur einen Rock im Vermögen hat und daher, wenn er zerrissen ist, beim schönsten Wetter zu Hause bleiben muß, wenn er gleich herzlich gerne ausgehen möchte. Der Reiche kann, frei vom Zwange der Not, nach Belieben zwischen diesem oder jenem wählen; aber *diese* Freiheit ist selbst nur eine *beschränkte*, fällt selbst in das Gebiet der Unfreiheit hinein; nur in bezug auf das Besondere, auf dieses oder jenes Individuum, aber nicht in bezug auf die *Sphäre*, die Gattung, zu der diese Individuen gehören, ist er frei (also z. B. wohl frei in *der* Beziehung, ob er heute den schwarzen, den roten oder blauen Rock anziehen will, aber nicht frei in bezug auf den Rock selbst)[1]. Reichtum ist ebensogut Abhängigkeit als Armut. Die Auswahl, der Reichtum setzt eine Fülle an zwar der Beschaffenheit nach verschiedenen, aber doch im *Wesen gleichen* Dingen voraus. Aber gerade dieser Überfluß deckt die Blöße des Reichtums auf, zeigt ihn in seinem Elend, seiner Nichtigkeit und Geistlosigkeit. Dem Geiste genügt vollkommen ein einziges Individuum aus einer Fülle *wesens*gleicher Dinge. Und der Mensch ist daher gerade darin frei, daß er sich nur auf das Notwendige beschränkt. Die Armut eines Diogenes ist ein würdigeres und richtigeres Beispiel der Freiheit als der Reichtum eines Krösus[2]. Wir sehen daher die positive Philosophie schon in ihrem obersten und wichtigsten Begriffe in ihrer ganzen Eitelkeit und Nichtigkeit. Statt uns mit dem Begriffe der Freiheit in das Gebiet des Geistes zu

[1] *In B das Vorstehende nicht in Klammern.*

[2] Crösus *B*

erheben, führt sie uns vielmehr, um unsre Augen mit dem nur einer kindischen Phantasie imponierenden Farbenreiz einer unendlichen Mannigfaltigkeit zu blenden, in einen Galanteriewarenladen als den angemessensten Platz, wo sie ihre tiefen Mysterien von der Schöpfung der Welt auskramen kann. „Es ist notwendig", sagt der Verf., „daß die Schöpfung göttlich ist. Aber es war nicht notwendig, daß die Schöpfung gerade diese wurde, die sie nun wirklich ist; Gott konnte die unermeßliche Fülle seines Wesens auch in anderer und der mannigfachsten Weise offenbaren." Welch ein kindischer Gedanke! Als wäre das Wort Gottes, die Welt, nicht ein *ἅπαξ λεγόμενον* [einmaliger Ausspruch], als wäre Gott nicht gerade deswegen Gott, weil, was er schafft, schlechterdings so ist, wie es sein soll, d. i.[1] absolut der Idee gleich und gemäß, und daher da, wo zwischen dem Begriff und dem Objekt, zwischen der Idee und dem Produkt oder dem Dasein eine absolute Identität stattfindet, nicht alle Möglichkeit des Andersseins, folglich alle Auswahl und Mannigfaltigkeit ausgeschlossen. Nur dem Elend, der Not des materiellen Daseins verdankt die Mannigfaltigkeit ihren Ursprung. So kommt die Mannigfaltigkeit der menschlichen Individualitäten nur daher, daß kein einzelnes Individuum wegen seiner Beschränktheit der adäquate Ausdruck der Idee, der Gattung ist und daher die Natur den Mangel der einen Existenz durch die Schöpfung eines andern Wesens zu ergänzen sucht, um durch diese Mannigfaltigkeit im Dasein die Einheit des Wesens darzustellen. Alle Varietät existiert nur für die sinnliche Anschauung; in der wahrhaften, der göttlichen Anschauung ist sie nur der Ausdruck des einfachen, sich überall gleichen Wesens. Vor Gott machen die unzähligen mannigfaltigen Menschen nur *ein* Wesen, d. i.[1] *den* Menschen, aus.

Ebenso wie die Auswahl, d. i.[1] die *unbestimmte* Wahl, die Wahl zwischen bloß Verschiedenem, fällt aber auch die Wahl als *bestimmte* Wahl, als Wahl zwischen Entgegengesetztem, in das Gebiet der gemeinsten Empirie. Der Verf. sagt selbst richtig – ein Gedanke, den er jedoch offenbar nicht seiner Philosophie verdankt, sondern der ihm glücklicherweise gerade noch zur rechten Zeit aus irgendeinem

[1] das ist *B*

Katechismus eingefallen ist –[1]: „Gott ist allerdings auch eine (so? das ist nur eine?)[2] Möglichkeit versagt ... die Möglichkeit des Ungöttlichen." „Er kann nicht zugleich das Böse (absolut) wollen." „Die Wahl zwischen gut und bös ist allerdings bei Gott nicht und ist gerade ein Widerspruch gegen die Freiheit, sondern Wahl überhaupt (?), und zwar unendliche schaffende Wahl." Allein da in Gott keine Wahl zwischen gut und bös, diesen sittlichen Gegensätzen, ist, so ist in ihm überhaupt keine Wahl zwischen Gegensätzen, denn Nichtschaffen (I. B. 313, 325) – oder wie man sonst die Gegensätze der Wahl ausdrücken will – ist für Gott ebensogut eine Impotenz, ein Mangel, ein rein Negatives wie das Böse; folglich ist in ihm gar keine Wahl, denn Wahl ist nur denkbar zwischen Verschiedenen[3] oder Entgegengesetzten[4]. Im Endlichen ist die Negation einer positiven Bestimmung selbst wieder etwas Bestimmtes, Positives, kein rein Negatives; die Gegensätze sind in ihm beide Realitäten. Aber ebendeswegen kann auch nur im Endlichen Wahl stattfinden; denn wie sollte da, wo das eine ein rein Negatives, das andre ein rein Positives ist, die Wahl Platz haben? Der Esel Buridans steht in der Mitte zwischen Heu und Wasser, die beide für ihn Realitäten sind, und das *plus* oder *minus* derselben bestimmt[5] nur der intensivere Grad des Durstes oder Hungers[6]. Aber die Negation einer Bestimmung, wie sie in Gott ist und gedacht wird, ist eine reine bloße Negation, denn die Realitäten in Gott sind nicht einseitige, sondern absolute, darum gegensatzlose Realitäten. So ist Nichtschaffen im Endlichen ein positiver Zustand, eine Realität: Ruhe, Erholung; aber in Gott ist *nur* Schaffen. Das Nicht-können-nicht-Schaffen, gerade das ist die absolut positive Kraft Gottes, seine Freiheit, gleichwie das Nicht-anders-sein-Können, die unbedingte Verneinung der Möglichkeit irgendeines Andersseins, das absolute Sein Gottes ausmacht. Wahl und Auswahl sind also durch und durch, schlechterdings Gottes unwürdige Bestimmungen – Bestimmungen,

[1] – ein Gedanke, den ... eingefallen ist – *Fehlt in B.*
[2] (so? ... eine?) *Fehlt in B.*
[3] Verschiedenem *B*
[4] Entgegengesetztem *B*
[5] kann vernünftigerweise *B*
[6] *In B folgt Zusatz:* bestimmen

von denen wir nicht dieses oder jenes, sondern die wir selbst ganz und gar ohne alle Schonung fahren lassen müssen, um uns zur Idee Gottes und der Freiheit auch nur erheben zu *können*. Durch die Prädikate „unendlich, schaffend, zeugend", wodurch sie spezifisch von der menschlichen Wahl unterschieden werden sollen, werden sie nicht fähig, die göttliche Natur auszudrücken, weil sie ihren[1] Wesen nach, *toto genere*, ihrer unwürdig und von ihr abgetrennt sind und es überdem im höchsten Grade gedankenlos ist, Bestimmungen, die in die Sphäre der äußersten Endlichkeit hineinfallen, das Prädikat des Unendlichen anzukleben. Das Endliche hat nur einen Sinn in der Schranke seiner Bestimmtheit, so auch die Wahl. Die unendliche, die schaffende Wahl ist daher eine leere Phrase, ein Unding.[2]

[3]Nachdem nun also der Verf. mit apodiktischer Gewißheit in den wunderschönsten Phrasen das Wesen der Freiheit in die Wahl gesetzt und so das schwierige Kapitel von der Freiheit mit leichter Mühe abgefertigt hat, kommt ihm plötzlich S. 26[4], wie ein Pudel, der seinen Herrn verloren hat, der leidige Begriff der Notwendigkeit zwischen die Beine gelaufen. Die Wahl wurde angewandt, um die Notwendigkeit von Gott auszuschließen, gleichwohl ist dieser Begriff aber wie ein zudringlicher Gläubiger, der seine Forderungen in aller Strenge geltend macht. Es wäre besser, denkt der Verf. bei sich im stillen, wenn dieser Begriff gar nicht wäre, aber da er nun einmal leider Gottes ist und als eine unleugbare Realität sich dem menschlichen Bewußtsein aufdringt, so muß man ihm doch auch, wenigstens *honoris causa* [ehrenhalber], eine Stelle in der Philosophie zu verschaffen suchen. Man denkt vielleicht, daß der Verf. über das Plätzchen, das er der Notwendigkeit einräumen soll, in große Verlegenheit geraten wird, aber man irrt sich. Er placiert ohne allen Anstand bloß vermittelst des Machtspruchs: „Gottes Freiheit ist durchaus nicht dasselbe mit der Notwendigkeit, in keiner Beziehung, aber doch mit ihr geeint", zur Rechten

[1] ihrem *B*

[2] *In A folgt auf einer besonderen Zeile:* (Die Fortsetzung folgt). *Die Fortsetzung beginnt dort Spalte 9.*

[3] *Darüber in A auf zwei Zeilen Wiederholung der Überschrift bis* Stahl. *Darunter auf einer Zeile:* (Fortsetzung)

[4] *Fehlt in B.*

Gottes die Freiheit, zur Linken die Notwendigkeit. Wundre sich keiner darob und frage, *wie* die Notwendigkeit mit der Freiheit zusammenhänge. Die Freiheit, die Freiheit und nochmals die Freiheit ist ja von nun an das Prinzip der Welt und der Wissenschaft, nicht der triste, rigorose, langweilige Vernunftzusammenhang, der vielmehr „für immer entfernt und abgehalten werden soll" (S. 19)[1], und der Mensch ist das Ebenbild Gottes, der absoluten Freiheit. Und das Ebenbild stellt sein Urbild in der Wissenschaft darin dar, daß der Grund dieser Verknüpfung der Notwendigkeit mit der Freiheit, sowie der Verbindung aller andern Prädikate mit ihren Subjekten, nicht Gesetz, Vernunft, Notwendigkeit, sondern der Wille, die freie Tat, der lebendige Entschluß des Ebenbildes ist, das im Besitze seiner unendlichen Wahlfülle ebenso wie die Notwendigkeit auch irgendeinen andern beliebigen Begriff mit der Freiheit hätte verknüpfen können. Zwar gibt sich die positive Philosophie, um den Vorwurf der Willkürlichkeit nicht an sich kommen zu lassen, auch den Schein von Deduktionen und Vermittlungen, aber sie verdeckt die erste Willkürlichkeit immer nur durch eine zweite, noch gröbere Willkürlichkeit. Durch ganz fremde, mit den Haaren herbeigezogene Bestimmungen sucht sie nämlich zwei an sich unvereinbare[2], nur durch die gesetz- und gedankenwidrigste Willkür zusammengeflickte Begriffe miteinander zu vermitteln. So sucht denn auch hier[3] der Verf. scheinbar die Freiheit mit der Notwendigkeit in einen Zusammenhang zu setzen, und zwar dadurch, daß er die Prädikate „der Bestimmtheit und Unveränderlichkeit Gottes" zwischen jene zwei heterogene[n] Begriffe einschiebt (S. 25, 26)[4]. „Die Person", in dieser Weise macht der Verf. seinen Übergang von der Freiheit zur Notwendigkeit, „ist ein bestimmtes, an Kräften und Eigenschaften reiches Wesen und ist selbstbewußter Geist." Aber – abgesehen von diesem letzteren[5] komischen[6] Nachsatz, demzufolge das Wesen der

1 *Fehlt in B.*
2 zwei . . . unvereinbare: entgegengesetzte *B*
3 *Fehlt in B.*
4 (S. 25, 26) *Fehlt in B.*
5 letztern *B*
6 *Fehlt in B*

Person, der selbstbewußte Geist, als eine besondre[1], nachträgliche Eigenschaft erscheint – ist denn der Stein, der Baum, das Tier nicht auch ein bestimmtes, an Kräften und Eigenschaften reiches Wesen? Ist diese Bestimmung aus dem Begriffe der Freiheit und Persönlichkeit abgeleitet? Ist damit etwas Bestimmtes, Besonderes von ihr ausgesagt? Oder sind wir nicht vielmehr plötzlich aus dem Gebiete der Freiheit in das Gebiet der Botanik, Mineralogie und Zoologie versetzt? Wie hängen denn überhaupt die Begriffe des Wesens und der Bestimmtheit mit dem Begriffe der Persönlichkeit zusammen? Jacobi sagt: „Meine Philosophie fragt: *Wer* ist Gott?, nicht: *Was* ist er?", und spricht dadurch die große Differenz zwischen diesen Begriffen deutlich genug aus. Der *terminus medius* zwischen dem Begriffe eines bestimmten Wesens und der Persönlichkeit, das Band also zwischen der Freiheit und Notwendigkeit[2], ist bei dem Verf. daher nicht ein *bestimmter Gedanke*, nicht ein vernünftiger Grund, nicht logischer Zusammenhang, sondern, im Gegenteil, die gedankenlose Willkür, die später auch die Persönlichkeit Gottes auf die nämliche gesetzlose Weise mit der Dreieinigkeit verknüpft, obgleich Gott ganz in dem antitrinitarischen Sinne eines Jacobis[3] von dem Verf. als persönlicher gefaßt und bestimmt wird. Aber dergleichen Widersprüche und Gesetzlosigkeiten inkommodieren natürlich nicht das laxe Gewissen der positiven Philosophie des Verfs.[4] Sie ist ja schon von Hause aus nichts weiter als eine willkürliche Komposition von den widerstreitendsten Elementen, die man sich nur vorstellen kann, nämlich von Vorstellungen 1. aus der Persönlichkeitsphilosophie Jacobis (vergl. z. B. auch I. B., S. 53–55, wo die Entgegensetzung des Logischen und Geschichtlichen fast verbotenus [wörtlich] mit Jacobis Lehre von der logischen Identität des Grundes und der Folge im Gegensatze gegen die reale Kausalität übereinstimmt), 2. aus der Naturphilosophie Schellings, die oft plötzlich, aber in ganz entstellten, kaum mehr kenntlichen Zügen (z. B. oben[5] in den Ansichten über den Mechanismus) aus dem

[1] besondere *B*
[2] Freiheit . . . Notwendigkeit: Notwendigkeit und Freiheit *B*
[3] Jacobi *B*
[4] des Verfs. *Fehlt in B.*
[5] *Fehlt in B.*

Hintergrunde hervortritt, 3. aus der Leibnizischen Philosophie von den unendlichen möglichen Welten, unter denen Gott diese wirkliche zur Hervorbringung auswählte, 4. aus der kirchlichen Orthodoxie und Symbolik, 5. aus dem eignen Kopfe des Verfs., ***quantum satis*** [soviel als hinreicht]. Und ihr oberstes Prinzip selbst, wenn wir durch ihre Machinationen und sophistischen Intrigen ihrer unbestimmten, ausweichenden, nie bei der Klinge bleibenden, aalschlüpfrigen, faselnden[1], schlupfwinklichen Methode hindurch mit penetranten Blicken ihr auf den Grund schauen und die Sache in geraden teutschen[2] Worten beim rechten Namen nennen wollen, ist nichts als der von der Vernunft abgetrennte, durch sie nicht bestimmte, für sich selbst als Realität fixierte Wille, d. h. die *absolute Willkür*, die unter dem schönen Namen der Freiheit als das höchste Wesen auf den Thron gesetzt wird. Wenn man der Philosophie, die der Verf. nach seiner Konfusionsmanier immer die rationalistische nennt – als wäre die Philosophie nicht allein sich selbst gleich, ebenso weit von Mystik als dem sogenannten Rationalismus entfernt, als wäre sie nicht, wie doch die Erfahrung beweist, auf gleiche Weise von den Rationalisten wie von den Mystikern stets mißverstanden und angefeindet worden –, den Vorwurf macht – ob es ein Vorwurf ist, lassen wir hier dahingestellt sein –, daß sie die Vernunft – doch wohl nicht die Vernunft, wie sie im Individuum als ein gewisses Quantum von Denkkraft und Erkenntnis erscheint, sondern wie sie an und für sich selber in ihrem wahren Wesen ist – zu Gott macht, so trifft die positive Un-philosophie dagegen der gegründete Vorwurf, daß sie die Impotenz, das Unvermögen, logisch, d. i. vernünftig, notwendig, zu denken, daß sie die Geistesschwäche, die Ideenassoziationskraft der träumerischen Phantasie, d. i. die Zufälligkeit und Willkürlichkeit des Denkens, außer sich als absolute Macht verselbständigt, um sich über sich selbst zu beruhigen und zu trösten. Die Bestimmungen und Ausdrücke, die den Begriff der Willkür von Gott abzuhalten scheinen, wie die Begriffe der Bestimmtheit, der Notwendigkeit, sind nur die feine Baumwollenemballage, die um das köstliche, aber höchst zerbrechliche

[1] *Fehlt in B.*
[2] deutschen *B*

Idol der göttlichen Wahlfreiheit oder Freiwilligkeit[1] herumgewickelt wird, um es vor Druck und Stoß einer kräftigen Kritik wohl zu verwahren; sind nur äußerliche Dekorationen, die bloß in den Fällen der dringendsten, lebensgefährlichsten Not die positive Philosophie von der negativen, aber nur auf einige Augenblicke, *erborgt*, um sich vor dem ungläubigen Pöbel damit in Respekt zu setzen; sind nur Komplimente, die das Ebenbild Gottes dem rationellen Menschen deswegen macht, weil beide in einem zwar sehr lockern, doch gewissermaßen kollegialischem[2] Verhältnis zueinander stehen und es die Weltklugheit und Konvenienz erfordern, wenn man auch innerlich sich spinnenfeind ist, wenigstens im Äußern das Dekorum[3] zu beobachten; sind nur amikale [freundschaftliche] oder vielmehr schmeichelhafte Handschreiben an die Vernunft, des Inhalts, sie möchte doch ja nicht bei dem Worte „Willkür" an Willkür denken und etwa sich einbilden, daß damit der ihrem Stande gebührenden Ehre etwas hätte derogiert werden sollen; um sie vollkommen zu satisfazieren, sei man sogar auf der Stelle bereit, statt des Wortes „Willkür" das delikatere Wort „Wahl", ja, „Freiheit", ja, selbst „Notwendigkeit", und was sie sonst nur noch verlange, zu setzen. Man gebe ihr hiemit ein- für allemal das *Ehrenwort*, daß man stets mit ihr, wenigstens vor der Welt, in gutem Vernehmen zu stehen angelegentlichst sich bemühen werde. Frühere Mystiker, die von denselben Prinzipien ausgingen, waren so ehrlich und kühn, das Schoßkind der modernen Mystik bei seinem wahren Namen zu nennen. Lavater sagt irgendwo geradezu: „Wir bedürfen einen *willkürlichen* Gott." Und der französische Mystiker Poiret ging so weit, daß er die sittlichen Gesetze und Vernunftwahrheiten nicht durch sich selbst bestehen und wahr sein ließ, sondern sie von dem *liberum arbitrium* [freien Willen] Gottes abhängig machte. Aber freilich in unsrer Zeit geht das nicht mehr so geradezu an. Man hat wenigstens so viel Respekt vor der Philosophie, daß, wenn man auch im Innern sie verleugnet, doch wenigstens äußerlich sich den Schein derselben gibt. Namentlich ist dies der Fall mit der sogenannten positiven Philosophie.

[1] oder Freiwilligkeit *Fehlt in B.*
[2] kollegialischen *B*
[3] Decorum *B*

Obwohl sie die schwachsinnigste Mystik von der Welt ist, obwohl sie in ihrem innersten Grunde den stockfinstersten Obskurantismus birgt und die direkte Vernichtung des Prinzips wahrhafter Wissenschaft und Vernunfterkenntnis in sich enthält, macht sie doch sich und andern, sei es nun absichtlich oder unabsichtlich, einen blauen Dunst von Philosophie vor. Wollte der Verf. entgegnen, die Willkür finde in Gott nicht statt, denn Gott sei ein bestimmtes Wesen, er könne nicht anders handeln als gemäß dieser seiner Bestimmtheit, in der er Gott ist, seine Handlungen und Taten trügen also auch den Stempel dieser Bestimmtheit an sich, so entgegnen wir, daß eben der Begriff der Bestimmtheit, wie schon oben angedeutet wurde, nur von der Sophistik nicht des Scharfsinns, sondern der Schwachsinnigkeit eingeschaltet wurde. Denn was ist, wenn wir näher fragen, diese Bestimmtheit Gottes? Nichts andres als eben die absolute Wahl oder Willkür, die, als das Wesen der Freiheit, das Wesen Gottes ist. Gott handelt also immer seiner Natur gemäß, wenn auch gleich seine Handlungen rein willkürliche sind – denn eben die absolute Willkür ist sein bestimmtes Wesen –, und alle seine Handlungen sind bestimmte, denn sie tragen samt und sonders den Charakter der Willkür an sich. Oh, heil dir, positive Philosophie, du segensreichstes Produkt der allerneusten Zeit! Sonst nahmen die Menschen nur in außerordentlichen Fällen, nur da, wo sie auf facta stießen, welche sie, von unzureichenden Prinzipien ausgehend, nicht mit der Vernunft in Übereinstimmung bringen konnten, zu dem Willen Gottes ihre Zuflucht und nannten daher denselben offenherzig genug den Zufluchtsort der Unwissenheit, das *asylum ignorantiae*. Jetzt aber wird das Asyl der Ignoranz sogar zum Prinzip der Wissenschaft gemacht, also z. B. der Stufengang in der Natur folgendermaßen deduziert: „Gott schuf die Welt zur Offenbarung seines Wesens und seiner Herrlichkeit. Er wollte aber in dieser Offenbarung einen Stufengang" (S. 49)[1]! Oh, herrliches Vorspiel jener goldnen Zeit, wo „alle Wissenschaft wieder Geschichte und Erzählung und dann erst die letzte Weisheit sein wird" (S. 38)[1], wo die aus Altersschwäche kindisch gewordne Menschheit von den lebendigen Taten Gottes wie von

[1] *Fehlt in B.*

den Abenteuern eines Romanhelden sich erzählen, wo sie Mythen und Märchen, Theogenien[1] *à la* Homer und Hesiod einem Plato und Aristoteles vorziehen wird, wo die Rockenstuben an die Stelle der Akademien treten werden!

Indes brauchen wir nicht erst von der Zukunft zu erwarten, welche Früchte die allerneuste Philosophie der Wissenschaft bringen wird. Eine köstliche Frucht besitzen wir bereits durch die Gunst des Schicksals an der „Christlichen Staats- und Rechtslehre", man merke wohl: an der *christlichen* Staats- und Rechtslehre, des Hrn. Verfs. Denn die positive Philosophie – und ebendarum nennt sie sich auch die gläubige, die christliche Philosophie im Gegensatze der rationalistischen – behauptet, daß die Wissenschaften[2], folglich auch die Rechtsphilosophie, nur dann eine sichere Basis haben und bleibende, befriedigende Resultate liefern wird, wenn sie durch die Lehren des Christentums begründet wird. „Es ist gewiß", sagt der Verf. in der Vorrede S. XI, „durch die christliche Lehre lösen sich die Probleme, mit welchen die ganze Periode der rationalistischen Philosophie vergeblich sich[3] beschäftigt hat: der Begriff des Rechts und sein Verhältnis zur Sittlichkeit, die Unterscheidung des öffentlichen und des Privatrechts usw., kurz, die Ableitung und die innerste Bedeutung eines jeden Instituts, endlich das System des Rechts, d. i. sein wahrer, wirklicher Zusammenhang." Und in dieser Gewißheit hat es denn wirklich der wahrheitliebende Vf. unternommen, eine orthodoxe Rechtslehre zu schreiben. Es ist dies Unternehmen auch in der Tat ganz im Geiste der positiven Philosophie – denn die Konfusion, die Willkür ist ihr innerstes und oberstes Prinzip –, aber ebendeswegen ein ebensowohl dem Geiste des Christentums als dem Geiste des Rechts durch und durch widersprechendes Unternehmen.[4] Der wesentliche Unterschied und Vorzug der christlichen Religion vor allen andern Religionen besteht gerade darin, daß es das *Wesen* der Religion, lauter und rein von allen fremden, der Religion an sich äußerlichen Ingredienzen und Interessen, zur Wirklichkeit gebracht hat,

[1] Theogonien *B*
[2] Wissenschaft *B*
[3] vergeblich sich: sich vergeblich *B*
[4] *Mit dem folgenden beginnt in B ein neuer Absatz.*

so daß es eine Verunreinigung und Auslöschung der spezifischen Differenz des Christentums ist, die rechtlichen, d. i. weltlichen, Institute aus ihm ableiten zu wollen. „*Mein Reich ist nicht von dieser Welt*", sagte sein göttlicher[1] Stifter. Die Liebe (sowohl objektiv, als Bestimmung Gottes, als subjektiv, als sittliche Bestimmung des Menschen) ist das Wesen des Christentums. Die Liebe aber hat nichts zu eigen, sie weiß nichts von Hab- und Selbstsucht, nichts von Besitz und Eigentum, nichts von Verträgen, denn sie gibt, ohne einen Gegendienst zu fordern, nichts von Beleidigung und Injurienprozessen. Das Recht dagegen begründet die große Scheidung in mein und dein und ist darin, obwohl es andrerseits die Gemeinschaft unter den Menschen gerade dadurch wieder erzeugt, daß es jedem ohne Unterschied das Seine gibt und sichert, die Quelle alles Haders und Zwiespalts; es isoliert den Menschen, konzentriert ihn auf sich selbst, setzt ihn als ein eignes, für sich seiendes Wesen dem andern gegenüber. Der Christ (d. h. natürlich der wahre, der mit dem Geiste des Christentums identische) hat kein Eigentum, das heißt: Er ist nur äußerlicher, sinnlicher, nicht geistiger Besitzer dessen, was er zufällig hat. Er ist in seiner Gesinnung davon frei; es hat keine Realität für ihn; sein Geist hängt nicht an solchen Dingen. Die rechtliche Person dagegen betrachtet das, was sie hat, als wirkliches *Eigentum*, als einen Teil von sich selbst; sie ist versessen, erpicht darauf, fixiert es im Geiste, in der Gesinnung; es ist für sie eine Herzens- und Gewissenssache, während es für den Christen ein adiaphoron [etwas Gleichgültiges] ist. Kurz, für die rechtliche Person ist das Eigentum ein *Ding an sich*, ein *Sein*, für den Christen dagegen ein bloßes Akzidenz, ein *μὴ-ὄν* [Nichtseiendes], eine Nullität. Die Basis des Eigentums ist darum im Christentum nicht zu suchen; es darf aus ihm nicht begründet und deduziert werden. Das *Alte* Testament *gibt* das Gebot: „Du sollst nicht stehlen." Das Christentum *setzt* dieses und ähnliche Gebote und deren Anerkennung *voraus*, aber dergleichen äußerliche Pflichten und ihre Erfüllung hat für dasselbe nicht mehr die Bedeutung des Religiösen. Es kam in die Welt, nicht um zu scheiden, sondern zu einen, nicht um die rechtlichen Verhältnisse und Unterschiede zu gründen, sondern

[1] *Fehlt in B.*

um ihnen ihre Schärfe zu nehmen, sie zu lindern und zu mäßigen. Hierin allein liegt sein Zusammenhang mit dem Rechte. Das Recht, im strengen Sinne festgehalten, widerspricht dem Christentum, man müßte denn die Logik und Hermeneutik der positiven Philosophie anerkennen und etwa ihr zufolge, wenn einer z. B. wegen einer Maulschelle dem andern vor Gericht einen Injurienprozeß an den Hals wirft, wozu er im Namen und Geiste des Rechts vollkommen befugt ist, diese Handlung für eine sachgetreue Auslegung und praktische Anwendung des bekannten Gebotes Christi: „So dir jemand einen Streich gibt auf deinen rechten Backen, so biete ihm den andern auch dar!", erklären. Selbst die Ehe hat insofern, als sie den Menschen partikularisiert und säkularisiert, den Mann interessiert auf das Seinige macht, engherziger, um das Endliche überhaupt besorgter, einen die allgemeine geistige Liebe beeinträchtigenden Charakter. Der Apostel Paulus, ob er gleich ganz im Geiste des Christentums *die* Lehre, welche die Ehe *verbietet*, eine Teufelslehre nennt, gibt doch bekanntlich deutlich genug dem ehelosen Stande den Vorzug. In der Augsburger Konfession wird eigentlich nur aus negativen Gründen, nur um der menschlichen Schwachheit willen, das Zölibat verworfen. Die Apologie derselben behauptet die Heiligkeit und Christlichkeit des Ehestandes bei den Gläubigen, sagt aber doch wenigstens, daß „die Jungfrauschaft oder Keuschheit eine höhere Gabe denn der Ehestand" sei. Doch die ganze Geschichte des Christentums, welche freilich die positive Philosophie bei der Begründung ihrer Staats- und Rechtslehre nicht besonders respektiert[1], da sie überhaupt aus der Geschichte, obwohl sie sich, wahrscheinlich aber nur aus Ironie, die geschichtliche nennt, nur solche Dinge exzerpiert, die eben gerade in ihren Kram passen, hat diese Artikel bereits in zu bedeutenden und bekannten Tatsachen und Erscheinungen[2] exponiert, als daß es nötig wäre, noch Worte hierüber zu verlieren.[3]

[4] Recht und Christentum sind selbständige, lediglich *durch*

[1] zu respektieren scheint *B*   [2] und Erscheinungen *Fehlt in B.*

[3] *In A folgt auf besonderer Zeile:* (Der Beschluß folgt). *Der Schluß beginnt dort Spalte 17.*

[4] *Darüber in A auf zwei Zeilen Wiederholung der Überschrift bis* Stahl. *Darunter auf einer Zeile:* (Schluß)

sich selbst bestimmte, begreifliche und begründete Wesenheiten, die nur so lange in ihrer Dignität und Integrität bleiben, als sie in ihren naturgemäßen Schranken gehalten, in keine *fleischliche* Vermischung gebracht werden. Wenn daher, ungeachtet seiner Natur- und Vernunftwidrigkeit, dennoch der Versuch gemacht wird, beide zusammenzuschmelzen, was anders kann das Resultat sein als ein unfruchtbares, geistloses Spiel der Phantasie, eine Tändelei mit frommen Bildchen? – Laßt uns denn sehen, ob des Verfs. Begründungen[1] der rechtlichen Bestimmungen und Verhältnisse aus dem Christentum etwas andres als gedankenlose Spielereien sind![2] S. 119 wird das[3] Privat- und öffentliche Recht[4] also begründet und unterschieden: „Jedes Verhältnis, in welchem der Mensch steht, weil er das Ebenbild Gottes ist, ist ein Verhältnis des Privatrechts; in welchem er aber steht, weil er das Geschöpf Gottes, ihm zu dienen, von ihm erfüllt zu sein bestimmt ist, ist ein Verhältnis des öffentlichen Rechts. Das Urbild des Privatrechts ist das Wesen, das des öffentlichen die Herrschaft Gottes." Aber was ist mit diesen vagen, unbestimmten Bildern ausgesagt? Wie gedankenlos ist es, das Wesen und die Herrschaft Gottes so voneinander zu unterscheiden, als könnte die Herrschaft für sich als etwas Reales, Substantives, als ein positiver Begriff dem Wesen gegenübergesetzt werden! Welche Konfusion, bei der Begründung des Staatsrechts die Ebenbildlichkeit Gottes, die Majestät nicht dem Staate, dem Herrscher, sondern dem Individuum im Privatrechte zuzuschreiben, als wäre nicht dadurch, daß das Individuum als solches schon das Ebenbild Gottes ist, die Basis zur Begründung des Staats von vorneherein hinweggenommen! Der Verf. beweist aber hiedurch, daß sein christliches Staatsrecht nur durch theologische Phrasen und Bilder, aber nicht durch wesentliche Begriffsbestimmungen von den frühern abstrakten Naturrechten, die er doch so vornehm abgefertigt hat, sich unterscheidet. Das im Privatrecht in seiner Einzelheit als selbständig anerkannte Individuum nämlich, das die frühern

[1] Ableitungen *B*
[2] *Mit dem folgenden beginnt in B ein neuer Absatz.*
[3] S. 119 . . . das: Das *B*
[4] *In B folgt Zusatz:* wird

Naturrechtslehren als ein Absolutes fixierten und so dem Staatsverbande voraussetzten, ist hier ebenso als ein Absolutes, aber unter dem frommen Ausdruck des Ebenbildes Gottes, fixiert, und das öffentliche Recht, der Staat, erscheint daher auch hier, dieser Voraussetzung gegenüber, als eine bloße Einschränkung, als eine Negation der Ebenbildlichkeit Gottes und daher selbst als etwas in seinem Wesen nur Negatives. Das Privatrecht ist das Absolute, es hat sein Urbild, d. i. seinen Grund, in Gottes Wesen selbst, aber das öffentliche Recht hat zu seiner Basis die Herrschaft Gottes – einen nur relativen und negativen, höchst prekären Begriff; denn Gott kann sein und gedacht werden, ohne Herrscher zu sein, Herrschaft drückt keine wesentliche Realität aus. Es ist übrigens leichter einzusehen, wie die Menschen selbst aus dem *status naturalis* [Naturzustand] eines Hobbes sich in den *status civilis* [bürgerlichen Zustand] fügen und begeben, als wie diese majestätischen, gottebenbildlichen Menschen sich zu einem Staatsverbande und zum Gehorsam verstehen können. Wenn das Individuum im Gehorsam seine Gottähnlichkeit aufgibt, so ist es vollkommen berechtigt, dem Staate keinen Gehorsam zu leisten, d. h., ihm nicht seine Gottebenbildlichkeit zum Opfer zu bringen.

S. 231 wird das[1] Eigentum[2] also deduziert: „Der Mensch ist das Ebenbild Gottes nicht bloß an Freiheit und Persönlichkeit, sondern auch an Macht über den Stoff. Er ist als Herr in die Natur gesetzt, sie soll ihm dienen zu seiner Befriedigung – darauf beruht das *Vermögen*." Diese Deduktion begründet aber sowenig das Eigentum, gibt sowenig einen bestimmten Begriff von ihm, daß ein Physiolog, der im Geiste des Verfs. philosophierte, dasselbe Argument zur Deduktion des Essens und Trinkens folgendermaßen benutzen könnte: „Damit der Mensch auch an Macht über den Stoff Gott ähnlich sei, dazu und zu diesem Zweck allein hat er zermalmende Zähne in seinem Kiefer und einen allverzehrenden Magen in seinem Unterleibe. Er ist als Herr in die Natur gesetzt, sie soll ihm dienen zu seiner Befriedigung – darauf beruht das *Essen* und *Trinken*." In der Tat ist es auch ebenso ungereimt, in Gott, dem unendlichen Wesen,

[1] S. 231 . . . das: Das *B*
[2] *In B folgt Zusatz:* wird

dessen Idee uns nur entsteht, indem wir uns über die erbärmliche Beschränktheit endlicher Verhältnisse erheben, eine Bestimmung aufzusuchen, aus der als dem Urbilde das Eigentum deduzierbar ist, als es ungereimt wäre, zum Behufe der Deduktion des Essens und Trinkens eine analoge Funktion in Gott aufsuchen zu wollen. Es erhellt aber hieraus zur Genüge, welche erhabne[n] Begriffe der Verf. von Gott haben muß, wenn er mit dem Gedanken an ihn die Vorstellung des Eigentums verknüpfen kann. Daher es uns auch nicht befremden kann, wenn er sogar den Zeugungsprozeß schnurstracks aus Gott ableitet. S. 240 heißt es: „Damit der Mensch auch durch Zeugung Gott ähnlich sei, befindet er sich in der Familie. Die geoffenbarte Lehre von der ewigen Zeugung des Sohns kann allein das Wesen der Familie aufklären." Jawohl! Das Wesen der Familie kann nur aus einer von ihr entlehnten, auf Gott nur gleichnisweise angewandten Vorstellung abgeleitet und begriffen werden! *Idololatrie* ist der Geist der positiven Philosophie; ihr Erkenntnisprinzip besteht in nichts anderm, als das Bild einer Sache für die Sache selbst zu nehmen, um dann hintendrein wieder aus dem Bilde als dem Urbilde die reale Sache als das Nachbild (S. 42)[1] zu konstruieren. Obige Deduktion ist daher auch gerade so geist- und gedankenvoll, wie wenn er aus dem bildlichen Ausdruck: „Der Geist fließt aus[2] vom Vater und Sohne", den Ursprung und Begriff des Wassers uns veranschaulicht und deduziert hätte. Jammerschade ist es nur, daß der Vf.[3] bei seinen Deduktionen so äußerst inkonsequent ist und uns z. B. bei der Ableitung der Ehe aus Gott nicht die Polygamie als die christliche Form der Ehe konstruiert hat, etwa in dieser Art: Damit der Mensch auch in der Ehe eine Auswahl habe und als das Ebenbild der göttlichen Freiheit, die in der absoluten Auswahl besteht, sich darstelle, lebt er

[1] *Fehlt in B.*

[2] *Hierzu in B als Zusatz folgende Fußnote Feuerbachs:* Die Redensart: „Der Geist fließt aus", ist zwar keine in der lateinischen Kirche gebräuchliche; aber die Griechen bedienen sich zur Bezeichnung der Genesis des Geistes unter andern auch des Bildes und Wortes προχεῖσθαι, ausfließen. S. D. Petavii „Theol. Dogm.", T. II, De Trinit., l. VII, cap. 10.

[3] Verf. *B*

in der Vielweiberei. Aber was ist Inkonsequenz für den Verf.? Er hat ja von vorneherein allen Vernunftzusammenhang, alle Notwendigkeit als eine lästige Bürde sich vom Halse geworfen und der Willkür Tür und Tor geöffnet. Demgemäß nimmt er bei seinen Deduktionen des Rechts *ad libitum* [nach Belieben] bald die, bald jene Bestimmung, bald eine reale, bald eine nur bildliche, bald eine metaphysische, bald eine moralische Eigenschaft zum Prinzip aus seinem *deus ex machina* [seiner in Szene gesetzten Göttererscheinung] heraus, schöpft dabei zugleich einige Bestimmungen aus der eigentümlichen selbständigen Natur des jedesmaligen Gegenstands oder aus der Rechtsgelehrsamkeit, und wenn er auch mit diesen Prinzipien nicht ausreicht, so nimmt er zuletzt noch den Zustand des Menschen in der Zeitlichkeit als ein eigentümliches Prinzip mit zu Hülfe. So leitet er das Dienstbotenverhältnis aus dem Zustande des Menschen in der Zeitlichkeit ab, wahrscheinlich aber nur deswegen, weil er in Gott kein Urbild dafür fand. Der Verf. hätte jedoch schon aus christlicher Liebe darauf bedacht sein sollen, den armen Dienstboten auch ein Plätzchen im Himmel ausfindig zu machen. Nach des Refer[enten] unmaßgeblicher Meinung hätte er ja an den Engeln ein schönes Vorbild für sie finden können. *Sat sapienti* [dem Wissenden genügt es].[1]

[1] *In A folgt auf besonderer Zeile die Unterschrift:* Ludwig Feuerbach

Hegels Werke. Vollständige Ausgabe. XIII. u. XIV Bd. Hegels Vorlesungen über die Geschichte der Philosophie. Herausgegeben von Dr. Carl Ludwig Michelet. I. Bd. XVIII, 418. II. Bd. 586. Berlin 1833.[1]

Die kritische Philosophie hat das Verdienst, die Geschichte der Philosophie zuerst von einem philosophischen Standpunkt aus betrachtet zu haben, indem sie dieselbe nicht für ein Repertorium von allerlei noch dazu größtenteils abenteuerlichen, ja, lächerlichen Meinungen nach der Manier z. B. eines Meiners[2] ansah, sondern den *„vernünftigen philosophischen Sinn"* als das Kriterium ihres Inhalts bestimmte (s. Reinhold über den Begriff der Geschichte der Philosophie in Fülleborns „Beiträgen zur Geschichte der Philosophie", I. St. 1791, S. 29—35), oder die unterschiedenen Systeme nicht aus anthropologischen und andern äußerlichen Gründen, sondern aus den innern Gesetzen der Erkenntnis ableitete und insofern als *a priori* bestimmte, vernünftig-notwendige Formen des Geistes begriff (vgl. Grohmann, „Über den Begriff der Geschichte der Philosophie", 1797, S. 29—103), oder *die Idee*[3] der Philosophie, wenigstens als das gemeinschaftliche Ziel der Systeme, bei ihrer Betrachtung und Darstellung im Auge hatte (vgl. Tennemann I. B., S. XXIX, § 15). Aber dieser Standpunkt war selbst noch ein unzureichender und beschränkter, denn eine bestimmte, in enge Grenzen eingeschloßne Idee der Philosophie galt für die wahre und daher für das Ziel, dessen Realisation die Philosophen mehr oder weniger erfolgreich angestrebt hätten. Die *Schranke* der Vernunft, die Kant unter der Vorstellung des leidigen Dings an sich fixierte, war das Maß, nach dem die Philosophien betrachtet und beurteilt

[1] *In B lautet die Überschrift, auf drei Zeilen gebracht:* Hegels Geschichte der Philosophie / (I. und II. Band, 1833) / (1835)
[2] nach der . . . Meiners *Fehlt in B.*
[3] die Idee *In B nicht hervorgehoben.*

wurden. Daher ist Tennemann – die wichtigste Erscheinung dieses Standpunkts – in seiner Auffassungs- und Beurteilungsweise der Systeme so einseitig, einförmig und langweilig; die Kritik ist, namentlich bei den neuern Systemen, nicht spezifisch; es kehren immer dieselben Erklärungen, Gründe und Einwendungen wieder. Wenn er sich auch hie und da von dem die endlichen Schranken durchbrechenden „göttlichen Enthusiasmus" der Philosophie mit fortreißen läßt, so sind das nur ganz flüchtige Augenblicke; die fixe Idee von den Grenzen der Vernunft, die das Sein an sich nie erreicht und erfaßt, stellt sich sogleich wieder ein und stört ihn und den Leser in der Lust der Erkenntnis.

Als die Kantische Schranke der Vernunft fiel und dadurch die Philosophie den Charakter der Beschränktheit verlor, den sie notwendig in dieser willkürlichen Grenze annahm, erst da konnte sich daher eine universelle, freie Aussicht in das Gebiet der Philosophie eröffnen. Denn an die Stelle einer bestimmten, in der Anwendung auf andere Systeme darum nur äußerlich und negativ-kritisch sich verhaltenden Idee der Philosophie trat nun die allumfassende, die allgemeine, die absolute Idee der Philosophie – die Idee des Unendlichen, hier bestimmt als die absolute Identität des Idealen und Realen. Allein da diese Idee, wenn sie nicht näher bezeichnet und spezifiziert wird, an sich selber noch unbestimmt oder doch wenigstens nicht bestimmend ist, so trat bei der Betrachtung und Behandlung der Geschichte der Philosophie von diesem Standpunkt aus der bestimmte Unterschied der Systeme, überhaupt das *Besondere*, auf dessen Studium und Begriff gerade das Interesse und die Gründlichkeit der Geschichtsforschung und Betrachtung beruht, in den Hintergrund zurück. Die Identität des Realen und Idealen, deren Trennung, Entgegensetzung und Wiedervereinigung waren die stets sich repetierenden Formen, in denen die geschichtlichen Erscheinungen gefaßt wurden. Selbst die in vieler Rücksicht so verdienstliche „Geschichte der Philosophie" von Rixner laboriert noch an diesem Schematismus.[1]

Die Idee der absoluten Identität in sich selbst zu bestimmen, um in dieser Bestimmung ein reales Medium zwischen dem Allgemeinen der Idee und dem Besondern der Wirklich-

[1] Selbst die . . . Schematismus. *Fehlt in B.*

keit, ein Prinzip für die Erkenntnis des Besondern ***in seiner Besonderheit*** zu finden, war darum die nächste, dringendste Angelegenheit der Philosophie. Hegel erledigte sie. Der Begriff der Geschichte überhaupt ist ein mit der Grundidee seiner Philosophie identischer Begriff – weswegen die Simultaneität und Einheit des Wesens, die in andern Philosophien, z. B. der des Spinoza, das Vorherrschende ist, vielleicht über Gebühren in seinem Systeme zurücktritt –, denn die Idee der Philosophie bestimmt sich bei ihm innerhalb ihrer selbst als Idee zu einer Enzyklopädie spezifischer Differenzen, ist ein sich gliedernder, in unterschiednen[1] Systemen sein Wesen entfaltender Organismus. Die absolute Identität des Objektiven und Subjektiven brachte er zu ihrer wahren, vernünftigen Bestimmung. Er nahm ihr den Schleier der Anonymität ab, mit dem sie ihr jungfräuliches sprödes Wesen den neugierigen Blicken des Verstandes verbarg, benannte und erfaßte sie mit dem Namen und Begriffe des seiner selbst bewußten, d. i. des sich in sich unterscheidenden und diesen Unterschied, diesen Gegensatz seiner selbst, der das Prinzip der besondern Dinge und Wesen, die Quelle alles bestimmten, differenten Daseins ist, als sich selbst, als sein eignes Wesen wissenden und so als die absolute Identität sich bewährenden, Geistes.

Hegel war es darum auch erst möglich, die Geschichte der Philosophie in einer Weise zu behandeln, die ebensowenig die Einheit der Idee in den unterschiedenen Systemen als die Differenz und Besonderheit derselben aus dem Gesichte verliert. Die Idee, von der er ausgeht, ist ebensowenig[2] unbestimmt, amalgamierend, die Unterschiede auslöschend als borniert, ausschließend und intolerant, so daß er dem Besondern, um es ihr anzupassen, mit den Fesseln einiger abstrakten Begriffe oder Formeln Gewalt antun müßte; sie enthält in sich selbst das Prinzip ungehemmter freier Entwicklung und Besonderung; ihr Grundsatz ist zwar nicht: Ich lebe und lasse leben, sondern: Ich lebe im Lebenlassen; ihre Bestimmungen sind so universaler, so elastischer und zugleich penetranter Natur, von ebenso großer Passivität als

[1] unterschiedenen *B*

[2] *So A und so auch das Druckfehlerverzeichnis zu B, nachdem B versehentlich* ebenso *geschrieben hat.*

Aktivität, so daß sie nicht nur in die Individualität jedes Gegenstandes sich fügen, sondern jede Besonderheit, ohne sie in ihrer Selbständigkeit zu beeinträchtigen, in sich rezipieren und begreifen. Sollten wir auch irgendwo zwischen einem historischen Gegenstande und dem Begriffe und der Darstellung, die Hegel davon gibt, eine Disharmonie finden, so beruht sie auf der allgemeinen Schranke, die im Individuum zwischen der Idee und ihrer Verwirklichung liegen kann, aber nicht auf seinem Prinzip.

Mit solcher *Innigkeit* wie H.[1] hat noch kein Geschichtsschreiber die Philosophen der Vergangenheit behandelt. Es sind keine fremde[n] Personen, mit denen er eine steife Konversationssprache spricht; es sind seine Vorfahren, seine nächsten Anverwandten, mit denen er vertraute Gespräche über die wichtigsten Gegenstände der Philosophie wechselt. Er ist in der Fremde zu Hause, bei einem Parmenides und Heraklit, einem Plato und Aristoteles *bei sich selbst*. Es ist ihre eigne heimatliche Luft, die Luft des griechischen Himmels, die aus diesen seinen Vorlesungen erquickend und belebend uns entgegenströmt. Seine Geschichte ist darum unstreitig die erste, die eine wirkliche *Erkenntnis* der Geschichte der Philosophie ist und gewährt, den eigentlichen *Sinn* der unterschiednen[2] Systeme, ihren *Begriff* uns aufschließt. Denn eine Sache erkennen wir nur, wenn wir sie uns aneignen, d. h. als eine Angelegenheit unsrer selbst ansehen und behandeln, ihren Ursprung in uns selbst finden, ihre Bestimmungen als Bestimmungen unsrer Vernunft, in Übereinstimmung mit unsern eignen innersten Erkenntnisprinzipien begreifen. Widrigenfalls fehlt uns das Organ, wodurch wir das Objekt betasten und ergreifen können. Jeder, der an die Geschichte der Philosophie geht, muß eine bestimmte, wenn auch ganz schlechte Idee oder richtiger Vorstellung – denn eine schlechte Idee ist eben nichts weiter als eine bloße Vorstellung – von der Philosophie haben; wer nicht von einem bestimmten Begriff ausgeht, dem ist nicht einmal das Objekt gegeben; er kann uns nicht verbürgen, ob er uns nicht statt einer Geschichte der Philosophie eine

[1] Hegel *So ausgeschrieben in B. Die gleiche Veränderung wird im folgenden nicht mehr eigens vermerkt.*

[2] unterschiedenen *B*

Geschichte der Perucken, der Bärte oder irgendeines andern von der Philosophie himmelweit entlegnen Gegenstands liefern wird. Alle Auffassung ist so notwendig *subjektiv* und in diesem Sinne *a priori*, der Unterschied ist nur, ob wir von unbiegsamen, hölzernen, einseitigen Begriffen ausgehen, die das Denken und die Auffassung der Gegenstände beschränken, oder von Begriffen, die selbst Geist und Leben sind, allgegenwärtiger, allumfassender, alldurchdringender Natur, von Begriffen also, die keine tote[n], von der Tätigkeit des Denkens ausgeschiedene[n], fixe[n] Produkte, sondern die bei jedem neuen und besondern Gegenstande immer wieder von neuem sich erzeugende Produktivität, die lebendigen Kräfte sozusagen[1] des philosophierenden Geistes selbst sind und daher, eben weil sie wahrhaft allgemeiner, absolut geschmeidiger, jeder Form fähiger Natur sind, jeden Gegenstand bei seinem eignen rechten Namen nennen. Aber eben von solchen Begriffen, die, ungeachtet ihrer Universalität, *nomina propria* [Eigennamen] sind, die das Objekt zu dem unsrigen machen, mit uns und unsrer Erkenntnis identifizieren, ohne ihm von seiner Objektivität, Selbständigkeit und Besonderheit etwas zu benehmen, geht H. bei seiner Geschichte der Philosophie aus. Er führt uns nicht als ein gelehrter Bibliothekar oder wohlschmeckender moderner Kunstkrittler oder als ein beschränkter Kustos,[2] Portier oder Kirchendiener, sondern als ein selbst Kunst- und Bauverständiger in die erhabenen Tempel der griechischen Philosophie ein und bringt uns mit aus dem Gegenstande selbst geschöpfter Begeistrung ihre Herrlichkeiten zur Anschauung. Wer daher nur wahren, unverdorbnen Sinn für die Philosophie und die Fähigkeit hat, den Ideen eines spekulativen Geschichtsschreibers[3] zu folgen, und dabei kein Kaspar Hauser ist, der auch an der schönsten Blume, die ihm zur Beschauung gereicht wurde, nur die kleinen schwarzen Käferchen, die sich zufällig auf ihr befanden, oder andere, nach seiner Meinung garstige, nicht zur Blume gehörige Dinge mit Aufmerksamkeit fixierte, wird ebensoviel Belehrung als Genuß aus dieser Geschichte schöpfen, ohne durch die Wahrnehmung einzelner Härten,

[1] erzeugende . . . sozusagen: erzeugenden Produktivkräfte *B*
[2] *Fehlt, mitsamt dem Komma, in B.*
[3] Geschichtschreibers *B*

Dunkelheiten und Formalismen in der Sprache und Darstellung sich den herrlichen Totaleindruck verkümmern zu lassen. Referent hält es bei einem so klassischen Werke für seine Aufgabe, fern von allem Räsonnement in einer summarischen Übersicht, die freilich ihrer Kürze halben um so ungenügender ausfallen muß, je tiefer und reicher ihr Gegenstand ist, die Grundidee und den Entwicklungsgang des Werks nach den allgemeinsten Bezügen[1] anzudeuten.

Die Geschichte der Philosophie ist keine Geschichte von zufälligen, subjektiven Gedanken, d. i. von *Meinungen*. Oberflächlich betrachtet, scheint sie zwar selbst zu der gegenteiligen[2] Annahme uns zu berechtigen, indem sie so nichts darbietet als einen Wechsel unterschiedener Systeme, die Wahrheit aber unveränderlich und eine ist. Allein die Wahrheit ist nicht *eine* im Sinne abstrakter Einheit, d. i. kein einfacher Gedanke, dem die Unterschiedenheit gegenübersteht; sie ist Geist, Leben, in sich[3] sich selbst bestimmende und unterscheidende Einheit, d. i. *konkrete* Idee. Die Verschiedenheit der Systeme hat in der Idee der Wahrheit selbst ihren Grund, die Geschichte der Philosophie ist nichts weiter als die zeitliche Exposition von den unterschiedenen Bestimmungen, die zusammen den Inhalt der Wahrheit selbst ausmachen. Die wahre, objektive Kategorie, in der sie angeschaut werden muß, ist die Idee der *Entwicklung*. Sie ist ein in sich vernünftiger, notwendiger Fortgang, ein ununterbrochen fortlaufender Erkenntnisakt der Wahrheit; die unterschiedenen Philosophien sind durch die Idee bestimmte Begriffe, notwendige Gestalten derselben, notwendig nicht in dem äußerlichen Sinne nur, daß der Urheber eines Systems durch die Ideen seiner Vorgänger erregt wurde und so ein System durch das andere bedingt ist, sondern notwendig in dem hohen Sinne, daß der Gedanke, der das Prinzip eines Systems bildet, eine Bestimmung der absoluten Idee, der Wahrheit selbst, eine *wesentliche Realität* ausdrückt, welche daher für sich selbst als eine selbständige Philosophie in der Entwicklungsreihe auftreten müßte[4]. Die Geschichte der

[1] nach . . . Bezügen *Fehlt in B*.
[2] der gegenteiligen: dieser *B*
[3] in sich *Fehlt in B*.
[4] mußte *B*

Philosophie hat es darum nicht mit Vergangenem, sondern mit *Gegenwärtigem*, heute noch Lebendigem zu tun. Was an einer Philosophie vergeht, ist nicht das Prinzip selbst, sondern nur dies, daß dieses Prinzip die absolute, die ganze Bestimmung des Absoluten ist. Die spätere reichere Philosophie enthält immer die Prinzipien der frühern Systeme ihren wesentlichsten Bestimmungen nach in sich. Das Studium der Geschichte der Philosophie ist daher das Studium der Philosophie selbst. Die Geschichte der Philosophie ist ein *System*. Wer sie wahrhaft erfaßt und von der Form der Zeitlichkeit und äußeren Geschichtsbedingungen entkleidet, der erblickt die absolute Idee selbst, wie sie sich innerhalb ihrer selbst im Elemente des reinen Denkens entfaltet.

Obwohl der Gang der Geschichte der Philosophie ein in sich notwendiger, von außen unabhängiger Ideengang, sie selbst nichts weiter als die zeitliche Entfaltung von den ewigen inneren Selbstbestimmungen oder Unterschieden der absoluten Idee ist, so steht sie doch zugleich in dem innersten Zusammenhang mit der Weltgeschichte, die[1] Philosophie unterscheidet sich nur dadurch von den übrigen Gestalten des Geistes, daß sie das Wahre, das Absolute als Gedanke oder in der Form des Gedankens erfaßt. Derselbe Geist und Gehalt, der in dem Elemente des Denkens als Philosophie eines Volks sich ausprägt und vergegenständlicht, ist auch in der Religion, der Kunst, dem politischen Zustand enthalten und ausgedruckt[2], aber in der Gestalt der Phantasie, der Vorstellung, der Sinnlichkeit überhaupt. Die Beziehung der Philosophie zu den übrigen Gestalten des Geistes und dieser zu ihr muß daher nicht unter der leeren Vorstellung des Einflusses, sondern vielmehr unter der Kategorie der Einheit gedacht werden. „Das denkende Sicherfassen der Idee ist zugleich die von der entwickelten totalen Wirklichkeit erfüllte Fortschreitung – eine Fortschreitung, die nicht das Denken eines Individuums durchläuft und sich in einem einzelnen Bewußtsein darstellt, sondern als der in dem Reichtum seiner Gestaltung in der Weltgeschichte sich darstellende allgemeine Geist. In dieser Entwicklung geschieht es daher, daß eine Form, eine Stufe der Idee in einem Volke zum

[1] Weltgeschichte, die: Weltgeschichte. Die *B*
[2] ausgedrückt *B*

Bewußtsein kommt, so daß *dieses* Volk und *diese*[1] Zeit nur diese Form ausdrückt, innerhalb welcher es sich sein Universum ausbildet und seinen Zustand ausarbeitet – die höhere Stufe dagegen Jahrhunderte nachher in einem andern Volke sich auftut" (I. B., S. 47). „Jede Philosophie gehört darum, weil sie die Darstellung einer besondern Entwicklungsstufe ist, ihrer Zeit an und ist in ihrer Beschränktheit befangen" (S. 59).

Der[2] Ursprung der Philosophie ist daher nicht von Zeit und Ort unabhängig. „Erst nachdem für die Not des Lebens gesorgt ist", sagt Aristoteles, „hat man zu philosophieren angefangen." Es gibt aber nicht nur physische, sondern auch politische und noch manche andre Not. Die wahre Philosophie, Philosophie im strengen Sinne genommen, beginnt daher nach H. nicht im Orient, ob man gleich dort genug philosophiert hat und eine Menge philosophischer Schulen sich in ihm vorfindet. Sie beginnt erst da, wo die persönliche und politische Freiheit aufgeht, wo das Subjekt sich zu einem objektiven Willen verhält, den es als seinen eignen Willen erkennt, zu der Substanz, dem Allgemeinen überhaupt so, daß es in der Einheit mit ihm sein Ich, sein Selbstbewußtsein erhält. Dies ist aber nicht im Oriente, wo das höchste Ziel die bewußtlose Versenkung in die Substanz ist, sondern erst in der griechischen und germanischen Welt der Fall. Griechische und germanische Philosophie sind daher auch die zwei Hauptformen der Philosophie.

Ehe wir aber den Entwicklungsgang der griechischen Philosophie kürzlich darstellen, müssen wir vorher noch bemerken, daß H. nur die wesentlichen Begriffsbestimmungen eines philosophischen Systems ins Auge faßt und daher die bei einer ausführlicheren oder mehr gelehrten als philosophischen Behandlung der Geschichte in Berücksichtigung kommenden Modifikationen, die es in seiner weitern Ausbildung fand, z. B. bei der jonischen Schule den Diogenes von Apollonia, von dem uns bekanntlich Simplicius Fragmente aufbewahrt hat, den Archelaos, von dem wir freilich beinahe soviel wie nichts wissen, übergeht oder nur

[1] *In B nicht hervorgehoben.*
[2] *In B folgt Zusatz:* äußere

nebenbei erwähnt und daß er das Dasein eines Begriffes, und zwar mit vollem Rechte, erst von dem Moment an rechnet, wo er *frei für sich* hervor- [1] und an die *Spitze* eines Systems als sein *charakteristisches* Prinzip tritt, also z. B. den Begriff der nach Zwecken sich bestimmenden Tätigkeit, den Begriff des *Νοῦς*, erst dem Anaxagoras vindiziert, obgleich schon beim Heraklit, beim Xenophanes und Anaximenes sich ähnliche Gedanken im Kreise ihrer übrigen Anschauungen vorfinden.

Der Anfang der Philosophie ist ein beschränkter. Das Denken ist noch nicht von dem frei, wovon es abstrahiert; es ist noch befangen in der unmittelbaren, der sinnlichen Anschauung. Auf diesem Standpunkte steht die jonische Schule. Das Große, das Philosophische derselben ist, daß sie die sinnliche bunte Mannigfaltigkeit der Dinge auf ein Einfaches reduzierte, über die Vielheit der Anschauung sich zur Einheit des Gedankens erhob.[2]

[3]Aber das Eine, das Wesen, das Allgemeine erfaßte sie selbst noch als ein Besonderes, in der Gestalt einer sinnlichen Bestimmtheit, Thales in der Gestalt des Wassers, Anaximenes in der der Luft, Anaximander*[4] zwar frei von einer

[1] *So B. In A wohl Druckfehler:* her, vor

[2] *Darunter in A auf einer besonderen Zeile:* (Die Fortsetzung folgt). *Diese Fortsetzung beginnt dann dort Spalte 377.*

[3] *Darüber in A auf vier Zeilen Wiederholung der Überschrift bis* Michelet, *dazu auf einer weiteren Zeile:* (Fortsetzung)

* Mit Unrecht setzt Ritter in seiner „Geschichte der Philosophie", I. B., S. 278, den Anaximander wegen der Art, wie er die einzelnen Dinge aus dem Urwesen ableitet, dem Thales und Anaximenes als den Begründer der *mechanischen* Physik (?) entgegen. Verwandlung und Entmischung sind, wenigstens in diesen ältesten Philosophien, nicht so einander entgegengesetzt zu denken, wie R. es sich vorstellt. Der Zustand der Dinge in ihrer Einheit ist ja auch ein *anderer* als der in ihrer Sonderung und Entmischung, hiemit, wenn auch das *wesentliche*, eigentliche Werden und Verändern, das übrigens Thales auch schon aufhob, wenn er *ein* gemeinschaftliches Prinzip aller Dinge setzte, doch keineswegs ein formelles, äußerliches

[4] *In B hierzu keine Fußnote Feuerbachs. [Die vorige Fußnote läuft S. 53 weiter.]*

bestimmten Qualität, aber doch offenbar noch als etwas Materielles oder als die Materie überhaupt. Der nächste notwendige Fortschritt ist daher, daß sich das Denken von der Schranke eines materiellen Substrats befreit. Dies geschieht durch Pythagoras, indem er die Zahl zum Wesen der Dinge machte. Die Zahl ist kein Materielles wie Wasser, Luft; sie ist etwas Innerliches, Ideelles. Aber die Zahl ist selbst noch ein sinnlich Unsinnliches, noch nicht der Begriff und Gedanke selbst, wie denn schon Plato, Aristoteles und die Neuplatoniker die Zahl als etwas zwischen dem Sinnlichen und dem Gedanken in der Mitte Stehendes richtig bezeichneten. Erst die eleatische Schule versetzt uns daher mit der erhabnen Idee des reinen, einfachen, sich selbst überall gleichen, unteilbaren Seins auf den Boden des Gedankens, in das Element der Wissenschaft. In ihr beginnt die Dialektik, die in Zeno ihren Kulminationspunkt erreicht. Das Denken bekundet[1] seine Kraft und Energie, wozu es jetzt gediehen ist, in der Negativität des sinnlichen Seins, in der Nachweisung, daß es vor der Realität des absolut Einen, des Seins, des Gedankens als ein sich selbst Widersprechendes verschwindet. Die Dialektik ist bei den Eleaten jedoch nur eine Bewegung, die im denkenden Subjekte außer dem Objekte vorgeht, in Wahrheit aber ist sie eine Notwendigkeit, die aus dem Gegenstande selbst entspringt, ist *das*[2] Sein, wie sie es faßten, das Negative selbst des sinnlichen[3] bestimmten Seins. Die Dialektik, als die Bewegung der Entgegensetzung, als die Negation des bestimmten[3] endlichen Seins in seiner Bestimmtheit,[4] muß daher als ein objektiver Prozeß selbst gefaßt werden. Heraklit war es, der das fixe Sein der Eleaten in den Fluß des Werdens brachte. In ihm geht daher erst die Idee einer spekulativen Philosophie auf, indem er die Gegen-

Werden und Verwandeln aufgehoben. A[naximander]s Lehre scheint nur eine weitergegangene Reflexion über die Genesis der Dinge, wie Thales sie sich gedacht hat, aber nicht eine wirklich entgegengesetzte Art des Denkens auszudrücken.

[1] *Im Original A und B:* beurkundet

[2] *In B nicht hervorgehoben.*

[3] *In B folgt Komma.*

[4] *Komma fehlt in B.*

sätze in der Form von Sein und Nichtsein in ihrer Einheit begriff, behauptend, daß nicht das sich selbst gleichbleibende Sein, sondern die Veränderung, das Werden das Wesen der Dinge sei. Empedokles, der von geringerm philosophischen Interesse ist, neigt sich, obwohl Italer, mehr zur physikalischen Ansicht der Dinge. Auch er erfaßte entgegengesetzte Prinzipien, die er Feindschaft und Freundschaft nannte, als das Wesen der Dinge und sprach die Einheit des Entgegengesetzten aus, aber in einer rohen, dem Gedanken unangemeßnen Form, in der Vorstellung der Vermischung. Zugleich kommt aber auch bei ihm der Begriff der Trennung und Unterscheidung bestimmter als in den früheren Systemen zum Vorschein, jedoch erst bei Leukipp und Demokrit in den[1] Gedanken der Atome und des Leeren, worin diese sich befinden, zu seiner vollen Realität. Das Atom ist kein sinnliches, sondern das einfache, qualitätslose Sein der Eleaten, an dem aber jetzt der Begriff des Unterschieds, des Negativen gesetzt ist. Das eleatische ununterbrochene Eine ist nun diskretes Eins, das Eins der Vielheit; das Sein Fürsichsein. Das Leere ist nichts andres als die sinnliche Vorstellung von dem Außereinandersein, dem Unterschiede der Atome voneinander.

Es ist daher nicht richtig, wenn Tennemann, wie auch Hegel ausdrücklich bemerkt, der eleatischen Philosophie als einem Intellektualsystem die Atomistik als Empirie oder Materialismus geradezu entgegensetzt[2]. Denn das Atom ist kein Gegenstand der Empirie, sondern des Denkens; die Bestimmung, daß es nur wegen seiner Kleinheit (*σμικρότητα*) unsichtbar sei, ist eine sinnliche[3] rohe Vorstellung. Bei Sextus Empiricus (*VII. „Adv. Log.“ I*, § 138, 139) heißt es ausdrücklich – Stellen, die übrigens Tennemann selbst anführt, ohne jedoch eine durchgreifende Anwendung von ihnen zu machen –, daß Demokrit die Realität der Sinnenwahrnehmungen aufhebt, daß nach ihm nicht der Sinn, sondern nur der Gedanke das Wirkliche, Reelle erfaßt, daß nur die Erkenntnis **διὰ τῆς διανοίας** [vermittels des Denkens] der Maßstab des Wahren ist. Ausdehnung, Gestalt und Größe

[1] dem *B*
[2] entgegengesetzt *B*
[3] *In B folgt Komma.*

sind allerdings die primitiven Formen, in denen das Atom Objekt des Sinnes wird, aber seine wahrhafte Bestimmung, die Unteilbarkeit, ist nur Objekt des Denkens. Übrigens sind Größe, Figur selbst durch den Gedanken bestimmbare, mathematische Eigenschaften. Der Körper ist allerdings in diesem Systeme das Reale, aber das Atom, das Wesen des Körpers, ist selbst nichts als der zum Ding entäußerte Gedanke, ein Auswurf der Vernunft. – Einen wesentlichen Fortschritt gegen die Eleaten bilden aber dadurch die Atomisten, daß sie ebensowohl das Sein als das Nichtsein (das Negative überhaupt) als reell setzten, jenes unter der sinnlichen Form des Vollen, dieses unter der des Leeren, jedoch im Bewußtsein ihrer reinen Gedankenbestimmungen, indem sie nach Aristoteles („*Metaphys.*" I, 4) ausdrücklich das Volle das *ὄν* [Seiende], das Leere das *μή-ὄν* [Nicht-Seiende] nannten.

Die bisherigen Philosophien erhoben sich zu *bestimmten* Gedanken, aber noch nicht zum Gedanken selbst, zu Vernunftbestimmungen, aber nicht zum Wesen der Vernunft selbst. Das Sein der Eleaten, das Werden des Heraklit, das Eins- oder Fürsichsein der Atomisten ist nichts den Sinnen Gegenständliches; es sind Gedanken; es versteht sich: keine subjektiven, sondern an und für sich seiende, absolute Gedanken, übersinnliche Wesenheiten. Aber gleichwohl ist der Gedanke nur noch als ein bestimmter, in der Gestalt des Dings oder Wesens in ihnen das Prinzip. Die Bestimmungen des Gedankens sind zwar keine sinnlichen wie die der jonischen Schule, sondern selbst gedankenhell, eines[1] Wesens mit der Vernunft, aber der Gedanke ist doch noch nicht *als Gedanke* zum Prinzip gemacht. Diesen Mangel beseitigte Anaxagoras. In ihm wurde erst der Gedanke als solcher seiner selbst bewußt. Er machte den *Verstand selbst*, den *Νοῦς* [Geist], zum Prinzip der Dinge, den Verstand aber in dem Sinne ungefähr, wie wir von Gattungen, Ordnung, innrer Zweckmäßigkeit, Vernunft in der Natur sprechen, daher er auch den *Νοῦς* nicht von der *Ψυχή* [Seele] genau unterschied. A. erfaßt ihn aber noch ganz abstrakt; er konnte deswegen auch das Bestimmte, Besondere nicht aus ihm ableiten, was ihm schon die Alten, wie Plato, zum Vorwurf

[1] *In B hervorgehoben.*

machten. Die Entwicklung und der weitere Fortgang der Philosophie besteht daher in nichts anderem, als daß das Prinzip des Anax[agoras], der *Νοῦς*, der von nun an die bleibende Grundlage ist, näher bestimmt und entwickelt wird. A. erfaßte die Vernunft nur unbestimmt als die Ursache der Welt; sie als ihr Wesen zu erkennen ist jetzt die Aufgabe der Philosophie. Es beginnt ein neuer Anfang, eine neue Epoche für sie. Die *σοφία φαινομένη*[1] *οὖσα δὲ μή* [scheinbare, nicht zu gebrauchende Weisheit] der Sophisten eröffnet sie oder bildet den Übergang von der frühern in diese neue Periode der Philosophie.

Indem der von der Bestimmtheit der Objektivität (oder deutlicher: von der Form des Dings) freie Gedanke, der Gedanke als Gedanke[2], als das Prinzip der Dinge gesetzt ist, wird jetzt das Denken Gegenstand des Denkens, ist der Geist nicht mehr Bewußtsein von dem Gedachten als einem Objekte, sondern Bewußtsein nur von dem Objekte als einem Gedachten, *Selbst*bewußtsein, verhält er sich zu dem Objekte als zu seinesgleichen, zu sich selbst, ist ein Gegenstand nur Objekt seines Bewußtseins als gesetzt und vermittelt durch sein *Selbst*bewußtsein. Eine Folge hievon ist, daß jetzt auch das denkende *Subjekt*, der Mensch, in sich selbst gerichtet und vertieft, seiner Wesenhaftigkeit und Realität bewußt und gewiß wird, die Subjektivität als die Form des Absoluten erfaßt. Das Selbstbewußtsein des Gedankens äußert sich daher zunächst, wo er noch nicht sich selbst zu einem wesenhaften Inhalt bestimmt hat, nur die formelle Kraft und Tätigkeit der ihrer Realität gewissen Subjektivität ist, bloß als die negative, alles Objektive, Bestimmte in nichts auflösende *Macht*[3], und der feste Punkt, von dem diese Zerstörung ausgeht, ist, eben weil das Denken noch formell, von keinem bestimmten Inhalt erfüllt ist, nur das Subjekt in seinem empirischen Dasein. Auf dieser Stufe stehen die Sophisten, die alle bestimmten Grundsätze und Wahrheiten, die dem nicht denkenden und reflektierenden Bewußtsein als absolut gelten, in Widersprüche auflösten und, wie namentlich Protagoras, den *Menschen* mit seinen Vorstellungen,

[1] *In B folgt Komma.*
[2] *In B folgt Komma.*
[3] *In B nicht hervorgehoben.*

Empfindungen und Trieben, das empirische Subjekt, als das *Maß der*[1] *Realität* setzten.[2]

[3]Das Große und Wahre, das der Sophistik zugrunde liegt, ist, daß sie die Subjektivität als das Maß der Objektivität setzte, indem nach ihr das Objekt, nur als seiend für das Bewußtsein, Objekt, die Beziehung des Seins auf das Bewußtsein seine wesentliche Kategorie ist; das Falsche an ihr aber ist, daß sie nicht die wahre, die selbst *objektive* Subjektivität, nicht das an und für sich seiende, sondern das *relative* Bewußtsein, nicht den Menschen nach seiner allgemeinen Natur als denkendes Wesen, sondern als partikuläres Subjekt zum Maße dessen, was ist und nicht ist, machte.

Sokrates war der *Νοῦς*, der aus dem chaotischen Wirrwarr der Sophistik das Wahre vom Falschen, das Licht von der Finsternis schied. Den Boden, worauf er steht, hat er mit den Sophisten gemein. Auch sein Prinzip ist die von keinem äußern Objekte bestimmte, freie, gegen das Beschränkte und Bestimmte, das dem unmittelbaren Bewußtsein als feste Realität gilt, negative Macht der Subjektivität; auch in ihm bezieht sich der Mensch nur auf sich selbst; auch nach ihm hat er das Maß der Realität an sich selbst. Aber er unterscheidet sich wesentlich dadurch von ihnen, daß ihm dieses Maß nicht das partikuläre, sondern das allgemeine Bewußtsein, das Bewußtsein des Wahren, Guten, ist, daß er einen vernünftigen, absoluten Zweck, einen zwar nur durch das Denken gesetzten, aber nichtsdestoweniger an und für sich seienden, festen, substantiellen Inhalt, *das Gute*, als das Wesen der Subjektivität bestimmte.

Das Gute hat aber bei Sokrates außer dem Mangel an Bestimmtheit, aus welchem die verschiedenen sokratischen Schulen hervorgingen, die es konkreter zu fassen versuchten – die Megariker als das Einfache, sich selbst Gleiche, Identische, die Kyniker als Bedürfnislosigkeit und Unabhängigkeit, die Kyrenaiker als das durch das Denken, durch

1 Maß der *In B nicht hervorgehoben.*

2 *In A folgt auf neuer Zeile:* (Der Beschluß folgt). *Der Schluß beginnt dort Spalte 385.*

3 *Darüber in A auf vier Zeilen Wiederholung der Überschrift bis* Michelet, *dazu auf einer weiteren Zeile:* (Schluß)

Geistesbildung vermittelte Vergnügen –, noch diesen Mangel an sich, daß es von ihm nur in einem beschränkten Sinne, in der Bedeutung des praktisch Guten, erfaßt ist. Diesen Mangel beseitigte Plato. Er erfaßte die Idee des Guten nicht bloß in ihrer Beziehung auf den Menschen, als Zweck seines Lebens, sondern an und für sich selber, als den allgemeinen Zweck und Begriff des Universums und erhebt dadurch das Prinzip des Sokrates, das in ihm noch ein subjektives, mit seiner Persönlichkeit identisches Wissen war, zur *Wissenschaft*. Wie dem Sokrates ist auch ihm das Gute allein das Wirkliche, aber das Gute nicht bloß im Sinne des moralisch Guten, sondern in einem höhern, allgemeinern, im spekulativen Sinne, als das Wahre, Ewige, Unveränderliche, Allgemeine, Wesenhafte, an und für sich Seiende überhaupt in allen Dingen und Wesen. Denn nicht das unmittelbare, sinnliche, nicht das je nach der Beschaffenheit des partikulären Subjektes so oder so beschaffne wandelbare Sein, sondern das allgemeine, an und für sich seiende Sein, das Sein, wie es Gegenstand der allgemeinen Tätigkeit im Menschen, Gegenstand des lautern Denkens, ist ihm das *wirkliche*, reale Sein. Dieses allgemeine, intellektuelle Sein – das Sein, wie es allein Gegenstand der Philosophie ist – ist aber das, was Plato die *Idee* nennt. Die Idee ist nicht eine formelle Allgemeinheit, wie etwa eine abstrakte Eigenschaft, die der Verstand vom Sinnlichen als dem Realen abgezogen hat und nun für sich fixiert; sie ist nicht ein subjektiver Gedanke oder ein Ideal, das nur in unserm Verstande jenseits der wirklichen Welt, ebensowenig ein Urbild, das über den Dingen in einem außerweltlichen Wesen sich befindet. Die Idee ist das Wirkliche selbst, aber wie es als Gedanke, wie es in seiner Wahrheit ist. Die Ideen sind deswegen auch nicht ästhetische Formen, in unmittelbarer Anschauung zu finden. „Man *hat* die Ideen nicht, sondern sie werden durch das Erkennen im Geiste hervorgebracht. Der Enthusiasmus ist ihre erste unförmliche Erzeugung, aber das Erkennen fördert sie erst in vernünftiger gebildeter Form an den Tag. Aber sie sind ebenso real; sie sind und sie sind, allein das Sein" (II. B., S. 201).[1] Aber gleichwohl ist in der platonischen Philosophie noch eine Kluft zwischen dem Wirklichen, wie es die Idee,

[1] Die Ideen sind deswegen . . . (II. B., S. 201). *Fehlt in B.*

das Allgemeine ist, und zwischen ihm, wie es das Einzelne, sinnlich Wirkliche ist – daher die schon von Aristoteles hinlänglich gerügte Schwierigkeit, wie die Ideen, die Gattungen sich zu den einzelnen Dingen verhalten und diese an jenen teilnehmen. Es fehlt der platonischen Idee die Kraft, sich selbst zum Bestimmten zu bestimmen, das Moment der sich selbst verwirklichenden Tätigkeit.

Durch dieses Moment unterscheidet sich Aristoteles von Plato. Das Gute, das Allgemeine, die Idee ist bei ihm, wie bei Plato, das Objekt der Philosophie, aber er faßt die Idee als sich individualisierende Energie und Lebendigkeit, als den sich selbst realisierenden Zweck. Wie er gegen Heraklit, gegen das Prinzip der bloßen Veränderung, das Allgemeine als das Feste, sich selbst Gleichbleibende hervorhebt, so hält er gegen Plato und die Pythagoräer an der Tätigkeit, dem Prinzip der Sichselbstbestimmung, fest (S. 320). „Die zwei Hauptformen bei A. sind daher die *δύναμις*, die Möglichkeit (die Materie, das Ansichsein, die Anlage, Vermögen) und die Wirklichkeit, *ἐνέργεια*, oder Entelechie (*ἐντελέχεια*), d. i. die *Form*, die Tätigkeit (das Prinzip der Individuation). Die absolute Substanz ist daher die, die in ihrer Möglichkeit auch die Wirklichkeit hat, deren Wesen (*potentia*) Tätigkeit selbst ist" (S. 326). „Wenn bei Plato das affirmative Prinzip, die Idee, als nur abstrakt sich selbst gleich das Überwiegende ist, so ist bei Aristoteles das Moment der Negativität, aber nicht als Veränderung (wie bei Heraklit), auch nicht als nichts, sondern als Unterscheiden, Bestimmen, hinzugekommen und an ihm herausgehoben" (S. 322). Die Philosophie des A. ist daher nichts weniger als ein dem Platonismus entgegengesetzter Empirismus. Diese Meinung stützt sich einerseits auf die Manier des A., andererseits hauptsächlich auf seine berüchtigte Vergleichung der Seele mit einer *tabula rasa* [unbeschriebenen Tafel] und dem Wachse. Die Manier des A. ist nun allerdings empirisch, nacheinander aufzählend, die ganze über einen Gegenstand vorhandne Vorstellungsmasse ohne logischen Fortgang und Zusammenhang analysierend. Aber er faßt auch die Vorstellungen in den Begriff zusammen und wird so tief spekulativ. Ja, die Empirie des A. ist selbst spekulativer Natur, indem er den Gegenstand nach *allen* seinen Momenten und Beziehungen verfolgt und so die Empirie zur Totalität erhebt. „Das Empirische, in seiner

Synthesis aufgefaßt, ist der spekulative Begriff" (S. 341). Was aber jene Vergleichung der Seele mit dem Wachse betrifft, so war es nur roher Mißverstand, der daraus auf den Empirismus des A. schloß. Man trug nämlich das Bild in seinem ganzen Umfange, sozusagen mit Haut und Haaren, auf das Geistige über und übersah dabei den wesentlichen Unterschied zwischen dem Wachse und der Seele. Bei dem Wachse nämlich bleibt der Eindruck vom Siegelringe eine äußerliche Figur, wird nicht gleichen Wesens mit dem Wachse. Hingegen die Seele nimmt die Form (der Dinge, Objekte) „in die Substanz der Seele auf, assimiliert sie, und zwar so, daß die Seele an ihr selbst gewissermaßen alles Empfundene ist" (S. 380[1]). „Die Seele ist also nicht wie passives Wachs. Das Aufnehmen ist ebensosehr Aktivität der Seele; nachdem das Empfindende gelitten, hebt es die Passivität auf, bleibt zugleich frei davon." „A. sagt: Der Geist erhält sich selbst gegen die Materie, 'ἀντιφράττει [er sperrt sich gegen sie] nicht wie Chemisches, d. h. hält das Materielle von sich ab, repelliert dasselbe und verhält sich nur zur Form" (S. 381).

Plato und Aristoteles erhoben die Philosophie zur Wissenschaft, aber noch nicht zu einem *Systeme*, wenigstens im strengern Sinne des Wortes. Das höchste spekulative Prinzip des A., der sich selbst denkende *Νοῦς* (die Einheit des Subjektiven und Objektiven in modernen Ausdrücken), steht selbst als ein Besonderes neben dem Besondern, das unabhängig für sich selbst begriffen wird. Es tritt daher jetzt das Bedürfnis der *Systematisation* ein, das Bedürfnis, daß ein allgemeines Prinzip mit Konsequenz durch das Besondere hindurchgeführt wird. Der Stoizismus und Epikuräismus (sie nicht von ihrer ethischen oder praktischen, sondern wissenschaftlichen Seite aus betrachtet) entsprangen aus diesem Bedürfnis. Aber beide gehen nur von beschränkten Verstandesprinzipien aus, jener vom formell Allgemeinen, dem abstrakten Denken, dieser vom Besondern, der Empfindung. Es kann daher hier nicht von einer realen wahrhaften Deduktion, sondern nur von einer formellen Anwendung des Allgemeinen auf das Besondere die Rede sein. Beide sind *dogmatische* Systeme. Ihnen setzt sich daher mit Notwendig-

[1] 280 *So Druckfehler in B.*

keit als die Negation ihrer Beschränktheit der Skeptizismus entgegen, der aber gerade als das Verschwinden aller bestimmten Wahrheit den Geist zum Bewußtsein der unendlichen Wahrheit bringt und so den innern Übergang zu der Intellektualwelt der alexandrinischen Philosophie bildet.

Dies der Hauptinhalt der bis jetzt erschienenen beiden ersten Bände von diesen Vorlesungen.

Der beschränkte Raum dieser Blätter erlaubte uns nicht, die besondern Materien, über die uns Hegel die interessantesten Aufschlüsse gibt, hervorzuheben. Wir machen daher schließlich nur einige derselben namhaft: die Sophisten, ihre Bedeutung als Volkslehrer; Sokrates, sein Dämon, seine Stellung zum griechischen Volksgeist, sein Schicksal; die platonische Lehre vom Lernen als Erinnern, von der Unsterblichkeit der Seele, vom Staate und dem Verhältnis desselben zur Wirklichkeit; die aristotelische Lehre von der Seele, vom Erkennen, von der Notwendigkeit und dem Zwecke in der Natur; das Ideal des Weisen bei den Stoikern (S. 463–466), das Prinzip ihrer Moral, die abstrakte Freiheit (S. 469–472).

Schließlich können wir nicht umhin, der Verdienste des Herrn Herausgebers dieser Vorlesungen mit voller Anerkennung zu erwähnen und ihm für die mit so vielem Fleiße, mit so großer Sorgfalt und einsichtsvoller Kritik vollendete Redaktion den innigsten Dank auszusprechen.[1]

[1] Dies der Hauptinhalt ... Dank auszusprechen. *Diese letzten drei Absätze fehlen in B. In A folgt auf sie die Unterschrift*: Ludwig Feuerbach

Kritik des „Anti-Hegels"
Zur Einleitung in das Studium der Philosophie[1]

[2]Vorrede

Gegenwärtige Kritik war anfänglich für die „Jahrbücher für wissenschaftliche Kritik" bestimmt. Ihre Ausdehnung über die Grenzen einer Rezension machte es aber nötig, sie selbständig dem Drucke zu übergeben.

Das Objekt dieser Kritik ist eine Schrift des Herrn Hofrat und Professor Dr. C. F. Bachmann, betitelt „Antihegel", Jena 1835 – eine Schrift, die sich von seiner frühern, „Über Hegels System und die Notwendigkeit einer nochmaligen Umgestaltung der Philosophie", 1833, nur dadurch allein unterscheidet, daß die Maske einer gewissen Humanität und Unparteilichkeit, die dort einigermaßen noch die wahre Bedeutung seiner Polemik beschönigte und verhüllte, hier in der Hitze seiner innern Kampfwut ihm vom Kopfe herabgefallen ist. Aus diesem Grunde hat Rezensent die Beurteilung seiner frühern Schrift, nur mit Ausnahme der wenigen hieher nicht gehörigen Stellen, die sich auf die Anzeige des Sendschreibens von Rosenkranz bezogen, hier (S. 1–14)[3] wieder abdrucken lassen und die Kritik des „Antihegels" unmittelbar daran angeschlossen.

[1] *Erstes Titelblatt von A lautet:* Kritiken auf dem Gebiete der Philosophie. / Von Ludwig Feuerbach, / Privatdozenten der Philosophie. / Erstes Heft. *Zweites Titelblatt von A wiederholt dies und fügt hinzu:* / Kritik des „Anti-Hegels". *Drittes Titelblatt von A:* Kritik des „Anti-Hegels". / Zur Einleitung in das Studium der Philosophie. / Von Ludwig Feuerbach, / Privatdozenten der Philosophie. *Titelblatt von B wiederholt das dritte Titelblatt von A und fügt hinzu:* / Zweite Ausgabe. *C trägt nur die Überschrift:* Kritik des „Antihegel". *Darunter steht in C auf einer besonderen Zeile:* (1835)

[2] *Die Vorrede fehlt in C.* [3] *Im vorliegenden Bd., S.* 64–75.

An und für sich ist diese Schrift unter aller Kritik, denn sie ist nicht im Interesse der Wahrheit und Wissenschaft, sondern nur im persönlichen Interesse ihres Verfassers, im Interesse gekränkter Eitelkeit und Selbstsucht geschrieben. Kein Gesetz der Kritik ist ihm heilig, kein Einwand zu seicht, keine Behauptung zu albern, kein Mittel zu verächtlich (vgl. nur z. B. S. 151), wenn er nur dadurch seinen löblichen Zweck erreicht, in den Augen der großen, nur nach dem oberflächlichen Schein urteilenden Menge – denn vor dieses Forum spielt er seinen „*Prozeß*" – *recht* zu haben.

Nur ein äußerliches Motiv konnte daher Rezensenten zur Übernahme der Kritik dieser in jeder Beziehung wert- und wahrheitslosen Schrift veranlassen. Herr Hofrat Bachmann hat nämlich am Schlusse derselben sich herabgelassen, auf eine des Verfassers des „Antihegels" vollkommen würdige Weise, auch ihn zu introduzieren, und unter anderm seiner Rezension „jugendliche (?) Frechheit und Arroganz und Unwissenheit und Unverstand" vorgeworfen. So gleichgültig ihm nun auch diese Vorwürfe oder vielmehr Schimpfworte sind, so glaubte er es doch aus Rücksicht gegen einen Teil des Publikums nicht unterlassen zu dürfen, zur ausführlicheren Begründung seiner Rezension die Kritik des „Antihegels" vorzunehmen. Aber auch dieses Motiv wäre zu schwach gewesen, das Gefühl der Scham und des Ekels, das ihn anfänglich von dieser *an sich* unwürdigen Arbeit zurückstieß und auch später noch stets hemmend und störend ihm in den Weg trat, so daß er sie mehrmals unwillig von sich wegwarf, zu überwinden oder doch zu mäßigen, hätte er ihr nicht dadurch ein objektives Interesse abgewinnen können, daß er die Schrift des Herrn Hofrat als einen Sammelplatz aller Trivialitäten, die nur immer nicht etwa bloß gegen die Hegelsche Philosophie in specie, sondern gegen *die Philosophie überhaupt* vorgebracht werden können, ansah und ihre Widerlegung daher als eine Gelegenheit zur Entwicklung einiger spekulativen Materien, gleichsam zu einer Einleitung in das Studium der Philosophie, benutzte.

Seine Aufgabe konnte es jedoch keineswegs sein, etwa Einwurf für Einwurf, Satz für Satz den Herrn Hofrat zu verfolgen. Eine solche Kritik wäre im höchsten Grade langweilig und pedantisch gewesen, abgesehen davon, daß sie außer seinem Berufe, d. i. außer den Grenzen seines Verhältnisses zu Hegel, lag, da dieses bei aller Liebe und Verehrung ein wesentlich freies, durch Kritik vermitteltes ist. Seine Tendenz war vielmehr nur diese: den Geist und Standpunkt, den *Charakter* der Kritik des Herrn Bachmann – jedoch, was wesentlich nicht außer Acht zu lassen ist, nur von seiner *szientifischen* Seite – in seiner Nichtigkeit darzustellen. Zu diesem Zwecke war es aber hinreichend, einige *Momente* (nicht etwa einzelne, aus dem Zusammenhang gerissene Stellen) seiner Polemik, es versteht sich solche, die in Wahrheit nicht einige, sondern die Repräsentanten der *Gattung* seiner Kritik sind, welche den *ganzen Typus* derselben getreu und vollständig in sich ausgeprägt enthalten, ans Licht hervorzuheben. Natürlich blieben bei dieser Tendenz viele der kostbaren Leckerbissen, die in so reichlichem Maße „Antihegel" einem kritischen Gaumen darbietet, unberührt.

Im September 1835

Die philosophischen Systeme erfuhren von jeher eine doppelte Kritik: die Kritik der Erkenntnis und die Kritik des Mißverstands. Die Widerlegung, welche die Kritik der Erkenntnis charakterisiert, besteht entweder darin, daß *der* Begriff, der das Prinzip eines philosophischen Systems bildet und in ihm für den absoluten, den einzig, ausschließlich wahren Begriff gilt, nur als ein *bestimmter* und damit zugleich die Realität des ihm entgegengesetzten Begriffes aufgezeigt wird – so hat Plato in seinem „Sophistes" den Parmenides widerlegt, indem er in dem Begriffe des *ἕτερον*, des Unterschieds, die Realität des Begriffes des *μή-ὄν* [Nichtseienden] aufzeigte –, oder darin, daß in einem Prinzip, das auf Totalität Anspruch machen will, der Mangel eines wesentlichen Moments nachgewiesen wird – so machte Aristoteles den ältern Naturphilosophen den Vorwurf, daß in ihren Prinzipien das der Bewegung fehle –, oder darin, daß *die* Bedeutung, *die*[1] Stellung und Ausdehnung, die dem Grundbegriffe eines Systems in seiner wirklichen Entwicklung gegeben wird, im Widerspruche mit *der* Bedeutung erkannt wird, die er *an sich*, in der Idee des Systems, hat – so haben Spinoza und Malebranche den Cartesius teils direkt, teils indirekt

[1] *In C nicht hervorgehoben.*

widerlegt und zugleich weiterentwickelt, indem sie der bei ihm von den beiden Substanzen, dem Geiste und der Materie, in die Enge getriebnen und beschränkten göttlichen Substanz freien Spielraum zu unumschränkter Herrschaft und Entfaltung ließen –, oder darin, daß gezeigt wird, daß die Leistungen eines Prinzips hinter den Forderungen zurückbleiben, die es an sich selbst stellt, und hiemit das Prinzip selbst zur Realisierung der Idee der Wissenschaft nicht hinreicht – so kritisierte Hegel Fichte –, oder darin, daß die Schranke, die eine Philosophie als eine objektive, unüberwindliche anerkennt, außer sich selbst hinausschiebt, als die *eigne* Schranke dieser Philosophie nachgewiesen wird – so kritisierte Fichte Kant.

Die philosophischen Systeme sind keine Thesen, die das Individuum nach eignem Gutdünken und Ermessen aufstellt, so daß hier eine Widerlegung in dem Sinne stattfinden könnte, daß das Widerlegte als ein reiner gegenstandloser Irrtum oder gar Unsinn sich in nichts auflöste. Sie sind notwendige, unumgängliche Standpunkte der Vernunft – Gesichtspunkte, unter denen *einmal* die göttliche Wahrheit *sich selbst* mit *sichtbarem Wohlgefallen* betrachtet, um von allen, auch den entgegengesetztesten[1] Seiten sich die wollüstige[2] Überzeugung zu geben, daß sie überall dieselbe Wahrheit ist; sie sind wesentliche Bestimmungen der Wahrheit selber, wie sie in einer gesetzmäßigen Sukzession in das Bewußtsein der Menschheit eintritt, und zwar so, daß jedes System *eine* wesentliche Bestimmung der Wahrheit erkennt, diese *eine* aber als die Totalität aller ihrer Bestimmungen setzt. Jede Philosophie hat darum ein allen Ein- und Angriffen sich entziehendes Heiligtum, einen absolut unwiderleglichen Kern in sich. Dieser Kern ist ihre *Idee*, wovon das, was man gewöhnlich als Grund- und Hauptsatz hervorhebt und angreift, nur der äußerliche Ausdruck, das Phänomen, ist. Die wahre Kritik ist daher die, welche die Idee einer Philosophie aufsucht, sie als Maßstab ihrer Beurteilung zugrunde legt und darnach ermittelt, ob und wieweit der Philosoph, seine

[1] entgegengesetzten *C*

[2] *Feuerbach schreibt in A/B und C, wie schon in seiner Rezension des Rosenkranzschen Sendschreibens an Bachmann, an dieser Stelle:* wohllüstige

Auffassung, sein Ausdruck, seine Darstellung und Entwicklung, dieser Idee ent- oder widerspricht. Das Falsche, das Mangelhafte eines Systems leitet sie gerade aus seinem Positiven, Wahren ab. Sie spricht eigentlich nur aus, was der kritisierte Philosoph selbst schon auf der Zunge oder doch im Sinne hatte, wofür er aber keine oder nur höchst ungeschickte Vorstellungen und Ausdrücke fand, wie es z. B. am auffallendsten bei Cartesius ist; sie ist nur die Stimme seines eignen[1] innern Gewissens. Und die Einsicht, die sie zu ihrem Resultat hat, ist eben überhaupt keine andre als die, daß eine bestimmte Philosophie, die dem bestimmten Individuum oder dem bestimmten Zeitalter, das sie ausspricht, notwendig für die Gattung, für die Philosophie selbst gilt, nur eine species [Art], aber wesentliche species der Philosophie ist. Eine Kritik dieser Art ist darum eine Befreiung von einer wirklichen Schranke der menschlichen Vernunft, ein neuer Fund in der Philosophie.

Die Kritik des Mißverstandes dagegen kehrt sich nicht sowohl gegen das Negative als vielmehr gegen das *Positive* eines Systems, sie greift von einer bestimmten Philosophie nicht ihre Bestimmtheit, ihre Einseitigkeit und[2] Endlichkeit, sondern gerade das an, was in ihr *Philosophie* ist. Der Kritiker sondert hier nicht die Philosophie von dem Philosophen; er identifiziert sich nicht mit seinem Wesen, macht sich nicht zu seinem andern Ich, um in dieser mystischen *unio essentialis* [wesentlichen Einheit] die von außen unvernehmliche Stimme der Idee zu erlauschen, die den Philosophen bei der Schöpfung seiner Werke beseelte und begeisterte. Er hat stets *andere* Dinge in seinem Kopfe als sein Gegner; er kann seine Ideen sich nicht assimilieren und folglich nicht mit seinem Verstande zusammenreimen; sie bewegen sich in dem leeren Raume seines eignen Selbstes wie epikuräische Atome durcheinander, und sein Verstand ist der *Zufall*, der sie durch besondere äußerlich angebrachte Häkchen zu einem scheinbaren Ganzen zusammenbringt. Der einzige gültige, der objektive Maßstab, die Idee des Systems, welche die allgegenwärtige Seele, die selbst in den größten Widersprüchen noch gegenwärtige Einheit desselben ist, ist ihm entweder gar

[1] eigenen *C. Geringfügige Veränderung, wird im folgenden nicht mehr vermerkt.* [2] *In C folgt Zusatz:* ihre

nicht oder nur in einer selbstgemachten schlechten Kopie Gegenstand. Er befindet sich daher auf dem Gebiete seines Gegners in ein weltfremdes Land versetzt, wo ihm notwendig alles so wunderlich, so „neuholländisch" vorkommt, daß „ihm Sehen und Hören vergeht", daß er selber nicht mehr weiß, ob er wacht oder träumt, und vielleicht bisweilen, jedoch gewiß nur in den flüchtigen Momenten seiner ***intervalla lucida*** [lichten Augenblicke], sogar an der Identität seiner Person und der Richtigkeit seines Verstandes zweifelt. Die edelsten harmonisch verbundenen Gestalten tanzen in den abenteuerlichsten Verschlingungen als ungereimte fratzenhafte Figuren vor seinen betroffnen Augen vorüber, die erhabensten Aussprüche der Vernunft klingen wie sinnlose Kindermärchen an seinen Ohren vorbei. In seinem Kopfe findet er wohl auch den philosophischen Ideen analoge Vorstellungen oder Begriffe vor und besitzt an ihnen einige notdürftige Anhaltspunkte, aber nur zu dem Zwecke, um damit den Philosophen als einen Verbrecher am gemeinen Menschenverstande an das Kreuz zu schlagen. Denn diese Begriffe kennt er nur in einem ganz beschränkten Maße und hält dieses Maß für das Gesetz ihrer Gültigkeit; werden sie über diese enge Grenze ausgedehnt, so verliert er sie aus dem Gesichte; sie versteigen sich für ihn in den blauen Dunst des Unerreichbaren als Phantasmen, die jedoch der Philosoph vermittelst eines geheimen, bis jetzt indes noch unerklärten Kunstgriffs, gleichsam als das ***second sight*** [zweite Gesicht, die Hellseherei] seiner Vernunft, hypostasiert. So wurde z. B. die Identität des Realen und Idealen für eine Hypostase des Satzes „A = A", Spinozas Idee der Substanz für eine Hypostase des logischen Begriffs der Allheit oder des Konnexus zwischen Grund und Folge erklärt; eine Erklärung, die ebensoviel sagt, als wenn ein Naturhistoriker, der aus enormer Beschränktheit seiner Erfahrung und Kenntnisse die Größe der Natur in seiner Zone für ihr absolutes Maß hielte, den Rizinus, wie er in Afrika und Asien als gewaltiger Baum existiert, um seine Wirklichkeit wegzuleugnen, für die Hypostase einer überspannten Vorstellung von der elenden Staude, in welcher er bei uns erscheint, erklären wollte.

In diese zweite Klasse der Kritik gehört auch Bachmanns Schrift gegen Hegel.

Gleich schon von vorneherein[1] bei seinen Einwürfen gegen Hegels Lehre von der Identität der Religion und Philosophie beweist B[achmann], daß er den Begriff der Identität, wie Hegel sie bestimmt, nicht verstanden hat; sonst hätte er nicht, um nur dieses zu erwähnen, das Beispiel von Menschen, die Religion hätten, ohne zu philosophieren – ein Beispiel, das übrigens an und für sich verwerflich ist, denn bei Menschen, wie den Frauen, die keine Philosophie haben, ist eben grade die Religion ihre Philosophie –, als eine Instanz gegen diese Identität geltend machen können. Denn der Begriff der Identität schließt nach H[egel] den Begriff des Unterschieds nicht nur nicht aus, sondern begreift ihn vielmehr wesentlich in sich; die Identität bläst nicht das Licht des Verstandes, den Unterschied, aus; sie ist Identität nur als Identität Unterschiedener. Wenn daher H. die Identität zweier Gegenstände behauptet, so ist damit nicht gesagt, daß kein Unterschied zwischen ihnen stattfinde, daß sie so *sans façon* [ohne weiteres] eines und dasselbe sind und nicht in der Welt als besondre[2] Gestalten auftreten können. Der Begriff der Identität in dieser Bedeutung ist aber einer der wesentlichsten, wo nicht selbst der wesentlichste Begriff der Hegelschen Philosophie; denn er ist nur der formelle Ausdruck von der absoluten Idee derselben: daß die Substanz Subjekt, d. h., populär ausgedrückt, Gott wesentlich Persönlichkeit, eine sich in sich selbst unterscheidende Einheit ist. Wer daher diesen Begriff nicht oder – es ist ziemlich eins – falsch versteht, hat schon im voraus seine Kritik um allen Kredit gebracht.

Wie zur Zeit des ärgsten Verfalls des Römischen Reichs nach Ammian die römischen Richter und Anwälte, wenn sie die Namen berühmter Rechtsgelehrten hörten, dabei nur an fremde Fische und Eßwaren dachten, so denkt B. bei den Sätzen H.s, bei den Worten „Identität", „Vernunft", „Logik" stets nur, zwar nicht an ausländische, sondern an die ganz gemeinen inländischen Produkte seiner eigenen Vorstellungen, die er teils schon vorrätig in sich hat, teils sich erst von den Begriffen seines Gegners macht, und es ist daher

[1] vornherein *C*

[2] besondere *C. Geringfügige Veränderung, wird im folgenden nicht mehr vermerkt.*

natürlich, daß aus diesem Konflikt von den Begriffen H.s und seinen eignen Vorstellungen das tollste Zeug hervorkommt. So ist es nach H.s, d. h. nach der *Bachmann*-Hegelschen „Logik" Gott selbst, „welcher in seinem ewigen Wesen vor der Schöpfung durch einen notwendigen logischen Prozeß sich in die kategorischen und andern Schlüsse verwandelt, sich selbst definiert, einteilt, urteilt, beweist, um sich zuletzt als absolute Idee zu finden". Eine Auffassung, ganz in dem Stile, in welchem man Spinoza vorwarf, daß nach[1] ihm, weil alle Dinge in Gott selbst seien, Gott sich selbst esse, verdaue und sezerniere. Bei *seinen* Vorstellungen von der Logik und der Vernunft, die nach ihm nur eine „*besondere Richtung* (?) unserer Seelentätigkeiten ist, die zu ihrer eigenen Entwicklung der *Unterstützung* (?)[2] der übrigen sowie des ganzen kunstreichen *Apparates* (?)[2] bedarf, den wir unsern Leib nennen", geht es sowohl aus der Bachmannschen als Hegelschen „Logik" – in diesem Punkte koinzidieren beide auf eine merkwürdige Weise – mit Notwendigkeit hervor, daß ihm überhaupt die „Logik" H.s und die Bedeutung, die er ihr gibt, rein phantastisch und exzentrisch erscheint. In der Idee von der Identität der Logik und Metaphysik erblickt er weiter nichts als einen „zauberischen Glanz, der die Jugend, die ohnedies gewöhnlich obenhinaus will, leicht besticht". Indes hierin ist B. vollkommen zu entschuldigen. Diese Idee findet selbst bei Köpfen Anstoß, die H. besser verstehen als B. Zur Erläuterung dieser Idee sei daher nur soviel gesagt: Wenn die Gesetze der Welt nicht auch die Gesetze unsers Denkens sind, wo sie aber natürlich aufhören, in der Form von Gesetzen zu existieren, und sich zu freien Selbstbestimmungen des Geistes erheben,[3] und umgekehrt: wenn die allgemeinen und wesentlichen Formen, in denen wir denken, nicht zugleich allgemeine und wesentliche Formen der Dinge selbst sind, so ist überhaupt keine reale Erkenntnis, keine Metaphysik möglich, so ist in der Welt ein absoluter hiatus, ein absolutes Vakuum, ein absoluter Unsinn, und dieser absolute Unsinn, dieses existierende nonens [Nichtseiende], dieser faule Fleck ist unser Geist selbst,

[1] man *So versehentlich C.*
[2] (?) *Fehlt in C.*
[3] wo sie . . . Geistes erheben, *Fehlt in C.*

so ist unsre Vernunft selbst weiter nichts als das ens rationis [Gedankending] einer absoluten Unvernunft[1]. Aber was berechtigte uns auch zu dieser Annahme? Stecken wir denn etwa bloß bis ans Herzgrübchen, bis an den Hals oder gar nur bis an den Nabel und nicht vielmehr bis über die Ohren mittendrin in den Fluten des Weltmeers? Ist in uns die Kontinuität mit ihm abgebrochen?[2] Ist unser Geist oder Selbst, oder wie man es nennen mag, ein außer der Welt in nichts in sich[3] webendes Nichts? Sind unsre Hirngespinste ohne innern Zusammenhang mit dem großen Gewebe des Weltalls? Sind wir nicht gerade in dem Innersten unserer Subjektivität frei von der Schranke der Subjektivität? Ist nicht der Geist selbst die aufgeschloßne tiefste Tiefe des Weltalls? Sind wir nicht in jedem Akte der Lebenstätigkeit in einem und demselben Momente zugleich in uns und außer uns? Sind wir in der Außenwelt nicht bei uns selbst und in unserer Innenwelt nicht zugleich in der realen Welt? Fasse man auch das Denken nur als eine Kraft, und zwar als eine besondere Kraft, auf, so ist es doch eine *reale*, positive Kraft, eine dem Menschen immanente, substantielle Kraft, eine Kraft, durch die er nur ist, was er ist, die nicht fehlen kann, ohne die er aufhört, Mensch zu sein, aufhört folglich, zu *sein* – denn das *Menschsein* ist das *Sein* des Menschen –, eine Kraft, die also sein *Sein* selbst konstituiert, an die es wesentlich gebunden ist. Ist nun aber unser Sein ein der Welt, der Natur, der Objektivität, oder wie man es benennen und fassen mag, akzidentelles oder nicht vielmehr in ihrem Sein und Wesen notwendig enthaltenes Sein? Ist also das Denken als eine unser Sein konstituierende Kraft nicht auch eine dem Sein und Wesen der Objektivität *nicht* akzidentelle Kraft? Ist es nicht *Sein im Sein?* Ist es eine *extramundane* oder nicht vielmehr eine in[4] der Kraft der Welt selbst immanente, eingeborne Kraft? Ist es nicht zugleich eine ebenso subjektiv als objektiv reale Kraft? Ist es also nur ein illusorischer Gedanke, daß die allgemeinen wesentlichen

[1] *So A/B und so auch das Druckfehlerverzeichnis zu C, nachdem C versehentlich* Vernunft *geschrieben hat.*
[2] Ist in . . . abgebrochen? *Fehlt in C.*
[3] in sich *Fehlt in C.*
[4] *Fehlt in C.*

Denkbestimmungen, *die* Bestimmungen, durch die das Denken *Denken* ist, zugleich allgemeine, wesentliche Sachbestimmungen, daß folglich die logischen Formen zugleich metaphysische, die innere Natur der Dinge ausdrückende und enthaltende Bestimmungen sind? Ist es nicht unmöglich, daß, wenn die Logik nicht schon Metaphysik ist, wir je, wir mögen auch anfangen, was wir wollen, zu einer Metaphysik kommen, wenn sie uns nicht etwa im Traum von Gott beschert wird? Ist die Idee von der Einheit der Logik und Metaphysik nicht also eine die Natur des Denkens selbst ausdrückende, ihr adäquate Idee? Liegt diese Idee nicht jeder tiefern Philosophie zugrunde? Hat H[egel] etwas andres getan, als daß er sie aus ihrer Verborgenheit mit ausdrücklichen Worten zum Bewußtsein hervorhob? Sind nicht schon die Kategorien des Aristoteles, unter denen er selbst den Raum und die Zeit aufzählt, inwiefern sie Behauptungen, Prädikamente sind, die wir im Denken und in der Sprache anwenden, logische, inwiefern sie aber von den Dingen selbst gelten, reale Eigenschaften an ihnen bezeichnen und ausdrücken, metaphysische Bestimmungen? Wenn aber die allgemeinen Denkbestimmungen zugleich wirklich reale Bestimmungen sind, sind sie dann nicht *an und für sich* allgemein? Sind sie aber als *an und für sich* allgemeine Bestimmungen nicht höhern Ursprungs als wir selbst und die Dinge außer uns, sind sie nicht göttlichen Ursprungs und Wesens? Ist es nun aber nicht ein lächerlicher Mißverstand, zu meinen, daß, wenn die logisch-metaphysischen Bestimmungen in ihrer *Totalität*, in ihrer *Absolutheit*, kurz, sie, wie sie in ihrem *wahren Wesen* sind, zu Bestimmungen des göttlichen Wesens gemacht werden, sie auch *so*, wie sie der Philosoph darstellt, wie sie in der Erscheinung auf dem Papier nacheinander auftreten, kurz, sie in ihrer Verendlichung, Vereinzelung und Besonderung, die sie in der wissenschaftlichen Exposition für den Menschen notwendig erfahren, zu Bestimmungen Gottes gemacht werden? Wenn wir die moralischen Bestimmungen des Menschen in ihrer Totalität und Absolutheit zu Prädikaten Gottes und Gott in der Bestimmung des absolut Guten zum Prinzip der Moral machen, wäre es nicht lächerlich, daraus zu folgern, daß nun auch die Tugenden, wie sie in einem Kompendium der Moral nacheinander distinguiert und spezifiziert werden, die Tugenden der Keuschheit, Mäßigkeit, Ehrlichkeit, Sparsamkeit, des Patriotismus, der Elternliebe usw., zu Prädikaten Gottes gemacht würden? Hätte doch lieber B. dem H. vorgeworfen, daß Gott nach seiner „Logik" aus drei Bänden besteht, wovon der erste 334, der zweite 282, der dritte 400 Seiten ausmacht, so daß der ganze Inhalt Gottes netto 1016 Seiten beträgt, daß folglich Gott im Jahre des Heils 1813 in Nürnberg bei Schrag zum ersten Mal in seinem Leben das Licht dieser Welt erblickt hat, so wäre er vielleicht gerade durch diese Konsequenz seiner Folgerungen zur Einsicht in die Ungereimtheit seiner Auffassungsweise gekommen.

Da schon in der „Logik" Bachmann-Hegels oder Hegel-Bachmanns, wo es doch vor allem mit rechten Dingen hätte zugehen sollen, so tolles Zeug vorkommt, daß Gott darin sich in die verschiedenen Syllogismen verwandelt, so kann es uns nicht wundern, wenn es von ihm in der Geistesphilosophie, wo es von jeher in den Köpfen der Menschen gespukt hat, heißt, daß er erst durch die Natur und die verschiedenen Stufen der Bildung zu sich selbst komme, daß Hegel (respekt. Bachmann-Hegel) „nicht nur der Sohn Gottes", sondern der Heilige Geist selbst sei, daß „Gott nicht zum vollkommnen Bewußtsein seiner selbst gekommen wäre, wenn er sich nicht in den Philosophen Hegel verwandelt hätte". Denn hätte B. die „Logik" H.s begriffen, hätte er den Begriff seiner Methode – der wichtigste, unerläßlichste Begriff, um H. richtig zu erkennen und zu beurteilen, weil gerade sie es ist, die am leichtesten zu den größten Mißverständnissen Anlaß gibt – erfaßt, so hätte er ihm nicht ein solches *crimen laesae Majestatis* [Majestätsverbrechen] Gottes aufbürden können, als dieser Vorwurf enthält. Nach H. kann nämlich das *wahrhaft Erste* nicht am Anfange der Wissenschaft stehen. Das, was das Erste ist, muß sich als das Erste beweisen; als solches kann es sich aber nur erweisen, wenn es sich als den Grund darstellt, auf den alles zurückgeführt und bezogen werden muß, um in seiner Wahrheit erkannt werden zu können; erst im Resultate der Wissenschaft erhellt daher, was wahrhaft das Erste ist. Das, worin ich an ein Ende komme, worüber ich nicht mehr hinauskann, das, was ich nicht mehr auf ein Höheres als auf seinen Grund reduzieren kann, erst dieses Letzte, dieses Unauflösliche ist das wahrhaft Erste. So ist das Sein in der „Logik" nur das subjektiv [Erste], das scheinbar Erste, die Idee dagegen das wahrhaft Erste. Die absolute Idee windet sich nicht durch die Gestalten des Wesens und Seins wie ein Schmetterling durch die Metamorphosen der Puppe und Raupe hindurch, um endlich im Lichte des Bewußtseins zu sich selbst zu kommen. Es ist nur der Philosoph, der am Schlusse der „Logik" sich zum Bewußtsein der Idee erhebt. Sie entsteht nicht für sich selbst, sondern nur für ihn, und sie entsteht nur für ihn, damit er mit dem ersten Blick, womit er sie erschaut, erkennt, daß sie ewig und unentstanden ist. Sie entzieht sich im Anfang nur seinen Blicken, damit er um so tiefer von der Herrlichkeit und Allmacht ihres Lichtes ergriffen werde. Sein und Wesen sind Rätsel, die erst in der absoluten Idee ihre Lösung und wahre Bedeutung finden, sind nur die Beweise, daß nicht sie, sondern die Idee das absolut Erste ist, welches sie als das allein Voraussetzungslose voraussetzen. Die Idee ist wohl in sich selbst nach H[egel] Prozeß, Resultat ihrer selbst, Leben, aber nur im Verlauf der wissenschaftlichen Exposition legt sich dieser ewige Prozeß, in dem weder Anfang noch Ende, kein Vorher, kein Nachher ist, so auseinander, daß erst im Resultate, am Schlusse das wahre Prinzip erkannt wird. Die Methode der „Logik" ist nun bei H. die absolute Methode, folglich auch die Methode der übrigen philosophischen Wissenschaften. Alles wird im Prozesse des Werdens dargestellt, überall mit dem Abstrakten, dem Einfachsten angefangen, um endlich zu dem zu kommen, was als das *non plus ultra* [der Höchstgrad], als der *terminus ad quem* [Endpunkt], zugleich als der wahre *terminus a quo* [Ausgangspunkt] sich erweist. Sowenig nun die absolute Idee in der „Logik" (realiter) zu sich selbst kommt, sowenig kommt Gott (realiter) durch den Verlauf der Natur und Geschichte zu sich selbst, so daß Gott erst ohne Bewußtsein gewesen – was eine absolute Absurdität wäre, denn der Begriff des Bewußtseins schließt alle reale Entstehung von sich aus – und dann hintendrein erst im Menschen zum Bewußtsein herangekrochen wäre. Das Selbstbewußtsein Gottes ist vielmehr das absolut Erste, aus dem Natur und Menschheit entsprang, wie die absolute Idee der Grund des Seins und

Wesens ist. Der menschliche Geist hat überhaupt zu Gott dasselbe Verhältnis, das der Philosoph zur absoluten Idee hat. Die Philosophie ist freilich nicht die absolute Idee in höchsteigener Person, aber sie ist das Bewußtsein von dem Selbstbewußtsein der absoluten Idee; hierin liegt ihr Unterschied von ihr wie ihre Identität mit ihr. Gott erkennt sich wohl im Menschen selbst, indem der Mensch Gott erkennt, aber dieses Sich-Erkennen Gottes im Menschen ist nur eine Wiedererkennung, eine Verdopplung seiner ursprünglichen, vom Menschen unabhängigen Selbsterkenntnis; unsre Vorstellungen von Gott, in denen er uns gegenwärtig ist, sind nur Vorstellungen von den Vorstellungen, die Gott von sich selbst hat und in denen er sich selbst gegenwärtig ist.

Da bereits in der Logik und Psychologie H. bei dem Examen, dem ihn B. unterwarf, mit Schande und Spott abgefahren ist, so kann es uns auch nicht im mindesten wundern, wenn er endlich auch mit seinem Naturrecht bei ihm durchfällt. Als Probestück des Geistes seiner Kritik und Auffassungsweise philosophischer Begriffe diene daher nur noch folgendes Beispiel. Der treffliche, ebenso tiefe als wahre Begriff, den Hegel von dem sittlichen Wesen gibt, wie es sich in der Familie verwirklicht, soll der Wirklichkeit widersprechen und folglich nichts taugen, indem „manche Familien sehr verdorben und tief gesunken sind, in andern bloß einzelne Glieder und nur in sehr wenigen alle Glieder auf einer hohen sittlichen Stufe stehen". Du lieber Himmel! Soll denn der Philosoph den Begriff einer Sache nicht von ihrer wahrhaften, sondern von ihrer lügenhaften, unvollkommnen Existenz abziehen? Soll er das Wesen der Poesie etwa nach den Exemplaren[1] eines Gottsched darstellen? Sollen verkrüppelte Bastarde oder nicht vielmehr die genuinen Erzeugungen die Modelle des Philosophen sein? Sollen ihm nicht die reinsten Bilder bei der Erzeugung seiner Begriffe vorschweben? Wenn B. uns dereinst ein neues philosophisches System geben will und es schweben ihm bei der Erzeugung seiner Begriffe dieselben Bilder vor, die bei der Kritik H.s ihm vorschwebten, was wird doch das Produkt seiner philosophischen Schäferstunden für ein

[1] Gedichten *C*

Geschöpf sein? Daß übrigens B. selbst in der populären Sphäre der Hegelschen Philosophie nicht nur nicht einen richtigen Gebrauch von seiner Vernunft, sondern auch nicht einmal von seinen Augen machte, kann nur dem auffallen, der nicht weiß, daß dergleichen Empiriker, wie B. einer ist, gerade nur da Idealisten sind, wo sie Realisten sein, ihre Sinne öffnen sollten, und gerade da nur Realisten, wo allein der Idealismus die wahre Empirie ist, das einzige Organ, eine Sache in ihrer Wahrheit und Wirklichkeit zu erkennen.

Nachdem wir nun im allgemeinen die Kritik des Herrn Bachmann charakterisiert haben, gehen wir sogleich, zur Begründung und Bestätigung unseres Urteils, auf das Besondere ein.

Ein Hauptgegenstand seiner Polemik ist die Ideenlehre Hegels. In seiner[1] Vorrede zur „Phänomenologie" sagt nämlich Hegel, und zwar im Gegensatze gegen die deklamatorischen, zu jener Zeit „grassierenden Ideen des Schönen, Heiligen und Guten", von der platonischen Idee, sie bedeute nichts anderes als „bestimmte Allgemeinheit, *Art*". In seiner Einleitung zur „Logik" (I-ste[2] Ausgabe, p.[3] XIV) dagegen erwähnt er ihrer mit den Worten, sie sei „das Allgemeine oder bestimmter der *Begriff* des Gegenstandes" *, ein Ausdruck, der viel universeller und ideeller ist und allein schon den Herrn Bachmann vor allen den Konsequenzen hätte bewahren können, die er aus dem zweideutigen Ausdruck „Art" herauszieht. Allein Herr Bachmann hält sich („Antihegel", p. 27) bloß an jene Äußerung in der Vorrede

[1] einer *C*
[2] I. *C*
[3] S. *C*. *Geringfügige Veränderung, wird im folgenden nicht mehr vermerkt.*
* Vollständig lautet diese beachtungswerte Stelle also: „Die platonische Idee ist nichts anders als das Allgemeine oder, bestimmter, der Begriff des Gegenstandes; nur in seinem Begriffe hat etwas Wirklichkeit; insofern es von seinem Begriffe verschieden ist, hört es auf, wirklich zu sein, und ist ein Nichtiges; die Seite der *Handgreiflichkeit* und des *sinnlichen Außer-sich-Seins* gehört dieser nichtigen Seite an."

zur „Phänomenologie" und eine Stelle in der „Geschichte der Philosophie", wo „damit übereinstimmend Hegel über Plato sich äußere: die platonische Idee sei Gattung*, Art", und gibt nun ohne weiteres diesen allerdings sehr bezeichnenden *Spitznamen* (denn eine andere Bedeutung hat in der Tat der Ausdruck „Art" nicht, indem sich Hegel desselben bloß bedient, um nur ganz im allgemeinen zunächst einen Anhaltspunkt, einen bestimmten Begriff von der Idee zu geben) für den *wahren* Namen, für die positive, totale, wesentliche Bestimmung aus, die Hegel der Idee gegeben habe, als wäre sie wirklich nach ihm gar nichts weiter als Art, ihr unendliches Wesen mit dieser einfachen, dürftigen Bestimmtheit erschöpft. Statt den dritten Teil

* Als Belege von der Oberflächlichkeit und Gewissenlosigkeit[1] der Bachmannischen Beurteilung und Lektüre mögen einige der wichtigsten Äußerungen Hegels über die platonische Idee aus seinen „Vorlesungen über die Geschichte der Philosophie" hier ihren Platz finden; p. 199 II. B[and][2] heißt es von der Idee: „Sie ist nichts anderes als das Allgemeine, und daß dies Allgemeine nicht als das formell Allgemeine genommen[3] wird, wie die Dinge nur teil daran haben oder, wie wir es ausdrücken, nur Eigenschaften der Dinge sind, sondern indem dies Allgemeine als das *an und für sich selbst Seiende*, als das *Wesen* genommen wird, als dasjenige, *was nur ist, was nur Wahrheit hat*." Hierauf bezieht sich die Stelle p. 224, auf die sich Herr B. beruft und welche also lautet: „Das Allgemeine ist zunächst unbestimmt – aber es kommt wesentlich auf die weitere Bestimmung des Allgemeinen in sich an. Dieses Allgemeine hat nur Plato die Idee, εἶδος, genannt, was wir *zunächst* Gattung, Art übersetzen, und die Idee ist auch allerdings die Gattung, die Art, die aber *mehr durch den Gedanken* gefaßt ist, *mehr für den Gedanken ist*. Man muß aber deshalb unter Idee nicht etwas Transzendentales, weit Hinausliegendes sich denken, εἶδος ist nicht in der Vorstellung substantiiert, isoliert, sondern die Gattung, das *genus*. Idee ist uns geläufiger unter dem Namen des Allgemeinen. Das Schöne, das Wahre, Gute für sich selbst ist Gattung." Was aber H. unter Gattung versteht, geht aus dem gleich darauf

[1] und Gewissenlosigkeit *Fehlt in C.* [*Vorige Note läuft S. 77 weiter.*]

[2] *So ergänzt auch C.* [3] angenommen C

der „Logik“, welcher die Idee nicht historisch oder gelegentlich, sondern an und für sich, ihre Genesis, ihren Begriff und ihre wesentlichen Unterschiede, als Idee des Lebens, Erkennens und Wollens betrachtet, der[1] allein die *Quelle* ist, aus welcher[2] der wahre Begriff Hegels von der Idee geschöpft werden kann, wo aber von der Art keine Sprache ist, zur Grundlage seiner Kritik zu gebrauchen, nimmt er nur *aus* ihm einzelne Stellen heraus, hier die, wo die Idee als Kongruenz des Begriffs und der Realität bezeichnet wird*, und wendet sie bloß zur *Bestätigung* seiner Meinung an – denn die Art kann er sich bereits nicht mehr aus dem Sinne schlagen, sie ist in ihm zur fixen Idee geworden –, indem

folgenden[3] Beispiel vom Tier hervor, von dem er sagt: „Es ist lebendig, dies ist seine Gattung, die Lebendigkeit ist sein Substantielles, Wahres, Reelles; nimmt man dem Tiere das Leben, so ist es nichts.“ p. 227 heißt es: „Die Idee ist Allgemeines, *Gedanke* und *ist* (objektiv)“; p. 230: „Sie ist das Allgemeine, aber als *das sich selbst Bestimmende*, das *konkret in sich* ist. Dieses kommt nur durch Bewegung in solchen Gedanken, die Gegensatz, Unterschied in sich enthalten. Die Idee ist dann *Einheit dieser Unterschiede*, und so ist sie bestimmte Idee“; p. 233: „Im ‚Sophistes‘ untersucht Plato die *reinen Begriffe* oder Ideen (*εἴδη*, Arten, denn die Ideen sind in der Tat nichts anderes) von Bewegung und Ruhe, Sich-selbst-Gleichheit und Anderssein, Sein und Nichtsein.“

1 welcher *C* 2 aus welcher: woraus *C*

* Die Stelle zitiert Herr B. also: (Der Gegenstand,) „die objektive und subjektive Welt überhaupt *sollen* mit der Idee nicht bloß *kongruieren*, sondern sie sind selbst die Kongruenz des Begriffs und der Realität; diejenige Realität, welche dem Begriff nicht entspricht, ist bloße *Erscheinung*, das Subjektive, Zufällige, Willkürliche, das nicht die Wahrheit ist. Nichts ist von seinem Begriffe geschieden und ihm ganz unangemessen. Sagt man, kein Gegenstand der Erfahrung kongruiert der Idee vollkommen, so stellt man diese als einen subjektiven Maßstab der wirklichen gegenüber, ohne zu bedenken, daß ein Wirkliches, dessen Begriff nicht in ihm ist, das Nichts wäre.“ Im Original lautet der Schluß dieser Stelle jedoch also: „Wenn gesagt wird, es fände sich in der Erfahrung kein Gegenstand, welcher der Idee vollkommen kongruiert, so wird diese als

3 *Verbessert nach C. In A/B:* folgendem. [*Note * läuft weiter.*]

„die Art, in der wir nur das den Individuen Gemeinsame denken, in der Identität des Subjektiven und Objektiven bestehe, nicht aber die Idee". Er macht daher, obwohl nur er selbst es ist, der durch sein willkürliches, alles nach Belieben untereinander werfendes,[1] aus dem Ganzen und der bestimmten Sphäre seiner Gültigkeit herausreißendes Verfahren die Unendlichkeit der Idee, welche nach Hegel allein in der Totalität des *Lebens* und *Geistes* ihren entsprechenden Ausdruck findet, zur Art degradiert hat, der Hegelschen Ideenlehre den Vorwurf, daß sie „erstens die Idee zum Artbegriffe herabsetze und hiernach zweitens von ihr die Identität des Subjektiven und Objektiven, die Konkurrenz derselben mit den Erscheinungen behauptet" (p. 30). Und *die* Bestimmungen Hegels, die nicht in *seinem* Sinne sind, d. h., die nicht übereinstimmen mit *den* Vorstellungen, die er sich selbst von der Idee Hegels, als lediglich einem Artbegriffe, in den Kopf gesetzt hat, sind nun natürlich für ihn himmelschreiende Widersprüche; statt daß gerade solche Bestimmungen ihn zur Besinnung über sich selbst bringen, [ihm] zur Korrektur, zur[2] Erweiterung, Berichtigung oder vielmehr gänzlichen Verwerfung seiner vorgefaßten Meinungen verhelfen sollten. So findet er denn bei dem Satze Hegels: „Die Natur ist *an sich, in der Idee* göttlich, aber wie sie *ist*, entspricht ihr Sein ihrem Begriffe nicht, sie ist vielmehr der unaufgelöste Widerspruch", aus einem sehr begreiflichen Grunde es „unbegreiflich, wie ein Mann von Hegels Geiste diese Sätze niederschreiben konnte, ohne zu bemerken, daß durch sie seine Ideenlehre von Grund aus zerstört wird. Es werden hier offenbar die Idee und das Sein der Natur einander entgegensetzt, was nach der Ideenlehre schlechterdings undenkbar ist" (p. 33). Wirklich undenkbar? Gleich in den ersten Zeilen, wo Hegel in der „Logik" von der Idee handelt, ist die Möglichkeit

ein subjektiver Maßstab dem Wirklichen gegenübergestellt; was aber ein Wirkliches wahrhaft *sein* soll, wenn nicht sein Begriff in ihm und seine Objektivität diesem Begriffe *gar nicht* angemessen ist, ist nicht zu sagen, denn es wäre das Nichts."

[1] nach . . . werfendes, *Fehlt in C.*

[2] Korrektur, zur *Fehlt in C.*

dieser Entgegensetzung schon in ihr gedacht und ausgesprochen, wenn er sagt: „Etwas hat nur Wahrheit (d. i., etwas ist nur *wahres* Sein), *insofern* es Idee ist" (III. B., p. 267). Es ist also sogleich mit der Idee der Unterschied und mit dem Unterschiede die Möglichkeit des Gegensatzes in ein wahres, d. i. der Idee entsprechendes, und ein unwahres, ihr widersprechendes Sein gesetzt. Der abstrakte Ausdruck: Die Idee ist die Identität des Subjektiven und Objektiven, des Begriffs und der Realität, hat keinen andern *Sinn* als: Die Idee ist der wahre, objektive Begriff einer Sache, d. h. *der* Begriff, welcher als Begriff zugleich die Sache der Sache, ihre *Natur*, ihr Wesen ist, denn was anders ist wohl die Realität, die wahre Objektivität eines Gegenstandes als seine Natur, sein Wesen? Mit dem Wesen ist aber zugleich die Differenz zwischen dem wahren, wesentlichen und dem bloßen, dem[1] wesenlosen, äußerlichen Sein gesetzt; das wahre Sein wird vielmehr nur im Unterschiede vom unwahren Sein, der bloßen Erscheinung, dem Geiste Gegenstand. Die Idee ist ebendeswegen das Gericht, „das absolute *Urteil* über alle Wirklichkeit" („Logik", III. B., p. 129, wo H. zwar vom apodiktischen Urteil handelt; aber die dieser Urteilsform entsprechenden Prädikate gehören der Idee an, die eben in der Sphäre des Urteils das apodiktische Urteil selbst ist); nur die Idee ist das Maß der Wirklichkeit und Unwirklichkeit, *wirklich* (im höhern Sinne) nur das, was ihr entspricht. „Daß die wirklichen Dinge mit der Idee nicht kongruieren, ist die Seite ihrer Endlichkeit, Unwahrheit." „Diejenige Realität, welche dem Begriffe nicht entspricht, ist bloße *Erscheinung*, das Subjektive, Zufällige, Willkürliche, das nicht die Wahrheit ist" (p. 269, 271). Wer keine Idee (Idee hier selbst im H.schen Sinne) hat, dem ist jedes Sein ohne Unterschied das Wahre. Erst die Idee unterscheidet und entzweit.

Herr Bachmann sucht jedoch die Undenkbarkeit jener Entgegensetzung durch folgende, in der Tat höchst scharfsinnige Schlüsse zu erweisen. „Ist die Natur in der Idee göttlich, so ist sie es ebendadurch unmittelbar auch in ihrem Sein, denn sonst (wie scharfsinnig!) ist ja die Idee gar nicht in ihr und die Idee nicht Identität des Begriffs

[1] bloßen, dem *Fehlt in C.*

und der Objektivität, und umgekehrt, wenn sie, wie sie *ist*, dem Begriffe nicht entspricht, sondern der unaufgelöste Widerspruch ist, so gibt es ein Sein der Natur, in welchem die Idee nicht ist, und folglich (?) ist die Idee der Natur gar nicht identisch mit der Natur und mithin nicht die wahre Realität, Identität des Subjektiven und Objektiven, sondern ein Jenseits oder eine bloße subjektive Vorstellung, d. h. das, was H. bei jeder Gelegenheit als eine ganz unphilosophische Vorstellung bekämpft und verwirft" (p. 33). Allerdings entspricht bei H. auch die Natur in ihrem Sein der Idee, aber notabene nicht der Idee an und für sich, nicht der *absoluten* Idee, d. i. der Idee in ihrem *wahren*[1] *adäquaten Sein*, sondern der Idee in ihrem Anderssein oder der Idee von dem *Anderssein* der Idee. H. bestimmt nämlich bekanntlich in seiner abstrakten Sprache die Natur im allgemeinen als die Idee in ihrem Anderssein oder als das Anderssein der Idee, d. h. also, da die Idee von ihm als die absolute Identität des Begriffs und der Objektivität bezeichnet wird, als die Identität in ihrem Anderssein oder in der Form des Andersseins. Was ist aber das Anderssein der Identität? Der *Unterschied* – das Prinzip des Gegensatzes, denn vom Unterschiede ist nicht weit bis zum Gegensatze. H. bestimmt also die Natur als die Idee nicht in ihrem idealen, mit ihr identischen, sondern in ihrem ihr ungleichen, der Identität des Begriffs und der Objektivität nicht entsprechenden, also sie in ihrem Unterschied darstellenden Sein. Die Natur ist also göttlich, inwiefern sie die Idee ist, aber ungöttlich, wiefern sie die Idee nicht in ihrem adäquaten, sondern ihrem Anderssein ist, denn sie ist wohl Geist, Leben, Idee, aber – und hierin liegt ihr spezifischer Unterschied vom Geiste, von der Idee als solcher – nicht in der Weise oder Form der Geistigkeit, sondern der Sinnlichkeit, also einer dem, was sie *an sich*, im Unterschiede von der *Art und Weise* ihrer Existenz, im *Wesen* ist, *widersprechenden* Form. Und ebendieses Nichtentsprechen dem Begriffe gehört zu dem Begriff, der Idee der Natur[2].

Wie plump sophistisch verfährt nun aber Herr Bachmann! Er wischt die *wesentliche Differenz* zwischen der Idee

[1] *In C folgt Komma.*

[2] *In C folgt Zusatz:* im Sinne Hegels

an und für sich und zwischen dieser *bestimmten* Idee, *der* der Natur, aus und findet nun einen Widerspruch darin, daß H. von dem *Unterschiede* der Idee *von sich* nicht behauptet, was lediglich von der *Identität* der Idee *mit sich*, von der Idee als solcher, gilt. Und wie schwachsinnig[1] sind seine Schlüsse und Argumente! Wie schwachsinnig[1], wenn er aus dem Widerspruch die Abwesenheit und Jenseitigkeit der Idee beweisen will, indem er sagt: „Wenn die Natur der unaufgelöste Widerspruch ist, so gibt es ein Sein, in welchem die Idee gar nicht ist" usw., da er gerade das Gegenteil hieraus schließen sollte! Denn wie könnte ein Sein der Idee widersprechen, wenn sie *außer* ihm wäre? Mangel ist ein Widerspruch, aber nur mit dem, was ein Ding sein *kann* und *soll*, was also in ihm als Kraft, als Vermögen liegt. Spinoza sagt ganz richtig: Die Materie ist deswegen nicht unvollkommen, weil sie nicht denkt, denn das Denken liegt nicht in ihrem Wesen und Begriffe, es fehlt ihr also nichts; sie ist sich selbst gleich. Widerspruch ist nur dort, wo etwas[2] im Widerspruche mit der Idee, mit *sich selbst* im Widerspruch ist. Das Tier ist nicht bestialisch, wenn es tierisch ist, weil die Idee der Humanität jenseits der tierischen Natur liegt, aber der Mensch, weil die Humanität seine Idee, d. i. seine *wirkliche* Bestimmung, seine *wahre* Natur, ist. Ja, der Widerspruch ist so wenig eine Instanz gegen die *objektive* Realität der Idee, daß er vielmehr das allerempfindlichste Zeugnis derselben ist; er ist selbst nichts anders als die *Existenz* der Idee, aber in einer negativen, nicht sein sollenden, verkehrten Weise. Eine schlechte Familie ist diejenige, welche der Idee der Familie, die in der guten Familie auf adäquate (wahre, der Idee entsprechende) Weise existiert, nicht ent- oder geradezu widerspricht. Aber ebendarum, weil sie ihr nicht entspricht, ist sie eben eine *schlechte*, zerrüttete, unglückliche Familie. In der guten Familie beweist die Idee der Familie ihre objektive Realität im Individuum als Friede und Genuß der Einheit, in der schlechten als Unfriede, als die Unseligkeit der Zwietracht. Was seiner Idee widerspricht, widerspricht, wie gesagt, *sich selbst*, und dadurch büßt es sozusagen seinen

[1] schwach *C*
[2] *In C folgt Komma.*

Abfall von der Idee, söhnt es die Zürnende wieder mit sich aus. Indem es die Idee negiert, negiert es sich selbst, greift es sein eignes Dasein in seiner tiefsten Wurzel an. So bewährt in dem Menschen, welcher der eingebornen Idee des Guten, dem moralischen Adam Kadmon [der erste Mensch (Urbild des irdischen Menschen)], dem Gewissen, zuwiderhandelt, diese Idee ihre objektive Realität und Kraft als die Nemesis, die Furie des bösen Gewissens.

Es ist daher ganz falsch, wenn Herr Bachmann p. 143 sagt: „Der Philosoph muß entweder das Familienleben nach der Idee schildern oder nach seiner Wirklichkeit in der Erfahrung." Dieses Dilemma existiert so wenig für die Philosophie, daß sie vielmehr die direkte Negation desselben ist. Der Philosoph schildert einen Gegenstand ebensowohl nach der Idee als nach der Wirklichkeit, aber, wohlgemerkt, nach *der* Wirklichkeit, die der Idee entspricht, z. B. die Dichtkunst nicht nach den Produkten eines Postell, Neukirch, Gottsched oder Werneucher Schmidt, sondern eines Goethe, Schiller; die Sprache nicht nach den häßlichen, widerlichen Lauten eines Pescheräh, sondern den harmonischen Kompositionen eines Sophokles und Plato; den Menschen nicht nach seinen Ausartungen bis zum rohen Wilden, der in puris naturalibus [völlig nackt] schamlos einherläuft, zum Anthropophagen oder[1] hinterasiatischen Schwanzträger, sondern nach den Kulminationspunkten der Gattung; den großen Mann nicht nach den Momenten, wo sein Blick der Ausdruck des gleichgültigen Privatmanns ist, sondern wo sein Auge die Herrlichkeit der Idee, die das Wesen seines Lebens ist, in vollem Feuer uns entgegenfunkelt, also nicht nach seinem äußerlichen, individuellen, zufälligen, d. h. zu seiner Idee nicht *unmittelbar* gehörigen, sondern nach seinem wesentlichen, objektiven Sein. Oder vielmehr: Der Philosoph bestimmt einen Gegenstand, indem er nur nach *der* Wirklichkeit, die *der Idee entspricht*, ihn schildert, *nur* nach der Idee, aber ebendamit auch zugleich nach seiner *Wirklichkeit*. Die Philosophie macht allerdings auch die verkrüppelten, schlechten Formen der Idee zu ihrem Gegenstande. Aber sie erkennt sie nicht als Instanzen gegen die Realität der Idee; sie sieht auch

[1] *In C folgt Zusatz:* gar bis zum fabelhaften

noch in der gemeinsten Pfütze die Idee ihr Wesen abspiegeln, sie erblickt auch noch in dem Irrtum die Wahrheit, in der verworfensten Existenz noch die Macht der Idee. Und sie erblickt sie darin, daß sie erkennt, daß der Widerspruch mit der Idee an einem Dinge nicht ungerochen bleibt, daß es eben durch ihn eine verworfene, nichtige Existenz ist und durch[1] diese Schlechtigkeit[2] ein Zeugnis gegen seine Realität ablegt, *sich selbst verurteilt* und somit eine indirekte Darstellung von der Macht und Realität der Idee gibt, gleichwie die Häßlichkeit und Widerlichkeit des Lasters eine indirekte Darstellung von der Macht und Schönheit des Guten[3] ist. Wäre die Idee *nur* Idee in dem Sinne, wie man es im gemeinen Leben nimmt, nicht als Begriff zugleich die Natur der Dinge, wäre sie nur so ein Musterbild, ein Ziel, kurz, eine subjektive Vorstellung, so wäre alles, auch das erbärmlichste Sein unmittelbar so, wie es *seiner* Natur nach sein soll, so wäre kein Krüppel, keine Mißgeburt, keine Krankheit, kurz, kein Mangel, kein Schmerz, kein Widerspruch in der Welt, denn die Idee wäre dann nur ein von außen, von dem außer den Dingen befindlichen Subjekte angelegter, sie folglich nicht in ihrem Innern ergreifender und affizierender Maßstab und der Widerspruch nicht die eigne innere Zerrissenheit, das Zerfallensein der Dinge mit sich selber; aber ein Widerspruch, der das nicht ist, der nicht im Herzen selbst der Dinge wurzelt, ist in der Tat kein Widerspruch. Übrigens findet in der Hegelschen Ideenlehre, wenn wir sie nach dem Geiste, nicht nach dem Buchstaben auffassen, wiewohl selbst dieser dafür spricht, allerdings auch *das Ideal* (natürlich das vernünftige, das realisierbare Ideal) seine Stellung und sein Recht. Es wäre auch in der Tat die schmachvollste, die verabscheuungswürdigste, die gottloseste Erniedrigung des Menschen, wenn er gelehrt hätte, daß das Individuum eine schlechte, verworfene Existenz der Idee als die wahre Wirklichkeit derselben feiern solle und mit dem Blicke nach einem Ideal sich nicht über die drückenden Schranken eines schlechten Weltzustands erheben und nach dessen

[1] ist . . . durch: ist, durch *C*
[2] *In C folgt Zusatz:* also
[3] des Guten: der Tugend *C*

Verwirklichung streben dürfe. Aber dem ist auch nicht so. Im Gebiete der Endlichkeit sind die Momente der Idee nicht nur unterschieden, was sie an und für sich in der Idee sind – denn der Unterschied schließt die Identität nicht aus –, sondern wirklich trennbar. Ja, „die Endlichkeit der Dinge besteht darin, daß sie ein Urteil sind, daß ihr Dasein und ihre allgemeine Natur (ihr Leib und ihre Seele) zwar vereinigt (also Idee) sind, sonst wären sie nichts, aber daß diese ihre Momente auch wesentliche Selbständigkeit gegeneinander haben, daher sowohl bereits verschieden als überhaupt trennbar sind". Wenn daher eine Existenz ihrer Idee nicht ent- oder vielmehr geradezu widerspricht, so bestimmt sich die wahre Existenz der Idee zum Ideale; jene Existenz ist „ein Leichnam, von dem sich die Seele geschieden hat und in das Reich des Idealen geflohen ist", wo sie für das Subjekt ein Gegenstand seiner Sehnsucht ist. Damit ist aber die Realität der Idee an und für sich nicht aufgehoben, denn auch eine wirkliche Existenz bestimmt sich für das Individuum, für das sie noch nicht zu unmittelbarer Gegenwart geworden ist, zu einem bloßen Gegenstand der Vorstellung und Sehnsucht. So ist der Mann das Ideal des Knaben, der *wirkliche* Künstler das Ideal des werdenden Künsters. Ja, die Sehnsucht selbst, wenn sie wenigstens[1] eine energische, in der *Natur* selbst begründete ist, kein bloß subjektives, unberechtigtes Schmachten, ist schon *eine*, wenngleich noch nicht die wahre, Existenz der Idee, denn diese Sehnsucht ist nichts anders als der Trieb des noch unentwickelten Samens, die Energie der Idee, wie sie in dem zu ihrer Verwirklichung bestimmten Individuum seinen objektiven Beruf ankündigt, die erste Äußerung eines realen Vermögens oder Talentes, hiemit die erste Weise der Inkarnation der Idee. Was übrigens die Idee des Staates betrifft, um diesen im Vorbeigehen zu berühren, so muß allerdings die Kategorie des Sollens als eine objektive Bestimmung in die Idee desselben mit aufgenommen werden. Im Staate als dem Reiche der Vernunft kann oder *soll* es wenigstens, zum Unterschiede von dem Reich der Natur, die nur die Erhaltung der Gattung, nicht des Individuums, bezweckt, kein Gebiet des Zufälligen geben. Und dieses

[1] wirklich *C*

Sollen ist nicht nur das Postulat der Einzelheit, die will, daß sie zu ihrem Rechte komme, sondern es liegt selbst im Begriffe, im Willen des Staates.

Die Gründe und Einwendungen, die Herr Bachmann gegen die Hegelsche Ideenlehre vorbringt, haben daher gerade soviel Gewicht und Gehalt, als wenn er den Satz, daß die Vernunft das Wesen des Menschen sei, aus dem Grunde durch die Instanz der Narrheit widerlegen wollte, weil in ihr der Mensch die Vernunft verliere, was man aber verlieren kann, nicht das Wesen sein könne. Dieses Argument hätte allerdings seine Richtigkeit, wenn nicht – was leider der Fall ist – der Mensch durch den Verlust der Vernunft eben *Narr* würde, nicht einen *wesentlichen*, nicht den größten, den schrecklichsten Verlust erlitte, den er nur immer erleiden kann. Daher der fein beobachtende *Garve* ganz richtig sagt: „Wenn wir aus nichts anderm erkennten, daß die Vernunft nicht nur unsern Adel, sondern unser eigentliches *Wesen* selbst ausmacht, so würden wir es aus dem schreckenden Eindrucke erkennen, den Wahnwitzige auf die meisten Menschen machen."

Übrigens verdient der Eifer, mit dem Herr B. die Heiligkeit und Unverletzlichkeit der Idee gegen Hegel in Schutz nimmt, alles Lob. Denn unter der Identität des Begriffs und der Objektivität versteht *er* eine Identität der Idee mit den *„einzelnen Erscheinungen*" (p. 27, 29–31), „mit den individuellen Formen des Seins" (p. 143), und zwar, was wohl zu bemerken ist, nicht mit den einzelnen Erscheinungen, wie sie *Gegenstand* der *Idee*, der *Vernunft*, sondern der *gemeinsten Empirie* sind, mit den einzelnen Erscheinungen nicht in ihrer *Totalität*, in der sie sich gegenseitig kritisieren, berichtigen[1] und ergänzen, in ihrem Wesen, ihrem wahren Sein, sondern in ihrer Einzelheit, ihrem sinnlichen Sein, so daß der Sinn seines obigen Arguments: „Wenn die Natur in der Idee göttlich ist, so ist sie es auch unmittelbar in ihrem Sein", in Wahrheit *der* ist: Wenn die Natur in ihrem *wahren* Sein göttlich ist, so ist sie es auch unmittelbar in ihrem *falschen* Sein, oder kürzer und richtiger *der*: Wenn die Idee, die Vernunft göttlich ist, so ist auch notwendig die Nicht-Idee, die Unvernunft göttlich. Dieser sein Schluß

[1] berechtigen *So, offenbar versehentlich, C.*

will daher gerade soviel sagen wie der: Die Vernunft ist das Wesen des Menschen, der Narr ist ein Mensch, also ist der Narr vernünftig. Erkennen wir schon hieran die Bachmannsche Kritik in ihrer ganzen Unwahrheit, Eitelkeit und Trivialität! Wenn Herr B. vom Sein spricht, so meint er darunter immer in seiner Polemik – ja, der Standpunkt selbst seiner Kritik ist *dieses* Sein – ein Sein, das weder die Philosophie noch der natürliche Menschensinn als Sein kennt und *Sein* nennt. Er versteht darunter das *tote*, das geist- und seelenlose, das von der Idee *negierte* Sein, *das* Sein, das *bloßer Schein* ist. Daher tut er bei seiner Polemik gegen die Identität des Denkens und Seins sogar die unerhörte Behauptung, „daß der Leichnam ein *Sein unser* ohne Denken" sei, eine Behauptung, die außer allen Zweifel setzt, *was* Herr B. unter Sein versteht. Der gute Mann sieht also nicht ein und kann es auch bei seinen ultraliberalen und toleranten Ansichten vom Sein nicht einsehen, daß, wenn Hegel die Idee als die Identität des Begriffs und der Objektivität oder der Realität oder des Seins – Bestimmungen, die übrigens bei H. scharf unterschieden werden – bestimmt, er ein ganz andres Sein im Sinne hat als Herr B., daß *das* Sein, mit dem die Idee in Identität gesetzt wird, nicht das Sein des Leichnams, sondern [das] des Lebens bedeutet, nicht die einzelnen Erscheinungen, sondern die *Natur*, das *Wesen* der Erscheinungen, durch welches und in welchem sie allein *sind*, sieht also nicht ein, daß er[1] ein ganz plumper Betrüger ist, indem er statt der Goldmünzen der Hegelschen Ideen die wertlosen Dantes unterschiebt, die er in seinem Vermögen hat, und nun einen empörenden Widerspruch darin findet, daß Hegel nicht auch von seinen Dantes gelten lassen wolle[2], was er von seinen Goldmünzen behauptet. Weil H. die Idee als die Identität des Begriffs oder der Seele und der Objektivität oder des Leibes bestimmt, so ärgert er sich darüber, da er beides für einerlei hält, daß H. einen Unterschied zwischen dem Sein des Leichnams und dem Sein des Leibes macht und daher nicht auch die Identität der Seele mit dem Leichnam behauptet. Demnach reduziert sich das Argument, wodurch er die Ideenlehre H.s zu stürzen sucht,

[1] *In C folgt Zusatz:* , wenngleich wider Willen,
[2] will *C*

auf diesen geistvollen Schluß: „Wenn die Seele mit dem *Leibe* identisch ist, so ist sie es auch mit dem *Leichnam*, oder – ein erschreckliches Oder! – die ganze H.sche Lehre von der Idee als der Identität der Seele und des Leibes ist von Grund aus falsch."

Herr Bachmann stellt also, um es aufs gelindeste auszudrücken, die H.sche Ideenlehre in einem *durchaus falschen* Lichte dar. Selbst schon die Ausdrucksweise, die Idee sei nach H. „die Konkurrenz, die Identität mit der Erscheinung", beweist dies, denn man kann wohl sagen: Die Erscheinung ist identisch mit der Idee insofern, als sie dieselbe in sich realisiert enthält, aber nicht umgekehrt – was ein gewaltiger Unterschied ist –: Die Idee ist identisch mit den Erscheinungen, weil *sie* nur das Maß ist, nach dem sich die Realität der Erscheinungen bestimmt. Aber nicht genug, daß er die Ideenlehre H.s unter einen ganz verkehrten Gesichtspunkt bringt, er stellt sich noch überdies – was freilich eine notwendige Folge seiner ganzen Auffassungsweise und Denkart überhaupt ist – diese (angebliche) Identität der Idee mit den Erscheinungen *so* vor, als wäre die Erscheinung, mit der die Idee identisch sein soll, gleichsam das Garaus der Idee, als hätte die Idee sich jetzt erschöpft, als wäre sie wirklich *endlicher Stoff, empirisches Dasein* geworden. Denn was anders will der vage Gemeinplatz sagen: „Die Idee verhält sich zum Kunstwerke wie das Unendliche zum Endlichen, wie das intelligible Vorbild zum sinnlich angeschaueten Nachbild, wie der schöpferische Gedanke zum Geschaffenen" (p. 29)? Abgesehen davon, daß dem Künstler nicht die Idee der Kunst im allgemeinen, nicht die unbestimmte, die im schlechten Sinne unendliche Idee, sondern eine ganz *bestimmte* Idee der Kunst, dem Dichter z. B. die Idee des Dramas, des Epos, des lyrischen Gedichts, Gegenstand, hiemit in der Idee selbst schon die *Bestimmtheit und Begrenztheit*, das Prinzip der Endlichkeit, enthalten ist, so ist eben ein *klassisches*, d. h. mit der Idee (nämlich mit *seiner*, einer *bestimmten* Idee) identisches Kunstwerk kein *einzelnes*, *endliches* Werk, kein *empirisches* Dasein, es ist selbst *Gattung*, *Muster*, *Idee*[1]. Es ist nicht[2] Geschaffenes;

[1] Vorbild *C*
[2] *In C folgt Zusatz:* bloß

es ist selbst schöpferischer Gedanke, Lebendiges[1] produzierendes Produkt. Daher es die Natur des Unendlichen auch in dieser Beziehung an sich hat, daß wir es nie satt bekommen können, sein Genuß unvergänglich bleibt. Selbst in ihrer Realität verharrt die Idee stets in und bei sich selbst, in der Identität mit sich. Auch *daseiend* als Gegenstand der sinnlichen Anschauung, wird sie doch nie empirisches Faktum, Objekt der gemeinen, ideenlosen Empirie, denn ein Dasein, das ihr entspricht, ist nichts *außer ihr*, ist als Dasein nur ein *Schein*, hat seine Realität *nur* in der Idee. Die Idee ist nur sich selbst Gegenstand. Ein Kunstwerk hat für uns gar nicht Dasein als Kunstwerk, wenn uns nicht der Geist, die Idee desselben Gegenstand ist. „Werke des Geistes[2] und der Kunst", sagt darum der Dichter, „sind für den Pöbel nicht da." Das bekannte Wort des Aristoteles an Alexander in betreff der Bekanntmachung einiger seiner Schriften gilt von der Realität der Idee überhaupt. Die Sinne sind die technischen Ausdrücke der Idee, die nur für den Sachkenner Sinn haben. Aber Herr Bachmann scheint davon auch nicht einmal eine Ahnung zu haben, er hält darum das Sein eigentlich für einen Schandfleck der Idee und stellt sogar den kuriosen Satz auf: „Bei einem Kunstwerke befriediget uns das Sein nicht, wir machen das, was sein *sollte* und *könnte*, gelten[d], das höhere Bewußtsein des Geistes in der Idee als Maßstab anlegend", ein Satz, von dem, wie fast von allen seinen Behauptungen, nur das direkte Gegenteil das Wahre und Vernünftige ist, denn in einem *Lazarett*, einem *Narrenhaus*, einer *Korrektionsanstalt* „befriedigt uns allerdings nicht das Sein, machen wir das, was sein *könnte* und *sollte*, gelten[d][3], das höhere Bewußtsein des Geistes in der Idee als Maßstab anlegend", aber in einer *Bildergalerie*, wo *wirkliche* Kunstwerke sind, erfreuen wir uns mit aller Herzenslust einzig und allein an dem, was *ist*. Doch wir gehen jetzt von seiner gehaltvollen Kritik der Ideenlehre zu andern, nicht minder interessanten Punkten über.

Gegen die Hegelsche Auffassung der Geschichte der Philosophie, namentlich gegen den Satz, daß „die der Zeit

[1] *Fehlt in C.*
[2] Geist's *C*
[3] *So ergänzt auch C.*

nach letzte Philosophie – ein wegen der Unbestimmtheit des Begriffs der Zeit allerdings nicht richtiger, wenigstens nicht genauer Ausdruck, was aber hier nicht zur Sache gehört – als das Resultat der vorhergehenden die Prinzipien aller enthalten" müsse und „darum die reichste, konkreteste, entfaltetste" sei, wendet er ein, daß die Geschichte der Philosophie ihm widerspreche, daß sie „viel mehr das Schauspiel eines fortdauernden Kampfs der Prinzipien und gewaltsamer Umwälzungen" darbiete „als jene ruhige Ausgleichung und Kristallisation der einzelnen Momente. Als Anaximander einen unbegrenzten Urstoff als das Prinzip der Dinge annahm, verwarf er das Thaletische Wasser und setzte das *ἄπειρον* [Unbegrenzte] an dessen Stelle, und Anaximenes verwarf wieder dieses, um der Luft das Primat zu erteilen; Pythagoras erblickte in der ganzen Welt nur mathematische Gesetze etc. Sokrates bezog alles auf das Selbstbewußtsein etc., mit Vernachlässigung der naturhistorischen Prinzipien" (p. 49). Wie Herr B. diese Idee versteht, so hat er vollkommen recht. Denn er meint, die spätere Philosophie müsse die Prinzipien der früheren so in sich enthalten, daß man sie mit den *Fingern* aus ihr *herausklauben* kann, in *der* Art und Bestimmtheit, in der sie die frühern Systeme aussprachen. Allein die Entwicklung schließt nicht die *Negation* aus; im Gegenteil, die Negation ist wesentliches Moment derselben. Ohne Gegensatz keine Entwicklung. Der spätere Philosoph nimmt den frühern nicht mit Haut und Haaren in sich auf, sondern seine geistige Essenz, seine Seele, seine Idee. Die spätere Philosophie hat zu den frühern Systeme[n] [1] ein ebenso negatives als positives Verhältnis, sie ist die *Kritik* derselben. Was dem frühern System als das Absolute selbst galt, wird von dem spätern nur zu einem Moment des Absoluten herabgesetzt. Wenn übrigens Anaximander das *ἄπειρον* als Prinzip setzte, so war dieses offenbar kein *wesentlich* andres als das Wasser des Thales, denn das Wasser war dem Thales in Beziehung auf die besondern, bestimmten Dinge das unbestimmte Allgemeine [2], das *ἄπειρον*, das er aber unter dem Namen und der Gestalt des Wassers fixierte. Anaxi-

[1] *So ergänzt auch C.*
[2] unbestimmte Allgemeine: Unendliche *C*

mander abstrahierte nur von diesem sinnlichen Substrat und nannte es schlechtweg das *ἄπειρον*. Anaximenes hob das Prinzip des *ἄπειρον*, das Unendliche, nicht auf, sondern *bestimmte* es nur wieder, und zwar als Luft, und scheint so beide in sich zu fassen und zu vermitteln, denn die Luft ist zugleich, wie das Wasser, wieder ein sinnliches Substrat, zugleich aber ein unbestimmteres, feineres, immaterielles[1] Prinzip als jenes.* Es ist hier also der innigste Zusammenhang der Entwicklung. Pythagoras hat allerdings eine der jonischen Schule entgegengesetzte Tendenz, aber wenn auch nicht mehr die unmittelbare sinnliche Anschauung, wie bei jener Schule, so ist doch wenigstens die abstrakt-sinnliche Anschauung noch das Medium seiner Gedanken. Sokrates' Standpunkt aber ist vermittelt durch den *Νοῦς* [Geist] des Anaxagoras und die Sophisten. Er enthält in sich, wie Hegel trefflich bewiesen hat, das Prinzip der Sophistik, aber in seiner Wahrheit, gereinigt von seinen Schlacken, denn ihr Prinzip ist bereits das zum Selbstbewußtsein gekommene, in seiner Energie sich erfassende Denken. Wenn Herr Bachmann bei dieser Gelegenheit von Plato sagt, daß, „wenn er den großen Gedanken faßte, die mathematische Weltanschauung der Pythagoräer, die naturphilosophischen und dialektischen Untersuchungen in den sittlichen Standpunkt des Sokrates aufzunehmen und aus diesen Elementen das erste umfassende System des Altertums zu errichten, der Grund davon nicht sowohl in der Sokratik gelegen" sei, wie man schon daraus sehe, daß „die übrigen Sokratiker in dem beschränkten Kreise des Meisters befangen blieben oder ihn noch mehr zusammenzogen, als vielmehr in der Persönlichkeit und dem Genie Platos", so ist damit gar nichts, d. h. etwas wirklich ganz Gedankenloses, ausgesprochen[2]. Denn von jeher war es nur die Persönlichkeit und das Genie des Philosophen, das die Schranke des ihm zunächst vorangegangenen Systems durchbrach und so auf einen universelleren Standpunkt es

[1] immaterielleres *C*

* „Anaximenes *infinitum* aera esse dixit [Anaximenes hat das Unendliche für Luft erklärt]" (Cicero).

[2] gar nichts ... ausgesprochen: etwas ausgesprochen, was sich von selbst versteht *C*

erhob, obwohl dieser mit *Notwendigkeit* aus jenem hervorging, ja, das Genie nur dadurch als Genie sich beurkundete, daß es Vollstrecker dieser innern Notwendigkeit war. Es war *Fichte*, nicht die beschränkten Kantianer, der die Schranken des Kantischen Ding an sich durchbrach; nicht die beschränkten Cartesianer, sondern *Spinoza* entwickelte das System des Cartesius weiter, befreite den Begriff der göttlichen Substanz von der beschränkten Bedeutung und Stellung, die sie bei Cartesius noch hatte, und erhob sie zur universellen, alleinigen Substanz. So beschränkt übrigens der Standpunkt des Sokrates war, so war doch das *Prinzip*, das seinem Standpunkt zugrunde lag, ein *universelles* Prinzip: der *Νοῦς* [Geist], das Selbstbewußtsein.

Als „ein schlagendes Beispiel gegen den Gewaltstreich Hegels" führt er aus der neuen[1] Philosophie Kant an, der „weit entfernt, in seiner Philosophie die Prinzipien der vorhergehenden Systeme aufzunehmen, sie vielmehr alle verwarf, das ganze Verfahren der bisherigen Metaphysik für fehlerhaft erklärte und durch seine Kritik einen Umsturz und eine Wiedergeburt dieser Wissenschaft nach einem ganz neuen Plan beabsichtigte" (p. 50). Abgesehen davon, was aber hier nicht weiter entwickelt werden kann, daß jeder Philosoph ein doppeltes Verhältnis zu den frühern Philosophen hat, ein freies und ein notwendiges, ein bewußtes und unbewußtes, letztres insofern, als er nolens volens ein *Glied* der Weltgeschichte, ein Organ der Selbstentwicklung der Idee ist, und daher beide Verhältnisse wohl unterschieden werden müssen, so enthält gerade die *Philosophie* Kants die ihr vorangegangenen Philosophien des Idealismus, des Empirismus und Skeptizismus ihren *allgemeinen* Prinzipien nach. So wesentlich sich auch Kant von einem Locke und dem Skeptiker David Hume durch den Umfang und die Tiefe seiner Untersuchungen, namentlich dadurch unterscheidet, daß er die allgemeinen Begriffe, die jene *aus* der Erfahrung entspringen ließen, vielmehr als die apriorische Bedingung und Möglichkeit der Erfahrung erkannte, so ist doch sein allbekanntes Resultat das Resultat des Empirismus, nämlich daß die reale Erkenntnis nur auf das Gebiet

[1] neuern *C*

der Erfahrungsobjekte beschränkt ist*, obwohl Kant dadurch wieder von dem eigentlichen Empiristen sich unterscheidet, daß er die Gegenstände der Erfahrung als *bloße Erscheinung* erkennt. Kant ist in dieser Beziehung nichts als der zur *Vernunft* und damit zur Erkenntnis seiner eignen Grenze gekommene Empirismus.** Nicht weniger sind aber, natürlich im allgemeinen, die Prinzipien des Leibniz und Cartesius in Kant enthalten. Bei Cartesius ist schon, wie bei K., das Selbstbewußtsein das Prinzip der Philosophie, obgleich dieses Prinzip bei ihm nur am Anfange steht und strenggenommen nichts aus ihm weiter deduziert wird als die formale Regel der Gewißheit. Bei Cartesius und den Cartesianern kommt daher schon das *Ich* in seiner *metaphysischen* Bedeutung vor, inwiefern sie es mit dem Geiste identifizieren, wie wenn z. B. Arnold Geulin[c]x sagt: „Ego (nämlich als Geist) sola cogitatione definior [mein Ich ⟨. . .⟩ wird ausschließlich als Denken definiert]", obwohl es hier immer noch verwechselbar mit dem *empirischen Subjekt* bleibt, daher der Zusatz „*quatenus* mens [als Geist]" immer [da]zu gedacht[1] werden muß, gleich, als gäbe es auch ein körperliches, vom Denken unabhängiges Ich oder wäre auch das empirische, nicht denkende Subjekt Ich. Viel reiner und objektiver hat aber schon Leibniz das *Ich* gedacht, wenn er sagt: „(Quorum i. e.) *actuum reflexorum* vi istud *cogitamus*, quod Ego appellamus [kraft dieser Reflexionsakte denken wir das, was wir Ich nennen]." Und ob er gleich hinzusetzt: „Inde etiam est, quod *nosmetipsos* cogitantes de ente, de substantia cum simplici tum composita, de immateriali et ipso Deo cogitemus, dum concipimus, quod in nobis limitatum est, in ipso sine limitibus existere. Atque hi actus reflexi praecipua largiuntur objecta ratiociniorum nostrorum. [Daher kommt es auch, daß wir, indem wir uns selbst

* Über David Hume und sein Verhältnis zu ihm spricht sich bekanntlich K. in der Vorrede zu seinen „Prolegomena zu einer jeden künftigen Metaphysik", S. 8–15, u. „Kritik der reinen Vernunft", S. 127, V. Aufl., aus.

** Die Art, wie K. das Denken erfaßt, stimmt mit der Hobbesschen Auffassung des Denkens überein, wie ich in meiner „Geschichte der Philosophie", p. 102 *[in der vorliegenden Ausgabe Bd. 2, Seite 111]*, bereits angedeutet habe.

[1] immer . . . gedacht: immerhin zugedacht *C*

denken, über das Sein, über die Substanz – die einfache und erst recht die zusammengesetzte –, über das Immaterielle und über Gott selbst etwas denken, sofern wir erfassen, daß das, was in uns begrenzt ist, in Gott selbst ohne Grenzen existiert. Und diese Reflexionsakte liefern die vorzüglichsten Objekte unserer Überlegungen.]" (Op. Omn., T. II, P. I, p. 24), und daher das Ich wieder empirisch, im Plural erfaßt, so ist doch das Selbstbewußtsein auch von ihm als Erkenntnisprinzip entschieden ausgesprochen. Ja, er sagt selbst – ein mit seiner ganzen Monadologie übrigens enge zusammenhängender Gedanke – (ibid. P. II, p. 145): „*Externa* non cognoscit (scl. anima) nisi per cognitionem eorum, quae *insunt in ipsamet* [sie (die Seele versteht sich) erkennt das Äußere nur über die Erkenntnis dessen, was in ihr selbst enthalten ist]." Desgleichen: „Nihil est in intellectu, quod non fuerit in sensu, nisi ipse intellectus. – Ipsi nobis innati sumus, et veritates menti inscriptae omnes ex hac *nostri perceptione* fluunt. [Nichts ist im Intellekt, was nicht in den Sinnen gewesen ist, außer dem Intellekt selbst. – Wir selbst sind uns eingeboren, und alle dem Geist eingeschriebenen Wahrheiten fließen aus dieser Selbstwahrnehmung.]" (T. V, p. 359 u. 361). Haben wir hier also nicht, abgesehen von der sich von selbst verstehenden Differenz zwischen Kant und Leibniz, das Prinzip oder doch wenigstens den Gedanken des Kantschen Idealismus, daß die Seele nur durch die Kategorien, also die ihr immanenten Bestimmungen, die äußern Objekte denkt, die Kategorien selbst aber ihren Ursprung und Grund in der Einheit des Selbstbewußtseins haben?

Der Unterschied ferner zwischen apriorischer und Erfahrungserkenntnis kommt bei Leibniz in aller Schärfe vor. Daß die Erfahrung keine *notwendigen* und folglich auch keine *allgemeinen* Wahrheiten liefert – denn wie K[ant] erkennt L[eibniz] die Allgemeinheit und Notwendigkeit als unzertrennlich –, behauptet er ausdrücklich. „Non omnis cognitionis fundamentum sunt sensus: veritates necessariae a sensibus non docentur [die Sinne sind nicht das ganze Fundament der Erkenntnis: die streng notwendigen Wahrheiten werden nicht von den Sinnen gelehrt]" (Resp. ad V. Epist. Bierlingii; „Princip. Philos." Nr. 28; „Commentatio de Anima Brutorum", § 14). Ja, abgesehen von solchen einzelnen Stellen, das Prinzip selbst der Leibnizschen Philosophie ist nichts andres als der Begriff der *Spontaneität*, denn das, was die Monaden, die allein als die wahrhaften Substanzen und Einheiten, welche den Grund aller Realität in sich enthalten, das Prinzip seiner Philosophie sind, zu Monaden macht, ist ihre Selbsttätigkeit, vermöge welcher sie nicht physischen oder empirischen Einwirkungen von außen unterworfen, sondern die Quellen ihrer innern Aktionen sind, alles aus ihrem eigenen Fonds schöpfen, daher sie L. „entelechias primas [erste Entelechien]", „vires primitivas [ursprüngliche Kräfte]" nennt, und der Begriff der *Substanz* ihm lediglich in dem Begriffe der vis, der Kraft, der Tätigkeit, bestimmter der *Selbsttätigkeit*, enthalten ist. „Id quod non agit, quod vi activa caret . . . substantia esse nullo modo possit [das, was nicht tätig ist, was der tätigen Kraft entbehrt . . ., könnte auf keine Weise Substanz sein]" („De ipsa Natura sive de Vi insita etc.", § 15). „La substance est un être capable d'action [die Substanz ist ein zur Tätigkeit fähiges Wesen]" („Prinzipes de la Nature et de la Grâce", § 1).[1] Aber eben die *Selbsttätigkeit* ist auch das Prinzip der Kantischen Philosophie, nur mit *dem* Unterschiede – ein Unterschied, ohne welchen sie überflüssig wäre –, daß, während[2] Leibniz die Spontaneität ein objektives, allgemeines Prinzip, eine reale Bestimmung aller Wesen, die Urkraft alles Seins ist, Kant nur *Verstand* und *Wille* als autonomische, selbständige Prinzipien, als die Monaden gleichsam, die alles aus ihrem eignen Fonds schöpfen („Monades omnia ex penu suo ducunt") auffaßt. Übrigens sind die Monaden selbst schon rein spirituelle Prinzipien, gleichsam kleine Kantianer, die aus der Schranke ihres subjektiven Idealismus nicht hinauskönnen, deren Beziehungen zu der objektiven Welt eigentlich die Dinge nicht darstellen, wie sie *an sich* sind, sondern nur *Vorstellungsarten* von diesen Dingen aus dem *eignen Gesichtspunkt* der Monade sind – daher es so viele Welten als Monaden gibt –, Vorstellungsarten also, die nicht sowohl das Wesen des Objekts als vielmehr die Konstitution, das Wesen der Monade ausdrücken, die in der Beziehung auf das Objekt nur

[1] „Id quod . . . de la Grâce", § 1). *Fehlt in C.*
[2] *In C folgt Zusatz:* dem

in der Beziehung *auf sich selbst, in sich* ist und bleibt, gleichwie auch nach Kant unsre Vorstellungen von den Objekten nicht die Objekte an sich ausdrücken, sondern nur die Weise, wie *wir* sie in uns rezipieren. Herr Bachmann polemisiert zwar p. 94, wo er auf die Leibnizischen Monaden zu sprechen kommt, gegen die Trennung derselben von der Sinnlichkeit und sagt: „Sie sind nicht ein Jenseits, ein außerweltliches Reich für sich, wozu sie Hegel umgestempelt hat, sondern Substanzen, die wahren Elemente der Körper, welche nichts andres[1] sind als Systeme von Monaden. Ohne die Monaden wäre die Körperwelt nichts als eine Folge von Träumen." Aber seine Polemik ist höchst oberflächlich, denn die Monaden sind allerdings Substanzen, aber *immaterielle* Substanzen, allerdings die wahren Elemente der Körper, aber selbst *unkörperliche* Elemente, „Seelen oder wenigstens den Seelen analoge Wesen", nicht physische, sondern *„metaphysische* Punkte", nicht *„Atome der Materie"*, sondern der *„Substanz"* nach. Ihrem *wesentlichen Begriffe* nach sind daher die Monaden *für sich, selbständig, selbstgenügsam*, außer dem Zusammenhang mit anderen Dingen oder Monaden und, insofern wir diesen Zusammenhang mit Recht „Welt" nennen, außer der Welt, denn „jede Monade ist *für sich selbst* eine Welt". Es ist daher ein drittes Wesen, ein Wesen außer und über ihnen, Gott, der die Monaden durch die prästabilierte Harmonie miteinander verknüpft, aber diese Verknüpfung liegt nicht im Wesen und Begriffe der Monaden selbst; der Zusammenhang mit den andern Monaden ist darum nur ein *idealer*. Jede Monade drückt wegen dieses idealen Zusammenhangs das ganze Universum aus, aber nur so, wie sich in einem *Spiegel* die Gegenstände abdrücken. „Wenn die Monaden", sagt Leibniz, „von der Materie abgesondert wären, so *wären* sie nicht bloß von der Materie, sondern zugleich von dem allgemeinen Bande (de la liaison universelle) und der allgemeinen Ordnung losgerissen." Jede Monade ist darum mit einem Leibe begabt. Aber ebendiese Verknüpfung der Spontaneität mit der Passivität, der Monade mit andern Monaden oder mit der Materie ist das Unbegreifliche, der unaufgelöste Widerspruch in der Leibnizischen Philosophie, denn die Monade verknüpft sich

[1] *Fehlt in C.*

nicht aus und durch sich selbst mit andern Monaden, vielmehr diese Verknüpfung widerspricht ihrem Begriffe als eines immateriellen, selbständigen, für sich seienden Atoms. Die Materie ist deswegen nur ein *Phänomen* (obwohl nach L. ein wohlbegründetes, indem es ein Resultat der Monaden ist), das wahre Sein ist das Sein der Monade als Monade, ihr abgeschlossnes Fürsichsein. „La *realité absolue* n'est que dans *les Monades* et leur perceptions [die absolute Realität ist nur in den Monaden und ihren Wahrnehmungen]" (Lettre à Mr. Remond de Montmort). Eben wegen dieser seiner vielen willkürlichen Verknüpfungen und Hypothesen, Inkonsequenzen und Unbegreiflichkeiten ist daher auch eine richtige Auffassung und Darstellung des Leibnizischen Systems mit großen Schwierigkeiten verbunden.

Die Art, wie Herr Bachmann Hegels Ansicht von der Entwicklungsgeschichte der Philosophie auffaßt, und die Einwendungen, die er in Gemäßheit dieser Auffassungsweise gegen sie hervorbringt, um sie zu widerlegen, bestätigen daher den bereits bei der Kritik von seiner Beurteilung der Ideenlehre gelieferten Beweis, daß er nicht vom Standpunkt des *Denkens*, sondern von dem der äußern sinnlichen *Wahrnehmung* aus polemisiert, denn nur der blinden Wahrnehmung erscheint die Geschichte der Philosophie, eben weil sie nur nach dem Schein, nicht nach dem Wesen urteilt, als ein Tummelplatz bloßer Differenzen, Gegensätze und Revolutionen. Daß die *Luft* des Anaximenes etwas *andres* ist als das *Wasser* des Thales, zeigt die äußerliche gedankenlose Wahrnehmung; aber die Verwandtschaft oder innere Wesenseinheit dieser unterschiednen Elemente zu erkennen ist nur die Sache des denkenden Physikers.

Von demselben Kaliber ist der Vorwurf, den er Hegel darüber macht, daß er die Stimme zu einer „charakteristischen Bestimmung des Tiers im allgemeinen" mache, „da doch viele Tiere, die niedern Tiere sämtlich und außerdem noch die Fische, viele Eidechsen, Schildkröten und Schlangen, eigentlich stumm, hiemit die Stimme keine charakteristische Bestimmung des Tiers im allgemeinen, sondern ein Vorzug der höhern, reicher begabten, dem Menschen näherstehenden" sei (p. 121). Es ist ein großes Verdienst Hegels und daher ein unerläßliches Moment zur richtigen Erkenntnis und Beurteilung seiner Philosophie, daß er den wichtigen

Begriff der Allgemeinheit in seiner wahren spekulativen Bedeutung erfaßt hat und daher, wenn er einen Gegenstand im allgemeinen bestimmt, ihn nie im Sinne des formalen, unterschiedslosen, leeren Gattungsbegriffes der trivialen Schullogik bestimmt, welche die Allgemeinheit nur als das hohle Abstraktum der Allheit kennt. Der allgemeine Begriff ist Hegel nur der, welcher die wesentliche Differenz, die *Natur* einer Sache in ihrer *absoluten, vollkommnen* Bestimmtheit, erfaßt und ausdrückt. Er ist ihm darum *konkreter*, wesentlich bestimmter Begriff, keine abstrakte Allgemeinheit. Was dem Bacon von Verulam in seiner Naturanschauung die *Form* ist, das ist dem Hegel der *Begriff*: der fons emanationis [die Quelle der Ausfließung], die natura naturans [die schaffende Natur], die vera differentia [der wahre Unterschied]; er ist ihm nicht die abstrakte Möglichkeit des Gegenstandes, sondern seine ausdrücklichste Wirklichkeit, sein eignes Selbst, die „ipsissima res [höchsteigene Sache]". Demgemäß faßt H. ein Wesen nur erst auf *der* Stufe auf, wo der Begriff dieses Wesens selbst objektive Existenz hat, wo die in seiner Natur liegenden innern Bestimmungen und Anlagen sich heraus zu wirklichem Dasein entwickelt haben, folglich z. B. den Begriff der Tierheit da, wo das Tier – dies geschieht aber nur in den höhern Organisationen – seine wesentliche Differenz, seinen Begriff sozusagen in klassischer vollendeter Form darstellt, also da, wo es das Geheimnis der Tiernatur, das die Würmer und anderes niedriges Gezüchte noch verbirgt, aus Beschränktheit und Unvermögen, es klar und deutlich zu erfassen, laut und offen verkündet. Deswegen hat die Stimme nicht die Bedeutung eines Monopols der höhern Tierklassen, eines bloßen Vorzugs, einer besondern, sondern in der Tat [die] einer dem Begriffe und Wesen nach allgemeinen Eigenschaft, eben weil die höhern Tierklassen, als die höhern, nicht mit dem Range und in der Bedeutung besonderer Arten in einer Linie neben den niedern Tierarten stehen, sondern die *Tieridee* selbst in ihrer *adäquaten* Existenz sind, weil sie *die* Natur, die auch die der Stimme ermangelnden Tiere darstellen, aber stümperhaft, in musterhafter Gestalt offenbaren, hiemit die Stimmführer auch im Namen des übrigen, stummen Tierplebs sind. Herr Bachmann beweist daher auf eine schlagende Weise, daß er nicht nur stets „andere Dinge" (hier den hohlen Gattungsbegriff der Schullogik statt des[1] wesentlichen philosophischen Begriffs „Allgemeinheit"[2]) im Kopfe hat als Hegel, während er doch Hegels Gedanken, nicht seine Meinungen widerlegen will, sondern daß überhaupt die Art seiner Kritik darin besteht, von dem Standpunkt der ideenlosen Empirie aus Fälle, die auch nicht im geringsten widersprechen, wenn sie mit *Vernunft* oder auch nur mit *Sinn* erfaßt werden, aufzuraffen und nun ohne Prüfung und Untersuchung gegen ganz richtige philosophische Bestimmungen als Instanzen zu gebrauchen. Denn hätte er auch nur einigermaßen hierüber nachgedacht, so würde er erkannt haben, daß eine Eigenschaft dadurch nicht ihren Anspruch auf Wesenhaftigkeit und Allgemeingültigkeit verliert, daß sie den niedern Stufen oder Klassen einer Sphäre noch abgeht, denn ebendiese sind deswegen, weil sie ihnen fehlt, mangelhafte Existenzen, welche die Sache nicht in ihrer Wahrheit darstellen und auslegen, sondern vielmehr interpolieren[3]. Eine Eigenschaft, durch deren Mangel das Wesen, dem sie fehlt, beeinträchtigt, zurückgesetzt, als ein mangelhaftes, niedriges Wesen bezeichnet wird, eine Eigenschaft folglich, deren *Mangel charakterisiert*, ist in der Tat eine wesentliche, der Natur nach allgemeine, als ein spezifisches Merkmal in den realen Gattungsbegriff aufzunehmende Bestimmung. So gehört die Stimmlosigkeit zur Charakteristik der niedern Tierformen und ist ein unverkennbares Zeichen von einem innerlich gehemmten und[4] beschränkten, eng beklommenen, niedergedrückten, dumpfen, gefühllosen, mehr noch pflanzlichen als tierischen Leben, wie denn selbst noch bei den Schildkröten der Mangel an jener selbstischen Einheit und Unteilbarkeit des Leibes, die das Tier vor der Pflanze auszeichnet, daraus erhellt, daß sie sich selbst noch 14 Tage[5] lang bewegen, nachdem ihnen schon der Kopf abgeschnitten ist, und ihr äußerst phlegmatisches,

[1] *Feuerbach schreibt in A/B* der *und läßt dieses Wort auch in C stehen.*

[2] Begriffs „Allgemeinheit": Begriffs-Allgemeinheit *So C, wo damit eine Wortverbindung gegeben ist, auf die das vorhergegangene* der (*statt* des) *sich nunmehr beziehen kann.*

[3] , sondern . . . interpolieren *Fehlt in C.*

[4] gehemmten und *Fehlt in C.*

[5] 14 Tage: mehrere Wochen *C*

nur vegetierendes Leben sich auch schon in der außerordentlichen Langsamkeit der Begattung, die bei ihnen oft einen Monat lang dauert[1], zu erkennen gibt.[2] Ein regeres animalisches Leben zeigt sich schon in den quakenden Fröschen und in dem Geschlecht der Eidechsen, von denen daher auch einige Arten eine Stimme haben, wie die Lacerta Geko, das Krokodil, welches bekanntlich einen kläglichen, weinerlichen Ton von sich gibt.* Die stimmlosen Tiere sind

[1] oft . . . dauert: 14 Tage, ja, noch länger dauern soll *C*

[2] *Bereits hierzu gehört in C, wo der folgende Satz,* Ein regeres . . . von sich gibt, *fehlt, die nächste Fußnote Feuerbachs,* Übrigens geben . . . Zuflucht nehmen.

* Übrigens geben auch die Schildkröten einen Laut von sich, und zwar einen leisen, schnarrenden, kläglichen Laut, aber nur höchst selten, wie mir der Besitzer einer Schildkröte unlängst selbst versicherte. Dieses Faktum berechtigt uns aber keineswegs dazu, von der Stimme der Schildkröten und vielleicht noch anderer Tiere, die man für stumm hält, weil man bis jetzt noch keinen Ton von ihnen vernommen hat, ein großes Geschrei zu machen und bei einer Charakteristik derselben ein besonderes Gewicht darauf zu legen. Eine Eigenschaft spezifiziert und bezeichnet ein Wesen erst da, wo sie zur Fertigkeit, zur Profession, zum alltäglichen Gebrauch wird. Ein Mensch, der alle Vierteljahr[1] einmal, im Drange der Not oder durch Leidenschaft irritiert oder durch geistige Getränke illuminiert, einen guten Witz macht, verdient nicht das Prädikat eines witzigen. „Jeder Mensch", sagt Lichtenberg, „ist wenigstens des Jahrs einmal ein Genie." Aber eben nur der verdient den Namen eines Genies und ist ein Genie, welcher als bleibenden Habitus besitzt, was bei den andern nur verschwindendes Moment ist. Es ist daher auch wohl höchst schwierig, zu ermitteln, ob gewisse Tiere – vorausgesetzt, daß nicht ein wesentlicher Mangel ihrer Organe die Stimme unmöglich macht – wirklich stumm sind. Denn bei solchen unglückseligen Geschöpfen wie z. B. den Schildkröten und Schlangen sind gewiß *besondere* Bedingungen und Stimulationen vonnöten, um ihre organische Fähigkeit zur wirklichen Äußerung einer Stimme zu bewegen, indem bei ihnen die Hervorbringung eines Lautes mit großer Anstrengung und vielem Aufwand von Kraft verbunden sein mag und sie daher vielleicht nur in den

[1] Vierteljahre *C* [*Vorige Note läuft S. 100 weiter.*]

darum nur traurige Espècen; *das Tier* sind erst und stellen erst dar die höhern, stimmbegabten Tiere. Erst in der Stimme feiert die Natur mit Pauken und Trompeten das Geburtsfest des Tiers als eines empfindenden Selbstes, denn wenn auch gleich schon die stimmlosen Tiere empfinden, so sind sie doch gewiß keines solchen intensiven Grades der Lust und des Schmerzes, keiner solchen grellen, artikulierten[1], sanguinischen Empfindungen fähig wie die stimmbegabten Tiere; die Macht der Empfindung würde sonst ihr verschloßnes Selbst aufsprengen, denn wovon das Herz voll ist, dess' geht der Mund über. Erst in der Stimme schneidet daher auf höchst indiskrete, empfindliche Weise das Tier mit himmelschreienden Tönen seine wesentliche Differenz von dem stillen selbstlosen Leben der Pflanze durch das Trommelfell der Ohren auch dem blödsichtigsten Verstande ein. Willkürliche Bewegung spiegelt wohl auch die Pflanze in manchen Arten, wie namentlich in dem merkwürdigen Hedysarum gyrans [Beilkraut ⟨Bonaveria securidaca⟩], unsern Augen vor, aber solange sie nichts von einer Stimme verlauten läßt, wird sie uns, trotz aller Ähnlichkeit und allen Übergangsformen zwischen der Pflanzen- und Tierwelt, nimmermehr weismachen können, daß zwischen ihr und dem Tiere nicht ein greller, schneidender Unterschied stattfindet. Bei Linné wird darum auch die Stimme als ein allgemeines Kriterium oder Kennzeichen aufgeführt, nach welchem man das Tierreich folgendermaßen einteilen könnte: „(Säugende) Tiere – reden, Vögel – singen, Amphibien – zischen, Fische – schmatzen, Insekten – sausen, Würmer sind stumm."[2]

In seiner ganzen Kraßheit und Barbarei legt aber Herr Bachmann seinen gedankenlos-empirischen Standpunkt in seinen Vorstellungen vom Denken zur Schau. So führt er mit einem wahren Enthusiasmus für die Wasserköpfe und Kretins S. 138 „die Verkümmerung aller Geisteskräfte bei

Momenten der höchsten Exaltation, deren die tierische Seele fähig ist, oder der äußersten Not zur Stimme ihre Zuflucht nehmen.

[1] grellen, artikulierten: heißen *C*

[2] ‚nach welchem . . . sind stumm." *Fehlt in C, wo hinter* aufgeführt *ein Punkt steht.*

diesen, die Schwäche derselben bei Kindern, die Geisteskrankheiten als Folgen körperlicher Leiden, die Überwältigung des Geistes bis zum Schwinden des Bewußtseins bei Betrunkenen, Ohnmächtigen, durch äußere Einwirkungen als Verwundungen Verletzten" als Beweise „für die Abhängigkeit des Geistes von der Materie" an, zum unverkennbaren Zeichen, daß ihm der Geist selbst im Grunde, wiewohl ihm unbewußt, etwas Materielles ist. Denn von der Materie kann nur abhängen, was selbst materieller Natur ist, aber nicht, was toto genere [der ganzen Art nach] von ihr unterschieden, folglich lediglich *durch sich selbst* bestimmt, d. i. von sich allein abhängig ist. Alle jene Tatsachen führen, wenn sie mit philosophischem Geiste betrachtet werden, zu einem ganz andern Resultate, als man gewöhnlich auf dem Standpunkt der vom Schein der Dinge geblendeten Empirie aus ihnen herauszieht, nämlich zu dem, daß zwischen dem Menschen als Individuum und dem Geiste ein himmelweiter Unterschied ist, daß das Individuum daher allerlei Prüfungen bestanden, vor allem die saure Schule der Materie durchgemacht haben muß, ehe es in die Mysterien des Geistes kann eingeweiht werden. Wenn ein Mensch Hunger und Durst in heftigem Grade leidet, so kann er nicht denken; aber hängt deswegen die Philosophie oder das Denken vom Essen und Trinken und folglich von der Materie ab? Im Gegenteil, indem ich esse und trinke, befriedige ich die Forderungen, die die Materie an mich als Individuum macht, ich bringe sie dadurch zum Schweigen und schaffe sie mir vom Halse, und erst in den Momenten dieser Befreiung von der Materie werde ich des Geistes teilhaftig. Die Kretins, Wasserköpfe, die Körperverletzungen, welche Verlust des Gedächtnisses oder Bewußtseins zur Folge haben, usw. beweisen daher nichts anders, als daß der Mensch ein materiell-lebendiges Wesen ist und deswegen die Geistestätigkeit, als eine von der Materie, folglich auch von ihm selbst abgesonderte und unterschiedne, immaterielle Tätigkeit, nur *mittelbar*, unter der Bedingung der Mangellosigkeit und Vollendung des Körpers, *seine* Tätigkeit wird. Denn nur die mangellose und vollendete Materie ist mit sich fertig und im reinen, ist die überwundene, *negierte* Materie und nur als solche zu einem Organ des Geistes geeignet und erhoben, gleichwie auch nur der Mensch in den Äther des Denkens sich erheben kann, wenn er mit sich selbst fertig und im reinen, frei von Gemütsleiden, Affekten und Sorgen ist. Aber töricht ist es, die Abhängigkeit des Menschen von der Beschaffenheit des Leibes und seine Leiden und Zustände zur Abhängigkeit und zu Leiden des Geistes zu machen, so töricht, als wenn ich die Nebel, die hier in diesem Talgrund mir die Sonne verhüllen, für eine Sonnenfinsternis halten wollte. Ja, es ist nicht nur töricht, es hat gar keinen Sinn, von Krankheiten, von einer Überwältigung, einer Verkümmerung des Geistes zu sprechen, indem es nur das Individuum ist und sein kann, welches in solchen Zuständen wie Seelenstörungen und dgl. *als Organ* des Geistes leidet, aber nicht der Geist. Schon die Alten erkannten, daß der *Νοῦς καθαρός, ἄμικτος, ἀπαθής* [Geist rein, ungemischt, empfindungslos] ist. Die Unterscheidung zwischen Subjektivität und Objektivität, die wir nach außen zwischen uns und der Welt machen, dürfen wir daher nicht aufgeben, wenn wir an und in uns selbst kommen. In uns selbst tragen wir eine objektive und subjektive Welt. Und *wir* sind nichts anders[1] als die Organe dieser objektiven Welt, die wir, je nach unserer Beschaffenheit, vernünftig oder verrückt, adäquat oder falsch, klar oder dunkel, vollkommen oder verkümmert vorstellen und verwirklichen. Der Geist selbst aber ist die in uns von uns unabhängige und unaffizierbare, objektive Welt. Nur wer sich an den Schein hält, wie Mr. Antihegel, verwechselt das Individuum mit dem Geiste selbst.

So gibt er in seiner Polemik gegen die absolute Identität des Denkens und Seins zwar der Philosophie allergnädigst zu, daß im Bewußtsein Denken und Sein identisch sind (p. 61), behauptet jedoch, daß diese Einheit „weder ursprünglich, noch dauernd" (?!), „geschweige eine absolute" sei. Als Beweise gegen die Dauer führt er an, daß das Bewußtsein, selbst dann, wenn es erwacht sei, durch Pausen unterbrochen werde, wie im tiefen Schlafe, in Ohnmachten etc. Aber widersprechen diese Erscheinungen wirklich jener Einheit? Mitnichten. Wo unser Bewußtsein aufhört, hört auch *unser* Sein auf, sinken wir in den Abgrund der Natur hinab. „Der *schlafende* Held ist *nicht* der *Held*", aber das Heldsein ist das *Sein des* Menschen, der ein Held ist. Sein ist die *Betätigung*

[1] andres *C*

unsers Wesens. Wenn und wo wir wirklich das Bewußtsein verlieren, verlieren wir auch die Gegenstände, Lebenszwecke, Interessen, Triebe, durch deren Betätigung wir die sind, die wir sind. Wir *sind* nur, insofern wir tätig sind, und zwar tätig in *der* Art (so verschieden auch innerhalb ihrer selbst wieder diese Art ist), die die unserm innersten eigensten Wesen entsprechende ist, in der wir allein unser Selbst- und Lebensgefühl besitzen, daher für den rohen Menschen, dessen Wesen in der Sinnlichkeit besteht, das Sein nur in der Tätigkeit des sinnlichen Genusses, im Essen, Trinken usw., enthalten ist. Aber selbst der sinnliche Genuß ist für den Menschen nur durch das Bewußtsein vermittelt, erst das Bewußtsein des Genusses macht den Genuß zum Genusse. Im Schlafe habe ich keinen Geruch von der Blume, die in meiner Kammer duftet; erst durch das Bewußtsein haben ihre Düfte für mich *Dasein*. Das Bewußtsein ist aber *selbst* das *Sein* des Menschen. Das Sein des Steins, der Pflanze ist, daß sie Objekt eines andern ist, aber das Sein des Menschen, daß er *sich selbst* Objekt ist. Wo er daher aufhört, sich selbst Objekt zu sein wie im tiefen bewußtlosen Schlafe, wo er Objekt (wirkliches oder mögliches Objekt) eines andern (eines Wachenden), ein rein passives, den Angriffen einer fremden Macht wehrlos dahin- und preisgegebnes Wesen ist, so daß er selbst, ohne daß er es nun[1] merkte, um sein Leben gebracht werden könnte, wo er also aufhört, sich selbst Gegenstand zu sein,[2] verliert er auch sein Sein. Die Stunden, die wir verschlafen haben, zeichnen wir nicht in dem Tagebuch unsers Lebens auf, rechnen wir nicht zu den Stunden, die wir *erlebt* haben, sowenig, als wir die wurmförmige Bewegung des Magens und die sie unterstützenden Bewegungen der Bauchmuskeln und des Zwerchfells bei der Verdauung für eine Motion halten, die wir uns machen. Selbst dem gemeinen Volksverstande gilt das Bewußtsein für das Maß des Seins. „Was ich nicht weiß, macht mich nicht heiß." Im altbayerischen Volksdialekt hat das Wort „denken", an etwas denken, die Bedeutung des Maßes der Lebenszeit. „I denk an Karl Theodor nimma", d. h.: „Ich habe zu jener Zeit noch nicht gelebt." „Lang denken" heißt daher

[1] nur *C*

[2] *In C folgt Zusatz:* da

soviel, als viel erlebt zu[1] haben, bei Jahren sein. „Halt's Maul, wenn Leut' redn, die lenge denkn was du." Nur Herr Bachmann macht hievon eine rühmliche Ausnahme, denn er hält ja sogar – der bescheidene, zufriedene, glückliche Denker, der selbst im Kadaver noch ein authentisches Zeugnis von unsrer individuellen Fortdauer nach dem Tode erblickt –, wie wir bereits wissen, „den *Leichnam* – für ein *Sein unser* ohne Denken" (p. 61).

Aber selbst auch zugegeben, daß im Leben des einzelnen Menschen das Bewußtsein vom Sein oder dieses von jenem in besondern Momenten sich abtrenne, wäre damit die Einheit des Denkens und Seins im Bewußtsein selbst aufgehoben? Hat denn der Philosoph nicht die Erscheinungen in ihrer *Totalität* aufzufassen? Und stellt nicht die Totalität der Menschen die Einheit des Denkens und Seins im Bewußtsein *ununterbrochen* dar? Machen denn die schlafenden Menschen die *ganze* Menschheit aus? Wenn wir im dunkeln Schoße der Bewußtlosigkeit ruhen, ist denn nicht die andere Hemisphäre dann vom Lichte des Bewußtseins erleuchtet? Ist also nicht *immerdar*, ohne Unterbrechung, jene Einheit ein wirkliches Faktum? Denn ist es dem Begriffe und der Sache nach nicht vollkommen gleichgültig, *wo* und bei wie vielen Menschen diese Einheit existiert? Kommt es nicht allein darauf an, daß sie nur überhaupt Dasein hat? Was würde nicht ein *denkender* Amerikaner dazu sagen, wenn er etwa gerade in dem Augenblicke, wo er sich eben im Lichte des Bewußtseins von Herzen seines Lebens erfreut, vernähme, daß ein deutscher Pedant beweisen will, daß, weil *gegenwärtig seine* Hemisphäre im Schlafe begraben liegt, *das* Bewußtsein *selbst* jetzt aufgehoben sei und folglich konsequenterweise sich die Amerikaner jetzt nicht des Bewußtseins erfreuen könnten? Übrigens brauchen wir nicht einmal dem Herrn B. zur Erweiterung seines unglaublich beschränkten Standpunkts die für ihn gewiß höchst beschwerliche Reise nach Amerika anzuempfehlen. Er kann sich ja schon auf teutschem[2] Grund und Boden Rats erholen; er braucht sich nur seinen der Philosophie verschloßnen Kopf durch irgendeinen Nachtwächterspieß trepanieren zu lassen, um sich von

[1] *Fehlt in C.*
[2] deutschem *C*

der gänzlichen Unhaltbarkeit seiner Gründe zu überzeugen. Denn auch die kleinste Dorfgemeinde hat bei uns einen Nachtwächter, dem sie, in der richtigen Überzeugung, daß das Sein des Menschen lediglich vom Bewußtsein abhängt und unabtrennbar ist, während ihrer Nachtruhe die Sorge für ihr Leben und Eigentum anvertraut, der daher der Träger und *Repräsentant* ihres Bewußtseins bei der Nacht ist und vermittelst des Horns, mit dem er die Stunden verkündet, ein erschütterndes argumentum ad aures [ans Trommelfell gerichtetes Argument] von der ununterbrochnen Einheit des Denkens und Seins im menschlichen Leben gibt. Denn die Unterbrechung durch den Schlaf wäre nur dann eine Instanz gegen die Einheit des Denkens und Seins, wenn die Aufhebung des Bewußtseins in mir, dem Schlafenden, zur *notwendigen* Folge die Aufhebung des Bewußtseins auch in den *andern* hätte, wenn meine Bewußtlosigkeit den andern einen Schaden brächte, also, wenn einer sich zur Ruhe begibt, auch zugleich die andern bongrè malgré [mit oder wider Willen] mit ihm hinunter ins Verderben gerissen würden. Aber glücklicherweise hat die Gedankenlosigkeit des einen Menschen nicht die Gedankenlosigkeit des andern zur Folge.

Ebenso unphilosophisch und gehaltlos sind daher auch H[errn] Bachmanns Gründe gegen die Ursprünglichkeit jener Identität, denn sie beruhen auf dem nämlichen Standpunkt wie seine Instanzen gegen die Dauer derselben. Er führt nämlich zur Widerlegung ihrer Ursprünglichkeit an, daß „laut dem Zeugnisse der Erfahrung sich das Bewußtsein aus einem dunkeln, chaotischen und traumartigen Zustande unsers Seins erhebt, daß wir früher sind, als wir das Bewußtsein von uns selbst haben" (p. 61). Allein die Erfahrung hat beim H[errn] Bachmann, wie wir bereits öfters schon gesehen haben, nicht die Bedeutung der denkenden Beobachtung, sondern der Wahrnehmung des bloßen Sinnenscheins, und das Zeugnis, auf das er sich hier beruft, hat daher ebensoviel Gültigkeit als das Zeugnis unsrer Sinne von der Bewegung der Sonne. Denn die Entstehung des Bewußtseins ist ebenso nur ein Schein wie die Bewegung der Sonne um die Erde, obwohl ein *notwendiger* Schein. Die Entwicklungsgeschichte des Individuums ist[1] nicht die Ge-

[1] *In C folgt Zusatz:* nämlich

schichte der Vernunft, des Bewußtseins, das zeitlich erste nicht das Ursprüngliche. Der Mensch kommt erst in seinen *Ursprung*, indem er Geist wird, zum Bewußtsein kommt. Und wie nur die Umwälzung der Erde um ihre eigne Achse die scheinbare Bewegung der Sonne erzeugt, so ist es nur das eigne[1] Werden des Individuums, welches den Schein erzeugt, als entstünde auch das Bewußtsein selbst. Aber es wäre ebenso töricht, zu glauben, daß mit jedem Individuum, das bewußt wird, das Bewußtsein entstehe, als daß mit jedem neugebornen Wesen, das sehend wird, auch das Licht entstehe; denn die Entwicklungsgeschichte des Individuums hat keine andere Bedeutung, als daß das Bewußtsein, welches eine an und für sich seiende Existenz, eine ewige Wesenheit, eine von ihm unabhängige Macht ist, *sein* Bewußtsein wird, Bewußtsein *dieses* Individuums, keine andere Bedeutung also als die eines Aneignungsprozesses, einer Assimilation. Denn hätte sie die Bedeutung einer *objektiven, wirklichen* Entstehung des Bewußtseins, so wäre es ebensogut als das Individuum ein sinnliches Dasein, ein rein empirisches, handgreifliches, ponderables Faktum, und es gäbe ebenso viele Vernunfte und Bewußtseine, als es Individuen gibt, was ein absoluter Unsinn wäre. Die Natur des Lichtes bringt es mit sich, daß das geistige Licht, ebenso wie das sinnliche und noch unvergleichbar mehr als dieses, schlechthin *universellen* Wesens und daher über den Wechsel von Schlaf und Wachen, Geburt und Tod erhaben ist.

Die Erfahrung selbst lehrt, daß das Individuum an andern bereits bewußten Menschen und durch sie zum Bewußtsein heranreift, daß also sein Bewußtwerden selbst eine *Wirkung* schon des Bewußtseins, das Bewußtsein folglich als das prius [Frühere] ihm vorausgesetzt ist. Sie lehrt ferner, daß selbst da, wo das Individuum noch nicht seiner selbst bewußt ist, die Einheit von Sein und Denken sich als Wahrheit und Wirklichkeit betätigt, nur daß in diesem Zustande die Momente der Einheit noch an zwei Seiten verteilt sind. Denn das Kind *ist* nur dadurch, daß es *Objekt* des Bewußtseins seiner Eltern ist, oder: Sein Sein ist wesentlich an das Bewußtsein der Eltern (oder anderer Menschen) gebunden; denn wäre es nicht Gegenstand ihres Wissens, so wäre es

[1] *Fehlt in C.*

auch nicht Gegenstand ihrer Liebe und Pflege, indem alles, nur als durch das *Denken*[1] vermittelt, erst Dasein für den Menschen hat und Objekt seiner unmittelbaren persönlichen Tätigkeiten und Angelegenheiten wird. Das Bewußtsein der Eltern ist daher die *Affirmation* von dem Sein des Kindes, d. h., erst als Objekt des Wissens ist das Sein des Kindes ein aufgehobenes, geborgnes, ein *gewisses*, zuverlässiges Sein; denn ohne und außer dem[2] Bewußtsein gedacht, ist das Kind wehr- und schutzlos unvermeidlichem Untergange dahingegeben. Der weitere Entwicklungsgang des Kindes hat nun keinen andern Zweck, als daß das Prinzip seines Seins, sein Schutzgeist, das *Bewußtsein*, welches zunächst als ein *anderer* Mensch Dasein hat, sein eignes Wesen wird. Das Bewußtsein entspringt daher insofern in dem Kinde nur durch Eingebung, durch Erleuchtung von Wesen, die als bewußte bereits auf einer unendlich höhern Stufe stehen, als die Kindheit ist. Das andere Ich, der alter ego, ist überhaupt für den Menschen der Mittler zwischen seinem Natur- und seinem Bewußt-Sein. Homo homini deus est [der Mensch ist dem Menschen Gott].

Übrigens ist diese Erleuchtung von außen allerdings zugleich nur eine Entzündung der im Kinde bereits liegenden Brennmaterialien. Das Bewußtsein nämlich ist das allgemeine Licht und Prinzip alles Lebens, kein Leben daher ohne Bewußtsein, wenngleich der Grad dieses Bewußtseins ein so niedriger sein kann, daß es von einem höhern Standpunkt aus zu einem bloß bewußtlosen Zustand degradiert wird. Denn wo das Leben nur irgendwie entschieden auftritt, da ist schon Wohl- und Schmerzgefühl. Der Schmerz aber ist, wie die Lust, Selbstbewußtsein, ein modus cogitandi [eine Weise des Denkens]. Das schmerzempfindende Wesen flieht, verabscheut das, was es schmerzlich affiziert. Der Schmerz ist ihm also ein Licht, das ihm in der Finsternis leuchtet, ein Erkenntnisprinzip dessen, was seiner Natur gemäß oder zuwider ist, ein Kriterium, eine *Unterscheidungskraft*. Was uns namentlich an den niedern Tieren so sehr in Verwunderung setzt, ist nichts anders als ebendieser Schein von Bewußtsein, der aber kein subjektiver ist, sondern ein wirklicher

[1] *In C folgt Zusatz:* oder Bewußtsein
[2] und . . . dem *Fehlt in C.*

Schein von dem Lichte des Bewußtseins. Das Bewußtsein tritt allerdings da erst *als* Bewußtsein auf und bekommt daher auch erst da den Namen „Bewußtsein", wo es in der Form des *Wissens* erscheint, wo sein Inhalt nicht mehr das einzelne sinnliche Selbst und sein unmittelbares selbstisches Sein, wie im Menschen auf der untersten Stufe und in den Tieren, deren Bewußtsein noch ganz eins mit ihren unmittelbaren Lebensbedürfnissen, nichts andres als das Kriterium des Nützlichen und Schädlichen ist, sondern das allgemeine, darum geistige Selbst, wo es also die Form des Allgemeinen, des Absoluten ist. Aber dessenungeachtet haben wir auch *die* Weisen des Seins, die wir von *unserm* Standpunkt aus als bloß bewußtlose auffassen und bezeichnen, schon als Stufen, Arten oder Formen des Bewußtseins zu begreifen. Einen tiefen und vernünftigen Sinn haben darum die Gedanken eines Bruno, Campanella, Baco, Glisson, daß die Vorstellung, die perceptio, ja, nach Bruno und Campanella, die aber zu weit gingen, selbst die Empfindung, nicht eine nur menschliche und tierische, sondern universelle, mit allem Sein identische Kraft ist, haben die pensées confuses [verworrenen Vorstellungen] des Leibniz und die Behauptungen Cartesius', Malebranches, Spinozas, daß Empfindung, Imagination, Wille (Verlangen) Arten des Bewußtseins, Bestimmungen des Denkens, modi cogitandi sind, obwohl diese das Denken in einem höchst subjektiven und beschränkten Sinne auffaßten.

Herr Bachmann kennt sie gewiß auch, aber leider nur historisch, denn das ist eben das Grundübel bei ihm, daß auch nicht eine einzige tiefere philosophische Idee in ihm Fleisch und Blut geworden ist, daß er die Ideen der Philosophen nur als Lesefrüchte, als Dogmen, Sätze, als tote Produkte, aber nicht als Ideen, als Lebensgeister, als Intelligenzen, als schaffende Kräfte, daß er nur als Gelehrter, als Vielwisser, aber nicht als selbst spekulativer Denker die Philosophie loshat. Denn wie hätte er sonst solche Platitüden gegen die Identität des Denkens und Seins als Instanzen vorbringen können? Wie könnte er sonst behaupten: „Das Subjekt kann auch als nicht denkend gedacht werden, wie wenn wir *nur* empfinden, anschauen"? Schon der Scholiast zu Platos „Phädros", wenn ich nicht irre, sagt ganz richtig: *„Εἰσὶ γὰρ καὶ αἰσθήσεις γνώσεις* [denn auch die

Empfindungen sind Erkenntnisse]." Die Empfindung ist nichts andres als die mit unserm unmittelbaren[1] individuellen Sein identische Vernunft, die *persönliche* und *sinnliche* Vernunft. Empfindung ist Erkenntnis, wenngleich Erkenntnis noch nicht in der Form der Allgemeinheit. Aber auch das Denken als solches ist in allen unsern selbst rein sinnlichen Handlungen und Empfindungen gegenwärtig und tätig, zwar nicht das spekulative, wissenschaftliche, das in sich gekehrte, in die Tiefe versenkte, auf das *Wesen* der Dinge sich beziehende Denken, aber *das* Denken, das sich auf die *Existenz* der Dinge bezieht, durch das uns allein Außendinge als Objekte gegeben sind, das Denken *als Bewußtsein*. Die Empfindungen sind Wahrnehmungen der Objekte, aber daß wir die Objekte *als Objekte* wahrnehmen und von uns unterscheiden, ist Sache und Wirkung des in der Empfindung verborgenen Denkens. „Die Anschauung ist *blind* ohne Denken", sagt schon Kant. Das Auge des Auges ist das Bewußtsein. Wir sehen nur, weil auch das Sehen Denken ist. Alle unsre selbst sinnlichen Handlungen sind daher zugleich *Denkakte*. Selbst beim Essen und Trinken sind wir mit Geist und Bewußtsein tätig und präsent. Wenn wir in Gedanken essen, so gehen die Speisen wider Willen und Wissen,[2] auf rein mechanische Weise in uns ein, aber dann liegen sie uns auch wie Steine im Magen, gleich als wollte sich dadurch der Magen an uns für diese Vernachlässigung und Rücksichtslosigkeit revanchieren und sich darüber beschweren, daß wir die Last der Verdauung ihm allein aufbürden wollen. Daß wir bei Tisch Gabeln und Messer halten können, selbst diese Kraft verdanken wir nur dem Bewußtsein. Denn[3] wenn wir das Bewußtsein verlieren, so entsinken sie unsern Händen. *Alle Kraft in uns ist daher zuletzt nur die Kraft des Denkens.*

Deswegen ist auch „ein Denken ohne Bestimmtheit, ohne Voraussetzung des denkenden Subjekts und des gedachten Objekts" nichts weniger als „ein Hirngespinst", wie es Herr Bachmann p. 63 unbedachterweise nennt. Denn das denkende Subjekt, um dieses als das wichtigste Moment in dieser

[1] *In C folgt Komma.*
[2] *Komma fehlt in C.*
[3] Bewußtsein. Denn: Bewußtsein; denn *C*

Angelegenheit hervorzuheben, ist doch wohl, eben als denkendes, nicht so ohne allen Unterschied ein und dasselbe mit dem essenden, trinkenden, riechenden Subjekt. Es ist vielmehr das höhere, das übersinnliche, intelligente Subjekt in uns, das denkt, mit einem Worte: das *Ich* in seinem reinen, metaphysischen Sinne. Was ist nun aber das Ich? Leider gar nichts weiter als ein – übrigens höchst reales – *Hirngespinst der Vernunft*. Wer nicht denkt, ist nicht Ich. „Dein Ich", sagt Fichte, „kommt lediglich durch das Zurückgehen deines Denkens auf sich selbst zustande." Ein Blödsinniger ist deswegen kein zurechnungsfähiges Selbst, keine rechtliche Person. Alle Menschen, die sich nicht im Zustande des Blödsinns oder der tiefsten Roheit befinden, sind darum, die meisten aber wider Willen und Wissen, *Fichtianer* und *Cartesianer*. Alle bestätigen im stillen die Wahrheit des Satzes „Cogito ergo sum": Ich denke, darum bin ich. Alle wollen lieber tot als Narren sein, fühlen also, daß die Vernunft ihr höchstes Gut ist, daß, wer sie verliert, *sich selbst* verliert. Das Denken ist also das dem (denkenden) Subjekte Vorausgesetzte, denn es ist nur durch das Denken Subjekt, es ist die *Substanz* desselben, so daß ich wohl das Denken ohne Subjekt denken und für sich selbst zum Prinzip machen kann und muß, aber nicht umgekehrt das Subjekt ohne das Denken, denn das denkende Subjekt ist nichts außer dem Denken, es ist nichts andres als das Denken selbst, als wirklicher, gegenwärtiger actus [Tätigkeit, Wirksamkeit].

Es ist übrigens dieses Verhältnis, in welchem das denkende Subjekt zum Denken steht, nicht nur ein vom Denken gültiges, sondern ein allgemeines Verhältnis. Es findet überall statt, wo das Prädikat im Verhältnis zu dem Subjekte, dessen Prädikat es ist, die Bedeutung des *Wesens* hat, wo das Subjekt das, was es ist, lediglich durch sein Prädikat ist. So ist das Leben, gedacht als Prädikat eines (des lebenden) Subjekts, dessen Wesen, dessen totale, volle, von Grund aus es erschöpfende Bestimmung. Das Leben hat daher die Eigenschaft, für sich selbst, als *das Leben*, als Prinzip an die Spitze der Philosophie treten oder überhaupt selbständig aufgefaßt werden zu können. Es wäre töricht, dagegen einwenden zu wollen, daß *das Leben* ein Hirngespinst sei, denn es setze voraus das lebendige Subjekt, das tierische oder menschliche Subjekt, und man müsse deshalb mit diesem anfangen. Denn was ist das lebende Subjekt *außer* dem Leben? Wir können es nicht für sich als Subjekt, ohne Leben gedacht, als etwas noch außerdem Reales fixieren, gleich als *hätte* das Subjekt das Leben, denn das Subjekt für sich, abstrahiert vom Leben, wäre ja das Leblose, Tote, und wie könnte das Tote das Leben haben? So ist das Sein das Wesen des Seienden, inwiefern wir das Seiende lediglich als Seiendes denken und keine anderweitigen Bestimmungen, die nicht zur Sache gehören, in den Begriff des Seienden einschwärzen. Alles Seiende als Seiendes, sagt Parmenides, ist eins. „*Παντᾶ τὰ ὄντα καϑὸ ὄντα ἕν εἰσί.*" Und Christ. Thomasius: „Das *Sein* ist *überall einerlei*, das Wesen ist so vielfältig als die Dinge selbst." Das Seiende hat also keine andere Bestimmung als das Sein, es geht ganz und gar in den[1] Begriff des Seins auf; das Seiende ist selbst das Sein. Wohl zu den schwächsten Vorwürfen, die man gegen den Anfang der Hegelschen „Logik" vorbringen kann, gehört darum der unlängst gemachte Vorwurf, daß „das Seiende früher als das Sein" sei – eine Einwendung, die eigentlich gegen die Philosophie überhaupt geht und ihr ihr innerstes Wesen zum Vorwurf macht; denn das Wesen der Philosophie besteht gerade darin, daß sie, um diese Bestimmungen festzuhalten, das Verhältnis von Subjekt und Prädikat, wie es im gemeinen Leben und in der empirischen Anschauung gilt, als welcher ihrer eigentümlichen Natur nach das Subjekt als das frühere, das erste notwendig erscheint, geradezu *umkehrt*[2], das Prädikat zum Subjekt und das Subjekt zum Prädikat macht. Dieser Umkehrungsprozeß ist aber nicht allein der Prozeß, vermittelst welches die Philosophie ihr Wesen, die Wahrheit, offenbart, sondern der allgemeine Weg, auf dem das Wesenhafte, Große, Wahre in allen Sphären des Lebens sich verwirklicht. Ein großer Mann ist überhaupt in jeder Sphäre nur der, welcher das Objekt seines Lebens, das ihm als Prädikat beigelegt wird und in dem gemeinen Manne, der ebendeswegen sich nicht aus dem Staube erhebt, nur den Rang und die Bedeutung eines Prädikats behauptet, zu dem dominierenden Subjekt, sich selbst aber nur zu einem Prädikat desselben macht,

[1] dem *C*
[2] umgekehrt *C*

so daß die Sache wohl ohne ihn, aber er nicht ohne die Sache gedacht werden kann, seine Subjektivität nichts anders[1] ist als die *Personifikation* der Idee. Daher von jeher große Menschen für phantastische oder gar verrückte Köpfe galten, eben weil sie den Standpunkt des gemeinen Lebens wirklich verrücken, [d. h.] das, was dem gewöhnlichen mittelmäßigen Kopfe nur als Eigenschaft Realität hat, [was] als Subjekt, für sich zum Prinzip erhoben, aber nur als ein Hirngespinst, ein Abstraktum erscheint, zu ihrer alleinigen Substanz erheben. So ist z. B. die Dichtkunst in einem schlechten Poeten, der die Poesie als bloße Gelegenheitssache oder als Handwerk oder Steckenpferd behandelt, nicht denkbar ohne Voraussetzung dieses dichtenden Subjekts; denn seine Gedichte sind lediglich nur Machwerke *dieses* uninteressanten Subjekts; sie haben keinen *objektiven* Wert, keine *allgemeine* Bedeutung, kein *von ihm unabhängiges* Kunstinteresse. Die Gedichte des wahren, großen Dichters dagegen sind *Produkte der Kunst selber*, denn in ihm ist die Poesie zu einem selbständigen Prinzip herausgeboren; der Poet ist hier nichts anders[1] als die Poesie als wirklicher actus, als die Fleisch und Blut gewordne Poesie. Wo irgendeine Realität von einer bloßen Eigenschaft zur Substanz oder zum Subjekt, zur Universalmonarchie gleichsam, sich steigert, erscheint sie daher im Menschen als *Genie*, aber eben der Mensch hat nicht Genie, sondern, wie die Beobachtung selbst lehrt, das Genie hat den Menschen. Jede positive Geistestätigkeit offenbart sich deswegen überhaupt nur da in ihrer Wahrheit, wo sie aus einer nur *menschlichen* Kraft zu einer *göttlichen* Kraft erhoben und als solche von dem Subjekte erkannt, verehrt und ausgeübt wird. So erscheint und offenbart sich das Denken, obwohl alle Menschen denken, in seinem wahren Wesen nur in dem Philosophen, denn nur von ihm wird es als für sich selbst bestehendes Wesen, als Substanz gefeiert, und zwar aus dem einfachen Grunde, weil sich *faktisch* das Denken als Substanz in ihm bewährt und betätigt.

Der Jenaer Antihegel macht nun freilich hievon eine sehr unerfreuliche Ausnahme. Als eine *göttliche* Kraft hat er nie das Denken empfunden, obwohl er mehrmals versichert,

[1] andres *C*

daß nach ihm auch die Vernunft „göttlichen Ursprungs“ sei, was aber in seinem Munde eine leere Phrase ist, denn – wie der ganze Standpunkt seiner Kritik hinlänglich beweist – *seine* Vernunft ist nichts anders[1] als ein armseliges, der „Unterstützung“ bedürftiges, nur vermittelst eines „kunstreichen“ orthopädischen „Apparates“ mit Müh' und Not über dem Boden sich aufrecht erhaltendes Geschöpf – eine Gassenlumpensammlerin der niedrigsten Art und Herkunft –[2] ein von den gemeinsten Stoffen des animalischen Lebens abgezogenes Unschlicht – ein aus dem, was die Idee von sich als Unrat ausscheidet, zusammengekneteter Teig – eine Schmeißfliege, die, zum Zeugnis ihres göttlichen Ursprungs, das Aas als Ambrosia hinunterschluckt.* Deswegen erscheint ihm auch die Bedeutung, die Hegel der Logik als der Wissenschaft des reinen Denkens gibt, höchst exzentrisch und transzendent, so daß er im affektierten Eifer seiner im höchsten Grade trivialen Religiosität p. 90 pathetisch ausruft: „Wie in aller Welt kommen denn die Kategorien dazu, Gott der Vater zu sein? Ist das denn der Gott, den wir anbeten sollen, der Gott der Macht und Stärke, aber auch der Gott der Liebe und Gnade?“ Denn wäre wirklich der göttliche Ursprung der Vernunft bei ihm mehr als eine fade Redensart, so würde er imstande gewesen sein, wenigstens die *Idee* der Hegelschen „Logik“, wenn auch nicht die Art und Weise der Ausführung, in ihrer Wahrheit zu begreifen und anzuerkennen. Wenn nämlich die Vernunft göttlichen Ursprungs ist, so muß sie doch wohl *Zeugnisse* ihrer Abkunft in sich haben, Urkunden, durch die sie sich als solche legitimiert. Worin sollen nun aber diese enthalten sein, wenn nicht in den allgemeinen und notwendigen, allem unsern Denken als seine Basis und reale Möglichkeit zugrunde liegenden Formen oder Bestimmungen, die zusammen den (freilich nicht alleinigen und ganzen) Inhalt der Vernunft ausmachen? Das Sein, die Qualität, die Quantität, das Wesen, die Ursache, der Begriff, das Urteil, der Schluß sind, ob sie uns gleich als Begriffe nur *vermittelst* der Abstraktion Gegenstand werden, doch keine Produkte der

[1] andres *C* [2] eine . . . Herkunft – *Fehlt in C.*

* Man denke nur z. B. an den Leichnam als eine Instanz gegen die Identität des Seins und Denkens.

Abstraktion, keine Machwerke *unsers* Denkens, sondern vielmehr die Prinzipien, von denen wir in *unserm* Denken abhängen, ohne die wir kein Objekt denken können. Wenn daher die Vernunft aus Gott ist, so müssen auch die Bestimmungen, ohne welche sich die Vernunft gar nicht als Vernunft betätigen kann, die ursprünglichen allgemeinen Formen, aus Gott sein. Wenn sie aber aus Gott sind, so sind sie doch hoffentlich *in* Gott.

Wenn indes Herr Bachmann sagt, daß nach der Hegelschen „Logik" „das Maß, das extensive und intensive Quantum sowie die Knotenlinie von Maßverhältnissen ein Moment" sei, „wodurch sich Gott durch seine eigne Dialektik notwendig bestimmen muß in seinem innern Sein, abgesehen von der Offenbarung durch die Schöpfung (?)", ja, „daß Gott an sich, seinem ewigen Wesen nach vor der Schöpfung der Endliche" sei, so sind diese und ähnliche Behauptungen ebenso boshafte als absurde Entstellungen, ja, Verleumdungen, Lügen[1]. Nach Hegel können nämlich nur die *primitiven Bestimmungen*, die an und für sich absolute, Totalitäten, Prinzipien einer ganzen Sphäre sind, daher zu Prinzipien eines vollständigen Systems, einer totalen Weltanschauung gemacht werden können und in der Geschichte wirklich gemacht worden sind, nicht aber die sekundären Bestimmungen, die lediglich *gesetzte* und *vermittelte*, relative, abhängige sind, können also, sozusagen, nur die Ur- und Stammbegriffe, aber nicht die einzelnen von ihnen abgeleiteten Zweige und Sprößlinge als Definitionen oder Bestimmungen Gottes gebraucht und angesehen werden. So *das Sein* als das Prinzip und die Totalität der Sphäre der Qualität, aber nicht die Beschaffenheit, das Etwas, die Grenze, die Veränderung; so *das Maß* (das Maß absolut gedacht), aber nicht ein bestimmtes Maß- und Zahlverhältnis. Und ist etwa das Maß eine ungöttliche Bestimmung? Hängt die Beschaffenheit eines Wesens nicht von dem Grade seiner Nähe oder Entfernung von Gott ab? Ist nicht die absolute Realität das Maß, nach dem wir den innern Wert einer bestimmten Realität bestimmen[2]? So nennt denn Hegel in seiner

[1] ja, . . . Lügen *Fehlt in C.*

[2] wir . . . bestimmen: sich der innere Wert einer bestimmten Realität bestimmt *C*

„Logik" (I. B., erste Ausgabe, p. 35) ausdrücklich das Sein die erste Definition des Absoluten und führt, nachdem er bereits die Begriffe des Daseins, der Realität, des Etwas, der Veränderung, der Qualität abgehandelt hat, erst das Unendliche in seinem „einfachen Begriffe" (nämlich als „die Negation der Negation, die Beziehung auf sich, durch Aufheben der Bestimmtheit") p. 80 als die „zweite Definition des Absoluten" an. In seiner „Enzyklopädie" (zweite Ausgabe, p. 85) jedoch erklärt er sich hierüber noch bestimmter, indem er sagt: „Das Sein selbst sowie die folgenden Bestimmungen nicht nur des Seins, sondern die logischen Bestimmungen überhaupt können als Definitionen des Absoluten, als die metaphysischen Definitionen Gottes angesehen werden, näher jedoch immer nur die *erste einfache* Bestimmung einer Sphäre und dann die dritte, als welche die *Rückkehr aus der Differenz zur einfachen Beziehung auf sich* ist. Die *zweiten* Bestimmungen, als welche eine Sphäre in ihrer *Differenz* sind, dagegen sind die Definitionen des *Endlichen*." Ferner heißt es in der „Logik" (in der Ausgabe der Sämtlichen Werke p. 147): „Die Formen des Daseins fallen aus in der Reihe der Bestimmungen, die für Definitionen des Absoluten angesehen werden können, da die Formen jener Sphäre für sich unmittelbar nur als Bestimmtheiten, als endliche überhaupt gesetzt sind." Was aber von den Formen des Daseins gilt, dasselbe gilt auch von *den* Formen, die innerhalb anderer Sphären das sind, was die Formen des Daseins innerhalb der Sphäre des Seins. Kein Denker war ferner davon als Hegel, endliche Kategorien zur Bestimmung des absoluten Wesens anzuwenden, so daß es nach ihm hieße: Gott ist dies und das, da er vielmehr nach ihm die absolute Negativität alles Dies- und Das-Seins ist, daher auch die Form der Definition selbst von Hegel als eine dem Absoluten unangemessene Form bestimmt wird. Will man auch die Bedeutung und Stellung, die Hegel der Logik (als Metaphysik übrigens) im System der Wissenschaft einräumt, nicht zugeben, so wird ihm doch nie das hohe Verdienst abgesprochen werden können, daß er der erste war, der eine *Kritik der Kategorien* gab, die Kraft und Bedeutung der wesentlichen Denkformen, ihren Wert und die Grenze ihrer Gültigkeit mit ebensoviel Tief- als Scharfsinn bestimmte, daß seine „Logik" daher ein wahrhaftes Kathartikon und

Organon[1] ist, um das Wesen eines Gegenstandes durch keine ihm unangemessene[n] Bestimmungen zu verunreinigen und zu entstellen, sondern vermittelst der adäquaten Kategorien, die daher auch allein einen *Begriff* von ihm gewähren, in seiner Lauterkeit zu erfassen, auf einen Gegenstand also nur *die* Bestimmungen anzuwenden, die *seine*, [die] *Selbst*-Bestimmungen sind. So lehrt z. B. seine „Logik", daß das Verhältnis der Wechselwirkung keine Kategorie ist, die der Natur der Seele und ihrem Verhältnisse zum Leibe entsprechend ist, indem dieser Begriff einer niederen Sphäre angehört; daß wir die Bestimmungen des absoluten Wesens nicht in ihrer eigentümlichen Natur (nämlich der, Bestimmungen des Absoluten zu sein) denken, wenn wir sie als *Eigenschaften* denken, indem nur der Reflexionsbestimmung des Dings diese Kategorie entspricht; daß die Begriffe des Grundes, der Ursache, des Wesens, wie wenn wir sagen: Gott ist das Wesen oder der Grund oder die Ursache der Welt, zwar allerdings Bestimmungen Gottes, aber noch nicht die wahren, adäquaten, sondern unzureichende, abstrakte Bestimmungen sind, usw.[2] Seine ganze „Logik" ist nichts weiter als der ausführliche Beweis, daß nur der Geist die adäquate Bestimmung Gottes ist, denn die Idee, der Schluß seiner „Logik", ist nichts andres als der *Begriff des Geistes*, wie er in der „Logik" vorkommt, so daß die Definition Gottes als absoluter Idee nur der rein logische oder metaphysische Ausdruck von der Bestimmung Gottes als absoluten Geistes ist. Dieser Beweis wird aber von Hegel so geführt, daß es die Idee selbst ist, welche sich als die einzige *absolute* Bestimmung des Absoluten erweist, daß die Kritik der Kategorien ihre eigne Dialektik ist, wodurch sie sich selbst (als selbständige Definitionen, denn als Momente werden sie erhalten) negieren und vermittelst dieser Negation (der objektiven Darstellung ihrer als endlicher, dem Begriffe des Absoluten nicht gemäßer Bestimmungen) die absolute Idee als *ihre* Wahrheit nicht nur, sondern als alle, als die einzige Wahrheit verwirklichen. Und damit sind wir denn auf den Punkt gekommen, in dem[3] wir die Quelle von

[1] wahrhaftes . . . Organon: treffliches Werkzeug *C*
[2] *Fehlt in C.*
[3] in dem: indem *C*

den unvernünftigen und lächerlichen Konsequenzen, die Herr Bachmann macht, zu erkennen haben. Hegel sagt nämlich: „Die Logik ist als das System der reinen Vernunft, als das Reich des reinen Gedankens zu fassen. Dieses Reich ist die Wahrheit selbst, wie sie ohne Hülle an und für sich selbst ist; man kann sich deswegen ausdrücken, daß dieser Inhalt die Darstellung Gottes ist, wie er in seinem ewigen Wesen vor der Erschaffung (welche letztere Bestimmung offenbar bei Hegel ein bloßes Bild ist, das aber Herr Bachmann als pure nackte Wahrheit aufschnappt und nun allerlei Konsequenzen daraus zieht) der Natur und eines endlichen Geistes ist." Und die Dialektik, die Methode der „Logik", bestimmt er als die eigne Form und Bewegung des Inhalts, z. B.: „Es ist der Inhalt in sich selbst, die *Dialektik, die er an sich selbst hat,* die ihn fortbewegt." *Also,* schließt Herr B., weil der Inhalt der „Logik" die Darstellung des Wesens Gottes, die Dialektik aber die selbsteigene Form dieses Inhalts ist, also ist Gott re vera [in Wahrheit] nach Hegels „Logik" „das Endliche"; denn das Endliche ist ein Moment innerhalb des dialektischen Verlaufes der „Logik", also „die Knotenlinie von Maßverhältnissen ein Moment, zu dem sich Gott selbst in seinem innersten Wesen bestimmen *muß*", oder richtiger: er selbst diese Knotenlinie – denn es [ist][1] nicht einzusehen, oder vielmehr: es ist recht gut einzusehen, warum Herr Bachmann hier den milderen Ausdruck „Moment" gebrauchte, nämlich darum, weil sonst die Ungereimtheit seiner Folgerungen zu sehr in die Augen gesprungen wäre –, also ist Gott, schließen wir weiter im Sinne und Geiste des Herrn B., die Neutralität, also die Spezifikation der Neutralität, also die Wahlverwandtschaft, also die chemischen Stoffe selbst, als welche das Subjekt dieser Verhältnisse sind, also das extensive und intensive Quantum, das direkte und umgekehrte Verhältnis, also das Potenzenverhältnis, also der Bruch – denn alle diese Verhältnisse sind Momente der „Logik" –, also ist Gott auch der Buchstabe, der erste, zweite und dritte Abschnitt, die pagina soundsoviel – ein Schluß, zu dem wir vollkommen berechtigt sind, denn Hegel selbst sagt, die Erscheinung und das Wesen, das Äußre und Innre sind identisch, der Buch-

[1] *So ergänzt auch C.*

stabe ist aber die Erscheinung, die Äußerung des Gedankens –, also besteht Gott aus drei Bänden – denn die „Logik" begreift drei Teile: Sein, Wesen, Begriff, in sich, welche wenigstens in ihrer *ursprünglichen* Gestalt ihre äußere Existenz in drei Bänden haben, und das Innere und Äußere ist ja identisch –, also ist Gott nach Hegels „Logik" ein Wesen, das man, wenn auch nicht gerade wie ein dictionnaire de poche [Taschenwörterbuch], doch immerhin wenigstens in seinen beiden Rocktaschen bequem unterbringen kann, also ist der Schöpfer in seinem ewigen Wesen vor der Schöpfung das Geschöpf eines Geschöpfs namens Hegel, das in Berlin als Professor der Philosophie am Kupfergraben lebte, also – also sind die Schlüsse, die wir eben machten, keine Persiflage, keine übertreibende Karikatur, sondern das wohlgetroffene Konterfei des Herrn Bachmann, der präzise, konsequente, adäquate Ab- und Ausdruck seiner ganzen Kritik, also sind allerdings alle diese „Also" eine Persiflage, eben weil sie dem Jenaer „Antihegel" so ähnlich sehen wie ein Ei dem andern, er selbst aber nichts anders[1] ist als eine eingefleischte Persiflage auf die Philosophie.

Die Persiflage ist aber doppelter Art. Die eine persifliert, indem sie ihren Gegenstand nur *vergrößert*, um ihn darzustellen, wie er *wirklich* ist, die andere persifliert, indem sie ihren Gegenstand *verändert* und *entstellt*. Die erstre Art gibt also nur dadurch das persiflierte Subjekt dem wohlverdienten Gelächter der Einsichtsvollen preis, daß sie die Sache in ihrem *wahren* Lichte zeigt, die andere stellt sie in einem *falschen* Lichte dar, um dadurch der Schadenfreude des Pöbels ein Fest zu bereiten, des Pöbels, der sich nur groß fühlt, wenn er das Große in seinen eignen Morast hinabzieht. Wie aus den bereits gelieferten Belegen zur Genüge erhellt, ist der Jenaer „Antihegel" eine Persiflage dieser letztern Art. Ja, er hat diese Gabe wirklich bis zu einem solchen Grade der Virtuosität kultiviert, daß uns seine Kritik mehrmals unwillkürlich aufs lebhafteste an die Zauberkunst der Zirze erinnerte, die sich bekanntlich darauf verstund[2], Menschen in Bären, Schweine und Wölfe zu verwandeln,

[1] andres *C*
[2] verstand *C*

wie die unglückseligen Gefährten des Ulysses erfahren mußten. Denn die Manier seiner Polemik beruht nur auf dem Kunstgriff, einen philosophischen Satz dadurch [als] im Widerspruch mit der Vernunft und folglich als ungereimt darzustellen, daß er das *Subjekt* desselben in ein wesentlich *andres* Subjekt metamorphosiert, die *Prädikate* aber, die dem Subjekt in diesem Satze gegeben werden, gleichwohl beibehält. Natürlich kommt aber ein ungereimter, lächerlicher Widerspruch zum Vorschein, wenn man die Prädikate, die sich wesentlich nur auf die Gefährten des Ulysses in Menschengestalt bezogen, nun auf die Schweine anwendet, in die sie Madame Zirze eigenmächtig verwandelt hat. Proben dieser gewalttätigen Metamorphosen gaben schon seine Einwürfe gegen die Ideenlehre Hegels und gegen die Stimme als ein Prädikat „des Tiers im allgemeinen". Zum Überflusse wählen wir noch als Beleg, zum Schlusse unsrer Kritik, die Art, wie er den Prozeß des Zu-sich-selbst-Kommens Gottes darstellt – eine Materie, bei deren Kritik der „Antihegel" notwendigerweise um so oberflächlicher sich zeigt, je tiefer, schwieriger und bedeutungsvoller dieser Gegenstand ist, und um so widerlicher den denkenden und unterrichteten Leser affiziert, als sich, hier besonders, zu der wäßrigen Brühe seiner Intelligenz auch noch die Wassersucht seines trivial-religiösen Herzbeutels hinzugesellt, aus dem er sogar ein paar Mal wirkliche Krokodilstränen*, aber mit vieler Anstrengung und Ungeschicklichkeit, auspreßt, um das große Publikum auch von seiner schwächsten Seite für sich zu gewinnen und gegen Hegel aufzuhetzen. Denn seine Kritik auch von dieser ernsten Materie ist, wie sich von selbst versteht, nichts weniger als eine Kritik, sondern eine ganz plumpe Persiflage, die er dadurch zustande bringt, daß er das Subjekt dieses Prozesses, als ein in dieser Art gewandter Taschenspieler, verändert. Aus dem Gott im[1] Menschen macht er nämlich einen Gott außer[1] dem Menschen, und den Menschen in Gott verwandelt er in den Menschen außer Gott, in das endliche, erscheinende Individuum, so daß nun *der* Prozeß, der wesentlich ein identischer Akt ist, d. h. nur ein Prozeß Gottes, in dem er bei sich selbst bleibt

* Man vergleiche z. B. die faden[2] Stellen S. 155 u. S. 68.

[1] *In C hervorgehoben.* [2] *Fehlt in C.*

und ist, nur *zu sich selbst* sich verhält, an zwei außereinander seiende, sich fremde Wesen verteilt und daher Gott in das seinem Wesen unangemessene Verhältnis versetzt wird, daß er *abhängig* vom Menschen erscheint, insofern, als er *erst* in ihm zum Bewußtsein oder doch, wie es bisweilen der „Antihegel" mit einer wohlweislich hinzugesetzten Kautel ausdrückt (p. 130 z. B.), zum „*vollen*" Bewußtsein kommen soll, daher Monsieur Antihegel dem Hegel schuld gibt, daß „Gott nach ihm von dem Menschen das Bewußtsein seiner selbst als Gegengeschenk für die Wohltat des Lebens erhalte" (p. 101, p. 128, p. 131), daß „das Bewußtsein Gottes von sich durch das menschliche Bewußtsein *bedingt* sein soll" (p. 163), und so nach seiner löblichen Manier gerade wieder das Wesentliche, worauf es bei diesem Prozeß ankommt, absichtlich[1] ignoriert oder unter einem der Wahrheit geradezu entgegengesetzten Gesichtspunkt darstellt. Denn die wesentliche Idee, die diesem Prozesse des Zu-sich-selbst-Kommens Gottes bei Hegel zugrunde liegt, sein ebensowohl objektiver als subjektiver Zweck ist kein andrer, als das Bewußtsein als eine *objektive* Bestimmung Gottes zu konstruieren. Als eine solche kann es aber nur konstruiert werden, wenn das Bewußtsein als die *Selbst*-Bestimmung Gottes, als das Resultat seines eignen *selbsttätigen* Wesens erkannt wird. Wird dagegen das Bewußtsein schon im Anfange vorausgesetzt und als Sein schlechthin von Gott prädiziert, wie wenn wir sagen: Gott *ist* ein lebendiger, selbstbewußter Geist, so ist das Bewußtsein nichts weiter als eine Versicherung, ein Prädikat, welches das Subjekt von Gott aussagt, so ist Gott nur *geglaubt* und *vorgestellt* als bewußter, aber er ist es nicht wirklich, nicht an und durch sich selber, weil er *selbst*-bewußter nur sein kann und ist, wenn das Bewußtsein genetisch aus ihm entwickelt werden kann. *Genetisch* kann es aber nur entwickelt werden, wenn diese Entwicklung *objektiv* begründet, wenn Gott daher es selbst ist, der aus seinem *Wesen* sein *Bewußtsein* erzeugt. Und die Genesis seines Bewußtseins beruht nach Hegel nur auf *dem* Akte, daß Gott die unmittelbare Einheit seines Wesens mit sich aufhebt, sich selbst sich entgegensetzt – denn kein Bewußtsein ist möglich ohne Gegensatz oder Entzweiung –

[1] *Fehlt in C.*

und erst durch die Negation dieser Entgegensetzung *für sich* vermittelte, in sich reflektierte, bewußte Einheit wird. Aber durch diese genetische Entwicklung ist keineswegs die Ursprünglichkeit, Apriorität und Selbständigkeit des Bewußtseins in Gott aufgehoben, denn das Bewußtsein ist als das *immanente* Ziel, als der Zweck der Bewegung oder Entwicklung,[1] der erste Impuls, der Urtrieb, der *wahre* (zunächst verborgene) Anfang desselben. Dies findet übrigens bei Hegel in jeder wahren Entwicklung in der Philosophie statt. Daher er sagt, daß immer zugleich „das Vorwärtsgehen ein Rückgang in den *Grund* und zu dem *Ursprünglichen* ist, von dem das, womit der Anfang gemacht wurde, abhängt". „Das Wesentliche ist eigentlich, nicht daß ein rein Unmittelbares der Anfang sei, sondern daß das Ganze in sich selbst ein Kreislauf ist, worin das erste auch das letzte und das *letzte* auch das *erste* wird" („Logik" I. B., p. 9). Desgleichen p. 331: „Der Fortgang von dem, was Anfang ist, ist in der Philosophie zugleich der *Rückgang* zu seiner *Quelle*, zu seinem *wahrhaften* Anfang. Somit beginnt im Hinausgehen über den Anfang zugleich ein neuer Anfang, und das erste zeigt sich damit als nicht der wahrhafte." Ja, diese Art der Entwicklung ist das Wesen der Hegelschen Methode. Diese Methode ist darum auch der notwendige Schlüssel zur richtigen Auffassung und Würdigung jenes Prozesses, und wer diesen kritisieren will, muß zuerst oder zugleich die Methode Hegels zum Objekt der Kritik machen. Demzufolge kommt also Gott aus seiner Selbstentäußerung in die Natur im Menschen zu sich selbst, und das Selbstbewußtsein *erscheint* so als ein abgeleitetes, entstandnes, durch den Menschen vermitteltes, als ein Produkt. Aber in der Tat ist es vielmehr, als das absolute Ziel, als die reale Zweckbestimmung der Entäußerung in die Welt und Geschichte, das wahrhaft erste und Ursprüngliche, der primus motor [erste Beweger], das einzige agens, welches als ihr produzierendes Prinzip Mensch und Natur voraussetzen*, indem eben ihr τέλος, ihr Zweck, daß und warum sie sind, lediglich das Selbstbewußtsein Gottes

[1] *Komma fehlt in C.*

* Es gilt dies in der Hegelschen Philosophie überhaupt von Gott. „Gott ist *so* das Resultat der Philosophie, von welchem erkannt wird, daß es nicht *bloß* das Resultat ist,

ist — eine Bedeutung des Menschen und der Natur, die keineswegs es ausschließt, daß sie auch *für sich* einen Zweck und Bedeutung haben, gleichwie jedes Organ des Leibes ein eignes Leben hat, Zweck für sich ist, indem es zugleich in bezug auf ein höheres Organ oder die Totalität des Lebens nur dessen Mittel ist.

Als die positiven oder vielmehr absoluten Weisen des Selbstbewußtseins Gottes bestimmt Hegel die Religion [und] die Wissenschaft. Sie haben daher bei ihm nicht bloß subjektive, menschliche Bedeutung, sondern als die höchsten Interessen sind sie selbst göttliche Zwecke oder Angelegenheiten Gottes. Sosehr diese Bestimmung den gang und gäben Vorstellungen zu widersprechen und eine rein transzendente, die Grenzen der Vernunft und menschlichen Natur überspringende metaphysische Hypothese zu sein scheint, so läßt sich doch durch ganz einfache Mittel einem unbefangnen, offnen Menschen die Wahrheit dieser Idee zu Verstand und Gemüte bringen. Was will in uns z. B. der Wissenstrieb sagen, der alle Hindernisse und Schranken rücksichtslos durchbricht, alle Triebe an Macht und Stärke überbietet, unsrer natürlichen Selbstsucht geradezu entgegengesetzt ist, wider Willen und Wissen sich unsrer bemächtigt und aus dem Paradies der Unschuld und Unwissenheit uns herausreißt, der uns alle Güter, Genüsse und „Ansprüche auf persönliches Glück" als ein Nichts gegen *das* Objekt, das er begehrt, vernachlässigen, ja, verachten macht? Was sagt er anders[1], als daß er nicht ein menschlicher Trieb, daß er der Trieb der *Wahrheit selber*, daß es ihr Interesse ist, von dem Menschen erkannt zu sein? Was bedeutet ferner der Trieb, der uns so mächtig antreibt, eine erkannte Wahrheit andern mitzuteilen? Was andres, als daß es nicht nur unser Bedürfnis ist, uns durch die Bestätigung der andern die Gewißheit der Wahrheit zu geben, daß die Wahrheit an und für sich selber redseliger, mitteilender Natur ist, daß ihr das Wissen, welches sie, in sich verschlossen, von sich hat, nicht

sondern ewig sich hervorbringt, das *Vorhergehende* ist. Die Einseitigkeit des Resultats wird im Resultat selbst aufgehoben" (p. 18 „Religionsph." I. B.[2]).

[1] andres *C*

[2] Band *C*

genügt, daß sie nur im Bewußtwerden[1] von andern sich selbst weiß, nur im Genossenwerden sich selbst genießt [?][2]

Wie das Sehen dem Lichte nicht gleichgültig ist, denn das Sehen ist nur die Affirmation, das Zeugnis dessen, was das Licht an sich ist – seine Natur ist [es] ja, zu *erleuchten*, das Sehen zu bewirken –, so ist der Wahrheit die Erkenntnis nicht gleichgültig; im Gegenteil, es gehört zu ihrer *Natur*, erkannt zu werden. Das Erkanntwerden betätigt erst, was sie an sich ist, offenbart, realisiert sie als das Licht des Geistes. Die Erkenntnis des Menschen von ihr ist daher nur die Affirmation ihres eignen Wesens, ihre Selbstgewißheit. Wenn es eine Erkenntnis der Wahrheit gibt, was anders kann sie denn auch sein als die *Selbst*erkenntnis der Wahrheit, denn wenn sie Erkenntnis der Wahrheit ist, so ist sie doch hoffentlich die *wahre* Erkenntnis. Kann sie aber als die wahre von der Wahrheit selbst unterschieden sein?

Ebenso, wenn es eine Liebe der Wahrheit gibt – und sie ist eins mit der Erkenntnis derselben, denn die Wahrheit ist rein als solche zugleich das Positive, das Gute überhaupt und das höchste Gut, folglich Gegenstand der Liebe –, was kann diese anders sein als die Liebe der Wahrheit zu sich selber? Denn wer die Wahrheit liebt, der liebt sie und kann sie nur *um ihrer selbst willen* lieben, nicht um eines persönlichen oder andern ihr fremden Zweckes willen; seine Liebe ist nur die Wirkung, der Reflex der Wahrheit auf sein Gemüt, welches sie ungetrübt *ihr selbst* zurückstrahlt; seine Liebe also nichts andres als die Reflexion der Wahrheit in sich selber, ihr eignes *Selbst*-Gefühl.

Daß nun aber die Erkenntnis der Wahrheit wesentlich oder die Erkennbarkeit eine objektive Bestimmung derselben ist, zeigt sich so. Alles Sein ist wesentlich zugleich Sein für andres. Der Mensch macht selbst das Für-andres-Sein zum Maß des Seins an sich; so spricht er auf dem Standpunkt der Sinnlichkeit *dem* Sein ab, was nicht für seine Sinne ist; so sagen wir selbst auf dem Standpunkt des bürgerlichen Lebens von einem Menschen, der kein bestimmtes Geschäft oder Amt hat, wodurch er etwas für andre ist, er sei nichts. Darum ist die Subjektivität der Objektivität nicht äußerlich.

[1] Gewußtwerden *C*
[2] *So ergänzt auch C.*

Im Gegenteil, die Natur ist *wesentlich* Objekt des Sinns und vermittelst des Sinns Objekt des Bewußtseins. Der Sinn ist nichts als ihr eigner ausdrücklicher Wille, das ihr aus der Seele gesprochne Wort. Sie *will* wahrgenommen sein. Das Sein des Seins ist erst das Bewußtsein.

Aber das Sein für andres ist wesentlich zugleich *Für-sich-Sein*. Etwas ist nämlich nur dadurch für uns oder andres überhaupt, daß es ein *bestimmtes*, irgendwie beschaffnes ist. Was keine Beschaffenheit hat, kann begreiflicherweise kein Objekt des Bewußtseins, der Wahrnehmung, sei es nun geistiger oder sinnlicher, kann überhaupt für nichts andres sein, denn eben die Beschaffenheit ist es, wodurch etwas einem andern sein Sein bekundet. Aber die Beschaffenheit ist nichts andres als die *Position der Position*. Erst *bestimmtes* Sein ist *Sein*. Aus den Beschaffenheiten wird daher erkannt, *was* ein Ding ist; *es selbst* wird in ihnen wahrgenommen; das andre, für welches es ist, ist sein *Spiegel*; seine Beziehung auf andres, sein Sein für dasselbe [ist][1] also zugleich seine Zurückbeziehung auf sich selbst, sein Für-sich-Sein.

Wenn nun aber das Sein für andres eine wesentliche Bestimmung alles Seins ist, so ist es auch notwendig eine Bestimmung der Wahrheit, denn eine allgemeine Bestimmung ist darum nur eine allgemeine, weil sie eine Bestimmung der Wahrheit ist. Das Für-andres-Sein der Wahrheit ist nun aber ihr *Erkanntsein*. Aber was ist die Erkenntnis der Wahrheit, indem sie sich auf uns bezieht, uns *Gegenstand* ist, andres als die Zurückbeziehung der Wahrheit auf sich, was andres ihr Sein für uns als ihr Sein für sich selbst? Sie ist uns Gegenstand, aber das „Wir" bedeutet nur uns als Erkennende, die Erkenntnis, und diese hat (*als* Erkenntnis der Wahrheit) keinen andern Inhalt als die Wahrheit, ist nicht unterschieden, etwas Apartes und Separiertes von ihr; die Erkenntnis ist daher das Verhältnis der Wahrheit *zu sich selber*, ihr Sich-selbst-Gegenstand-Sein. Wäre die Beziehung der Wahrheit auf uns nicht zugleich ihre Beziehung auf sich selbst, in konkretern Formen ausgedrückt: unser (natürlich *wahres*, *objektives*) Bewußtsein von ihr nicht ihr eignes Selbstbewußtsein, so wäre sie eben nicht, was der Annahme widerspricht, eine Erkenntnis der Wahrheit.

[1] *In C stattdessen sinnentstellend Komma.*

Entweder gibt es daher gar kein Wissen von Gott – denn ein relatives, subjektives, nur menschliches Wissen widerspricht nicht nur dem Begriffe des Wissens überhaupt, als welches wesentlich auf Objektivität Anspruch macht, sondern namentlich dem Begriffe des Wissens von Gott, indem es nur von dem *selbst Relativen*, aber nicht vom Absoluten ein *relatives* Wissen geben kann –, oder das Wissen des Menschen von Gott ist zugleich das Sich-selbst-Wissen Gottes im Menschen. Denn Gott kann nicht ein bloßes *Objekt*, er kann uns nicht *so* wie irgendein empirisches Wesen Gegenstand [sein][1], das Wissen von ihm in keinem *äußerlichen* Verhältnis zu ihm s[t]ehen[1]. Er selbst ist nicht bloßes Objekt, sondern, wie man es richtig genannt hat, Subjekt-Objekt, und sein Verhältnis zu uns kann von dieser seiner Natur nicht unterschieden sein. Gott kann sich darum nur *zu sich selbst* verhalten, also nicht zu einem absolut andern[2], sondern nur* [zu] einem *solchen* andern, das, wenn auch nicht seinesgleichen, doch seines *Wesens* ist, weswegen Gott nicht dem *Tiere*, sondern nur dem Menschen Gegenstand ist. Mit Fug und Recht ist daher der Mensch, *inwiefern* er von Gott weiß, der alter ego, das *andere* Ich, Gottes zu nennen. Denn sein Wissen von Gott ist nicht *menschliches*, sondern *göttliches* Wissen, indem jedes Wissen die Natur *seines* Gegenstandes an sich tragen muß, sonst wäre es nicht Wissen *dieses* bestimmten, sondern irgendeines andern beliebigen Gegenstandes. Gott kann nur *durch sich selbst* erkannt werden, wie Spinoza, Malebranche und andere tiefere Denker behaupteten – eine Behauptung, die offenbar, wenn sie analysiert wird, keinen andern *Sinn* hat, als daß das Wissen von Gott ein *unmittelbares*, d. i. seinem Gegenstande *immanentes*, daß ein Wissen von Gott nur als ein Akt der gegenseitigen tiefsten, intensivsten Innigkeit möglich ist, der Mensch folglich in der Erkenntnis sich nicht *als* anderes zu Gott verhält, denn sonst würde er ja nicht durch sich selbst, nicht unmittelbar erkannt. Daher es auch (um dies im Vorbeigehen zu erwähnen) keineswegs eine dem Geiste und den Prinzipien

1 *So ergänzt auch C.*
2 *Im Orginal A/B:* anderm. *Hier berichtigt nach C.*
* „So du eine *andere* Materie bist als Gott selber", sagt Jakob Böhm[e], „wie wirst du dann sein Kind sein?"

Spinozas, wie manche meinen, widersprechende Behauptung ist, wenn er sagt, daß Gott sich selbst mit einer unendlichen intellektuellen Liebe liebe und die Liebe des Menschen zu Gott die Liebe Gottes *zu sich selbst* sei.

Wenn darum Hegel die Religion als „das Selbstbewußtsein des absoluten Geistes" bezeichnet und sagt: „*In der höchsten Idee* ist die Religion nicht die Angelegenheit eines Menschen, sondern sie ist wesentlich die höchste Bestimmung der absoluten Idee selbst", so hat er mit diesem wahrhaft erhabnen Gedanken nur in der Form und Schärfe des selbstbewußten Begriffes ausgesprochen, was *im wesentlichen* mehr oder minder klar und bestimmt vor ihm schon die tiefsten Denker von Gott und dem Verhältnis des Menschen zu ihm gedacht haben*, wie denn Hegel selbst („Religionsphilosophie", I. B.[1], p. 149) als einen hierin mit ihm übereinstimmenden Denker den Meister Eckardt[2] anführt, welcher sagt: „Das Auge, mit dem mich Gott sieht, ist das Auge, mit dem ich ihn sehe, mein Auge und sein Auge ist eins."

Ein ganz oberflächlicher Einwand gegen eine solche hohe Auffassung der Religion ist es aber, wenn man hieraus wie M[onsieu]r Antihegel schließen will, daß durch diese Bestimmung der Religion ihr Zweck und ihre Bedeutung für den Menschen aufgehoben sei. Wir halten es jedoch

* So hat auch schon Fichte das wahre Verhältnis des Menschen zur göttlichen Idee oder Substanz mit der ihm eigentümlichen Bestimmtheit und Klarheit erfaßt und ausgesprochen, wie wenn er z. B. sagt: „Jedes Dasein hält und trägt sich selber, und im lebendigen Dasein ist dieses Sich-selbst-Erhalten und das Bewußtsein davon Liebe seiner selbst. Die ewige göttliche Idee kommt hier im einzelnen menschlichen Individuum zum Dasein: Dieses Dasein der göttlichen Idee in ihm umfaßt nur sich selber mit unaussprechlicher Liebe, und dann sagen wir, dem Scheine uns bequemend, dieser Mensch liebt die Idee und lebt in der Idee, da es doch, nach der Wahrheit, die Idee selbst ist, welche an seiner Stelle und in seiner Person lebt und sich liebt, und seine Person lediglich die sinnliche Erscheinung dieses Daseins der Idee ist, welche Person keineswegs an und für sich selbst da ist oder lebt" („Über das Wesen des Gelehrten", S. 14 und 48).

[1] Bd. *C*

[2] Eckhardt *C*

nicht mehr der Mühe wert, die Oberflächlichkeit und Grundlosigkeit dieser und ähnlicher Einwendungen, die Herr Antihegel gegen die tiefste und erhabenste Idee der Hegelschen Philosophie vorzubringen sich nicht entblödet hat, besonders noch zu beleuchten. Den ganzen Standpunkt, Geist und Wert seiner kritischen Methode haben wir ja bereits hinlänglich taxiert und hoffentlich durch unsre ganze Rezension hindurch den evidenten Beweis geliefert, daß Herr Antihegel als ein treuer Empiriker, der sich lediglich auf Tatsachen stützt, das Muster seiner Kritik von den Affen abstrahiert hat, welche in Ermanglung von Steinen und andern *objektiven* und *gewichtigen* Instanzen, *ihren eignen* Unrat sich in die Faust lassen, um damit die Objekte ihrer Polemik bewerfen zu können.

1) „Versuch einer wissenschaftlichen Darstellung der Geschichte der neuern Philosophie." Ersten Bandes erste Abteilung: „Darstellung und Kritik der Philosophie des Cartesius nebst einer Einleitung in die Geschichte der neuern Philosophie." Von Dr. Joh. Ed. Erdmann. Riga und Dorpat 1834. X, 336. 2) „Cartesius und seine Gegner. Ein Beitrag zur Charakteristik der philosophischen Bestrebungen unserer Zeit." Von Dr. C. F. Hock. Wien 1835. IV, 114.[1]

Der Historiker ist der Landmann in dem Gemeinwesen der Literatur. Ferne steht er dem eitlen Getümmel der ephemeren Zeiterscheinungen, und doch bebaut er den Grund der Gegenwart. „O fortunati[2] nimium [o ihr allzu Glücklichen]!" rief der Dichter den Ackerbauern[3] seiner Zeit zu[4] – rufen auch wir jetzt denen zu, die in stiller Abgeschlossenheit auf dem Gebiete der Philosophie die rura paterna [väterlichen Felder] bebauen und, nicht betört durch das Flittergold unsrer heutigen Literatur, die gediegenen Gedankenschätze der Vergangenheit zu würdigen und zu genießen verstehen.

Wer diese Schätze und dagegen die oberflächlichen absprechenden Urteile kennt, die so oft selbst in gründlich-sein-wollenden Werken über Philosophen sowohl der frühern als der nächsten Vergangenheit gefällt werden, wird darum mit Freuden jede Erscheinung bewillkommnen, die irgendeine geschichtliche Philosophie, statt über sie zu räsonieren, zu begreifen, d. i. das Positive derselben zu erkennen, sich bestrebt. Mit dieser Empfindung wird er auch Erdmanns „Geschichte" begrüßen, sollte sie ihn auch weder formell noch materiell völlig befriedigen. – Als die Aufgabe der Geschichte der Philosophie erkennt der Verf., die philo-

[1] *In B lautet die Überschrift, auf fünf Zeilen gebracht, wie folgt:* 1. Geschichte der neuern Philosophie. / Von Dr. J. E. Erdmann (I. Bd. I. Abtl.) / 2. Cartesius und seine Gegner. / Von Dr. C. F. Hock/(1836) [2] fortunatos *B* [3] Bauern *B*
[4] Siehe z. B.: Q. Horati Flacci „Sermones", Lib. prior, I, v. 4: „o fortunati mercatores [o wie glücklich sind die Kaufleute!]".

sophischen Systeme als notwendige Entwicklungsmomente in der Geschichte des Geistes zu begreifen und darzustellen. Den Charakter der Wissenschaftlichkeit setzt er lediglich in die Erkenntnis und Darstellung der Notwendigkeit, und zwar der Notwendigkeit nicht nur allein der Idee einer Philosophie, sondern auch der Bestimmungen dieser Idee im besondern und einzelnen. Er weist daher jede Kritik, die von einem spätern und höhern Standpunkt aus irgendein System beurteilt, als unwissenschaftlich ab und fordert von dem philosophischen Historiker die völlige Entäußerung seiner Subjektivität. Es ist ganz richtig, daß Notwendigkeit und Wissenschaftlichkeit, Wahrheit, Vernunft unzertrennliche Begriffe sind, denn nur wo Zusammenhang, Einheit ist, ist Vernunft, wo aber Einheit, da ist Notwendigkeit. Aber es kommt wesentlich auf die nähere Bestimmung des Begriffes der Notwendigkeit an, indem dieser Begriff ebenso etwas Positives als Negatives bedeuten kann. Notwendig im positiven Sinne ist nur eben das Notwendige, d. i. das, was durch sich selbst und um seiner selbst willen ist, notwendig im negativen Sinne, was durch ein andres ist. Notwendig in jenem Sinne ist nur die Idee, das Wahre, das Göttliche, denn es ist Zweck seiner selbst, es ist schlechtweg, es ist eins mit dem Sein selbst. Die ältere Metaphysik nannte daher richtig nur Gott das *notwendige* Wesen. Jede Philosophie nun, die wirklich diesen Namen verdient, ist notwendig in diesem doppelten Sinne, notwendig durch sich selbst, inwiefern sie Vernunft, Wahrheit ausdrückt, durch andres, inwiefern sie nicht etwa überhaupt bestimmte Wahrheit – denn die Bestimmtheit an sich ist eins mit der Erkenntnis der Wahrheit, da begreiflicherweise erkennen nichts andres als bestimmen ist –, sondern eine so und so, eine endlich[1] bestimmte Wahrheit ausdrückt und durch den Standpunkt der Zeit, des Volkes, den Grad der allgemeinen Bildung oder die vorhergegangene Philosophie vermittelt ist. So bestimmt, ja, beschränkt aber auch der Standpunkt eines Philosophen und seiner Zeit sein mag, er erhebt sich doch durch den bloßen Akt

[1] sondern eine ... eine endlich: sondern eine bestimmt –, eine so und eine, endlich *So in A wohl auf Grund von Schreib- oder Druckfehlern. Hier berichtigt nach B.*

des Denkens zur Idee des durch sich selbst Notwendigen, des Unendlichen, des Wahren als solchen. Diese Idee ist selbst die Möglichkeit des Denkens. So notwendig es daher auch ist, daß der Philosoph diese Idee so und so bestimmt, so ist er doch zugleich sich der uneingeschränkten Wahrheit bewußt. Denken ist Vernunfttätigkeit, und es ist unmöglich, daß die Vernunft sich so zerlege, isoliere und vereinzelne, daß in einem, wenn auch noch so bestimmten, Denker irgendeine wesentliche, mit der Vernunft selbst identische Idee sich verliere. So sehen wir z. B. in Cartesius, ungeachtet seines Dualismus, keineswegs die höhere Idee der Einheit verloren, noch in Spinoza über der Einheit den unentbehrlichen Begriff des Unterschieds vergessen. Im Bewußtsein der uneingeschränkten Wahrheit ist der Philosoph über die Bestimmtheit, inwiefern sie Schranke ausdrückt, hinaus. Das Urteil daher, das ein gereifteres, späteres philosophisches Bewußtsein über ihn ausspricht – vorausgesetzt, daß es keinen ungehörigen[1] äußerlichen Maßstab anlegt, sondern ihn aus ihm selbst beurteilt –, ist ihm keineswegs ein absolut fremdes, es ist sein eignes, jetzt aber nur *entwickeltes* Urteil und Bewußtsein über sich. Über dem Sukzessiven in der Geschichte ist nicht das Simultane zu vergessen. Das „nil novi sub sole [nichts Neues unter der Sonne]" hat doch *auch* seine Wahrheit. Allerdings soll man an einen Philosophen nicht mehr Forderungen machen, als er zu seiner Zeit erfüllen konnte und sollte, aber auch nicht *wenigere*, als er an sich selbst stellte. Die Notwendigkeit schließt also nicht aus das Urteil der Kritik von einem höhern Standpunkt, weil die Notwendigkeit in sich selbst unterschieden, Urteil ist. Sie negiert nicht den Affekt, wenn nur anders der Affekt der reine[1] adäquate Ausdruck des Gegenstandes im darstellenden Subjekt ist. Sie nötigt uns nicht auf eine mönchische Enthaltsamkeit von Freude und Schmerz, Beifall und Tadel, weil der Philosoph selbst diesen Akt gegen sich ausübte. Die wahre Entäußerung der Subjektivität ist nur die Einigung mit dem Gegenstande. Nur dadurch bekommt auch eine Darstellung Fleisch und Blut, Leben, und ein Hauptmangel der Erdmannschen Schrift dürfte eben der sein, daß sie kein Fleisch hat.

[1] *In B folgt Komma.*

Was im allgemeinen eben von der Notwendigkeit kürzlich gesagt wurde, gilt namentlich in bezug auf Cartesius. C.[1] war durchaus nicht mit sich als Philosoph zufrieden; er gesteht selbst in einem Briefe die Schwierigkeiten ein, die das metaphysische Denken für ihn habe, und eilt daher auch so geschwind als möglich aus der Metaphysik hinunter in die Werkstatt der Mechanik und Physik. Er war überdem im stärksten Zwiespalt mit sich, die härtesten Gegensätze[2], das Prinzip der Stabilität und das der irritabelsten[3] Beweglichkeit, ein unbedingter Autoritätsglaube und ein alles bezweifelnder[4] Verstand, ein absolut[5] geistloser Materialismus und ein absolut[5] antimaterialistischer Idealismus teilen, wenn auch nicht mit gleicher Kraft und Bedeutung, seinen Geist entzwei. Die Notwendigkeit des einen hebt daher in ihm wieder die Notwendigkeit des andern auf. So notwendig z. B. (im negativen Sinne) es war, daß C. die Materie als eine mit dem Geiste gleichberechtigte und selbständige Substanz setzte, so unnotwendig war es doch im Sinne der höhern Notwendigkeit, deren C. sich nicht unbewußt war, die ihm vielmehr in der Idee des Geistes am Anfange seiner „Meditationen" vorschwebte. Daher auch in dem Kampfe zwischen Geist und Materie das entscheidende Gewicht allerdings auf die Seite des Geistes zu stehen kommt und es besonders zu tadeln ist, daß der Verf. das plus [Mehr], das der Geist vor der Materie bei C. voraushat, nur darein setzt, daß er das subjektiv gewissere sei. Eben weil er dieses ist, ist er schon vermöge des ganzen Standpunkts des C. auch das *objektiv realere*. Warum ist denn Gott erst bei C. das Vermittlungsprinzip, der Grund der Gewißheit von der Realität der materiellen Welt? Weil die Gewißheit von der Existenz der unendlichen Substanz,[6] der absoluten Realität, der Natur nach voran-

1 *In B ausgeschrieben:* Cartesius. *Diese sich in B noch mehrfach wiederholende Veränderung wird im folgenden nicht mehr vermerkt.*
2 *In B folgt Doppelpunkt statt des Kommas.*
3 *Fehlt in B.*
4 ein unbedingter . . . bezweifelnder: Autoritätsglaube und zweifelnder *B*
5 ein absolut *Fehlt in B.*
6 *In B folgt Zusatz:* d. h.

geht der Gewißheit von der Existenz einer endlichen, beschränkten Realität, wie es denn wirklich ein ausdrücklicher Grundsatz der Cartesischen Philosophie und Schule ist, daß überhaupt die Idee des Unendlichen der Idee des Endlichen vorausgeht. Aber das Bewußtsein der absoluten Realität ist bei C. eins mit dem Selbstbewußtsein des Geistes („idea Dei ... mihi innata, quemadmodum mihi est innata idea mei ipsius [die Gottesidee ... mir eingeboren, wie mir die Idee meiner selbst eingeboren ist]"); nur dem Scheine der äußerlichen Darstellung und Verwirklichung nach ist es durch einen Schluß vermittelt. Und ebendeswegen ist das Bewußtsein der absoluten Realität das Bewußtsein des Geistes von seiner eignen Realität, ja, der Geist selbst in der Tat nichts andres als ebendieses Bewußtsein – denn was bleibt ihm oder vielmehr er selbst, wenn ich ihm dieses nehme? – und folglich etwas nicht nur subjektiv Gewisseres, sondern auch objektiv Realeres[1]. Populär, d. h. plump und unpassend die Sache gefaßt: Der Geist steht der absoluten Realität *näher* als die Materie. Freilich ist die Idee des Geistes bei C. nur ein Blitz, der sich sogleich wieder verliert in dem Dunkel begriffloser Vorstellungen; er unterscheidet den Geist nicht vom Individuum – ein Unterschied, den[2] erst die Fichtesche Philosophie bestimmt hervorhebt.[3]

[4]So wie aber der Verf. den Begriff der Notwendigkeit durch die Idee der Totalität und Simultaneität der Vernunft, so hätte er auch den Begriff, der ihn bestimmte, unmittelbar Cartesius als den Anfang der neuern Philosophie zu setzen, *synthetisch* erweitern sollen. Dann würde er – ich meine nicht etwa auf dem Papier, sondern dem Begriffe nach – Raum gefunden haben für die vorcartesianischen Philosophen. Nicht mit Baco[n] noch mit Cartesius, in Italien beginnt die neuere Philosophie. Die italienischen Philosophen

1 *In B folgt Zusatz:* als die Materie.

2 *In B folgt Zusatz:* freilich

3 *In A folgt auf einer neuen Zeile:* (Der Beschluß folgt). *Der Schluß beginnt dort Spalte 577.*

4 *In A darüber in neun Zeilen Wiederholung der Überschrift der Rezension, wobei diesmal jedoch Erscheinungsort und -jahr sowie die Seitenzahlen der rezensierten Bücher Erdmanns und Hocks fehlen. Darunter steht auf einer besonderen Zeile:* (Schluß)

waren auch schon, wenn auch nicht gerade ebenso wie C., Protestanten – dieses Wort nicht im kirchlichen, sondern in jenem weitern und allgemeineren Sinne genommen, in welchem es auch der Vf.[1] braucht –, gingen wie C. durch das Medium des Zweifels, wenn er gleich bei ihnen noch nicht mit der selbstbewußten Kraft eines kategorischen Imperativs auftritt, zu den Urquellen zurück, suchten die Philosophie nur „in sich" oder „in dem großen Buche der Welt". In Wahrheit[2] das erhabne Prinzip „della coincidenza de contrarii [des Zusammenfalls der Gegensätze]", das Bruno mit solcher Begeisterung aussprach, ist das Prinzip der neuern Zeit und Philosophie. Dieses ist das Prinzip des Lebens selber, und nur durch dieses unterscheidet sich die neuere Philosophie von dem stagnierenden Scholastizismus des Mittelalters, der das trockne Gesetz der formalen Identität zu seinem Maße und Prinzipe hatte. Da jedoch erst mit dem Begriffe des Unterschiedes bestimmte wissenschaftliche Erkenntnis beginnt und dieser Begriff der in C. vorherrschende ist, so bleibt auch bei dieser Auffassung C. noch immer im Range eines Anfängers, aber nicht mehr eines Anfängers im ausschließlichen und unbedingten, sondern nur in einem gewissen[2] beschränkten Sinne. Hätte der Verf. vor dem Cartesius angefangen, so hätte er zugleich eine historische, objektive Genesis desselben gefunden, und die *Konstruktion* des C. wäre mit der *Darstellung* desselben zusammengefallen, statt daß jetzt der Verf. aus dem allgemeinen Begriffe der neuern Philosophie als die erste notwendige Gestalt den Cart.[3] deduziert, hierauf die Darstellung desselben folgen läßt und endlich – was er selbst jedoch an sich für überflüssig erklärt – den Beweis gibt, daß den Momenten der Konstruktion die historischen data [Gegebenheiten] wirklich entsprachen – eine Methode, die man wahrlich nicht anders als eine *mechanische* nennen kann. Aber ungeachtet der gerügten Mängel, ungeachtet ihres durchaus nur analytischen Charakters, ist E.s Geschichte ein mit vielem Scharfsinn, mit Gründlichkeit, besonnener Ruhe und Klarheit geschriebnes und zur Be-

[1] Verf. *B*
[2] *In B folgt Komma.*
[3] Cartesius *B*

seitigung manches Vorurteils, wie z. B. des über sogenannte apriorische Konstruktion der Geschichte, welches der Verf. in der Einleitung gründlich beleuchtet hat, geeignetes Buch.[1]

Ein ganz und gar anderer Geist als in E.s[2] Cartesius weht uns aus dem Cartesius des Hrn.[3] Dr. Hock entgegen. Aber hier heißt es nicht: Der Wind weht, und du weißt nicht, von wannen er kommt. Dieser Wind kommt aus Wien. Während E.s Prinzip eine wahre justitia distributiva [zuteilende Gerechtigkeit] ist, die jedem das Seine, aber auch nicht ein Haar breit mehr gibt, ja, fast mit einer ängstlichen Gewissenhaftigkeit ad amussim [ganz genau] ausrechnet und abwägt, wieviel einem jeden[4] gebührt, ist dagegen H.s[5] Prinzip eine unbegrenzte Liberalität, die – aber nur auf Kosten anderer, ähnlich jenem sonderbaren Heiligen, der das Leder stahl, welches er verschenkte[6] – den verehrten Gegenstand mit den Hyperbeln einer – übrigens salbungsreichen – Eloquenz überhäuft. Die ganze Geschichte nach Cart.[7] verschwindet bei ihm in den Weihrauchwolken, die er – gleich einem Jupiter pluvius [Jupiter als Regengott] – um das gekrönte Haupt seines Helden versammelt. Der Sinn seiner Schrift ist kürzlich der: Extra Cartesium nulla salus [außerhalb des Cartesius ist kein Heil]. Und warum ist in der Philosophie kein Heil außer ihm? Cartesius war Dualist und guter Katholik. Der Einfall ist wirklich originell; aber auch vernünftig? Auch wahr? Auch historisch begründet? – C. war allerdings Katholik; nur ist zu bemerken und bis zur mathematischen Evidenz beweisbar, daß C. als Philosoph *nicht* Katholik und als Katholik *nicht* Philosoph war, daß genau da, wo der Philosoph in ihm anfängt, der Katholik aufhört und umgekehrt, daß beide durchaus geschieden, beide absolute Antipoden waren[8]. Aber welcher von diesen Antipoden war der wahre,

[1] Aber ungeachtet der ... geeignetes Buch. *Fehlt in B.*

[2] *In B ausgeschrieben:* Erdmanns. *So in B auch bei folgenden Abkürzungen von A.*

[3] Herrn *B*

[4] jedem *So falsch in B.*

[5] Hocks *B*

[6] ,ähnlich jenem ... verschenkte *Fehlt in B.*

[7] Cartesius *B*

[8] , daß genau da ... Antipoden waren *Fehlt in B.*

der objektive, der wesenhafte, der weltgeschichtliche, der unsterbliche C.? Der Geist ist das wahre, das ewige Leben des Menschen, und wo sein Schatz ist, da ist sein Herz, und wo sein Herz, sein Gott. Aber der Schatz des C. war Mathematik und Philosophie. Hic Rhodus, hic salta [hier ist Rhodos, hier tanze]. Das, wodurch der Mensch andere belebt und bewegt, nur das ist seine Seele, denn nur durch das, wodurch er selbst bewegt wird, kann er andere bewegen, und schon die Alten nannten richtig die Seele das Prinzip der Bewegung. Das, *wofür* der Mensch geboren ist – und darum ist das Genie das größte Mysterium, denn sein Geheimnis ist das Mysterium der Natur und Idee selbst –, davon stammt er selbst ab [1], das ist sein Grund und Boden, sein Geschlecht, seine differentia specifica [sein artbildender Unterschied], sein nomen proprium [Eigenname], der fons emanationis [Quell der Ausstrahlung] seines ganzen Wesens. Dieses Bewegungsprinzip, diese Emanationsquelle, diese wirksame Essenz des C. war [2] der Mathematiker, der Physiker, der Philosoph, und als dieser wußte er nichts von sich als Katholiken, denn in seiner ganzen Philosophie von Anfang bis zu Ende ist auch nicht ein billionstes Teilchen von seinem Katholizismus zu verspüren. Dieser hat bei ihm nur die Bedeutung eines teuern Andenkens, einer Privatangelegenheit, einer rein persönlichen Gesinnung, die als solche gar nicht vor das Forum der Wissenschaft gehört [3]. Cartesius war allerdings auch Dualist, aber er hob auch den Dualismus auf, *negierte* ihn in der Idee der unendlichen Substanz und in der Erkenntnis der Notwendigkeit, Geist und Leib in ihrer Unterschiedenheit zugleich als „*unum* quid [etwas Eines]" zu begreifen, obwohl die Negation des Dualismus in dieser letztern Beziehung nur ein mechanisches Produkt zum Resultate hatte und haben konnte. Mit Unrecht rechnet daher der Verf. die sogenannten „Pantheisten", gegen deren Darstellungen von C. er am Schlusse seiner Schrift polemisiert, zu den Gegnern, sich selbst aber zu den Freunden des C. Denn da er ein so glühender, so

1 – und darum ist . . . er selbst ab *Fehlt in B.*
2 *In B folgt Zusatz:* aber
3 , denn in seiner ganzen . . . Wissenschaft gehört *Fehlt in B, wo dann mit dem folgenden ein neuer Absatz beginnt.*

enthusiastischer Liebhaber des Dualismus ist, obwohl er mehrmals von der Notwendigkeit einer „organischen Vereinigung" der Gegensätze spricht, C. aber aus allen Leibeskräften seinen Dualismus, sogut er kann, bekämpft und als die *wahre*, als die unendliche Substanz die die Gegensätze vereinigende Macht setzt, so daß der Dualismus nur der subjektive Ausgangspunkt seiner Philosophie ist, keineswegs aber der objektive *Mittelpunkt*,[1] ist er offenbar malgré lui [gegen seinen eigenen Willen] ein Gegner des C. Nur in dem Abschnitt, wo er die Verdienste des C. um Physik und Mathematik auseinandersetzt, kann man ihn als seinen Freund anerkennen. Aber er verstößt doch auch hier im Eifer seines eloge gegen die Geschichte, wenn er sagt, C. habe „keine andere[n] Hülfsquellen gehabt als die Eingebungen seines Genies". Der Kürze wegen erinnern wir jedoch nur an das, was schon Leibniz hierüber gesagt hat, z. B. „Opp. Omn."[2] T. V. p. 547, 393 und T. II. p. 250.[3]

[1] *In B folgt Zusatz:* so
[2] *In B folgt Zusatz:* Dutens
[3] *In A folgt auf einer neuen Zeile die Unterschrift:* Ludwig Feuerbach

„Die Idee der Freiheit und der Begriff des Gedanken.s" Von Dr. K. Bayer. gr. 8. Nürnberg 1837. 1 1/3 Tlr.[1]

Das Wort „Freiheit" ist das fiat [es werde], das Schöpfungswort der neuern Zeit. Auf einem ***Freiheitsakt*** beruht vom Anfang an die neuere Philosophie. Macht euch frei vom Autoritätsglauben, frei von der Herrschaft des Aristoteles!, waren die Worte, mit denen ein Patricius, ein Petrus Ramus, Ludovicus Vives, Telesius die befangene Menschheit aufweckten und den Morgen der neueren Zeit verkündeten. Morgenstund' hat Gold im Mund. Golden, inhaltsschwer waren auch diese Worte für ihre Zeit; nichts Geringes forderten sie, nichts weniger als eine nur ***negative*** Freiheit. Denn der Aufruf: Macht euch frei vom Aristoteles!, enthielt ausdrücklich den sokratischen Imperativ: *„γνῶθι σαυτὸν* [erkenne dich selbst]", das Gebot: Werdet selbst Aristotelesse, erkennt euch, erkennt euch als Menschen, als freie Wesen, als Wesen, welche dieselbe Kraft, dieselbe Vernunft beseelt, die einst den Aristoteles erleuchtete, ***denkt selbst!**** Heillose Begriffsverwirrung ist es darum, die neuere Philosophie als die negative zu bezeichnen; sie ist die allein positive; denn sie gab der Menschheit die einzig positiven[2] Güter: ***die Freiheit des Gedankens, die Freiheit der Gesinnung.***

Auch die spätern Philosophen beseelte das Schöpfungswort der neueren Zeit. Die Freiheit bleibt das Fundament.

[1] *In B lautet die Überschrift, auf drei Zeilen gebracht:* Die Idee der Freiheit./ Von K. Bayer/ (1838)

* **Vgl. P. Rami „Scholarum Dialecticarum etc. lib. XX." Francof. 1581 [*richtig:* 1594]. Lib. II, c. 9, p. 65–66; L. IV, c. 13, p. 148. Desgl. J. Lud. Vivis Valentini „De disciplinis. lib. XX." Coloniae 1532: De causis corrupt. art., l. I, p. 30, 31; l. V, p. 167.**

[2] *In B folgt Zusatz:* geistigen

So ist das[1] „Cogito, ergo sum [ich denke, also bin ich]" des Cartesius ein unverkennbares Freiheitsprinzip, denn es drückt die Beziehung des Geistes auf sich selbst aus in seinem Unterschiede, seiner Freiheit von der Materie[2]; so ist die Substanz dem Spinoza der höchste Ausdruck der Bedürfnislosigkeit, der Selbständigkeit, der Freiheit, denn die Substanz wird allein *durch sich selbst* begriffen, ihr Begriff ist von keinem andern abhängig, dieses ihr Nur-durch-sich-selbst-Begriffenwerden ist der Ausdruck ihrer Unendlichkeit und Freiheit;[3] so ist dem Leibniz die Selbsttätigkeit[4] unter dem Namen der Monade das Prinzip der Realität. Aber beide faßten die Freiheit in *unfreien* Formen. Das Grundprinzip ist überdies der Begriff des *Wesens*; der Geist, die Freiheit war nur ein Attribut, ein Adjektivum des Wesens.[5] Sie sprachen das Wort der Freiheit nicht voll und selbständig aus. Erst Kant, Fichte, Jacobi erhoben das Wort zu einem *Substantiv*, zum Hauptwort ihrer Philosophie. Allbelebend wirkte darum jetzt das ausdrucksvolle Wort auf die Welt. Sie sind die Apostel der Freiheit. Aber woher stammt das Wort?, war jetzt die Frage. Kant leitete es aus dem kategorischen Imperativ ab*[6]; Jacobi hielt sich an das bloße Dasein des Worts, verschmähte die Etymologie wie einst ein Kaiser**[6] die Genealogie, aus Besorgnis, durch die Ableitung seines Stammes den Glanz seines Hauses zu gefährden – dies das Geheimnis des unmittelbaren Wissens –, Fichte erkannte in dem Worte das nomen proprium [den Eigennamen] der Ichheit überhaupt.***[6] So verschieden

[1] *In B folgt Zusatz:* Dubito [ich zweifle],
[2] der Materie: allem nicht zu ihm Gehörigen *B*
[3] so ist die Substanz ... Unendlichkeit und Freiheit; *Fehlt in B.*
[4] *In B folgt Zusatz:* , die Selbstbestimmung
[5] beide faßten ... des Wesens.: die frühern Philosophen faßten die Freiheit in unfreien Formen auf; die Freiheit hatte bei ihnen nur die Bedeutung eines Attributs, eines Adjektivums. *B*
* „Kritik der praktischen Vernunft", 1797, p. 53. 54.
[6] *Hierzu in B keine Fußnote Feuerbachs.*
** „Kayser Maximilian der Ander" in J. W. Zincgrefen „Teutscher Nation Apophthegmata".
*** „Nur *weil und inwiefern das Ich selbst absolut* ist, hat es das Recht, absolut zu postulieren." Fichte (in bezug auf

aber hierin ihre Ableitung war, sie kamen alle darin überein, daß sie behaupteten: Das Wort ist ein reines *Produkt* des Geistes, es hat keine Wurzel in der Natur, ja, es hat nur Sinn, im Gegensatze gegen die Natur begriffen und ausgesprochen. Zeitgemäß erscholl daher jetzt der Ruf: Nein, auch die Natur ist göttlich, auch den Wurm, den ihr mit eurem Fuß zertretet, beseelt schon der göttliche Odem der Freiheit, die Empfindung, wenn auch nicht der Gedanke der Freiheit! Und der Mann, der also sprach [Schelling], stand damals, wo er also sprach, in seinem vollen, *seinem eigenen* Glanze da. Ehrt seinen Namen![1] Als er aber später auch der Freiheit das Wort reden wollte wie früher der Natur, da spielte ihm die Natur den Possen, daß sie ihm *sein* Licht, das göttliche lumen naturae [Licht der Natur], ausblies: Wir vernahmen aus ihm nur noch die Worte des Görlitzer Schusters. Glücklicherweise war inzwischen bereits ein Mann [Hegel] ans Ruder gekommen, welcher das Wort der Freiheit nicht in den Solözismen und Barbarismen der Mystik, sondern in den klassischen, technischen Formen der Philosophie aussprach. Freiheit war dem Manne, in bezug auf das Fichtesche Nicht-Ich – und wie vieles in ihm ist nur aus historischen Relationen erklärbar? –, sich zu seinem anderen nicht als zu einem Gegensatze, sondern zu ihm als einem Wesen seines Wesens, als zu sich selbst zu verhalten. Freiheit war dem objektiven, dem tief, dem echt wissenschaftlichen, dem in dieser Beziehung unvergleichlichen Manne nur der objektive, wissenschaftliche Geist – nicht die Vernunft als innerer Akt, als Akt der Einsicht, wie dem Spinoza, sondern die Vernunft als wirkliche Wissenschaft. Und Freiheit war ihm die Wissenschaft, weil sich hier der Geist zum Gegenstande nicht als einem Gegensatz, sondern als gedachtem, als in sein eignes Element versenktem, als dem seinigen verhält, weil hier der Geist *bei sich selbst* ist. *Bei-sich-selbst-Sein* war ihm Freiheit. Aber über der Objektivität vernachlässigte der Mann die Subjektivität und setzte sie in mehrfacher Beziehung zurück. Die Idee des Guten, das positive Prinzip der Subjektivität, nimmt die absolute Idee nur so mit und

den kateg. Imper. Kants), „Grundlage der gesamten Wissenschaftslehre", 1802, p. 249.

[1] Ehrt . . . Namen! *Fehlt in B.*

in sich hinein, ehe sie sich zur Natur entläßt, statt daß die absolute Idee gerade als die Idee des Guten vermittelst der Natur sich uns geben sollte. Wenn die Idee des Guten ein Moment der absoluten Idee ist, warum ist sie dann[1] keine *bestimmende* Macht, warum redet *sie* kein Wort bei der Schöpfung der Natur mit? Wäre sie ein *tätiges* Moment, so würde uns Hegel bei der Natur nicht an den *verlornen* Sohn des Neuen Testamentes, sondern an das Lied der Lieder in dem *Alten* Testamente erinnern. Die Natur ist das Dasein der absoluten Güte. Der Begriff der Natur ist der Begriff der Liebe. Die Logik verliert sich nicht in der Liebe. *Die Liebe ist Vernunft.* In der Liebe offenbart die Natur ihre tiefste Weisheit. Das tierische Weibchen, dessen Grundzug die Liebe, hat darum mehr Verstand und Besonnenheit und Vorsicht als das Männchen, bei dem sie nur verschwindendes Moment ist.[2]

[3]Nur das Licht offenbart uns das *ursprüngliche Wesen* der Natur, darum versetzt uns jeder Sonnenblick nach trüben Tagen in den Himmel, in Adams paradiesisches Entzücken, in den Urquell des Lebens; das Dunkel der Materie ist nur, auf daß das Licht *als Licht* empfunden werde. Nicht die Finsternis schuf das Licht, sondern das Licht die Finsternis und schuf sie zu seiner Verherrlichung, schuf sie, nicht daß sie sei, sondern *daß sie nicht sei*. Aber der Begriff des Lichts ist der Begriff des *Daseins schlechtweg* und unzertrennlich von dem Akt des Sehens, welcher in einem der Ursprung der Vernunft und Liebe im Menschen ist. Die Alten nannten die Augen die Tore der Liebe. Gerecht war darum der Krieg gegen Hegel in dieser Beziehung, gerecht ist der Krieg gegen jedes starre Festhalten seines Systems. Notwendig ist die Freiheit, notwendig die Philosophie, aber nicht Hegel, nicht Fichte, nicht Kant. Der Gedanke besteht, aber das Wort vergeht. Unendlich ist nur die Idee, endlich jedes System, denn es ist ein bestimmtes. Kant, Fichte,

[1] denn *B*

[2] *In A folgt hier als neue Zeile:* (Schluß folgt). *Der Schluß beginnt dort Spalte 51.*

[3] *Darüber in A auf zwei Zeilen die Wiederholung der Überschrift, diesmal ohne Angabe des Preises, sowie eine weitere Zeile mit dem Wort* (Beschluß).

Hegel seien unsere Muster[1], unsere Lehrer, aber sie seien nicht unsere Vernunft, unsere Philosophie. Wahr ist nur, was aus uns selbst entspringt. Was ihnen *Idee* war, sei uns Begriff, ein *Objekt*, nicht das Ich unsers Denkens. Zu jedem bestimmten Systeme sage der Philosoph, was Aristipp zur Laïs: „*Ἔχω, καὶ οὐκ ἔχομαι* [ich habe ⟨dich⟩, aber ich werde nicht ⟨von dir⟩ gehabt]."

Aber der Hauptgrund des Anstoßes und der Bekämpfung Hegels war bei den meisten, wie gewöhnlich, die *Tugend* des Mannes – seine Größe, sein Ernst, seine Strenge, seine Beharrlichkeit, seine ununterbrochene Sich-selbst-Gleichheit, die Lauterkeit und Einfachheit seiner Abstraktion, die *grammatikalisch-kritische* Genauigkeit und Gewissenhaftigkeit, mit welcher er das Wort der Freiheit interpretierte. *Schul*weisheit, Pedantismus, Formalismus, Wolffianismus warfen sie dem Manne vor[2], Wolffianismus. Oh ihr, die ihr mit dem Namen Wolff dem Manne eine Schmach antun wollt, kennt ihr Wolff? Könnt *ihr* euch rühmen seines gründlichen, seines *universalen* Wissens, seines reinen, unermüdlichen Eifers für die Wissenschaft? Seiner Wahrheitsliebe, seiner Selbstverleugnung, mit welcher er sich zu der beschränkten Fassungsgabe seiner Zeit herabließ, um den schweren Köpfen der Deutschen einige Vernunft in[3] Philosophie beizubringen? Könnt *ihr* euch rühmen solcher Verdienste, als sich Wolff um die Bildung und Befreiung der deutschen Nation erwarb? Wohl der deutschen Nation, wenn ein zweiter Wolff sie wieder unter seine Zucht nimmt: Sie bedarf derselben! Wolff brachte Licht und Ordnung in die Welt, ihr chaotische Finsternis und Verworrenheit, Wolff Vernunft, ihr albernen Aberglauben.

Also: Hegel behandelte als Kritiker und Grammatiker den Text der Freiheit – er ist der größte Grammatiker der Philosophie, wenigstens neuerer Zeit. Hinc prima labes mali [hier liegt der erste Unglücksfall]. Wutentbrannt riefen die von der oberflächlichen Irregularität und Varietät der innern und äußern Erscheinung Betörten: Was? In grammatikalische Formen und Gesetze will der Tyrann den

[1] Meister *B*
[2] *In B statt des folgenden Kommas ein Gedankenstrich.*
[3] und *B*

Reichtum, die Mannigfaltigkeit, die Willkür unserer lieben, guten Muttersprache einzwängen? Dem Kalkül der analytischen Chemie den Stoff der freien Rede, den Wasserstoff unsrer Ex- und Deklamationen über die Persönlichkeit, über das Leben, über den Willen unterwerfen? Weg mit dem Tyrannen! Weg mit der Grammatik, die uns den Zauber unsrer schönsten Bilder, unsrer liebsten Illusionen zerstört, die uns die Pflicht der Abstraktion, die *Notwendigkeit*, die traurige Notwendigkeit, zu denken, auferlegt! Weg mit ihr! Felix grammaticus non est [einen glücklichen Grammatiker gibt es nicht]. Die Grammatik gehört nur für bornierte Köpfe. Weg also mit dem lästigen Joch, dem Schulzwang des logischen Begriffs! Unser Prinzip ist die Freiheit. Aber die Freiheit, die sie verkündeten und selbst zum Prinzip der Philosophie erhoben, war nichts andres als der blaue Montag der Handwerksburschen, die Freiheit nicht der Ordnung, sondern der Lüderlichkeit, nicht der Vernunft, sondern des Wahnsinns, nicht des Gesetzes, sondern der persönlichen Willkür, nicht der Fülle, sondern der Leerheit.

Heil darum dem Verfasser dieser zeitgemäßen Schrift, heil ihm als einem neuen und echten Apostel der Freiheitsidee,[1] heil ihm, daß er das schmählich entweihte Wort der Freiheit wieder seiner ursprünglichen, heiligen Bedeutung und Bestimmung vindiziert hat, daß ihm das Wort der Freiheit das Wort Gottes, der Ausdruck der höchsten Vernunft, der Ausdruck der Weisheit und Tugend ist, daß er die Freiheit des Gedankens, die *intellektuelle* Freiheit, als das Prinzip der Willensfreiheit erkannt und ausgesprochen hat! „Ursprünglichkeit ist Freiheit, aber eine solche, die des Grundes bedarf, die *grundlos* wäre, hätte sie *nicht ihren Grund im Gedanken*. Gesetz ist Freiheit, aber eine solche, die zwecklos wäre, hätte sie nicht den Zweck der Vernunft. Wille ist Freiheit, aber eine solche, die, gewährte ihr nicht der Gedanke Inhalt und Fülle, inhaltslos bliebe . . . Der Gedanke ist wahrhaft ursprüngliche Selbstbestimmung, wahrhaft notwendiger Selbstzweck" (p. 145). „Nicht der Wille als solcher ist frei, sondern der Geist ist frei im Wollen, wenn er den Bestimmungsgrund seiner Tätigkeit in sich selbst hat" (p. 95). „Lebendigkeit und Willensfreiheit sind

[1] heil ihm als . . . Freiheitsidee, *Fehlt in B.*

besondere Formen, Voraussetzungen des Gedankens, aber vom Gedanken selbst vorausgesetzte und in ihm enthaltene Freiheitsbestimmungen: Der Geist denkt nicht, weil er lebt, sondern er lebt, weil er denkt; er lebt, um zu denken, der Gedanke ist unsers Lebens Grund und Zweck; denn das Leben ist für sich selbst ein Rätsel, hat keinen Mittelpunkt, hat seinen Zweck außer sich, in der Freiheit, in der Tugend, in der Wahrheit. So ist auch der Wille nur ein Moment des Gedankens:[1] Wir wollen frei[2], sind frei in unserm Willen, soferne[3] wir denken wollen, die Vernunft betätigen wollen" (p. 169). „Ich will – ist eine *formelle* Tätigkeit. Was ich will, [ist] der Inhalt dieser formellen Tätigkeit; die Inhalt gebende Tätigkeit ist *Gedanke*" (p. 97). „Der Gedanke ist die[4] wahrhafte Selbstbetätigung der Freiheit" (p. 60). „Ursprünglichkeit ist der Freiheit erste Bedingung ... Nur der Gedanke ist wahrhaft *aus sich*, wahrhaft ursprünglich und keines andern bedürftig.[5] Weder die Phantasie in ihrer schöpferischen Tätigkeit, so frei sie zu sein scheint, noch der Wille, den die meisten mit der Freiheit verwechseln, weil sie des Beweg- und Bestimmungsgrundes, der sie zu handeln bestimmt, sich nicht bewußt zu sein pflegen, weder jene noch dieser sind göttlicher Ursprünglichkeit, der Aseität des Gedankens, teilhaftig. Phantasie befindet sich in einem abhängigen Verhältnis zur Natur, zum Objekt, zur Welt, und der Wille ist abhängig von den Zwecken der Vernunft oder durch die Objekte bestimmbar. Der Mensch verhält sich nur in *reiner Betrachtung*, in metaphysisch-logischer Wissenschaft, *in spekulativer Erkenntnis ursprünglich* frei" (p. 75). „Die tiefste, mächtigste Freiheit ist die der *wissenschaftlichen Vernunftbegeisterung*" (p. 175). „Die reine Wissenschaft, *die Erkenntnis um ihrer selbst willen*, ist die sittlichste und religiöseste, selbständigste und beglückendste Tat" (p. 172).[6] „Ohne Erkenntnis keine Freiheit, ohne Freiheit keine Sittlichkeit!" (p. 170). „Die Vernunft ist durch ihre

[1] Ursprünglichkeit ist Freiheit, aber eine solche ... Wille nur ein Moment des Gedankens: *Fehlt in B*.

[2] *In B folgt Zusatz:* sein,

[3] sofern *B*

[4] *Fehlt in B*.

[5] Ursprünglichkeit ... bedürftig. *Fehlt in B*.

[6] „Die reine Wissenschaft ... (p. 172). *Fehlt in B*.

Selbständigkeit auch der Ethik Prinzip" (p. 168). „Die Erkenntnis ist das Prinzip der Ethik" (p. 123).[1] Ja, so ist es: Nur die Selbständigkeit des Denkens gibt sittliche Selbständigkeit. Ohne Erkenntnis ist die Güte des Willens ein schwaches Weib, wandelbar, unzuverlässig, abhängig vom Zufall. Wer nicht denkt, der bleibt ein Sklav' sein Leben lang. Die Intelligenz ist die *Ur*sache der Freiheit. Liebe zur Wissenschaft ist daher unzertrennlich von der Liebe zur Freiheit. Denken ist der ursprünglichste Selbstbefreiungsakt. Wo das Denken, wo die Erkenntnis nicht diese Macht der Befreiung äußert, da ist – abgesehen von der Beschaffenheit des Denkens – ein unheilvoller, keineswegs normaler Zwiespalt im Menschen vorhanden. Aber selbst das *video meliora*, proboque, sequor deteriora [ich sehe Besseres und billige es, folge aber dem Schlechteren] beweist noch die Unbeschränktheit der Intelligenz und die Beschränktheit des Willens, beweist, daß der Mensch in der Intelligenz *über sich* hinaus ist, daß er sich eher in der Erkenntnis von sich und seinen Schranken losmacht als ein[2] Wollen, daß die Intelligenz an und für sich das prius [Frühere], an und für sich das Freie ist. Der Wille ist nicht die Freiheit, er ist nur die Betätigung der Freiheit, er setzt die Vernunft voraus. Der Wille gibt nur den *Namen* zur Freiheit her, die Sache, den Gehalt die Vernunft. Die Vernunft ist der *λόγος ἐνδιάθετος* [das innerlich Gedachte], der Wille der *λόγος προφορικός* [das in Worten Ausgedrückte]. Die gleichförmige, sich selbst gleiche und stille, in sich verborgene Tätigkeit der Vernunft *fühlen* die Menschen nicht, eben weil sie an und für sich, durch sich selbst eine abgesonderte, ledige, reine, ungehemmte, keinen Widerstand mehr zu überwinden benötigte, neutrale, sozusagen *in sich gesättigte* Tätigkeit ist; wohl aber fühlen sie die ungleichförmige, in sich differente, an dem Widerstand ihres Selbstes, ihrer Leidenschaften, ihrer Gefühle anstoßende und sich brechende Bewegung des Willens. Wenn ich denke, so schweigen meine Sorgen, meine Begierden, meine Leidenschaften; wenn ich will, so bringe ich sie erst zum Schweigen; dort sind sie längst verschwunden,

[1] *Vor den Seitenzahlen bei den vorstehenden und den folgenden Zitaten in B immer* S(*eite*) *statt* p(*agina*).

[2] im *B*

hier verschwinden sie erst vor meinen Augen. Die Vernunft verscheucht die Wolken meines Geistes mit der unfühlbaren Kraft des Lichtes, der Wille mit der fühlbaren Kraft der Luft – daher die Illusion, daß wir nur den Willen für das Aktive, Freie, Unbeschränkte halten. Aber ebendeswegen ist der *vollendete*, der bei sich seiende Geist der denkende, nicht der wollende, als welcher der Geist in der Reflexion, der Beziehung auf anderes begriffen ist. Die Vernunft ist sich selbst genug, aber der Wille genügt sich nicht selbst. Als Gott (man verzeihe das an sich unpassende Bild)[1] die Welt dachte, genügte ihm die Welt *als gedachte;* als er sie wollte, genügte sie ihm nicht *als gewollte*, sondern *als existierende*. Die Vernunft bleibt sich selbst gleich; das volo [ich will] aber geht in das facio [ich mache] über, und das facio in das feci [ich habe gemacht], selbst wenn durch das creavit [er hat es geschaffen] des Willens ein ununterbrochener Schöpfungsakt vorgestellt werden soll; der Wille hat notwendig ein perfectum [Vergangenes] – mit dem Willen beginnt die Zeit –, die Vernunft ist ein reines praesens [Gegenwärtiges]. Feci (der Akt des Willens) hat einen guten Sinn, aber cogitavi [ich habe gedacht] ist sinnlos.[2] Heil also dem Verfasser, daß er dem vortrefflichsten der Wesen, der Vernunft, wiedergegeben, was ihr gebührt.[3] „Logisch-metaphysische Ideen und metaphysisch-logische Gesetze sind göttliche Formen, Formen des göttlichen Lebens, der göttlichen Tat, des göttlichen Gedankens – und als solche selbständige Wahrheiten" (p. 161.).[4] „*Vernunft ist unendliche, selbständige, göttliche Freiheit:* Sie schließt die Willkür, den Eigennutz, die Leidenschaft aus, ist das *Prinzip der Gerechtigkeit* und *des Friedens* unter den Menschen" (p. 188). „Vernunft ist *Charakter der Geistigkeit*. Denken ist *Geist sein*, freies Verhältnis seiner in sich ... wir sind, wir leben, wir handeln, indem wir denken, der *freie Vernunftgedanke* ist göttliches Leben, göttliche Tätigkeit, Mitgenuß göttlicher Seligkeit[5] ... Vernunft ist Geist als Akt ... Gedanke ist

1 (man ... Bild) *Fehlt in B.*
2 Feci ... sinnlos. *Fehlt in B.*
3 *Im Orginal A Komma statt des Punktes. Hier berichtigt nach B.*
4 „Logisch-metaphysische ... (p. 161). *Fehlt in B.*
5 Vernunft ist Charakter der ... göttlicher Seligkeit. *Fehlt in B.*

göttliche Tat, sich mit sich selbst erfüllende *Selbsttätigkeit eines selbstgenugsamen Wesens*" (p. 142). Oh, merkt euch den Spruch: Nur ein *in sich selbst befriedigtes* Wesen denkt. Denken ist ein Selbstbefriedigungsakt, ein Akt der Selbstgenugsamkeit – *daher*, daß der Mensch nicht in der Begierde, in der Leidenschaft denken kann. Heil ihm, daß er die Kategorie der *Selbstgenugsamkeit*, diesen einst in der Philosophie so bedeutsamen, aber in der neuern Zeit aus ihr verschwundenen Begriff, restauriert und eine fruchtbare Anwendung von ihr gemacht hat. „*Freiheit ist Genugsamkeit als Selbsttätigkeit*" (p. 46). Die höchste Kategorie Hegels ist, wie der Verf. ganz richtig bemerkt, die Kategorie des Selbstzwecks; daher ist ihm das göttliche Leben der Prozeß der Vermittlung mit sich selbst, die *absolute* Negativität, die Negation der Negation. Aber die Kategorie der Selbstgenugsamkeit in der Art und Weise, wie sie der Verf. anwendet, ist eine adäquative[1], weil sie an und für sich schon das beseitigt, was die Kategorie des Selbstzwecks erst am Schlusse im Resultat beseitigt und gleichsam gutmacht, wodurch sie sich den gröbsten Mißverständnissen aussetzt. Heil dem Verf. besonders aber auch dafür, daß er auf eine originale Weise die Notwendigkeit der Freiheit vindiziert, beide in und durch einander begriffen hat! Das köstlichste Wort, das je hierüber gesprochen wurde, ist unstreitig das des Verf.: „Die Notwendigkeit ist die Freiheit als *Gesetz ihrer selbst.*[2] Notwendigkeit, Gesetzmäßigkeit ist überall, wo Freiheit ist; sie ist selbst Freiheit, der *Ernst der Freiheit*, in dem diese aufhört, ein bloßes Spiel der Liebe zu sein, in dem die Freiheit eine heilig ernste, göttlich notwendige Tat wird. Die Freiheit ist sich selbst Gesetz! . . . Notwendigkeit ist nur im Geiste. Die Notwendigkeit der Natur ist der Geist der Natur, das Gesetz der Natur ist das, worin die Natur selbst geistig und vernünftig ist" (p. 76–77). Heil ihm, heil, daß er den erhabenen Gegenstand der Freiheit mit *metaphysischer*[3] *Begeisterung* – einer seltnen, aber not-

[1] adäquatere *B*

[2] Das köstlichste Wort . . . Gesetz ihrer selbst. *Fehlt in B, wo dann erst vor dem folgenden Wort die Anführung beginnt.*

[3] *In B folgt Zusatz:* , d. i. philosophischer (*ebenfalls hervorgehoben*).

wendigen Eigenschaft eines Philosophen –[1], mit geistiger und sittlicher Freiheit, mit edler Freisinnigkeit – man vergleiche die höchst beherzigungswerten, ebenso wahren als geistvollen Worte des Verf. über praktische Gegenstände (z. B. p. 163–166, p. 79, p. 111, p. 125 und 126, p. 87–90, p. 135 usw.)[2] –, mit Würde und Erhabenheit behandelt hat. Der Name und Begriff der Freiheit ist der *Name und Begriff Gottes in der Philosophie*. Ein wahres Wort über Gott hat nur der gesprochen, der ein erhebendes, ein erhabnes Wort gesprochen[3], Erhabenheit ist hier das Kriterium der Wahrheit, Erhabenheit der Charakter dessen, was Philosophie ist. Ein *wahres* Wort über die Freiheit ist darum diese Schrift, denn sie trägt den Charakter ihres Gegenstandes in sich: Sie begeistert, sie befreit, sie erhebt, indem sie belehrt, sie ist ein *metaphysisches Andachtsbuch* der lautersten und seltensten Art, ein *inbrünstiges Gebet* zur *heiligen Idee* der Freiheit, ein *stilles* Vermählungsfest der Philosophie und Religion in der allein wahren und vernünftigen Weise, denn die *ethische Idee* ist *die allein positive Idee der Religion*. Die Schrift trägt aber nicht nur die subjektiven, sie trägt auch die objektiven Eigenschaften ihres Gegenstandes in sich ausgeprägt. Freiheit ist Ursprünglichkeit, ist aus und zu sich selbst sich verhaltendes,[4] unbedingtes, seiner selbst gewisses, wahl- und zweifelloses, selbstgenugsames, in sich seiendes, „sich selbst durchleuchtendes", kristallhelles Leben, und eines solchen ursprünglichen,[5] selbständigen, klaren, reinen, unverfälschten Geistes Produkt ist diese kleine Schrift. Ja, eines unverfälschten Geistes Produkt – kein trübes, kein verdorbenes und übermächtig abgestandenes, kein mit fremdartigen Ingredienzien vermischtes, kein zusammengeschwemmtes Wasser – *eine reine Quelle sprudelt hier*. Laßt euch darum nicht durch die Dorne[n] der Präpositionen von „durch", „aus", „zu" und „in sich[6]" abhalten, aus dieser Quelle zu trinken, und verargt es nicht dem –

[1] – einer seltnen ... Philosophen – *Fehlt in B.*
[2] (z. B. ... usw.) *Fehlt in B.*
[3] *In B folgt Semikolon statt des Kommas.*
[4] aus ... verhaltendes, *Fehlt in B.*
[5] *Fehlt, mitsamt dem Komma, in B.*
[6] *Fehlt in B.*

glaubt es – unbestochenen Beurteiler, wenn er es zunächst hier für zweckwidrig hält, die pia oder justa desideria [frommen oder berechtigten Wünsche] der Kritik an den Tag zu legen. Anerkennung, Beleuchtung, Bekräftigung ist *hier*, in dieser Zeitlichkeit, die beste Kritik.[1]

[1] *In A folgt auf einer besonderen Zeile als Unterschrift:* Ludw. Feuerbach

Zur Kritik des Empirismus

„Kritik des Idealismus und Materialien zur Grundlage des apodiktischen Realrationalismus." Von F. Dorguth, Geh. Justiz- und Oberlandes Gerichtsrat. gr. 8. Magdeburg, 1837. Heinrichshofen. (17 1/2 B. 1 1/3 Tlr.).[1]

Was ist das Denken? Wie verhält es sich in sich selbst, wie in Beziehung auf das Objekt, wie zum Wesen der Natur, wie zum Wesen des Menschen, wie zum Organismus? Diese Fragen gehören zu den wichtigsten und schwierigsten Fragen der Philosophie. Die Schwierigkeit liegt darin, daß das Nächste gerade überall uns das Unbekannteste und Fernste, überdem das Denken die äußerlich *unscheinbarste*, die bescheidenste, die geräusch- und prunkloseste, die gasartigste, die unfaßbarste und darum für uns *nichtigste* Tätigkeit von der Welt ist; die Wichtigkeit liegt aber darin, daß an diese Fragen die Frage von der Erkennbarkeit der Wahrheit, von dem Ursprunge der Ideen, von der Selbständigkeit des Geistes, von der Realität des Idealismus* geknüpft ist, nicht zu erwähnen, daß die Philosophie nur durch die Untersuchung über die Natur des Denkens sich als Philosophie legitimiert und von der spekulativen Mystik, welche sie überspringt und daher stets *transzendent* bleibt, vorteilhaft unterscheidet. Eine Schrift daher, welche nicht gelegentlich, sondern notwendig, absichtlich, um ihren Zweck zu erreichen, das Denken zur Sprache bringt, ist kritisiert, und zwar nicht nach ihren Akzidenzen, sondern der Substanz, dem wesentlichen Standpunkte nach kritisiert, wenn ihre Ansicht vom Denken kritisiert oder widerlegt wird.[2]

Die in dieser Schrift enthaltene Ansicht vom Denken ist kurzweg die physiologische oder empirische, aber die konsequent, die *entschieden empirische* Ansicht. Der laxe Empi-

[1] *In B lautet die Überschrift, auf 3 Zeilen gebracht:* „Kritik des Idealismus". / Von F. Dorguth. (1838).

* Das Wort „Idealismus" wird von dem Rezensenten stets in einem sehr allgemeinen Sinne genommen.

[2] Eine Schrift daher . . . widerlegt wird. *Fehlt in B.*

riker faßt das Verhältnis des Geistes zum Leibe als ein Abhängigkeitsverhältnis auf und läßt es bei diesem unbestimmten, negativen Verhältnisse bewenden; er verhehlt sich, sei es nun absichtlich oder unabsichtlich, aus alten Vorurteilen oder aus äußerlichen Rücksichten die unmittelbar nächsten und notwendigen Folgen, die sich aus diesem Abhängigkeitsverhältnisse ergeben. Wenn nämlich der Geist selbst, nicht der Mensch, nicht das Individuum, welches an dem Geiste, ut ita dicam [sozusagen], Anteil hat, vom Organismus abhängt, so ist die geistige Tätigkeit, das Denken, selbst ein rein organischer und folglich, wenn zwischen Organismus und Materialismus kein wesentlicher Unterschied ist, ein materieller Prozeß. Denn was nicht selbst zur Materie gehört, das kann auch nicht von ihr abhängig sein, nicht von ihr bestimmt werden; etwas, was nicht mehr *ihres Wesens* ist, ist notwendig auch ihrer *Macht*, ihren Einflüssen entzogen; die Macht erstreckt sich nicht weiter als das Wesen. So hat das Tastorgan nur auf das die Macht der Einwirkung, was an sich selbst ein Betastbares ist: Das Licht ist den Eingriffen der Hand entzogen. Ist es darum wahr, daß der Geist abhängig ist von der Materie, Einwirkungen von ihr erleidet, so ist das Organ das Hauptwort, das Denken ein Adjektivum, dessen Geschlecht sich nach dem Geschlechte seines Substantivums richtet, so mag das Etwas, welches wir Geist nennen, wohl eine Materie *anderer Art* sein als das, was wir gewöhnlich die Materie nennen, aber im Wesen, der Gattung nach ist es identisch mit ihr. Das Abhängigkeitsverhältnis führt daher notwendig zum *absoluten Materialismus*. Der absolute Materialismus spricht nur das offen, unumwunden, rücksichtslos aus, was das Abhängigkeitsverhältnis im Sinne hat, aber sich nicht auszusprechen getraut, sondern in Euphemismen verhüllt. Wie im Leben, so in der Wissenschaft sind Ehrlichkeit und Wahrhaftigkeit die schätzbarsten, die erfreulichsten und wohltätigsten, obwohl seltensten Tugenden der Menschheit. Löblich ist deswegen die Entschiedenheit, mit welcher der Verfasser die halbe, die unredliche, die negative Negation des Geistes, welche in dem Abhängigkeitsverhältnisse steckt, auf die Spitze der positiven, der absoluten Negation des Geistes getrieben und den physiologischen Prozeß geradezu als das *τὸ τί ἦν εἶναι* [Wesen] des Denkaktes bestimmt und ausgesprochen hat.

Der Idealismus, und zwar der Idealismus überhaupt, ist ihm eine reine, eine lächerliche Chimäre, der Geist ist der point d'honneur [Ehrenpunkt] der Menschheit, welcher nur in ihrer Einbildung existiert; Geist und Seele sind nichts; Wahrheit ist nur der Kynismus des Materialismus. „Alles ist Körper." Das Denken ist „ein Hirnakt", weiter nichts. Voilà tout [das ist alles].[1] Aber sosehr wir dem Verfasser für die Ehrlichkeit, mit welcher er das Geheimnis des Empirismus ausgesprochen hat, zu Dank verbunden sind, so bedauern wir doch, ihm gleich von vorneherein[2] entgegnen zu müssen, daß der Satz: Das Denken ist ein Hirnakt – ein Satz, welcher der Grundsatz seiner Schrift ist und nicht etwa den Sinn hat: Das Denken ist *auch* ein Hirnakt, sondern vielmehr: Das Denken ist *nur* ein Hirnakt, der Hirnakt ist das Wesen des Denkens, das Denken in puris naturalibus [in völliger Nacktheit], in seiner reinen Gestalt, seiner nackten Wahrheit –, daß, sage ich, dieser Satz uns, wenn auch durchaus nicht hirnlos, doch völlig sinn- und verstandlos erscheint, und zwar aus dem einfachen Grunde, weil, solange das Hirn nicht der Verstand selbst ist, der Hirnakt als solcher ein verstandloser Akt ist und folglich das Denken, der Verstandesakt, als ein verstandloser Akt bestimmt wird, wenn er als Hirnakt bezeichnet wird. Verstand hat ein Satz nur, wenn das Prädikat die Gattung mit dem Subjekte gemein hat, aber nicht, wenn es zu einer absolut andern Gattung gehört. Damit, daß das Denken eine Hirntätigkeit genannt wird, ist noch gar nicht gesagt, was das Denken ist. Ja, ich weiß durch diese Bestimmung so viel als *wie nichts* vom Denken; diese Bestimmung bestimmt nicht, gibt keinen Gedanken, keinen Begriff. Das Denken muß also *mehr*, es muß noch etwas ganz *anderes* sein als eine bloße Hirntätigkeit. Eine Tätigkeit wird nur aus dem, was sie tut, aus ihrem Produkt, aus ihrem Objekt, erkannt. Was sie tut, das *ist* sie: Die Tat gibt ihr das nomen proprium [den Eigennamen]. Das Werk lobt seinen Meister. Aus ihren Früchten sollt ihr sie erkennen. Der Täter bekommt im Leben seinen Namen von dem Gegenstande oder Produkte seiner Tätigkeit: so der Maler, der Dichter, der Schneider. Das Produkt des Denkens ist der *Gedanke*. Aus dem Gedanken allein kann daher erkannt werden, was das

1 *Mit dem folgenden Satz beginnt in B ein neuer Absatz.*
2 vornherein *B*

Denken ist, ja, nur aus dem Gedanken. Ich weiß wohl, daß euch Empirikern der Gedanke das schofelste, nichtswürdigste, gottserbärmlichste Ding unter der Sonne, das minimum von Realität, ja, ein reines Nichts ist. Aber erlaubt mir, daß ich euch im Vorbeigehen eines groben Widerspruchs zeihe, indem ich euch frage, wie es möglich ist, daß das Denken, wenn es ein unmittelbares Vermögen des Organs, ein materiell gebundnes und bestimmtes, ein dem *Hirne immanentes*, also ein in eurem Sinne höchst reales Vermögen ist, aus sich solche transzendente[n] Chimären, solche Nichtse der Realität produzieren kann? Wollt ihr konsequent sein, woll ihr euren Empirismus nicht selbst für eine Chimäre erklären, so müßt ihr die Chimären des Idealismus für Realitäten anerkennen. Wenn *das Denken selbst – nicht die an sich zufällige Person des Denkens* – abhängt von der Beschaffenheit des Organs, wenn das Denken ein Produkt – denn das ist der wahre Sinn eures Abhängigkeitsverhältnisses – oder eine unmittelbare Funktion des Gehirns ist, so hing also z. B. Fichtes, eures verhaßtesten Antagonisten, System ab von der besondern Beschaffenheit seines Blutes, von dem Baue seines Schädels, von der eigentümlichen Organisation seines Hirnes – etwa von einem besondern Übergewichte der Medullar- über die Kortikalsubstanz oder von einer ungewöhnlichen décrépitude [Verkümmerung] der Zirbeldrüse – bekanntlich setzte ein Physiolog die Verkümmerung der glandula pinealis [Zirbeldrüse] unter die Zeichen der höheren Hirnorganisation – oder von einer außerordentlichen Vielheit der Blätter des kleinen Hirnleins –, so hatte sein Idealismus einen vortrefflichen Grund und Boden, eine *anatomisch-physiologische Basis*, so waren seine Gedanken nichts anders als die unwillkürlichen *Aus-* und *Abdrücke* seines Hirnes, und ihr müßt daher seine idealistischen Chimären ebensogut als Raritäten und Realitäten anerkennen, als ihr die Gespinste der Spinnen, die regulären Exkremente gewisser Raupen, den blauen, von Knall und Gestank begleiteten Dunst, den der carabus crepitans (der Bombardierkäfer) von sich gibt, und andere Raritäten dieser Art, die nichts als subjektive Produkte sind,[1] anerkennt.[2]

[1] *In B folgt Zusatz:* als objektive Realitäten bewundernd,
[2] *In A folgt auf einer neuen Zeile:* (Fortsetzung folgt). *Die Fortsetzung beginnt dort Spalte 588.*

[1]Wenn ihr das Denken nicht von der Tätigkeit des Organs unterscheidet, warum unterscheidet ihr denn den Gedanken von ihr, warum macht ihr ihn unabhängig, warum erkennt ihr in ihm nicht ein organisches, also reales Produkt? Seht, so wahr ist der Idealismus, so unüberwindlich, daß ihr selbst zu Idealisten werdet, den Idealismus bestätigt, indem ihr ihn bekämpft. Doch zurück zur Sache! Die Erkenntnis des Denkens hängt ab von der Erkenntnis des Gedankens. Was ist aber der Gedanke? Der Gedanke ist das Ding, *wie es ist*, die sinnliche Vorstellung das Ding, *wie es erscheint*. Die Sinne geben uns *Bilder*, *Sachen* gibt uns nur der Gedanke. Wollt ihr wissen, was die Sinne als Sinne ohne Gedanken sind und vermögen, so fragt die Völker, solange sie im Zustande der Kindheit oder sinnlichen Roheit waren, fragt die Wilden, aber nicht[2] Kulturmenschen, die bereits durch das Denken durch und durch verdorben sind. Solange die Griechen nicht dachten, solange waren ihnen die Gestirne belebte, göttliche Wesen. Erst die Philosophie verwandelte diese Bilder in Sachen. Wo die Sinne nur herrschen, da herrscht nur Traum, Einbildung, Phantasie. Sinnliche Menschen, sinnliche Völker, welche die Dinge sich vorstellen, wie die Sinne sie ihnen darstellen, ohne sie zu prüfen, zu untersuchen, kurz, ohne zu denken, sind Sklaven ihrer Einbildungskraft. Wo darum die Menschheit aus der Sinnlichkeit zum Denken sich erhebt, da ist es ihr, als wäre sie aus einem Traume erwacht, da gewahrt sie den Unterschied zwischen der Welt des Gedankens und der Sinne nicht als Unterschied, sondern als den härtesten Zwiespalt und Widerspruch, da verflucht sie die Sinne als Betrüger wie Parmenides oder versinkt, wenn das Denken noch nicht seiner selbst gewiß geworden ist, in einen Zustand der Verzweiflung an der Wahrheit wie Xenophanes. Das Denken ist daher nichts anderes als die *Unterscheidungstätigkeit des Wesens von der Erscheinung*, der Sache von dem Bilde – eine darum von den Sinnen und ihrer Darstellung der Dinge *unbefriedigte* Tätigkeit. Befriedigten die Sinne den Menschen, dächte er nicht, so würde er stets die Sonne so genommen haben, wie sie ihm erscheint, nie ein Mißtrauen in

[1] *In A darüber als Überschrift auf zwei Zeilen:* Zur Kritik des Empirismus/(Fortsetzung)

[2] *In B folgt Zusatz:* die

seine Sinne gesetzt, nie gefragt haben, ob die Sonne größer oder so groß ist, als sie *für ihn* ist oder erscheint – denn er hätte nichts gewußt von dem Unterschiede zwischen Wesen und Erscheinung –, geschweige, daß er das Kopernikanische System *erdacht* hätte. *Das Kopernikanische System ist der glorreichste Sieg, den der Idealismus über den Empirismus, die Vernunft über die Sinne errungen hat.* Das Kopernikanische System ist keine Sinnen-, sondern *Vernunftwahrheit.* Es ist ein den Sinnen widersprechendes, für sie absolut transzendentes,[1] überschwengliches, unbegreifliches System. Nur der denkende Geist, nicht der Sinn, nicht die Phantasie ist den erhabenen Gegenständen dieses Systems gewachsen. Es empörte – seiner Zeit eine idealistische Chimäre – nicht nur den religiösen, sondern auch den Sinnenglauben; die *Gewißheit* desselben beruht einzig auf der Vernunft, nicht auf den Sinnen. Was ist der Hauptbeweis desselben? Der, daß es *einfacher,* natürlicher, vernunftgemäßer ist als das Ptolemäische. Welches ist der logische Gedanke, auf den sich dieser Beweis reduzieren läßt? Dieser, daß es widersprechend ist, daß das Ganze sich um einen *Teil* des Ganzen als um sein Zentrum herumbewegen soll. Was gab dem Kopernikus den Mut zur Behauptung seines Systems? Einzig der Glaube an dessen Vernünftigkeit – *die Zuversicht der Vernunft zu sich selbst. Galilei* sagt, er bewundere den Kopernikus, er könne aber deswegen besonders nicht genug den großen Mann bewundern, daß er, obgleich nicht nur die Sonne überhaupt, sondern auch noch mehrere Himmelsphänomene insbesondere seinem Systeme geradezu *widersprachen,* dennoch *mehr der Vernunft* als den Sinnen getraut habe. Hört, ihr Fanatiker des Empirismus, *ihn selbst reden,* seine Worte sind zu interessant: „[...][2]nec satis mirari possum eminentiam illorum ingenii, qui receperunt eandem (die Meinung der Pythagoräer) veramque judicarunt et *intellectus sui vivacitate tantam vim propriis suis sensibus intulerunt,* ut id, quod *ratiocinatio* dictabat, *anteponere* potuerint illi, cujus *contrarium* per sensatas experientias apertissime monstrabatur. . . . Illa vero experimenta, quae motui annuo aperte adversantur, multo majorem (als gegen die tägliche Bewegung) repugnantiae

[1] *Komma nur in B.*
[2] *So ergänzt auch B.*

speciem prae se ferunt, ita ut nequeam (est enim hoc iterum dicendum) admirationi meae finem invenire, quomodo in Aristarcho et Copernico *Ratio Sensui violentas adeo manus inferre potuerit ut adversus* illum victricem sese credulitatis dominamque constitueret. [Und ich kann mich nicht genug wundern über die hervorragende Geisteskraft jener, die diese (die Meinung der Pythagoräer) angenommen und für wahr gehalten haben und so durch die Lebendigkeit ihres Verstandes ihren Sinnen derart Gewalt angetan haben, daß sie das, was die Überlegung ihnen vorschrieb, dem vorziehen konnten, dessen Gegenteil durch die sinnlichen Erfahrungen aufs augenfälligste gezeigt wurde . . . Jene Beobachtungen aber, die der jährlichen Bewegung augenfällig zuwiderlaufen, tragen einen noch viel größeren Schein des Widerspruchs (. . .) zur Schau, so daß (es ist dies hier wiederum zu sagen) meine Verwunderung keine Grenze finden kann darüber, wie in Aristarch und Kopernikus die Vernunft den Sinnen sosehr hat Gewalt antun können, daß sie sich ihnen entgegen zur Siegerin und Herrin über die Leichtgläubigkeit machte]" (p. 325, 326, 331). Er drückt dann noch einmal seine Verwunderung aus, mit dem Bedauern, daß es dem Kopernikus das Schicksal nicht vergönnte, in seiner Zeit zu leben, und ruft dann aus: „O Nicola Copernice quantam inde voluptatem hausisses, si hanc systematis tui partem (nämlich die ihm noch unerklärbaren und widersprechenden Erscheinungen in betreff der Venus, des Mars und des Mondes) experimentis adeo corroboratam aspicere licuisset [Oh, Nikolaus Kopernikus, wie groß wäre deine Freude gewesen, wenn du diesen Teil deines Systems (. . .) durch Beobachtungen so hättest bestätigt sehen können]!" * So konnte Galilei zu seiner Zeit reden! Aber jetzt müßte man rufen: Oh, Nikolaus Kopernikus, sei froh, daß du nicht in unsere Zeit, das Zeitalter der Knechtschaft des Geistes, des Historismus, des Empirismus, des Positivismus, geraten bist; würdest du jetzt mit einem so kühnen, so heroischen Apriorismus auftreten, du würdest deine idealistische[1] Chimäre als einen empörenden Anachronismus wenigstens

* „Dialogus de Systemate Mundi." Zweiter, innerer Titel: Systema Cosmicum, aut. Galilaeo Galilaei Lynceo etc. Augustae Treboc. ann. 1635.

[1] idealische *B*

in einem Narrenhause abbüßen müssen! Nehmt euch darum diesen Kopernikus zum Exempel und erkennt aus ihm *die* Wahrheit, daß jeder Entdecker, jeder Erfinder, selbst auch nur einer Maschine, ein *Idealist* war, weil er sich nicht durch die Hindernisse der Materie, durch die Widersprüche der bisherigen Erfahrungen abschrecken und in dem Glauben an die Realität seiner Idee irremachen ließ, bis es ihm endlich gelang, seine Gedanken in Dinge zu verwandeln. Die Erfahrung kann das Erfundene bewähren, ausbilden, vervollkommnen, aber der *Akt der Erfindung* ist ein *apriorischer* Akt, ein Genieakt,[1] das Genie ist nichts anderes als die *Antizipation der Erfahrung*, das *Vermögen synthetischer Urteile a priori*. Das Genie weiß aus sich, weiß voraus, was der gewöhnliche Mensch oder der Mensch in seinem gewöhnlichen Zustande nur aus und durch die Erfahrung weiß. Wißt ihr den Unterschied zwischen Genie und Talent? Das Genie glaubt – gleichgültig[2], ob ex- oder implicite [ausdrücklich oder eingeschlossen, verhüllt] – an den Ursprung apriorischer Erkenntnisse, das Talent nicht. Hieraus könnt ihr euch es[3] erklären, warum Leibniz ursprüngliche Ideen behauptete, Locke verwarf.

Wenn nun aber das Denken eine nicht nur von den Sinnen nicht befriedigte, sondern *über sie* hinausgehende, eine die wirkliche, die an sich seiende, die nicht dem Sinne[4] gegebene Sache von ihrer Erscheinung für die Sinnlichkeit unterscheidende Tätigkeit ist, könnt ihr leugnen, daß das Denken eine von der Sinnentätigkeit *unterschiedene*, folglich eine *un-* und *übersinnliche*, eine selbständige Tätigkeit ist? Könnt ihr leugnen die hohe Kraft der Abstraktion, leugnen, daß sie eine *wirkliche*, eine positive Kraft ist? Wollt ihr das, so müßt ihr die Tatsache leugnen, daß der Mensch sich selbst sein Leben nehmen kann, denn *diese* Abstraktion vom Leben, von der Sinnlichkeit ist nichts anderes als die *sinnliche* und *verkehrte* Erscheinung von jener selbsttätigen geistigen Abstraktion und Unterscheidung vom[5] Sinnlichen, welche das Denken zum Denken macht. Aber nein, so weit geht eure Verleugnung des Geistes nicht; ihr leugnet nur die innerliche,

[1] *In B Semikolon.*
[2] gleichgiltig *B*
[3] euch es: es euch *B*
[4] *In B folgt Zusatz:* als solchem
[5] zum *B*

die wahre, die geistige Über- und Unsinnlichkeit, aber die falsche, die verkehrte, die sinnliche Negation des Sinnlichen, *die* anerkennt ihr, weil sie eine sinnliche Tatsache ist. Aber, ich bitte euch angelegentlich, erklärt mir doch, wie das Denken – oder überhaupt *die* Tätigkeit, ihr möcht[1] sie nun nennen, wie ihr wollt, welche der Grund ist, daß wir keine pflanzlichen oder tierischen, sondern menschliche, persönliche, wollende, uns von den Dingen und andern Wesen selbstbewußt unterscheidende Wesen sind – *die* Tätigkeit, ohne welche keine Handlung geschieht, die von *uns* getan wird, folglich auch nicht die Handlung der Selbsttötung, die keiner im Schlaf, im Nachtwandeln, in der Ohnmacht vollbringt–, erklärt mir doch, wie das Denken, wenn es *unmittelbar als solches* eine organische Tätigkeit, eine unmittelbare Kraftäußerung des Hirns ist, wie diese Kraftäußerung das Hirn vermittelst eines Pistolenschusses in die Luft sprengen kann, wie diese Kraftäußerung sich so selbständig machen, so absondern, so isolieren kann, daß sie ihre Basis, ihre Substanz, an welche sie gebunden ist, ohne welche sie *nichts* ist, selbst zunichte macht! Die Kraft des Organs ist auch die Kraft des Denkens – erklärt mir nun, wie die Äußerung der Kraft die Kraft zerstören kann? Gebt ihr nicht dadurch der Äußerung eine von der Kraft des Organs unterschiedene, eigne, selbsttätige Kraft? Erklärt mir diese Empörung *im* Hirn *gegen* das Hirn, dieses *Gegen-sich-selbst-Sein* in *einer und derselben* Kraft! Erklärt mir, mit anderen Worten, wie der Mensch sich selbst *als dieses sinnliche* Individuum, bestimmter: seinen Leib, als Objekt sich gegenüberstellen, ihn per „er" traktieren, ihn sich entfremden, kurz, wie er sich *entleiben* kann, wenn keine von der materiellen Tätigkeit unterschiedene, keine an und für sich *entleibte* Tätigkeit in ihm ist! Der Geist, das Denken ist auch eine von dem Organe nicht unterschiedene, unselbständige, also mit dem Organe identische Tätigkeit, d. h. mit treffenden Worten: eine *tierische* Äußerung der Materie – denn die Beziehung, in welche ihr das Denken zum Leibe setzt, ist genau *die* Beziehung, in welcher die tierische Seele zu ihrem Leibe steht, die tierische Seele, die nichts anderes, nicht weniger und nicht mehr als die Kraftäußerung ihres Leibes ist –; erklärt mir also aus einer tierischen Äußerung

[1] mögt *B*

die dem Wesen jeder tierischen Äußerung absolut widersprechende Handlung der Sich-selbst-Entäußerung, der Sich-selbst-Entleibung! Doch weg mit dem Selbstmorde, der Tat der Unglücklichen! Erklärt mir den Tod des Weisen, den Tod des Helden, welcher der Idee *sein Haupt* zum Opfer bringt! Erklärt mir diese Macht der Idee über den Organismus; wenn die Idee nur ein Exanthem des Organismus ist! Wer sich willig, wer sich mit Freuden zum Opfer bringt, der hat auf sein Leben verzichtet, der hat es verneint, noch ehe es sinnlich verneint wird. Kein Ding kann aber *über sich selbst* hinaus, kein Ding kann sich selbst verneinen, sondern nur bejahen. Erklärt mir nun aus dem Organismus diese den Organismus verneinende Kraft, d. h. aus der Abhängigkeit vom Organismus die Freiheit vom Organismus!* Ihr könnt es nicht erklären. Sowenig einer, der im Moraste steckt, sich selbst bei den Haaren herausziehen kann, sowenig das Tier seinen Leib von sich abstreifen, wenngleich, wie der Polyp, umstülpen und, wie die Raupen, die Form und Gestalt des Leibes ändern kann, sowenig könnte der Geist, wenn er dem Hirne so, wie ihr es euch denkt, nämlich materiell, inhärierte, wenn er so im Hirne steckte wie das Tier in seinem Leibe, den Kopf veräußern und etwa gar für eine „bloße Idee" aufs Spiel setzen. Doch ich schenke euch auch diese Erklärung. Ich stelle eine andere Frage an euch, und zwar nicht die schon oft an euch gerichtete: Wie kommt denn nun der Mensch zur Vorstellung oder zu dem Gedanken eines Geistes**, wenn alles in ihm materiell ist?, sondern die ganz *entgegengesetzte* Frage: Wie kommt der Mensch zum Begriffe

* Allerdings ist der große Gedanke Spinozas: „Ordo et connexio idearum (d. i. der Seelen) idem est ac ordo et connexio rerum (d. i. der Körper) [die Ordnung und Verknüpfung der Ideen (. . .) ist dieselbe wie die Ordnung und Verknüpfung der Dinge (. . .)]", durch die vergleichende Anatomie und Physiologie bestätigt; allerdings ist der Typus des Leibes der Typus der Seele; allerdings läßt sich das geistige Wesen des Menschen aus dem Organismus erklären, aber in einem dem Sinne des Empirismus geradezu *entgegengesetzten* Sinne.

** Was der Verfasser über die Genesis der Vorstellung des Geistes sagt, ist ganz richtig, aber nur gültig von der populären gewöhnlichen Vorstellung des Geistes.

einer Materie, wie nennt er seinen Leib einen Leib, wenn er nur ein leibliches Wesen ist? *Wo nur Materie ist, da ist kein Begriff der Materie.* Ist das Denken eine tierische, d. h. eine selbst materielle, Äußerung der Materie – und wie anders könnte sich denn auch die Materie äußern denn als materiell –, so ist die *Materie* unsere *Seele*, unser Geist, unser Wesen, unser Gott, unser *Ἓν καὶ πᾶν* [Einundalles], so ist es unmöglich, den Leib, die Materie *als Objekt* zu fixieren, als Materie zu denken und zu benennen – denn wir sind ununterscheidbar von ihr –, so befinden wir uns im Paradies der Unwissenheit der tierischen Seele, die nichts von einer Materie weiß, weil sie nichts von einer Seele weiß. Die Materie wird nur im Gegensatze zum Geiste bekannt und erkannt. *Nur für ein von der Materie unterschiedenes*, richtiger: *sich unterscheidendes, Wesen existiert eine Materie,* wie die Finsternis nur für ein sehendes, aber kein blindes Wesen.[1]

[2]Aber die Materie wird nur deswegen im Gegensatze zum Geiste uns offenbar, ja, sie existiert nur, damit wir aus diesem Gegensatze das lichte Wesen, die Herrlichkeiten des Geistes um so besser erkennen und schätzen lernen. Die Erkenntnis des Geistes ist der Zweck unsers Lebens. Wir sind mit einem Leibe begabt, um uns vom Leibe zu unterscheiden und durch diese Unterscheidung Geist zu werden. *Die Materie ist, damit der Geist sich als Geist betätige;* nicht sein Sein verdankt er ihr, aber beweisen, daß er ist, daß er Geist ist, das kann er nicht ohne Materie. *Ohne Leib kein Geist*; wer keinen Leib hat, hat keinen Geist und keine Idee des Geistes, denn der Geist ist kein Präsent, kein[3] Faktum, kein unmittelbares Dasein; er ist nur durch Selbsttätigkeit, durch die Arbeit der Überwindung und Selbstunterscheidung; Geist haben nur die *geistig tätigen* Menschen. Geister ohne Leib sind geistlose Phantasiestücke; denn Geister, welche der Tod, ein sinnlicher, nicht ein geistiger Akt, vom Leibe abgesondert hätte, erlauben eo ipso [ebendadurch] sich nicht als Geist und hätten keinen Geist, weil der Geist nur *durch sich selbst*, durch

1 *In A folgt auf einer neuen Zeile:* (Schluß folgt). *Der Schluß beginnt dort Spalte 597.*

2 *In A darüber als Überschrift auf zwei Zeilen:* Zur Kritik des Empirismus / (Schluß)

3 Präsent, kein *Fehlt in B.*

eigene Tätigkeit Geist ist.[1] Die Tätigkeit aber, wodurch wir im Unterschiede vom Geiste den Leib und den Geist im Unterschiede vom Leibe erkennen, wodurch wir also den Leib *als Leib* erkennen und uns von ihm unterscheiden, um Geist zu zeigen, Geist zu verwirklichen, ist das Denken. Und wie die Materie nicht um ihrer selbst willen, sondern um des Geistes willen ist, so sind die sinnlichen Bilder uns gegeben – und alle Gegenstände der Sinne sind Bilder, solange wir nicht denken – zur Anreizung, um die hinter sie versteckte Wahrheit aufzusuchen. *Wo keine Bilder sind, ist kein Reiz zum Denken.* Auch im abstraktesten Denken gebrauchen wir Zeichen und sinnliche Bilder, aber wir gebrauchen sie, nicht um realiter mit ihnen zu denken, sondern um etwas zu haben, wovon wir abstrahieren können, um vermittelst dieser Abstraktion die Denktätigkeit zu verwirklichen, denn die sinnlichen Bilder und Zeichen sind nicht die Sache selbst, und in allem Denken üben wir unvermerkt die Unterscheidung des Gedankens, der Bedeutung vom Bilde aus. *Die Hirntätigkeit ist die Bildertätigkeit,* der Kulminationspunkt der Hirntätigkeit die Phantasie; weiter bringt sie es nicht. Wo die Hirntätigkeit die herrschende Aktivität ist, da herrscht die Phantasie, wie im Traume, im Delirium, aber die Phantasie ist nicht Bewußtsein, nicht Vernunft. Wo *das* Verhältnis zwischen der Hirn- und Denktätigkeit eintritt, das der Empiriker als das *normale* setzt, da verliert gerade der Mensch seine Vernunft, sein Bewußtsein. Geist, Bewußtsein, Vernunft sind keine fixen Attribute, keine inhärierenden Eigenschaften, sie sind nur durch und als Tätigkeit, wir können sie daher verlieren und verlieren sie wirklich, wo uns die Bilder zu Sachen, zu wirklichen Dingen werden, wo die Bildertätigkeit daher nicht mehr den Reiz zur Absonderung ausübt, wo sie aus der Bedingung des Denkens, aus einer darum selbst *bedingten* Tätigkeit, eine unbedingte, selbständige Tätigkeit wird. Wo der Geist *abhängig* ist vom Organe, da herrscht die sinnliche Bildertätigkeit, da ist die Vorstellung die unwillkürliche Äußerung der Hirntätigkeit, aber ebendeswegen ist da nicht mehr Geist und Vernunft, ist da nur Lug und Trug, Einbildung, Täuschung. Die Hirntätigkeit ist daher nur die Bedingung, und

[1] ; denn Geister, welche . . . Geist ist. *Fehlt in B.*

zwar nicht positive, sondern negative Bedingung, zum Denken. Die Tätigkeit in uns, welche pathologische Wirkungen äußert, welche uns anstrengt, Kopfweh und (sympathisch) selbst Erbrechen erregt, *die*, welche durch einen jähen Druck auf die dura mater [harte Hirnhaut], durch einen Schlag auf den Kopf, durch Opium usw. aufgehoben wird, kurz, die *physiologische Tätigkeit in uns* während des Denkens *für das Denken selbst* zu nehmen ist Lug und Trug,[1] Täuschung der Sinne, Barbarei des Denkens. Wäre das Denken selbst ein physiologischer Akt, so wären auch die Gedanken physiologische Objekte, die sich ebensogut der Experimentalphysik oder Chemie unterwerfen ließen wie der Magensaft oder irgendein anderes Produkt des Organismus.[2] Wohl ist das Hirn das erhabenste, das wundervollste, das in sich mannigfaltigste, das selbst schon für das Auge durch seine wahrhaft entzückende Schönheit vor allen andern Organen sich auszeichnende Organ; wohl ist die Hirntätigkeit der Kulminationspunkt, die höchste Potenz der Lebenstätigkeit, aber gleichwohl ist sie nur die *für uns* notwendige Bedingung, und zwar nicht unmittelbar des Denkens selbst, sondern nur *die Bedingung der innerlichen Bedingungen* des Denkens, der Absonderung von der Materie, der Abstraktion, der Unterscheidung, welche die eigentlichen, mit dem Denken selbst identischen Bedingungen sind, gleichwie die zum Verständnis, zur Auffassung eines Theaterstückes für uns notwendige Aufmerksamkeit, Spannung und Stimmung die Bedingung, aber nicht die Auffassung selbst sind. Jede physiologische Bestimmung, die vom Denken[3] prädiziert wird, ist darum eine *imaginäre*, der *kritiklose Ausdruck einer Erscheinung*, eine Verwechselung der Bedingung mit der *Ur*sache, eine Bestimmung, die die Natur des Denkens nicht bestimmt, nichts aussagt, eine sinn- und verstandlose Bestimmung. Das Denken ist *kein Objekt der Physiologie*, sondern nur *der Philosophie*. Die Physiologie *für sich selbst* weiß nichts vom Geiste, ja, der Geist ist für sie *nichts*, weil seinerseits der Geist das Nichts der Physiologie ist. Das Denken ist nur *durch sich selbst bestimmt* und bestimmbar, d. h. nur aus und

[1] Lug . . . Trug, *Fehlt in B.*
[2] Wäre das Denken . . . des Organismus. *Fehlt in B.*
[3] *In B folgt Zusatz:* als solchem

durch den Gedanken erkennbar. Nur die aus der Natur des Denkens, aus dem Wesen des Gedankens geschöpften Bestimmungen bestimmen das Denken, sagen *etwas* von ihm aus, daher nur der Denker als Denker das Denken erkennt. Und *für diese* einzig realen Bestimmungen des Denkens ist es völlig gleichgültig, ob wir mit dem Magen oder dem Herzen oder dem Hirn denken, gleichgültig, ob die subjektiven, organischen Bedingungen da oder dort sich konzentrieren.[1] Der Gedanke allein entscheidet über das Denken, nur er hat das Recht, ein Wort darüber zu sprechen. Was das Denken sei, kann daher und kann nicht nur, sondern muß sogar *ohne Beziehung und Rücksichtnahme* auf die organische Tätigkeit erkannt werden. Den physiologischen Akt für den Denkakt selbst zu halten – und das tun alle diejenigen, sei es nun bewußt oder unbewußt, welche eine *unmittelbare* Abhängigkeit des Geistes vom Organe, wenn auch nicht im Munde, doch im Sinne führen –, ist gerade soviel, als wenn man den sinnlichen Akt des Lesens für den geistigen Akt des Lesens nehmen, das Lesen als einen *Augenakt* definieren wollte. Wenn ich Plato studiere, denke, was er gedacht, so muß ich lesen und, um zu lesen, sehen. Habe ich keine oder kranke Augen, so kann ich nicht lesen und studieren. Der Akt des Studierens, des Denkens ist also *für mich* auch ein sinnlicher Akt. Aber das Sehen der Buchstaben ist noch nicht Lesen und das Lesen noch nicht Verstehen. Wer die Worte für Sachen nimmt, wer nicht abstrahieren kann den Gedanken von den Zeichen, die sich während des Lesens in seinem Gehirne abdrücken, ist noch sehr weit entfernt vom Verstehen. Der Akt des Verstehens, der Denkakt – das Denken ist überhaupt nichts als die Erkenntnis, die Einsicht als actus [in Bewegung Gesetztes, Tätigkeit] –, ist daher ein von dem Akte des Sehens und den übrigen vermittelnden (hier nicht spezifizierten) Akten *unterschiedener*, ein zwar nicht *für mich*, der ich ein sinnlicher Mensch bin, daher nur auf *sinnlich bedingte* Weise, durch die sukzessive Wahrnehmung der sinnlichen Zeichen, von den Hindernissen, die zwischen mir und dem Autor liegen, mich befreie – aber *an und für sich selbst unabhängiger, ein rein geistiger, immaterieller Akt*. Und die Sinne für die *Quellen* der Erkenntnis halten, wie

[1] Und für diese . . . sich konzentrieren. *Fehlt in B.*

der Empirismus tut, ist gerade so viel, als wollte man den Verstand (das Verstehen) eines Autors aus dem Akte des Lesens als seiner Quelle ableiten, denn die Gegenstände der Sinne als solcher, *wenn man das Denken wegnimmt*, sind nichts anderes als sinnlose Bilder und Zeichen. Mit den Sinnen lesen wir das Buch der Natur, aber wir verstehen es nicht durch die Sinne. Der Verstand ist ein Akt *durch sich selbst*, ein absolut selbständiger Akt. Was der Verstand begreift, begreift er *nur aus und durch sich selbst;* nur das Verstandesgemäße ist ein Objekt des Verstehens. Der *Verstand ist das Maß, das Prinzip seiner selbst;* er ist causa sui [Ursache seiner selbst], das *Absolute* im Menschen. Verstehen ist der Akt der reinsten Selbsttätigkeit. Wir kommen vermittelst der Sinne zu Verstande – sie reizen zum Denken –, aber wir bekommen nicht den Verstand von den Sinnen. *Die Sinne geben uns Rätsel auf, aber die Lösung, den Verstand, geben sie uns nicht.* Der Verstand ist a priori [von vornherein], d. h. a se [von sich]. Über Gegenstände der Erfahrung ohne Erfahrung etwas bestimmen wollen ist Unsinn; wenn je ein Philosoph apriorische Erkenntnis in diesem Sinne, was aber noch sehr zu bezweifeln steht, haben und geben wollte, so war er ein Narr; aber der Begriff der sinnlichen Phänomene, aber der Verstand, meine Herren, ist, wie gesagt, a priori, ja, das Apriori schlechtweg, das einzige Apriori, das es gibt. „Nihil est in intellectu, quod non antea fuerit in sensu, *nisi ipse intellectus* [nichts ist im Intellekt, was nicht vorher in den Sinnen gewesen wäre – außer dem Intellekt selbst]", ist das größte Wort des großen Leibniz, ein Wort, mit dem schon vor mehr als hundert Jahren der Streit zwischen dem einseitigen Idealismus und Realismus, *der Idee nach*, geschlichtet war. Wenn nun aber bewiesen ist, daß der Verstand, daß das Denken eine von der sinnlichen Tätigkeit des Hirnes unterschiedene, eine durch sich selbst begründete, durch *sich selbst allein* bestimmte und bestimmbare, durch das Denken nur, nicht durch sinnliche[1] Erscheinungen erkennbare Tätigkeit ist, so ist auch bewiesen die Möglichkeit, die Notwendigkeit und Realität des Idealismus als der Wissenschaft des Geistes in seiner Unabhängigkeit von physiologischen, anthropologischen und patho-

[1] *Im Orginal A:* sinnlichen, *Hier berichtigt nach B.*

logischen Erscheinungen, als *der* Wissenschaft, welche den Geist in seinen immanenten Bestimmungen und seinem Verhältnisse *zu sich selbst* begreift, folglich auch bewiesen die Nichtigkeit desjenigen Empirismus, welcher, verkennend die Grenzen der Physiologie, den Geist mit dem anatomischen Messer glaubt erwürgen zu können.[1]

[2] *In A folgt auf einer neuen Zeile die Unterschrift:* L. Feuerbach

„Versuch einer wissenschaftlichen Darstellung der Geschichte der neuern Philosophie." Ersten Bandes zweite Abteilung: „Malebranche, Spinoza und die Skeptiker und Mystiker des XVII. Jahrhunderts. Darstellung und Kritik ihrer Systeme." Von Dr. J. E. Erdmann. 1836. XXII. 257. Beilagen CX.[1]

Der Plan, der dieser Geschichte der Philosophie zugrunde liegt, ist einseitig – einseitig darum, weil er (wie Rezens. schon früher andeutete[2]) dem Cartesius das *Monopol*, den Anfang der neuern Philosophie zu machen, erteilt. Dort, wo die Wissenschaften überhaupt erneuert wurden, also in Italien, hat auch die neuere Philosophie ihren Ursprung und Anfang. Wie die griechische Philosophie mit der Natur beginnt, so beginnt auch die neuere Philosophie mit der Naturphilosophie des Telesius. Cartesius als den ausschließlichen Anfang bestimmen ist gerade soviel, als wollte man etwa mit Anaxagoras, in dem allerdings die Philosophie Griechenlands erst zu Verstande kam, den Anfang machen. Telesius war freilich nur der Restaurator der Parmenideischen Naturphilosophie, aber durfte er dessenungeachtet nicht mit Recht seine Philosophie eine Philosophie juxta propria principia [gemäß ihren eigenen Prinzipien] nennen? Ist Cart.[3] frei von historischen Reminiszenzen? Ist Leibniz nicht der Restaurator der substantiellen Formen? Am Ende dürfte man dann erst mit Kant die neuere Philosophie beginnen. Aber sind nicht Kants Nachfolger auf das Prinzip der Koinzidenz der Gegensätze zurückgekommen, welches Bruno ausgesprochen, und könnte man sie daher nicht auch als Restauratoren der italienischen Philosophie bezeichnen? Ist aber nicht gerade dadurch, daß sie auf dieses Prinzip zurückgingen, die italienische Philosophie mit in die neuere Philosophie auf eine

[1] *In B lautet die Überschrift, auf drei Zeilen gebracht:* Geschichte der neuern Philosophie / Von Dr. Joh. Ed. Erdmann (I. Bd., II. Abtl.) / (1838)

[2] Rezens. . . . andeutete: schon früher angedeutet *B*

[3] Cartesius *B. Derartige Ergänzungen in B zum vollen Namen werden im folgenden nicht mehr vermerkt.*

augenfällige Weise verflochten und ihre Gemeinschaft mit dieser nachgewiesen? Hat nicht selbst Kant dem Gesetze „A = A" keine andere als nur formelle Bedeutung gegeben? Ist aber nicht dieses Gesetz, obwohl ihm allerdings eine größere Berücksichtigung und Anerkennung gebührt, als Hegel ihm gibt, indem es uns in allem Denken leitet und bestimmt, keineswegs *gleiche* Bedeutung mit den übrigen Reflexionsgesetzen hat und es vor allem darauf ankommt, die *Gesetze* der Koinzidenz der Gegensätze und die Unterschiede zwischen dem wahren, vernünftigen und dem falschen, albernen Widerspruch zu ermitteln, ist nicht dieses Gesetz da, wo es allein als Prinzip aufgestellt wird, das charakteristische Prinzip der Scholastik und aller scholastischen Logik im Gegensatze gegen das Leben und die Wirklichkeit? Denn zwingt uns nicht das Leben auf eine höchst empfindliche Weise die Anerkenntnis von der Realität des Widerspruchs auf? Feiert nicht die Poesie, die in einem unmittelbaren Zusammenhang mit dem Leben steht, laut und offen die Wahrheit dieses antischolastischen Prinzips? Oder stimmt es mit dem logischen Gesetz des „idem est idem [dasselbe ist gleich demselben]" überein, wenn Goethe im „Faust" sagt: „Dem Taumel weih' ich mich, *verliebtem Haß, verzweifeltem Genuß*", wenn Petrarca (Son. CII) die Liebe[1] „*O viva morte, o dilettoso male* [oh lebendiger Tod, oh freudiges Übel]" anruft, wenn Corneille die Chimene im „Cid" sagen läßt: „Je vois avec chagrin que l'amour me contraigne *à pousser des soupirs pour ce que je dedaigne.* Je sens en deux partis mon esprit divisé ... Cet hymen m'est fatal, je le *crains* et *souhaite.* [Ich sehe mit Kummer, daß meine Liebe mich zwingt, Seufzer auszustoßen für das, was ich verachte. Ich fühle meinen Geist in zwei Teile geteilt ... Diese Ehe ist für mich schicksalsschwer. Ich fürchte sie und wünsche sie.]"? Kann sich die scholastische Logik hier helfen mit der Ausrede, daß das eben nur poetische Phrasen sind, oder mit der Einschaltung eines eatenus, quatenus [insofern, als] oder Zeitunterschiedes? Beruht nicht vielmehr der Schmerz, das tragische Moment in dem *Zugleichsein* zweier entgegengesetzter Prädikate in *einem und demselben* Subjekte? Ist also nicht das Prinzip der Koinzidenz der Gegensätze das

[1] *In B folgt Zusatz:* mit

charakteristische Prinzip der lebendigen neuern Philosophie im Unterschiede von dem toten, formalen Scholastizismus des Mittelalters und *der* Mann, der dieses Prinzip zuerst als Philosoph aussprach – denn als Kabbalist hatte schon Reuchlin in seiner Schrift „De Arte cabalistica libri tres etc.", MDXVII. lib. II, p. 26, behauptet: „In mente datur coincidere contraria et condradictoria, quae in ratione longissime separantur [im Geiste kommt es vor, daß Gegensätze und Widersprüche zusammenfallen, die im Verstand aufs weiteste getrennt werden]" –, mit vollem Recht unter die Gründer der neuern Philosophie zu setzen? Wahr ist es[1]: Die Italiener hatten noch, namentlich Cardan und Campanella, sehr vieles abergläubisches Zeug im Kopfe, besonders in bezug auf die Natur, aber sie erkannten doch schon den Wert und die Notwendigkeit des Zweifels, so Campanella, den deswegen schon Heumann in seinen „Acta Philos." 1715, T. I, p. 565, einen Cartesianer vor Cartesius nennt, und Bruno, welcher verlangt, daß man, um vollkommen zu urteilen, sich losmachen müsse „dalla consuetudine di credere [von der Gewohnheit zu glauben]". Wahr ist es, daß der Zweifel erst bei Cart. charakteristische Bedeutung hat und daher auch hier erst furore machte; wahr, daß erst C. vollkommen reinen Wein einschenkte, indem er alles Dunkle, Mirakulöse und Dubiöse ausschied; wahr, daß er erst der Philosophie eine determinierte Richtung gab, indem er auf die einfachen, klaren Unterschiede des Denkens und der Ausdehnung die ganze Philosophie beschränkte und zurückführte und so der Stifter der mechanischen, d. i. verständigen, Naturphilosophie wurde, durch welche sich C. ebenso große Verdienste um die Wissenschaft und Menschheit erwarb als einst Epikur durch den Atomismus – das beste antidoton [Gegengift] der Superstition [des Aberglaubens]. Aber dessenungeachtet bezeichnet C. nicht den Anfang der neuern Philosophie schlechtweg, sondern nur eine *neue Epoche* in der neuern Philosophie oder bestimmter[2] *die Epoche der Kritik*. Nach allen Gesetzen der vernünftigen Logik und Historie gebührt aber nicht der Kritik, dem Unterschied, der Trennung der Anfang, sondern der Einheit. Und eben *die Idee der Einheit* repräsentieren die

[1] *In B Komma statt Doppelpunkt.*
[2] *In B folgt Doppelpunkt.*

Italiener – daher ihr Haß gegen den distinguierenden Aristoteles.

Aber warum soll denn nun gar *Bacon* von der Geschichte der neuern Philosophie ausgeschlossen werden? Gehört er etwa dem Übergang aus der ältern in die neuere Zeit an? Gehört er dorthin, weil er in ein Zeitalter fällt, wo noch mittelalterliches Wesen, mittelalterliche Märchen und Vorstellungen, Teufel, Hexen und Dämonen, existierten? Aber gehört denn ein Erasmus, ein Ulrich von Hutten, jener Dr. Luther, der auf dem Reichstag zu Worms die große Alternative „entweder aus der Schrift oder durch klare, *evidente Gründe*" aufstellte, freilich nicht *unserer*, aber doch der neuern Zeit an? Sind denn „Epistolae obscurorum virorum [Dunkelmänner-Briefe]" – ihr Vf.[1] sei nun, wer es[2] wolle – nicht noch heute an der Zeit? Wohin gehören denn wir? Wohin wird denn uns ein künftiger Geschichtschreiber versetzen? Ohnfehlbar hinter das Zeitalter der Reformation zurück, wenn wir solche Männer nicht zu uns rechnen.[3]

[4]Soll denn erst mit dem 30jährigen Krieg, wo das Korn der neuern Zeit nicht gesäet und gereift ist, sondern nur ausgedroschen wurde, die neuere Philosophie beginnen? Die *primitiven* Köpfe allein sind die Taufpaten einer Zeit, die Legislatoren derselben; nach ihnen, nicht nach den Exekutoren ihrer Gesetze sind die Zeiten zu bestimmen. Die neuere Zeit beginnt, wo das *Quellenstudium* (in eigentlicher und metaphorischer Bedeutung) beginnt, wo nicht mehr das Kopierte, das Abgeleitete, das Überlieferte, das Mittelbare, sondern nur das Ursprüngliche das befriedigende Objekt des Geistes ist, wo daher – denn wie das Objekt, so der Geist – unmittelbarer, urgründlicher, ursächlicher, d. i. primitiver Geist sich erhebt. Und ein solcher Geist, der nichts mehr in der Mitte zwischen sich und dem Objekte duldete, war auch in seiner Art und Weise Bacon.

Oder gehört etwa Bacon speziell nur der Geschichte der Naturwissenschaften an? Auch nicht! B. erhebt sich zu all-

[1] Verfasser *B*

[2] er *B*

[3] *In A folgt auf neuer Zeile:* (Die Fortsetzung folgt). *Die Fortsetzung beginnt dort Spalte 537.*

[4] *Darüber in A auf sechs Zeilen Wiederholung der Überschrift bis* Erdmann.

gemeinen Prinzipien. Er ist der Logiker der Empirie. Er ist nichts weniger als ein beschränkter, knechtisch gesinnter Empiriker, der sich darauf bescheidet, nur an der Schale der Natur herumzuknabbern: Er will ihren Kern; er ist ein ungenügsamer, ein universaler, keine Schranke der Forschung, wenigstens auf dem Gebiete der Natur, anerkennender, ein in dieser Beziehung wahrhaft titanischer Geist. Er ist *Idealist* – Idealist in *dem* Sinne, daß er die Menschheit aus den Fesseln der Naturgewalt befreien, den Geist nicht den Dingen, sondern die Dinge der Macht des Geistes unterwerfen will; und die Macht über die Dinge ist ihm – hinlänglicher Beweis seines philosophischen Geistes – die *Methode*, diese daher nur sein Hauptaugenmerk und seine Methode – im Vorbeigehen gesagt – in betreff der Wichtigkeit, die sie auf die *negativen* Instanzen legt, noch heute allen somnambulen Köpfen und Traumdeutern sogar als ein specificum zu rekommandieren. Oder beginnt er etwa im Widerspruch mit den Forderungen, die der Verf. mit Recht an einen Neuerer und Anfänger gestellt hat, mit einer unmittelbaren Voraussetzung? Im Gegenteil: Er fordert, wie Cartesius, als unerläßliche Bedingung der Erkenntnis die Verleugnung aller vorgefaßten Meinungen und den Zweifel an das *unmittelbare* Zeugnis der Sinne; die Natur als *unmittelbares* Objekt der Sinne ist ihm nur eine Maskerade, sein Zweck daher, die Natur vermittelst der *πεῖρα* [des Versuches] zu entlarven und in Versuchung zu führen. Aber dergleichen tut doch gewiß nur ein Philosophus und Skeptikus von Profession. „Da man vorhero in der Philosophia scholastica [scholastischen Philosophie] an gar nichts dubitierte, sondern dieselbe als eine Bibel ansahe, so hatt'[1] Verulamius zuerst als ein *primum fundamentum dubitationem* [erstes Fundament den Zweifel] gesetzt, welches Cartesius hernach weiter poussieret. Sonst waren die Engländer tumme Leute, Erzscholastici und Bigots im höchsten Grade. Nun aber fingen sie an weiterzugehen" (Nicol. Hieron. Gundlings „Vollst. Hist. der Gelahrtheit usw.", Frankf. und Leipz. 1734, I. c., § 14). Kurz, Bacon ist ein *primitiver* Empiriker, ist *Gründer* der Experimentalphysik, und als solcher gehört er der Geschichte der Philosophie an – wie denn jeder

[1] hat *B*

Gründer einer neuen Wissenschaft ein Philosoph, jeder Akt des *Anfangs* überall ein Akt der Philosophie ist, nur Philosophen daher auch die Gründer aller Wissenschaften waren –, namentlich aber gehört er der Geschichte der neuern Philosophie an, welche sich von der Scholastik wesentlich auch durch das Attribut der Empirie unterscheidet. Mit Recht, nur da mit Unrecht, wo die Metaphysik dadurch entbehrlich gemacht werden sollte, hat man in dieser Zeit von einer Philosophia experimentalis [Experimentalphilosophie] gesprochen. Cartesius war *auch* Empiriker; daß er sich übereilten Hypothesen überließ, tut nichts zur Sache. Wie viele und wie alberne Hypothesen hat nicht die sich selbst überlassene Empirie zutage gefördert! Dieses „auch" hat der Geschichtschreiber zu begründen, namentlich zu begründen, wie dieses nicht bei dem bescheidenen und für alle Philosophen gültigen „auch" bleiben konnte, sondern aus ihm ein ausschließliches „nur" werden mußte. Er hat daher die *Bedeutung* zu begründen, welche die *Materie* in der neuern Philosophie spielt, denn nur da, wo die Materie an sich, die Materie, wie sie *Objekt der Metaphysik* ist, zu Ehren kommt, positive wesenhafte Bedeutung hat, kann die Materie, wie sie bestimmte, wie sie *Objekt der Sinne*[1] der *Empirie* ist, die Augen der Menschheit entzünden und an sich, als ein der Erkenntnis würdiges Objekt, fesseln. So hängt die Empirie mit der Metaphysik zusammen, obgleich der einzelne Empiriker für sich nichts davon weiß, so der deutsche Schuster [J. Böhme], der die materielle Welt nicht mehr aus dem nihil [nichts], dem asylo ignorantiae [Zufluchtsort der Unwissenheit], ableitete, sondern einen *positiven Grund* derselben suchte und diesen in Gott setzte und so indirekt gleichsam vor dem Richterstuhl Gottes die Beschäftigung mit den materiellen Dingen rechtfertigte oder vielmehr kanonisierte, mit dem englischen Kanzler, dessen wesentliches Objekt die Erkenntnis der materiellen Dinge aus materiell bestimmten Prinzipien,[2] Hobbes, dem nichts als das Körperliche für real galt, mit Spinoza, der die Ausdehnung zu einem Attribut der unendlichen Substanz machte. Will man aber noch bestimmtere Zusammenhänge haben, so braucht man nur

[1] *In B folgt Komma.*
[2] *In B folgt Zusatz:* so

daran zu denken, daß die ersten astronomischen und physikalischen Entdeckungen und[1] ebenso wie die entgegenstehenden Erklärungen der Scholastiker, welche durch sie beseitigt wurden, wie z. B. der horror vacui [Abscheu vor dem Leeren] durch die Entdeckung von der Gravität der Luft, mit philosophischen Fragen, namentlich mit den ersten und wesentlichsten Begriffen der Materie zusammenhängen. Notwendig ist es daher, der Empirie (wenn auch nicht faktisch durch die Darstellung der bedeutendsten Empiriker, doch wenigstens theoretisch) ihren Platz anzuweisen, und zwar vornherein schon *im Prinzip*, welches der ganzen Geschichte zugrunde liegt, nicht erst hintennach, etwa in Locke, wo sie in ihrer *positiven* Bedeutung, auf welche es doch allein ankommt, nicht mehr begriffen werden kann.

Diese Notwendigkeit hat der Verf. nicht anerkannt, aber nicht deswegen, weil er einen strengen Begriff von dem, was Philosophie ist, an die Spitze seiner „Geschichte" gestellt hat und nun diesem zufolge einen Bacon und Hobbes von der neuern Geschichte ausschließen mußte, denn wir stoßen vielmehr im Verlaufe seiner „Geschichte" (eben in diesem zweiten Bande) zu unsrer größten Verwunderung über diese[2] Liberalität auf eine Menge Mystiker und Skeptiker, die größtenteils, wenn auch nicht für den Philosophen, doch für die Philosophie ohne Interesse sind. In der Tat interesselos. Denn was kümmert die Philosophie der rohe, verkehrte Mystizismus dieser Periode, der auf die Tradition das Innerste gründet, von einer äußerlichen[3] historischen Offenbarung das Wesen des Geistes ableitet[4]? Der Mystizismus, der, wie der Vf.[5] sagt p. 160[6], „das gewaltsame Festhalten des durch den Zweifel erschütterten Glaubens" ist, der Mystizismus zum Trotz und Hohn der Vernunft, dieser *erzwungne*, aufgedrungne, *affektierte* Mystizismus, wie es überhaupt der moderne Mystizismus ist, ist *kein Objekt der Philosophie* und verdient nicht den ehrwürdigen

[1] *Fehlt in B.*
[2] seine *B*
[3] *In B folgt Komma.*
[4] abhängig macht *B*
[5] Verf. *B*
[6] S. 160 *B*

Namen „Mystik", denn er widerspricht dem *Wesen der Mystik*. Die Mystik ist *Idealismus*, ist der christliche Stoizismus, die Freiheit von allen äußerlichen Dingen. „Die Seel" ist alle Ding." Die Mystik kommt aus dem Innersten; da ist von Zwang und Gewalt keine Rede. „Est aliquid in nobis praeter nos [es ist etwas in uns, was außer uns ist]." Dieses „aliquid *in* nobis *praeter* nos [etwas in uns außer uns]" ist ihr die Offenbarungsquelle; sie weiß nichts von jener Verrücktheit, welche das Historische, seiner Natur nach ein Sekundäres, Mittelbares, Zweideutiges, Unzuverlässiges,[1] zum Unmittelbaren, zur Quelle, zum Zeugnis der Wahrheit erhebt. Und nur solche echte, unverfälschte Mystik ist Gegenstand der Philosophie, aber nur was Gegenstand der Philosophie, kann auch Gegenstand ihrer Geschichte sein. – Der bedeutendste unter den vom Verf. behandelten Mystikern ist, nach seinem eignen Zeugnis, Poiret. Aber dessenungeachtet, was tut Poiret, dieser unwissenschaftliche, schwärmerische, fanatische Kopf, Poiret, der selbst unter den Pantoffel eines Weibes, wenn auch merkwürdigen Weibes, der A. Bourignon, seinen Verstand gefangengab, in der Gesellschaft eines Cartesius und Spinoza, und noch dazu als ein *notwendiges* Glied? Arme Philosophie, wenn du dich erst im Krätzer des Poiretschen Mystizismus um deinen Verstand bringen mußt, um zu einem höhern Standpunkt dich emporzuschwingen! Unglückseliger Geschichtschreiber, wenn du jedes Geschrei, das sich gegen die Philosophie erhebt, es komme, woher es wolle, als eine berechtigte und notwendige Stimme dir ad notam [zum Merken auf-]schreiben mußt! Wo ist die Weisheit, die Autarkie der Stoa, wo das *οὐδὲν πρὸς ἡμᾶς* [uns nicht Betreffende] der epikuräischen Glückseligkeit hin? Wo das *ἀγεωμέτρητος οὐδεὶς εἰσίτω* [Kein der Geometrie Unkundiger darf herein] der platonischen Schule? Wie kann ein Kopf, dem schon die mathematischen Figuren bloße an der Oberfläche der Dinge haftende Schemen sind, weil sie dem plumpen Tastsinn nicht in die Hände arbeiten, sondern nur für's Auge leicht aufs Papier hingezeichnet werden, wie kann ein solcher Kopf auf dem Gebiete des reinen abgezogenen Gedankens Stimme und Bedeutung haben? War der Barbier[2], der den Archimedes

[1] *Komma fehlt in B.*

[2] Soldat *B*

niederstieß, auch ein Gegner, der in die Geschichte der Mathematik gehört?

Es ist ganz falsch, wenn man Köpfe wie Poiret nur als Gegensätze einer bestimmten, einseitigen Richtung in der Philosophie betrachtet. Eine Philosophie, die einmal die Qualität hat, Gemeingut ihrer Zeit werden zu können, wie es mit der Cartesischen der Fall war, ist für *ihre* Zeit nichts weniger als eine einseitige. Jede Zeit hat *die* Philosophie, die gerade für sie paßt. Solche Köpfe sind *gegen alle und jede* Philosophie, sind gegen die Wissenschaft überhaupt. (Man vgl. Poiret, „De Eruditione triplici etc.", 1708, „De erudit. falsa", lib. III, § 16, § 20.) Nicht diese und jene, ihren Ansichten widersprechende Gedanken, das *Element* der Philosophie, der Wissenschaft als solches ist ihnen ein absolut widerwärtiges. Will man übrigens durchaus dem Poiret eine Bedeutung für die Philosophie einräumen, so kann man sie nur darin finden, daß man aus ihm besser als aus irgendeinem der frühern (dem Rezens. wenigstens bekannt gewordenen) Mystiker den Unterschied zwischen dem Wein der Philosophie und dem Krätzer des Mystizismus einsehen lernen kann; denn P. ist kein reiner Mystiker; er polemisiert, argumentiert, räsoniert; er war selbst früher Cartesianer; es sind rationelle, spirituelle[1] Elemente in ihm, von denen sich, nur mit einiger Kenntnis der analytischen Chemie, der Fettstoff des Mystizismus leicht ausscheiden und als solcher rein darstellen läßt. Worin liegt aber dieser Unterschied? Darin, daß der Philosoph *nur mit den Augen* sieht, der Mystiker aber *mit dem ganzen Körper*. P. sagt selbst, daß, wenn wir nicht durch den Sündenfall verdorben wären, wir, ebenso wie jetzt mit den Augen, mit dem ganzen Körper sehen würden und so bei der Restauration in der Auferstehung sehen werden (l. c. Lib. II, § 14). Ja, das ist der Kern des Mystizismus.[2]

[3]Das von der Weisheit der Natur, deren Tiefe der Mystiker nur in der Finsternis, nicht im Lichte, nur im Abnormen, nicht im Gesetz erkennt, zum Behuf freier Übersicht auf

[1] *Fehlt, mitsamt dem Komma davor, in B.*

[2] *In A folgt auf neuer Zeile:* (Der Beschluß folgt). *Der Schluß beginnt dort Spalte 545.*

[3] *Darüber in A auf sechs Zeilen Wiederholung der Überschrift bis* Erdmann.

die Zinnen des Tempels des Leibes gesetzte Auge, die von den Wallungen des Herzens, von den Bedürfnissen des Magens, von den Regungen des Geschlechtstriebes abgesonderte Intelligenz ist dem Mystiker der Dorn im Auge. Er sieht ohne Unterschied mit dem ganzen Körper; der Magen, die Zehen, die Fingerspitzen, die Genitalien (man denke nur an das Lieblingsbild der Mystiker: die Vermählung der Seele mit Gott) sind seine Augen. Aber das Sehen dieser Augen ist Fühlen. Das Gefühl, das habsüchtige Weib, die A. Bourignon im Menschen, ist also das herrschende Prinzip des Mystikers – ein fühlbares, palpables [tastbares] Wesen, ein Wesen, an dem er sich erwärmen und die Brunst seines Herzens stillen kann, ein Wesen, das ihm alles das wiedergibt, was er im Leben verläßt und negiert, sein Gott. Will man daher dem P. bestimmter in Beziehung auf die Cartesische Philosophie eine Bedeutung geben, so liegt sie nur darin, daß das Cartesische Prinzip der Gewißheit, welches sich auf ein objektives Prinzip, die Einsicht, den Begriff, stützte, das „Ich sehe klar und deutlich ein, daß es so ist, also ist es so", in dem materialistischen Kopfe P.s zu einem rein subjektiven, ja, egoistischen Prinzip, zu dem „Ich fühle, daß es so ist, also ist es so", wurde; denn das brutale sic sentio [so empfinde ich es] ist dem P. der zureichende Grund. Er ist daher ebenso wie der subjektive Pascal, dieser ängstlich sich selbst fliehende und doch nie von sich frei werdende heautontimorumenos [Selbstquäler] der modernen Mystik, kein Gegensatz, sondern nur der *mystische Niederschlag* des Cartes. Prinzips. Aber auch fast alle Skeptiker dieser Periode haben kein, wenigstens höheres, Interesse für die Philosophie. Das Charakteristische dieser Skeptiker ist nämlich, daß sie ihr Schifflein nicht der offnen See des Zweifels mutig anvertrauen, sondern als sichern Zufluchtsort den Glauben stets im Rückhalt haben. Ja, ihr Zweifel läßt nicht nur den Glauben unangefochten, sie betrachten sogar ihre Skepsis als die bloße praeparatio ad fidem [Vorbereitung zum Glauben]. Aber sowenig Wert ein solcher raffinierter, durch den Zweifel erkünstelter Glaube hat, sowenig Wert und Gehalt hat ein solcher gedämpfter, niedergedrückter, bedingter, abgezirkelter, willkürlich sistierter Zweifel – ein Zweifel, der der gehorsamste Diener des Glaubens ist. Nur der freie, der unbedingte, der rücksichtslos um sich fressende Zweifel, nur der *wahre* Zweifel hat philosophisches Interesse. Nur das *Charaktervolle* ist Gegenstand der Philosophie, also nicht der charakterlose, lammfromme, schwachsinnige Skeptizismus eines Huet. – (Man vergleiche nur z. B. in seiner Schrift über die Schwäche des menschlichen, respektive seines Verstandes Kap. 15, § 380, wo der laxe Skeptiker der Vernunft doch einiges, obwohl schwaches und dunkles, Licht zugesteht!)[1] Erst in D. Hume bekommt der moderne Skeptizismus eine philosophische Bedeutung. – Schon Brucker („Instit. hist. phil.", p. 646) bemerkt richtig von Huet: „Patet, messem eruditionis praedivitem *ita judicandi aciem* in H. suffocasse, ut ad scepticismum delaberetur [es liegt auf der Hand, daß die überreiche Ernte seiner Bildung in H. so sehr die Schärfe des Urteils erstickt hat, daß er zum Skeptizismus abglitt]." Aber diese Bemerkung gilt auch von den übrigen, von fast allen Skeptikern. Der Skeptizismus ist eine Frucht der Vielwisserei; er ist[2] die *schwache* Seite des Empirismus, und [es ist][3] daher verwundersam, wie der Vf.[4] von vornherein die Empirie von ihrer Lichtseite, die ein Bacon repräsentiert, ausschließen und dann doch hintendrein ihre Schattenseite aufnehmen konnte. Der Skeptiker steht nämlich auf dem Standpunkt der Empirie, sein Fundament ist die *Wahrnehmung*, die Grundkategorie seiner Denkart[5] die empirische Kategorie der Ähnlichkeit und Verschiedenheit, sein Lieblingsthema daher die Ähnlichkeit der Tiere und Menschen (s. Sextus Emp., „Pyrrh. Hypoth.", Kap. 14, den ersten *τρόπος* [„Weise", Begründung], und Montaignes, des Vaters des französischen Skeptizismus, „Essais", liv. II, chap. 12), sein Hauptargument die Verschiedenheit der Wahrnehmungen, der Menschen, der Urteile, der Zustände der Urteilenden usw. Aber die Wahrnehmung des Skeptikers ist nicht die unbefangene und methodische Wahrnehmung des wissenschaftlichen Empirikers. Der Skeptiker beschäftigt sich nur mit der Physik, wie Sextus E.[6] sagt, um *παντὶ λόγῳ λόγον*

[1] *In B nicht in Klammern und ohne Gedankenstrich davor.*
[2] ; er ist *Fehlt in B. Stattdessen dort Gedankenstrich.*
[3] *So ergänzt auch B.*
[4] Verf. *B*
[5] *In A folgt, wohl versehentlich, Komma.*
[6] Emp. *B*

ἴσον [jeder Rede eine gleichwertige Rede] entgegensetzen zu können, und in seinen Wahrnehmungen folgt er keiner Regel, keinem Gesetz; er unterscheidet die Instanzen der Empirie nicht nach ihrem innern Wert; der Skeptiker ist nicht Kritiker (höchstens nur in Beziehung auf die dogmatische Philosophie)[1]. Alles widerspricht sich daher für ihn, denn alle Instanzen, alle Gründe und Gegengründe sind ihm äquivalent, denn sein *Interesse* ist es, nichts zu wissen, weil das Wissen für ihn kein Interesse hat. Der Skeptizismus ist daher nichts weniger als eine Übergangsstufe zum Empirismus. Der Skeptiker ist ebenso gleichgültig gegen das *Objekt*, als er gleichgültig gegen das Wissen ist; ja, die Gleichgültigkeit gegen das Wissen kommt bei ihm nur von der Gleichgültigkeit gegen das Objekt her. Nichts ist törichter, als die Resignation auf das Wissen für einen Akt der Bescheidenheit, der Demut zu halten. Der Dogmatiker demütigt sich, denn er unterwirft sich der saueren Arbeit, das Objekt zu erkennen, nicht der Skeptiker. Der Dogmatiker resigniert allerdings nicht auf das Wissen, aber auf sich resigniert er, der Skeptiker dagegen auf das Wissen, aber *nicht auf sich*. Der Skeptiker hat kein Interesse für das Objekt, weil er *nur für sich selbst* sich interessiert. Der Skeptizismus tritt nur da in der Menschheit auf, wo sich der Mensch auf sich selbst und seine allernächsten Angelegenheiten konzentriert. Erst nach Sokrates erschienen die Skeptiker Griechenlands. Montaigne plaudert bei jeder Gelegenheit von der Miserabilität des Menschen in jeder Beziehung; aber wer wird darauf Wert legen? Das Thema seiner Schriften, sein Studium oder richtiger Amüsement, sein Interesse ist *er selbst*. „Si j'estude, je n'y cherche que la science qui traicte de la cognoissance de *moy mesme* et qui m'instruise à bien mourir et à bien vivre [wenn ich studiere, suche ich darin nur die Wissenschaft, die von der Erkenntnis meiner selbst handelt und mich unterweist, gut zu sterben und gut zu leben]" („Ess." liv. II, ch. 10). Und schon vor ihm verwarf Agrippa von Nettesheim die Wissenschaften als Eitelkeit, weil es „longe *tutius* sit ignorare quam scire [viel sicherer sei, nicht zu wissen, als zu wissen]" („De incert.

[1] *In B nicht in Klammern, stattdessen dort Komma hinter* Kritiker

etc.", cap. I). Der Skeptizismus führt zum Kynismus, zum Utilismus, zum Moralismus, kurz, zum Subjektivismus, aber nicht zum Empirismus.

In die Klasse der eben bezeichneten Skeptiker hat der Vf.[1] auch den amphibolischen, schwer zu charakterisierenden Bayle gesetzt. Er zeichnet ihn wohl dadurch vor den übrigen aus, daß er ihn den bedeutendsten nennt, aber das reicht nicht hin. Bayle ist [nicht][2] bloß der Superlativus des Skeptizismus dieser Periode; er hat auch eine *spezifische* Bedeutung, die ihn von den andern Skeptikern absondert, und diese spezifische Bedeutung ist gerade seine *wesentliche* Bedeutung. B. ist (wenn wir sein ganzes Wesen ins Auge fassen, nicht nur an seinen skeptischen Äußerungen uns anhalten)[3] *Kritiker*, nicht *Skeptiker*. Er ist weit entfernt von der Schwäche eines Huet, ein *dogmatischer* Skeptiker sein zu wollen. Sein Skeptizismus hat nicht selten die Bedeutung der *negativen* Einsicht in das Bessere. Er hat wenigstens unverkennbar eine *philosophische Tendenz*, wenngleich nicht, wenigstens unbedingt,[4] die Tendenz eines bestimmten Systems; er dringt mit dem lebhaftesten *Interesse* in die schwierigsten Materien der Philosophie ein. Wer kann das von den übrigen Skeptikern behaupten? Zwar suspendiert er sein Urteil; aber gerade dadurch, daß er die Schwierigkeiten einer Materie zeigt, das Ungenügende der geltenden Erklärungen seiner Zeit aufdeckt, sagt er oft mehr, als irgendein Dogmatiker seiner Zeit sagen konnte. So z. B., wenn er, unbefriedigt ebensowohl von der peripatetischen als Cartesischen Erklärung von dem Prinzip der tierischen Handlungen, an einer Stelle sagt: „Les actions des bêtes sont peut-être un des plus profonds abîmes sur quoi notre raison se puisse exercer, et je suis surpris que si peu de gens s'en apperçoivent [die Handlungen der Tiere sind vielleicht einer der tiefsten Abgründe, über denen sich unsere Vernunft üben kann, und ich bin überrascht, daß so wenige Leute das merken]" („Dict.", Art. Barbe. Rem. C.), so hat er das Beste gesagt, was man bei dem Standpunkt der Philosophie und Naturwissenschaften

[1] Verf. *B*

[2] *So ergänzt auch B.*

[3] *In B nicht in Klammern, sondern in Kommas.*

[4] , wenigstens unbedingt, *Fehlt in B.*

seiner Zeit darüber sagen konnte. Wodurch er sich aber besonders von den übrigen Skeptikern unterscheidet und wodurch zugleich seine Bedeutung in der Geschichte der Philosophie ausgesprochen ist – die einzig positive, die man ihm namentlich in bezug auf Cartesius anweisen kann –, ist, daß er die Grundsätze[1] von Glaube und Vernunft, welche bei C. nur die Bedeutung einer *mechanischen Trennung* hatten, in einen *chemischen Konflikt* brachte, daß er die Glaubensvorstellungen seiner Zeit zum Objekt *freien,* d. i. *kritischen,* Denkens machte und die Selbständigkeit, die ausnahmslose Unbedingtheit, die unumschränkte Souveränität der *ethischen Ideen,* der *praktischen Vernunft* anerkannte und geltend machte (wie dies seine Kritiken Abrahams ⟨Art. Sarah⟩ und Davids, vor allem aber das ganz vortreffliche erste Kapitel seines „Commentaire philos. etc." hinlänglich beweist)[2], wenn er gleich der *theoretischen* Vernunft nur eine negative Stelle anwies. Aber eine andere Bedeutung konnte er ihr auch nicht für seine Zeit anweisen. Nur negativ und indirekt, sich selbst verleugnend, nur im Verneinen bejahend und im Bejahen jede Behauptung sogleich wieder zurücknehmend, im Opponieren sich selbst opponierend, nur schüchtern und zweifelnd, und zwar im Zweifeln zugleich sich selbst bezweifelnd, nur ano- und pseudonym konnte sich die Vernunft auf dem Gebiete der Glaubensvorstellungen und der darauf sich beziehenden Materien geltend machen. Warum hat denn der Verf. nicht *diese* Notwendigkeit anerkannt? Warum will er bloß auf Rechnung des persönlichen Charakters B.s seine ano- und pseudonyme Schriftstellerei setzen? Man bedenke die Zeit! „On passe", schreibt B[ayle], „Supl. du Comm. philos. etc.", ch. 29, „presque pour Hérétique, jusques chez les Protestans lorsqu'on parle avec quelque force pour la tolérance [man gilt fast für einen Ketzer, sogar bei den Protestanten, wenn man mit etwas Nachdruck für die Toleranz spricht]." Aber selbst auch abgesehen von seinem Zeitalter, wo wäre die Notwendigkeit, als Fehler ihm anzurechnen, was vielleicht sogar nur eine verborgne Tugend war? Denn hängt nicht seine Liebe zur „Verstecktheit" zusammen mit seiner Liebe

[1] Gegensätze *B*

[2] *In B nicht in Klammern.*

zu einer weisen, jedem Philosophen wünschenswerten Verborgenheit? Zusammen mit den löblichen Gesinnungen, die in den Worten an Minutoli liegen: „N'étant ni amateur du bien ni des honneurs, je me soucierai peu d'avoir des vocations, et je n'en accepterois pas, quand bien même on m'en adresseroit. Je n'aime point assez les conflicts, les Cabales, les *Entre-mangeries Professorales*, qui règnent dans toutes nos Academies. *Canam mihi et Musis.* [Da ich weder Liebhaber von Gütern noch von Ehrungen bin, werde ich mich wenig darum kümmern, Berufungen zu erhalten, und ich würde auch keine annehmen, selbst wenn man sie an mich richten würde. Ich halte nichts von den Konflikten, den Ränken, dem professoralen Einanderauffressen, wie es in allen unseren Akademien herrscht. Ich werde für mich und die Musen singen.] "(„Lettres de B.", L. 160), in der Bitte an seine Freunde, ihn, wenn sie ihn zitieren, doch ja mit ihren Lobeserhebungen zu verschonen (Lettre 252, 254), und in dem – wohl nicht bei einer A. Bourignon, aber bei einem Manne wie B. – merkwürdigen Zuge, daß er sich durchaus nicht wollte abmalen lassen (Lettre 316, 319)? Allerdings mag B. aus andern, besondern Gründen „immer geleugnet", richtiger: nicht eingestanden, haben, daß er der Verfasser der ,,Avis important aux Réfugiez etc." – aber da es unbezweifelt und unbezweifelbar ist, daß B. stets treu der Sache der Reformierten ergeben war, so ist auch nicht daran zu zweifeln, daß er nur einen guten Zweck mit ihr[1] erreichen wollte. Bedenklich und leicht mißverständlich ist wohl der zweite Abschnitt dieser Schrift[2], wo er den Reformierten ihre politischen Lehren zum Vorwurf macht, aber diese Bedenklichkeiten heben sich wohl durch die Bemerkung, daß B. kein Parteimann war – was ihm nur zur Ehre gereicht – und daher die Schwächen seiner Partei frei tadeln konnte und durfte, ohne ihrer guten Sache untreu zu werden.

Aber auch die Obszönitäten seines „Dictionnairs"[3] werfen keinen Schatten auf seinen Charakter. B. geht auf das Partikuläre, Persönliche ein. Die Beschaffenheit seines Werkes führt ihn notwendig nicht nur in die Gastzimmer,

[1] dieser Schrift *B*
[2] dieser Schrift: derselben *B*
[3] „Dictionnaires" *B*

sondern auch in die geheimsten Kabinette ein. Und wenn er nun da den Hausherrn oder die Hausfrau – sei es nun mit oder wider Erwartung – in einer höchst schlüpfrigen Situation überrascht, was soll er tun? Weglaufen oder gar eine moralische Standrede halten? Nein, er ist Historienmaler[1]; er schildere sie uns also. Aber wie? Mit „Wohlgefallen"? Warum nicht? Das Wohlgefallen ist verschiedener Natur. B. schildert sie allerdings nicht mit moralischem Mißfallen, aber auch nicht mit moralischem, sondern *komischem* Wohlgefallen. Die obszönen Szenen sind für ihn keine Schau-, sondern Lustspiele.* Worüber man aber lacht, darüber drückt man sein *Befremden* aus, darüber schlägt man vor Verwunderung die Hände über den Kopf zusammen und ruft betroffen aus: Um's Himmels willen, wie siehst du aus? Wo kommst du her? Was willst du unter uns in dieser Gestalt, in diesem Aufzug? Und zwar darum, weil man das Ding *so* findet, wie es *nicht* sein *soll*, weil es widerspricht dem Modell, das wir in uns tragen. Das Komische versetzt uns außer uns. – Überdies verdanken wir diesem *freien* und *unbefangenen* Wohlgefallen[2] B.s oft höchst interessante historische und psychologische Notizen. Ehren wir also auch in dieser Beziehung Bayles Andenken und lassen seine Asche in Frieden, aber am Leben seinen kritischen Geist![3]

[1] Historien- oder wenigstens Genremaler *B*

* Sie haben aber auch oft für ihn eine *ernste* Bedeutung, indem sie ihm die *Gewalt* der Natur darstellen. Daher die schönen Stellen über die Liebe: Er nennt sie „l'Ame du Monde [die Seele der Welt]".

[2] *So A und so auch das Druckfehlerverzeichnis zu B, nachdem B versehentlich* Wohlwollen *geschrieben hat.*

[3] *In A folgt die Unterschrift:* L. Feuerbach

Zur Kritik der „positiven Philosophie"
„Über das Wesen und die Bedeutung der spekulativen Philosophie und Theologie in der gegenwärtigen Zeit, mit besonderer Rücksicht auf die Religionsphilosophie. – Spezielle Einleitung in die Philosophie und spekulative Theologie." Von Dr. Sengler, ordentl. Prof. der Philos., Heidelberg 1837.[1]

[2]Die Philosophie der neuern Zeit – so heißt es in dieser Schrift, die wir keineswegs um ihrer selbst willen, was sie nicht verdient, sondern nur um des Standpunktes willen, welchen sie repräsentiert, hier namentlich anführen, also nur[3] zur Veranlassung unsrer Kritik benutzen – hat nach dem Urteil der neuesten „Philosophie", die sich den Beinamen der „positiven" (s. z. B. S. 383) gibt – und diese ist eben der Standpunkt dieser Schrift –[4], in ihren beiden Hauptrichtungen: der subjektiven, idealistischen (Kant, Fichte) und der objektiven (Spinoza, Hegel, Leibniz), Gott hier mit dem objektiv-, dort mit dem subjektiv-menschlichen Geiste konfundiert und war daher Pantheismus.[5] So heißt es z. B. von Hegel: „Der absolute Geist ist nichts weiter als der Begriff, und zwar nur des menschlichen Geistes, insofern er seinem Begriffe entspricht und deshalb unendlich oder absolut ist." (Absolut und unendlich? Köstlich!)[6] „Die Konfundierung des objektiven (?)[7] Begriffs des menschlichen Geistes mit Gott ist schon in der ‚Phä-

[1] *B ist das zweite Stück der drei* „Kritiken des modernen Afterchristentums". *Die Überschrift von B lautet, auf sieben Zeilen gebracht:* II / Kritik der christlichen oder „positiven" / Philosophie. / („Über das Wesen und die Bedeutung der spekulativen Philosophie und / Theologie in der gegenwärtigen Zeit." Von Dr. Sengler, ord. Prof. / der Philos. 1837) / (1838).
[2] *In B Anführungszeichen.*
[3] keineswegs um ... also nur *Fehlt in B.*
[4] nach dem Urteil ... dieser Schrift – *Fehlt in B.*
[5] *In B Ausführungszeichen.*
[6] (Absolut ... Köstlich!) *Fehlt in B.*
[7] (?) *Fehlt in B.*

nomenologie des Geistes' zu suchen" (S. 311). Ferner: „Wie die subjektive Selbstbegründung den subjektiven Geist zum absoluten, und zwar fast durchweg in seiner bloßen Naturbestimmtheit oder (?)[1] logischen Form, machte, so machte die objektive Selbstbegründung den objektiven Geist als die Wahrheit seiner subjektiven Selbstgewißheit zur absoluten Wahrheit, verabsolutierte den objektiven Geist" (S. 379). Die positive Philosophie oder richtiger Spekulation, welche in Hrn. Günther ihren Anfang – „der Anfangs- oder Ausgangspunkt der absoluten Selbstbegründung der Philosophie ... ist das System (?)[1] Günthers" (S. 383) –, in Hrn. Fr. v. Baader ihr theosophisches Zentrum gefunden und in Hrn. v. Schelling als das, noch zu erwartende,[2] System „der Immanenz der Tat" wahrscheinlich ihre wissenschaftliche Vollendung feiern wird – die positive Spekulation – ich sage Spekulation, denn zwischen Philosophie und Spekulation ist ein wesentlicher Unterschied – hat dagegen sich über das sich selbst vergötternde menschliche Wesen zum wahren Gott, zum absoluten Geist in höchsteigener Person emporgeschwungen und damit die „absolute Selbstbegründung", das längst ersehnte Ziel der Philosophie, erreicht.

Jawohl, das Ziel der Philosophie, wenn das Ziel einer Sache auch ihr Ende ist, denn in der Tat ist die sogenannte positive Philosophie – wenigstens nach dem zu urteilen, was bis jetzt von ihr erschienen ist – das *Ende* der Philosophie. Ihr Prinzip ist nämlich kein anderes als die *Persönlichkeit*, und zwar die Persönlichkeit als ein *concretum*: Gott ist persönliches Wesen oder die absolute Persönlichkeit – dies ist der oberste, wesentlichste Begriff und Grundsatz dieser theologischen Spekulation. Aber eben da, wo die Persönlichkeit in concreto anfängt, ist die Philosophie an ihrem Ende. Die Person ist ein Gegenstand der Anbetung, der Anstaunung, der Anfühlung, der Anschauung, aber kein Gegenstand der Wissenschaft, kein Gegenstand des Denkens. Person ist das von mir Unabsonderliche an mir, das, was nicht in den Begriff aufgeht, was außerhalb bleibt, das, was nicht über sich spekulieren läßt. Jacobis Prinzip war die

[1] (?) *Fehlt in B.*

[2] *Andeutung einer Parenthese durch Kommas fehlt in B.*

Persönlichkeit Gottes, aber ebendarin bewies er, daß ihm die Persönlichkeit keine Floskel, sondern eine *Wahrheit* war, bewies er sich selbst als einen seinem Prinzipe konformen, sich selbst getreuen, konsequenten und darum *klassischen* Geist, daß er die absolute oder göttliche Persönlichkeit nicht zu einem Gegenstande des Wissens und Denkens machte, sondern zu einem unerklärlichen Axiom eines unmittelbaren, schlechthin apodiktischen Gefühls, d. i. zu einer *rein persönlichen* Wahrheit und Angelegenheit. Das Gleiche wird nur durch das Gleiche erkannt: die Person nur auf unmittelbar persönliche Weise wahrgenommen, nur so, wie ich mich selbst, mein eignes Dasein wahrnehme. Daß ich bin, daß ich persönliches Wesen bin, weiß ich unmittelbar, beruht auf keinem Denkakt, keiner wissenschaftlichen Wahrheit. Die Gewißheit des Daseins folgt aus keiner Demonstration, aus dem einfachen Grunde, weil das Dasein keine Sache des Denkens, sondern des Gefühls ist. Aber ebenso ist es mit der Person. Sie offenbart sich mir nur als Gegenstand eines persönlichen Gefühls. Liebe ist die *Erkenntnis* der Person.

Entgegne mir keiner, daß das Gesagte nicht auf die absolute Persönlichkeit angewandt werden könne! Nennt ihr Gott Person, so muß auch alles das von Gott gelten, was im Begriff der Person liegt[1]. Und legt ihr ihm denn nicht in der Tat die wesentlichen Merkmale einer wirklichen, menschlichen Persönlichkeit bei? Und wenn ihr ihm nicht alle, auch die sekundären Attribute der menschlichen Persönlichkeit zuschreibt, ist dies nicht ein ganz willkürlicher Abbruch und Einhalt, der, entweder nur aus Klugheit oder aus Kurzsichtigkeit, euer Prinzip nicht zu seinen, obgleich notwendigen, Konsequenzen kommen läßt? Ja, was von der endlichen Person gilt, daß sie nämlich kein Vernunftobjekt ist, das gilt noch weit mehr von der absoluten Persönlichkeit. Denn die absolute Persönlichkeit ist eben die *allerpersönlichste* Persönlichkeit, um mich so auszudrücken, das absolut singuläre Wesen, welches durchaus keine *allgemeinen* Prädikate und daher, sozusagen,[2] keine Anhaltungspunkte[3] mehr für das Denken hat. Sie ist zwar Persönlichkeit wie ich auch; aber ihre Absolutheit ist ihre Singularität,

1 *Im Original A und B versehentlich Fragezeichen.*
2 ,sozusagen, *Fehlt in B.*
3 Anhaltspunkte *B*

ihre Distinktion von mir. Über eine andere endliche Person kann ich daher wegen ihrer Verwandtschaft mit mir wohl raten und vermuten, aber über die absolute Person kann ich, weil hier selbst die Basis der Vermutung des möglichen Mir-gleich-Denkens und -Handelns wegfällt, nur *träumen* und *faseln*. Die Bestimmungen eines *wirklichen* persönlichen Wesens sind keine Gedankenbestimmungen, sondern unmittelbar persönliche Affektionen[1], die sich dem Denken entziehen. Alle Spekulation über ein persönliches Wesen ist nicht Philosophie, nicht Weisheit, sondern Naseweisheit. Die Ideen, als Ideen eines persönlichen Wesens, sind Gedanken, Absichten, Pläne. Aber wer, außer der vermessene Tor, wird die innern, subjektiven Gedanken und Vorgänge eines persönlichen Wesens ausspekulieren wollen?[2] Glaube, Zutrauen, Achtung, Ehrfurcht, Liebe sind allein die innerhalb der Sphäre der Persönlichkeit liegenden adäquaten, gehörigen Verhältnisse, in denen du zu einem Wesen stehst, das ein *persönliches* ist. Wo du über ein persönliches Wesen zu spekulieren anfängst, da erklärst du, daß es dir ein Dorn im Auge ist; du machst es zu einem Dinge, mit dem du außer das persönliche Verhältnis dich gesetzt hast. Nur wo du mit ihm zerfallen bist, wo es dir feindlich gegenübersteht, wo es für dich den *Wert* der Persönlichkeit verloren hat, spekulierst du über das, was es ist, was es denkt und beabsichtigt, was es tut und spricht. *Religion* ist das *wahre* Verhältnis zu einem *persönlichen* Wesen. Die Verhältnisse des Gatten zur Gattin, des Kindes zum Vater, des Freundes zum Freunde, des Menschen zum Menschen sind in Wahrheit

[1] *Fehlt in B. Dort Komma bereits hinter* persönliche

[2] *Hierzu in B als Zusatz die folgende Fußnote Feuerbachs:* „Warum", sagt der h. Augustin („De genesi contra Manichaeos" l. I, c. 2), „machte Gott Himmel und Erde? – Weil er wollte. – Wer aber fragt: Warum wollte Gott Himmel und Erde machen?, der geht über den Willen Gottes hinaus, welcher doch das Allerhöchste ist. Der Mensch lasse also solch verwegenes Fragen! – Wer den Willen Gottes erforschen will, der mache sich erst zum Vertrauten Gottes, denn wenn einer den Willen eines Menschen ausforschen wollte, ohne dessen Freund zu sein, so würde er von allen wegen seiner Unverschämtheit und Torheit ausgelacht werden."

religiöse Verhältnisse; nur der zerstörende Wahn der Superstition hat sie in die Klasse irdischer Verhältnisse hinabgeworfen. Wo der persönliche Gott eine Wahrheit ist, wo er *wirklich* und *aufrichtig* bekannt und bejaht wird, da wird notwendig darum und mit Freuden die Philosophie – wenigstens als Spekulation über Gott – gehaßt, verworfen, verneint, denn alle Philosophie über Gott führt zum Pantheismus, wie Jacobi mit einem wahren Genieblick erkannt und ausgesprochen (obgleich er den Pantheismus in einer viel zu speziellen und darum beschränkten Bedeutung nahm)[1]. Der positiven Philosophie, welche beides verbinden will, ist daher *weder* die Persönlichkeit *noch* die Philosophie eine *Wahrheit*; wäre ihr die Philosophie eine Wahrheit, so würde sie ihr die Persönlichkeit aufopfern; wäre ihr die Persönlichkeit eine Wahrheit, so würde sie die Philosophie fahrenlassen und sich in das ihrem Gegenstande *gebührende* Verhältnis, das Verhältnis des Glaubens, des Gehorsams, der Verzichtung auf die Vernunft, versetzen und fügen, denn in bezug auf ein persönliches Wesen ist Wißbegierde Neugierde, Spekulation Hochmut, Vermessenheit, Frechheit. Aber zu diesem aut-aut [entweder-oder] fehlt es der sogen.[2] positiven Philosophie an *Charakter*. Sie ist zu rationalistisch, um gläubig, und zu gläubig, um rationalistisch, zu irreligiös, um religiös, und zu religiös, um irreligiös sein zu können. Sie hat nicht die Demut der Religion, aber auch nicht den Mut des Unglaubens. Sie hat keinen Frieden in der Religion, denn wo die Religion den Menschen befriedigt, da befriedigen ihn auch die *religiösen Vorstellungen* und *Verhältnisse* unmittelbar *als solche* – er philosophiert nicht –, aber sie hat auch keinen Frieden in der Philosophie, denn die religiösen Vorstellungen sind ihr *Bedürfnisse*, die religiösen Verhältnisse die Grundlagen ihrer Spekulation. Wo aber die Religion nicht mehr den Menschen befriedigt mit ihren *selbsteignen* Vorstellungen und Verhältnissen, da *ist* sie nicht mehr. Die Religion ist *sich selbst genug* und nur Religion, wo sie sich selbst genug, in sich selig und befriedigt ist. Ebenso ist[3] Philosophie nur da Philosophie, wo sie an sich selbst genug hat, wo sie freudig ausruft: Omnia *mea* mecum

[1] *In B das Vorstehende nicht in Klammern.*
[2] sogenannten *B*
[3] *In B folgt Zusatz:* die

porto [alles Meinige trage ich bei mir]. Die positive Philosophie ist daher, indem sie beides sein will, Religion und Philosophie: religiöse Philosophie (wie sie sich selbst nennt), *keines* von beiden, *weder Religion noch Philosophie*. Die positive Philosophie schämt sich des bürgerlichen, schlichten Wesens der Religion und ihrer Vorstellungen – sie belächelt vielleicht selbst die Dogmen, wie sie früher gefaßt und ausgedrückt wurden, früher, d. h. zu den Zeiten, wo sie noch eine Wahrheit waren und ihnen ebendeswegen die wahre, die einzig mögliche adäquate Form gegeben wurde – sie stutzt die Dogmen daher philosophisch zu, sie will nicht *nur* Religion, sie möchte gern noch etwas drüber hinaus, sie möchte auch Philosophie sein, aber ebendadurch geht es ihr wie dem Bourgeois Gentilhomme [Bürger als Edelmann] des Molière, der uns weder den Bürger noch den Edelmann, sondern nur einen lächerlichen Widerspruch repräsentiert. Hochmut kommt vor dem Fall.

Die positive Philosophie ist der *gläubige Unglaube* und der *ungläubige Glaube*, die Wahrheit- und Charakterlosigkeit das spezifische Übel der Gegenwart, wie es sich auf dem Gebiete der Philosophie etabliert; sie ist eine *Lüge*, mit welcher sich unsere Zeit aus der Not der Widersprüche, in die sie von Grund aus zerrissen ist, herauszuhelfen sucht. Sie allein ist die eigentlich *frivole* Philosophie unserer Zeit. Frivol ist nämlich nicht der, welcher die Persönlichkeit Gottes leugnet – denn er leugnet sie nur, weil er sie als eine ungöttliche, endliche Bestimmung erkennt –, frivol nicht der, welcher ein Dogma verwirft – denn er verwirft es nur, weil er es für eine Unwahrheit erkennt, und selbst wenn er es verspottet, so ist er nur in Beziehung auf die, welche das Dogma glauben oder wenigstens zu glauben *heucheln*, aber nicht in Beziehung auf sich, nicht an sich, nicht vor Gott frivol, denn er verspottet das Dogma nur, weil er es für einen Spott auf das göttliche Wesen hält. Frivol ist nur der, dem das *ihm* Heilige oder Heilig-sein-*Sollende nicht* heilig, die Persönlichkeit Gottes eine Wahrheit und doch zugleich eine leere Floskel, das Dogma oder die Bibel das Wort Gottes und doch zugleich ein Spielball der willkürlichsten Exegese oder ein Wortspiel seines spekulativen Witzes ist.

Die Dogmen sind keine philosophischen Lehren, sondern *Glaubensartikel*. Was der Unglaube der Jetztwelt als das

Unwesentliche, Historische, Zufällige, aus der subjektiven Auffassung einer früheren Zeit Entsprungene von dem Dogma absondert, ist gerade das Wesentliche, der *Kern* des Dogmas. Es gehört zum Wesen des Dogmas, daß es der Vernunft widerspricht: Es *soll* ihr widersprechen – darin besteht das *Verdienst* des Glaubens; das Dogma ist *nichts* ohne Glaube, der Glaube *nichts* ohne den Widerspruch mit Vernunft und Erfahrung. Die Dogmen haben nur Sinn und Verstand – sosehr dieser Verstand der Vernunft widerspricht –, wenn sie in dem Sinne und Verstande genommen werden, in welchem man sie früher nahm und heiligte, und sie haben längst schon *die Form* gefunden, die allein ihrem Wesen entspricht. Die Form läßt sich überdem nicht vom Wesen absondern, ohne das Wesen selbst zu ändern. Das dem Wesen des Dogmas entsprechende, nicht frivole Verhältnis zu ihm ist daher allein das des gläubigen Annehmens und nichts verändernden Festhaltens. Die „reichere Explikation des Dogmas", deren die positive Philosophie sich rühmt, ist eine *reine Lüge* ebensowohl gegen das Dogma als gegen die Philosophie: eine Lüge gegen die Philosophie, weil sie aus und[1] mit philosophischen Begriffen dogmatische Vorstellungen, welche diesen Begriffen geradezu widersprechen, rechtfertigt und begründet, gegen das Dogma, weil sie aus und[1] mit Begriffen, welche dem Dogma nicht nur widersprechen, sondern dasselbe geradezu *verneinen*, das Dogma verteidigt und begründet. Sie persifliert und prostituiert die Philosophie durch das Dogma und hinwiederum durch die Philosophie das Dogma.[2] Das Dogma macht die Philosophie zu einer Floskel, aber die Philosophie macht auch wieder, um sich zu revanchieren, das Dogma zu einer[3] Floskel. So ist es z. B. mit der Güntherschen Konstruktion der Trinität. Diese Konstruktion ist, wie später noch sich zeigen wird, nichts anderes als eine Konstruktion des Selbstbewußtseins à la Fichte; da sie aber zugleich eine Rechtfertigung und Begründung dogmatischer Vorstellungen sein soll, so werden die Unterschiede, die in dem Begriffe des Selbstbewußtseins liegen, in „Substanzen" travestiert, aber

[1] aus und *Fehlt in B.*
[2] Sie persifliert . . . das Dogma. *Fehlt in B.*
[3] *In B folgt Zusatz:* bloßen

auch sogleich wieder die drei Substanzen zu leeren Floskeln gemacht, weil an und für sich schon, namentlich aber bei dem einmal zugrunde liegenden Begriffe des Selbstbewußtseins, sich unter den drei Substanzen *nichts denken* läßt als die Unterschiede des Selbstbewußtseins, die *keine* Substanzen sind. Die Lehre von dem Selbstbewußtsein des Geistes ist die philosophische Lehre der Trinität und geschichtlich an die Stelle der letzteren getreten; das Dogma wird daher begründet aus und mit Begriffen[1], welche das Dogma geradezu aufheben, begründet aus einer[2] Lehre, welche nur den *Unglauben* an das Dogma *begründen* kann und faktisch begründet hat. Ein anderes Exempel ist die reichere Explikation des Sündenfalles. „Der Urstand[3]", heißt es bei Hrn. Günther, „ist bei all seiner Vollkommenheit (?)[4] ein unvollendeter, vollkommen als Satzung und Wirkung Gottes, unvollendet vor und ohne Mitwirkung des Menschen (?)[4]. Die Freiheitsprobe ist Selbstvollendungsprozeß in der Geisterwelt, in welcher das geistige Leben (das Bewußtsein) zum höchsten und letzten Durchbruch kommt. Darin liegt die Möglichkeit der Ursünde" (S. 401). Nur Hr. v.[5] Baader sagt z. B. („Ferm. cognit.", 6. Heft, S. XXVIII), daß der Kreatur die Illabilität nicht angeschaffen werden konnte, daß es aber in ihrem Vermögen gestanden wäre, durch Selbstverneinung (?)[4] *sich selbst* für immer illabil zu *machen*. Hier wird gleichfalls eine Kategorie des modernen Unglaubens, die Kategorie der Notwendigkeit der Entwickelung und Selbstverwirklichung, welcher zufolge ein geistiges Wesen in seinem Anfange, seiner Unmittelbarkeit nicht ist, was es sein soll, sondern seine Wesenheit selbsttätig realisieren muß, zur Begründung eines Dogmas gemacht, welches eben durch diese Kategorie widerlegt und aufgehoben wird. Denn dem Dogma zufolge war Adam vollendet erschaffen, er kam aus Gottes Händen, wie er sein sollte; er war schon die realisierte Idee des Menschen *vor* dem Falle, das vollkommene Ebenbild Gottes. Die Ursünde war daher ein purer Abfall, ein reines Verderben, der Ver-

[1] aus . . . Begriffen: durch Begriffe *B*
[2] aus einer: durch eine *B*
[3] *So richtig B. In A Druckfehler:* Umstand
[4] (?) *Fehlt in B.*
[5] Nur Hr. v.: Und Herr von *B*

lust „der Gerechtigkeit vor Gott", und ebendeswegen ist die *absolute Unerklärlichkeit* und *Unbegreiflichkeit* des Sündenfalles[1] eine wesentliche Bestimmung dieses Dogmas. Wie einst Josua der Sonne gebot, daß sie stille stehe, so gebietet dieses Dogma dem Verstande, daß er stille stehe. Es ist ein theoretisches Mirakel, ein *grundloses* Faktum, über das sich nur grübeln, aber nicht denken läßt, ein bloßes Objekt des Glaubens.

Aber wie mit den Dogmen, ist es mit der Persönlichkeit. Die Persönlichkeit macht, weil sie kein Objekt der Spekulation ist, die Philosophie oder Spekulation zu einer Floskel, und die Philosophie macht wieder die Persönlichkeit zu einer Floskel, die[2] positive Philosophie nennt sich im Unterschiede vom Pantheismus, ja, im Gegensatze zu demselben das „System der Immanenz in Gott". Aber der Begriff der Immanenz ist eben eine pantheistische Kategorie (oder Form)[3], der Pantheismus wird daher durch eine Kategorie widerlegt, welche den Pantheismus begründet. Immanenz ist nämlich im allgemeinen[4] der Ausdruck eines innigen Zusammenhanges, eines Zusammenhanges wie z. B. zwischen Grund und Folge, Wesen und Eigenschaft, daher der charakteristische Ausdruck des Verhältnisses, des Zusammenhanges, in welchem der Pantheist Gott und Welt denkt, indem ihm beide untrennbar sind.[5]

[6]Die Persönlichkeit dagegen zerreißt dieses Band zwischen Gott und Welt, sie macht Gott zu einem *außerweltlichen* Wesen und die Welt zu einem *außergöttlichen* Sein, das in bezug auf Gott ein rein Indifferentes ist und daher auch nur einem an sich indifferenten *Willensakt* sein Dasein verdankt. Wo Gott als ein persönliches Wesen vorgestellt wird, da bringt er eine Welt *außer sich* hervor, aber in dieser zweiten Vorstellung wird nur realisiert, was schon an und für sich

1 Sündenfalls *B*
2 Persönlichkeit macht, weil . . . Floskel, die *Fehlt in B.*
3 *In B das Vorstehende nicht in Klammern. Dahinter dann Semikolon.*
4 im allgemeinen *Fehlt in B.*
5 *In A auf einer neuen Zeile:* (Fortsetzung folgt). *Die Fortsetzung beginnt dort Spalte 2313.*
6 *Darüber in A als Überschrift in drei Zeilen:* Zur Kritik der / „positiven Philosophie" / (Fortsetzung)

von vornherein im Begriffe der Persönlichkeit liegt, denn die Persönlichkeit ist ein sich von einem Äußeren, Anderen unterscheidendes und darin an und[1] für sich seiendes und sich wissendes Wesen, welches notwendig seine Wirkungen *entäußert* und daher auch nur ein äußerliches Verhältnis zu ihnen hat. Zwar wird auch da, wo die Persönlichkeit als das höchste Wesen angeschaut wird, ein Zusammenhang zwischen Gott und Welt angenommen, aber er ist ein, weil mit dem Begriffe der Persönlichkeit nicht zusammen vereinbarer, *völlig unbegreiflicher*. Die positive Philosophie verbindet daher mit der Persönlichkeit ein den *Begriff der Persönlichkeit verneinendes* Verhältnis. Mit der Immanenz hebt sie die Persönlichkeit und mit der Persönlichkeit die Immanenz auf. Sollte eure Immanenz keine bloße Floskel sein, so könnte der Unterschied zwischen eurer Immanenz und zwischen der Immanenz des Spinozismus oder Pantheismus nur dieser sein: Ihr seid *in* Gott, aber nicht, wie bei Spinoza, als *Akzidenzen* in der Substanz, sondern, da ihr Gott nicht Substanz, sondern „absoluten Geist" nennt, als Empfindungen, Vorstellungen, Gedanken, denn ein Geist hat keine Akzidenzen, sondern Empfindungen, Vorstellungen usw. Aber da ihr dies nicht mit eurer Immanenz ausdrücken wollt und könnt, da ihr eure liebe Persönlichkeit der absoluten Persönlichkeit gegenüber erhalten wollt, so ist eure Immanenz eine Floskel ohne Sinn und Verstand, die[2] Personen sind nur dadurch Personen, daß sie außereinander sind, daß sie in keinem immanenten Verhältnisse stehen und denkbar sind.

Die „positive Philosophie" ist die Philosophie der *absoluten Willkür*, die, sich hinwegsetzend über alle Denkgesetze, die widersprechendsten Dinge unbedenklich verbindet. Als der höchste metaphysische Ausdruck dieser Willkür kann der Satz: „Gott ist, was er will", angesehen werden – ein Satz, der den direktesten Gegensatz zur Philosophie bildet, denn die Philosophie sagt: Gott *ist*, was er sein *soll*, im Unterschiede von dem Endlichen, welches *nicht* ist, was es sein soll. Hierin hat die Bedeutung ihren Grund, welche die positive Philosophie der Erfahrung im Gegensatze zu dem

[1] an und *Fehlt in B.*
[2] denn *B*

sogenannten apriorischen Denken der rationalistischen Philosophie gibt. Von einem vernünftigen und sittlichen Menschen, d. h. einem Menschen, der nach den unwandelbaren Gesetzen der Vernunft und Ethik sich selbst und sein Leben bestimmt, kann man vorauswissen und -sagen, daß er so und nicht anders handeln werde, daß er so und nicht anders gehandelt haben könne, und wenn uns jemand ein Faktum erzählt, welches nicht mit seinem Wesen übereinstimmt, so werden wir im festen Glauben an seinen Charakter das Faktum entweder geradezu als eine reine Verleumdung leugnen oder in einem Sinne auslegen, der mit dem Begriffe und Wesen des Mannes übereinstimmt, in der Gewißheit, daß der rechtliche Mann nun und nimmermehr einen Schurken machen könne. Aber von einem Menschen, der ein Windspiel seiner subjektiven Launen, der Narr seiner eigenen Willkür ist, der zwar nicht „*ohne*" sittliche und vernünftige Idee ist, aber doch nicht „*durch*" sie sein Leben bestimmt – die positive Philosophie nämlich negiert die Vernunft, gemäß ihrer Halbheit und Charakterlosigkeit, nicht ganz, nicht charaktervoll, sondern halb: Die Vernunft ist ihr nicht: Ohne, aber kein Durch – eine übrigens völlig haltungslose Distinktion –[1], von einem solchen Menschen können wir nicht a priori wissen noch sagen, was er ist, was er tut, tun wird und bereits getan hat; wir sind hier an den Zufall der Empirie verwiesen. Die geniale Karnevalszeit, wo jeder tut und *ist*, was er will, ist das Vorbild der positiven Philosophie.

Die Willkür als ein theoretischer Akt ist die *Einbildung*. Widersprechende Dinge verbinden kann nur die Einbildung, nicht die Vernunft. Was der Vernunft eine Unmöglichkeit, ist der Einbildung eine Leichtigkeit. Denken kann man nur das Vernünftige, aber vorstellen, einbilden kann man sich alles Mögliche. Das Denken ist eine durch die Vernunft bestimmte und begrenzte Tätigkeit; aber schrankenlos ist die Einbildung: Sie ist der Sinn für das Sinnlose; es existiert für sie kein Gesetz, keine Wahrheit. Die positive Philosophie hat zu ihrer Basis die Einbildung, nicht das Denken; sie substituiert dem Gedanken die bloße Vorstellung, der Sache das Bild, dem Begriffe das Phantasma; sie ist die absolut

[1] – eine übrigens ... Distinktion – *Fehlt in B.*

phantastische Philosophie. Die *immanente* Persönlichkeit ist eine Chimäre, ein fabelhaftes Ungeheuer. Aber ebenso sind alle weiteren Bestimmungen der Persönlichkeit, ebendeswegen, weil die Persönlichkeit kein Objekt des Denkens ist, nichts als begrifflose Vorstellungen, Einbildungen – Anthropomorphismen. Das Charakteristische des Anthropomorphismus ist nämlich – da natürlich, wo die Reflexion sich mit ihm verbindet –, daß er einen *Begriff von etwas* zu einer *Vorstellung von nichts* macht. Augustin z. B. sagt: „Gott zürnt, aber ohne menschlichen Affekt, ohne Leidenschaft." Der Begriff des Zorns ist aber eben der Begriff einer Leidenschaft. Was ist also der Zorn Gottes? Eine *blinde* Vorstellung, ein Objekt der Einbildung, aber ein Nichts für den Gedanken. Das scheinbar Tiefe auf dem Standpunkte des Anthropomorphismus ist dieses[1] Vakuum des Gedankens[2]; je dunkler, je gedankenleerer eine Vorstellung ist, desto tiefer erscheint sie, gleichwie auch das seichteste Wasser, wenn es trüb und dunkel ist, uns unendlich tief scheint. Der Gedanke begrenzt und bestimmt, setzt der Einbildungskraft Maß und Ziel; wo dagegen der Gedanke ausgeht, ist der Deutung und Illusion ein unbegrenztes Feld eröffnet – daher der Eindruck der Tiefe. So ist es nun auch hier, in der positiven Philosophie, mit der *absoluten* Persönlichkeit, dem *absoluten* Selbstbewußtsein. Das Selbstbewußtsein einer wirklichen Persönlichkeit ist stets ein *individuell bestimmtes* und *beschränktes*, es ist der Akt, wodurch es sich von einem andern unterscheidet, sich gegen ein anderes abschließt und dadurch sich als sich selbst setzt. Das *absolute* Selbstbewußtsein ist ein non-ens [Nichtseiendes]; man kann sich nichts dabei denken; denn was man dabei denken könnte, das wäre die Begrenzung, die individuelle Bestimmtheit dieses Bewußtseins, die aber eben durch das Prädikat „absolut" entfernt wird. Wäre die Persönlichkeit als eine Kategorie der absoluten Substanz ein *realer Begriff*, so wäre die notwendige Konsequenz die spinozistische Konsequenz: *Nur* Gott ist Person. Da aber der Pantheismus durch die Persönlichkeit beseitigt werden soll, da die Persönlichkeit nur deswegen zur Gottheit erhoben wird, damit die Personen im Plural ihre Existenz als eine wahrhafte begründen und sichern können, die absolute

[1] ebendieses *B* [2] *So richtig B. In A Druckfehler.*

Persönlichkeit gleichsam nur die Gluckhenne ist, unter deren Fittiche [n] sich die lieben kleinen Personen vor der Kälte der Natur- und Vernunftnotwendigkeit verbergen und schützen, da überdem im Begriffe der Persönlichkeit die Vielheit enthalten ist, so ist notwendig der *Begriff* der Persönlichkeit der absoluten Substanz der Begriff einer *einzelnen*, *atomistischen*, *für sich* fixierten Persönlichkeit und folglich auch das Selbstbewußtsein derselben ein *individuelles*, wie das *unsrige* ist. Der Zusatz „*absolut*", wodurch ihr Selbstbewußtsein zu einem *andern* als das unsrige gemacht werden soll, drückt daher kein ens [Seiendes][1], keine Realität, keinen bestimmten, objektiven Begriff aus, sondern ist eine bloße Einbildung, eine Vorspiegelung, durch die der Spekulant sich in die Illusion versetzt, daß das Objekt seiner Spekulation nicht *sein eigenes Selbst*, sondern ein anderes, das göttliche, ist. Das spekulierende Subjekt verobjektiviert *sich selbst*, wenn es tief ist, sein Gemüt und dessen Prozesse, seine Seele, sein ihm selbst verborgenes Wesen, wenn es flach und egoistisch ist wie die modernen Spekulanten, seine Person, und spekuliert nun über *sich selbst als ein anderes Wesen*, aber notabene [wohlgemerkt] bewußtlos – Bewußtlosigkeit, Kritiklosigkeit ist der Charakter aller Mystik und Spekulation im Unterschiede von der Philosophie –, und gibt dann seinem eigenen, *als ein anderes Wesen vorgestellten*[2] Wesen Prädikate, die ihm, als einem anderen, zukommen und so dem *Phänomen* des eigenen Wesens den *Schein* eines objektiven Wesens geben. Hierin liegt der mystische Reiz und Zauber dieser und aller verwandten Spekulation; es ist dieses Sich-außer-sich-Setzen-und-wieder-in-sich-Zurücknehmen, diese Mystifikation des eigenen Selbstes, diese Vernehmung seiner selbst als eines anderen Wesens, welche, namentlich in den älteren mystischen Spekulationen, uns ergreift wie das Echo in einem stillen Tale, das[3] die in die Weite hinausgerufenen eigenen Worte in die Ohren, die eigentlichen Fühlhörner des Gemüts, und als die Worte eines anderen Wesens zurücktönt.[4]

1 Wesen *B*

2 *Im Original A:* vorgestelltem. *Hier berichtigt nach B.*

3 Echo in . . . Tale, das: Echo, welches *B*

4 *In A auf einer neuen Zeile:* (Fortsetzung folgt). *Die Fortsetzung beginnt dort Spalte 2321.*

[1]Das spekulierende Subjekt spiegelt sich in sich selbst ab: Das durchsichtige Element ist der Gedanke, die Folie das Phantasma, die Vorstellung[2] der *dunkle, begrifflose Grund*, auf dem der an sich reale Begriff, wie der des Bewußtseins, durch das Prädikat „absolut" zur begrifflosen Einbildung, aber ebendadurch zur Vorstellung eines andern gesteigert wird. So wird der Gedanke auf dem dunklen Grunde des Phantasmas zu einem *Spiegel*, in dem das Subjekt sich erblickt, aber unendlich vergrößert, so daß es dieses Ab- und Ebenbild seiner selbst für ein anderes Wesen, aber zugleich für sein *Ur*bild hält. Dieses als ein anderes Subjekt vorgestellte Spiegelbild ist die *absolute Person. Gott denkt sich* – so heißt es z. B. in der Güntherschen Konstruktion der Trinität –, aber das *spekulierende Subjekt denkt sich selbst* oder weiß wenigstens, daß es sich selbst denkt, in dem Momente, wo es sagt und denkt: Gott denkt sich; denn wie könnte es sonst das Sich-Denken verobjektivieren, d. h. als einen Akt eines anderen Wesens *vorstellen*? Ein bewußtloser Stein, der, per impossibile [was ja unmöglich ist], dächte, würde die Bewußtlosigkeit als sein höchstes Wesen feiern. –[3] Das, was Gott denkt, ist sein Ebenbild, sein von ihm selbst vergegenständlichtes Wesen, sein Selbander, ut ita dicam [sozusagen], oder wie man es sonst noch ausdrücken will. Aber dieses vergegenständlichte Wesen ist nichts anderes als das Bild des Spekulanten von sich selber, das er eine Weile innehält und von sich absondert und dann wieder in sich selbst, in seinen Anfang zurücknimmt, indem er erkennt und sagt: Dieses Gedachte, dieses andere bin in Wahrheit nur ich selbst. Das Selbstbewußtsein ist eine Tätigkeit, die sich in drei Momente unterscheiden läßt. Aber weil das Subjekt über sich selbst als über ein anderes Wesen spekuliert, so verselbständigt, verobjektiviert es diese Momente oder Gedankenunterschiede als drei Substanzen, Personen, die nichts anderes sind als ebendiese Gedankenunterschiede, gesetzt als Vor-

[1] *Darüber steht in A nochmals als Überschrift, auf drei Zeilen gebracht:* Zur Kritik der / „positiven Philosophie" / (Fortsetzung)

[2] Das durchsichtige . . . die Vorstellung: Der Gedanke ist das durchsichtige Element, das Phantasma, die Vorstellung aber die Folie, *B*

[3] *Gedankenstrich fehlt in B.*

stellungen, oder richtiger[1] *dramatische Effekte* des stets in das Gebiet der Bildertätigkeit sich umsetzenden Gedankens[2], Apostasien der Vernunft. Das, was gedacht wird, wird immer zugleich, indem es gedacht wird, dem *Denken entzogen*. Das Subjekt verbirgt scheu vor dem Lichte der prüfenden Vernunft sein Wesen in dunkle Bilder, um dadurch den unbeschreiblichen Reiz zu empfinden, von sich selbst als von einem andern Wesen *affiziert* zu werden. Das Subjekt träumt mit offenen Augen. Die Spekulation ist die Philosophie im Zustande des Somnambulismus. Darum haßt das spekulierende Subjekt die eigentliche Philosophie, weil diese die innere Verdoppelung und Entzweiung des eigenen Wesens in die einfache Identität des Selbstbewußtseins zusammenfaßt und dadurch sich um alle jene epischen und[3] dramatischen Effekte bringt, welche die Spekulation und Mystik hervorbringt[4]. Die Philosophie ist *Enttäuschung* – darum adstringierend, bitter, herb, widerlich, unpopulär –, die Spekulation ist *Selbsttäuschung* des Menschen – darum gemütlich, annehmlich, populär wie jede Illusion. Der Philosoph philosophiert über das Wesen des Menschen, aber mit dem Bewußtsein, daß dieses Wesen sein Wesen ist, der Spekulant spekuliert darüber, ohne daß er es weiß, weil er nicht, wie der Philosoph, zwischen seinem individuellen und allgemein menschheitlichen Wesen unterscheidet; er hält sein eigenes Wesen für ein anderes: *Er täuscht sich.* Der Spekulant ist ein Tautolog: Er glaubt, etwas anderes als sich selbst auszusprechen, er sagt aber immer dasselbe, nur daß er es *zweimal* sagt; er dreht sich im Kreise nur um sich selbst herum. Es geht dem Spekulanten wie dem Poeten, der menschenscheu sich der Natur in die Arme wirft, aber seinen Wahn, daß der Mensch dem Menschen entfliehen könne, dadurch als einen Wahn faktisch eingesteht und abbüßt, daß er die Natur zu einem *menschlichen* Wesen macht.

„Denkt auf diesen Fluren
Bald kein Erdner mein,
Denkt doch mein die Aue
Und der stille Hain."

[1] oder richtiger: nichts anderes als *B*
[2] *In B Gedankenstrich statt Komma.*
[3] epischen und *Fehlt in B.* [4] hervorbringen *B*

So heißt es z. B. bei Herrn v. Baader – und dies ist der Kern seiner ungeschlachten Theosophie –: „Der Mensch soll und kann nicht anders sagen als: Ich bin gesehen (durchschaut, begriffen), darum sehe ich, ich bin gedacht, darum denke ich, ich bin gewollt, darum bin ich wollend." „Das Sich-selber-Wissen des endlichen Geistes ist ein sekundäres Wissen. Er weiß daher sein Gewußtsein von dem ihn hervorbringenden absoluten Geiste. Cartesius hat dieses sekundäre Wissen für ein primitives genommen ... Dadurch wurde die Überzeugung der *Koinzidenz* des Sich-Wissens mit seinem Sich-gewußt-Wissen vom absoluten Geiste verdunkelt." „Der menschliche Geist ist von Gott erkannt und erkennt sein Erkanntsein, die Natur ist erkannt und erkennt sich aber nicht selbst. Der Mensch erkennt sein Von-Gott-Erkanntsein *oder seine Idee*, insofern er *in* Gott ist oder durch seine Immanenz in Gott, nicht daß er Gott ist oder zu Gott wird." Der Sinn dieser Worte ist nicht: Ich erkenne mich, weil ich erkenne, daß ich von Gott erkannt bin, ich denke mich, weil ich denke, daß ich von Gott gedacht bin, denn in diesem Falle würde ja mein Denken immer nur von meinem[1] Denken abhängig gemacht, sondern es ist eine unmittelbare, *chemische* Durchdringung des göttlichen und menschlichen Denkens – Hr. Baader ist nämlich als Theolog und Theosoph immer zugleich Chemiker und Mechaniker, der krasseste und burleskeste Theosoph, der vielleicht noch erschienen[2] –, eine eigentliche Koinzidenz und Immanenz gemeint: Ich denke, weil ich von Gott gedacht bin, mein Denken ist realiter abhängig von dem Mich-Denken Gottes; ich denke *in* Gott und *aus* Gott als dem *Grunde* meines Denkens. Hinter diesen theosophischen Floskeln scheint nun wunder wie viel zu stecken, aber es ist nichts als Illusion. Ist das Erkennen Gottes ein andres als das meinige, *anderer* Natur, so kann ich nicht in *seinem* Erkennen mich erkennen; ich müßte, wenn es ein anderes ist, auch noch ein *anderes* Erkennen haben, als das meinige ist, um mich in dem seinigen zu erkennen. Ebensowenig kann sein Denken anders sein als meines, wenn das meinige von dem seinigen abhängen soll. Wie könnte ich denn auch mein Von-Gott-gedacht-Sein denken, wie nur eine

[1] einem *B*
[2] , der krasseste ... erschienen *Fehlt in B*.

Vorstellung davon haben, wenn es ein anderes wäre? Wie kann für mich das Verständnis eines Wortes von dem Mich-Verstehen meines Lehrers abhängen, wenn er eine fremde, mir unverständliche Sprache spricht? Also ist das Mich-Denken Gottes nur das verobjektivierte Mich-selbst-Denken. Ich mache - wie bin ich doch so demütig! – mein Denken von dem Mich-Denken Gottes ab[hängig]; aber ich mache auch dafür – wie bin ich doch so hochmütig! – das göttliche Denken zu rein menschlichem Denken. Der Mensch wird negiert, aber zum Ersatz dafür Gott zu einem menschlichen Wesen gemacht. – Dasselbe gilt von der Idee oder dem Inhalte des göttlichen Wissens. Das Ich macht sich zum Inhalt[1] Gottes: Gott weiß *mich*. Insofern er mich weiß und mich *so* weiß, wie er „alles weiß, indem er sich weiß", insofern kann ich nicht in seinem Wissen mich wissen, indem dieses Alles-Wissen, *für mich* wenigstens, ein konfuses, unbestimmtes, mein Bild verwischendes Wissen ist. Ich kann also aus *diesem* Wissen *mein* Wissen von *mir*, das ein ganz bestimmtes ist, ich mag nun unter diesem „mir" den Menschen überhaupt oder diesen Menschen verstehen, nicht ableiten und begründen[2]. Sowenig ich aus der universalen Idee der Pflanze die Rose, das Veilchen, die Lilie erkenne, weil in ihr das fehlt, was die Rose zur Rose, im Unterschiede von andern Pflanzenarten, macht, sowenig kann ich in der universalen Idee der Kreatur in Gott die Idee dieser bestimmten, der menschlichen Kreatur finden. Nur in einer ganz bestimmten Idee, einer Idee, die mit Ausschluß aller anderen nur das menschliche Wesen repräsentiert, kann ich mich finden und erkennen. Nur in einer Vorstellung Gottes von mir, die sich *nicht unterscheidet* von der Vorstellung, die ich selbst *aus* mir und *durch* mich von mir habe, kann ich mich vorgestellt wissen. Die Idee Gottes von mir ist also keine andere als die Idee, die ich von mir aus mir selber habe, nur daß diese meine Vorstellung oder Idee als die Vorstellung eines andern von mir vorgestellt oder verobjektiviert wird. So löst sich hier alles in die leerste Tautologie und Phantasmagorie[3] auf! Das Menschliche wird bewußtlos zum Göttlichen gemacht, um dann mit Bewußtsein aus dem als das Göttliche vorgestellten

[1] Inhalte *B*
[2] und begründen *Fehlt in B.*
[3] Phantastik *B*

Menschlichen das Menschliche als das Sekundäre abzuleiten – so hier das menschliche Denken aus dem göttlichen, welches doch nichts weiter als das verobjektivierte menschliche Denken ist. Wir können kein *anderes* Denken *denken*, als das unsrige ist – eine Behauptung, die sich für den *denkenden*, vernünftigen Menschen durch sich selbst rechtfertigt – ,denn wenn es ein wirklich *anderes* Denken ist, so ist es ein solches, welches nichts gemein hat mit unserem Denken und folglich *undenkbar* ist; ein Denken, wovon ich einen Gedanken habe, ist aber ein mit meinem Denken übereinstimmendes Denken.[1]

[2]Alle Bestimmungen, die man nur immer vorbringen mag, um einen Unterschied zwischen dem göttlichen und menschlichen Denken auszudrücken, fallen *innerhalb* unseres Denkens hinein[3], sind Gedanken von uns, Gedanken, in denen sich unser Denken betätigt. Der Satz z. B.: Gott weiß und denkt alles, indem er sich weiß und denkt – ein Satz, der schon bei den ältesten Mystikern und Scholastikern, dem Dionysius Ar[eopagita], Albertus M[agnus], Thomas Aq[uino] vorkommt –, scheint das göttliche Denken und Wissen absolut über das menschliche Denken hinauszustellen. Aber es ist nur ein den Phantasten, nicht den Denker verblendender Schein. Dieser Satz enthält nämlich implicite oder zu seiner Voraussetzung den Satz oder Gedanken: Gott ist alles; wie könnte er sonst, indem er sich weiß, alles wissen? Gott ist aber alles nicht auf materielle, sinnliche, singuläre, sondern auf ideale, geistige, universale Weise: Er ist alle Wesen im Wesen, in der Idee, weil er das Wesen aller Wesen, das allgemeine Wesen ist. Indem Gott sich denkt, denkt er daher alles, aber nicht alles in seiner aufgelösten Vielheit, in seiner Einzelheit – so wäre sein Wissen selbst ein sinnliches, ein Wissen des einen nach und außer dem andern –, sondern alles in seiner allgemeinen Idee, wo das Sinnliche, Vielfache wegfällt. Geht denn nun aber dieses Denken über den Begriff unsers Denkens hinaus? Wie könnten wir sonst davon reden,

[1] *In A auf einer neuen Zeile:* (Fortsetzung folgt). *Fortsetzung fängt in A Spalte 2329 an.*

[2] *Darüber in A als Überschrift, auf drei Zeilen gebracht, wieder:* Zur Kritik der / „positiven Philosophie" / (Fortsetzung)

[3] innerhalb . . . hinein: fallen in unser Denken *B, wobei* in *hervorgehoben ist.*

wenn anders unsere Rede nicht eine sinn- und gedankenlose Rede sein soll? Ist die Idee z. B. des Menschen nicht die Idee aller Menschen, abgesehen von ihren individuellen und speziellen Unterschieden? Denke ich nicht selbst in der Tat, indem ich Gott als allgemeines Wesen – und dieser Begriff liegt, wie gesagt, dem Satze: Gott denkt alles, indem er sich denkt, zugrunde – oder als das Wesen der Wesen denke, ihn als alle Wesen in ihrer Wesenheit? Fasse ich nicht selbst, indem ich sage: „Gott ist idealiter alle Wesen", alle verschiedenen Wesen, mit Weglassung ihrer Verschiedenheit, in dem allgemeinen Begriffe des Wesens zusammen, in dem sie idealiter enthalten sind? Was ist also für ein Unterschied zwischen dem angeblich göttlichen und menschlichen Denken? Keiner, wenigstens für den Gedanken, wenn auch nicht für die Einbildung, der das Unmögliche möglich, das Phantom Realität ist. Die Begründung des menschlichen Denkens durch das göttliche ist daher nur eine Selbsttäuschung: Das menschliche Denken wird in Wahrheit nur *durch sich selbst* begründet.

Am eklatantesten kommt die Selbsttäuschung der Spekulation in der *Kreationstheorie*, welche für sie von ganz besonderer Wichtigkeit ist, weil die erhabenste und effektvollste theatralische Vorstellung, zu der sie sich emporschwingen kann, zum Vorschein.[1] Nachdem das spekulierende Subjekt das Selbstbewußtsein, aber nicht[2] als sein eigenes, sondern als das Bewußtsein eines andern, des absoluten Wesens konstruiert, d. h. den Satz, daß das wahre, das absolute Leben das selbstbewußte Leben ist – aber nur in einer verkehrten Konstruktion –, ausgesprochen und begründet hat – denn welchen andern Sinn hat der Satz: Das absolute Wesen ist selbstbewußt, als: Das Selbstbewußtsein ist absolutes Wesen? –, geht das Subjekt über zur Konstruktion der Welt. Diese Aufgabe ist indessen keine andere als die: Wie komme ich aus dem selbstgenügsamen Selbstbewußtsein zum Bewußtsein eines andern, aus der Subjek-

[1] in der Kreationstheorie . . . zum Vorschein.: zum Vorschein in der Kreationstheorie, welche für sie, als die erhabenste und effektvollste theatralische Vorstellung, zu der sie sich emporschwingen kann, natürlich von ganz besonderer Wichtigkeit ist. *B*

[2] *Im Original A:* nichts. *Hier berichtigt nach B.*

tivität heraus zum Begriffe der Objektivität? Das spekulierende Subjekt zieht sich in sich selbst zurück, unterscheidet sich von allem andern außer sich[1] und feiert dieses sein Sich-von-allem-andern-unterschieden-Wissen als seine höchste Wahrheit und Seligkeit, Freiheit und Unsterblichkeit. Das absolute Wesen *vor* der Schöpfung ist nichts anderes als die außer allen Nexus herausgesetzte, außerweltliche Subjektivität, die als das absolute Wesen vorgestellt wird. Das Setzen des andern, der Welt, ist daher *freie Tat*, d. h., das Subjekt verobjektiviert seine *subjektive Willkür*, mit der es von der Vorstellung des selbstgenügsamen Selbstes zur Vorstellung eines andern übergeht, als freie Tat; denn es ist *kein Grund* vorhanden zu einem Übergange, keine Notwendigkeit da, daß ein anderes gesetzt werde, indem das außerweltliche Selbst sich selbst als das absolute Wesen erscheint oder vorstellt. Die Kreation ist eine Gewalttat, ein Machtspruch, ein Werk zwar nicht der „blinden Notwendigkeit", aber der *blinden* Willkür.

Zwar sucht das spekulierende Subjekt auch die Kreation zu vermitteln, d. h. Gründe anzugeben und so den innern Hergang dieses großen Ereignisses zu erzählen, aber ebendadurch[2] verrät es aufs deutlichste, daß seine Spekulation über das absolute Wesen nur eine Spekulation über die eigene Subjektivität ist. „Die Schöpfung als Offenbarung Gottes", sagt z. B. A. Günther, „kann zunächst keinen andern Zweck haben, [denn] als Wesen *außer ihm* offenbar zu werden. Diese Offenbarung an andere involviert also zugleich die Setzung anderer Wesen, d. h., Kreation und Manifestation *nach außen* bedingen sich wechselseitig" (S. 394)[3]. Andere Wesen *außer sich* setzen heißt nichts anderes als sich selbst beschränkt setzen, setzen als *ein* Wesen; indem ich andere Wesen außer mir wahrnehme, nehme ich mich selbst als ein einzelnes, besonderes, beschränktes Wesen wahr. Der Hochmütige dünkt sich der Alleinige zu sein,[4] alle anderen außer ihm verschwinden vor ihm ins Nichts,[4] er nur ist sich Gegenstand,

[1] ihm *B*

[2] und so . . . ebendadurch: ‚aber eben durch diese Begründung *B*

[3] *Seitenangabe fehlt in B.*

[4] *In B Semikolon statt des Kommas.*

aber ebendeswegen ist er (in seiner Einbildung) der ausschließlich, der unvergleichlich, der unbeschränkt Weise, Gute oder Schöne. Der Vernünftige dagegen nimmt außer sich noch andere Wesen an und wahr, die an denselben Gütern mit ihm Anteil haben, und ebendadurch erkennt er seine eigenen Grenzen, setzt er sich als ein beschränktes Wesen. Aber eben nur ein Wesen, das *an sich* ein beschränktes ist, kann sich setzen als ein beschränktes. Die Kreationstheorie[1] ist daher das Selbstbekenntnis der absoluten Person, daß sie nur die mystifizierte menschliche Person ist. „Die Kontraposition kommt in Gott (setze: im Menschen) nur dadurch zustande, daß er sich selber in seiner Ichheit formal negiert und diese Negation real. setzt, d. i. realisiert oder affirmiert. Der Gedanke in der Gottheit (richtiger: Menschheit) von dieser Negation ihrer selbst ist die Idee der Kreatur in ihrer Totalität (Universum), folglich ist die Kreatur in ihrer Realität (Wirklichkeit) die real objektivierte Idee vom göttlichen (das heißt: menschlichen) *Nicht-Ich.*" „Gott hat sein Ich nie ohne Nicht-Ich (Kreatur) der *formalen* Wirklichkeit nach gedacht, der realen Wirklichkeit nach aber muß Gott nur das realisieren, was sein Ich konstituiert, nicht dieses, was die Negation desselben ist . . . Ideen objektiv realisieren heißt erschaffen. So formell notwendig nun in Gott neben und mit der Ichheit einerseits die Idee eines Nicht-Ich vorhanden ist (denn die Selbstbejahung involviert als solche schon eine formale Selbstverneinung in der Selbstunterscheidung vom Sohne), so durchaus nicht notwendig ist andererseits die gegenständliche Verwirklichung jener Idee, da solche eben kein Moment ist in der realen Konstituierung der absoluten Ichheit und Persönlichkeit. Gott muß sein Nicht-Ich denken, aber nicht *schaffen*" (S. 395–96).[2] Welch ein eitles und zugleich lug- und trugvolles[2] Possenspiel! Der Mensch denkt sein Ich nie ohne Nicht-Ich, das Bewußtsein seiner selbst ist zugleich das Bewußtsein eines andern, oder vielmehr das Ich ist nur Ich in der Vorstellung eines möglichen oder wirklichen Nicht-Ich, das es sich gegenübersetzt und von dem es sich unterscheidet – so auch Gott;

[1] Kreation *B*
[2] *Seitenangabe fehlt in B.*
[3] und zugleich . . . trugvolles *Fehlt in B.*

er denkt sich nicht, er ist nicht Ich ohne die Idee einer Negation, eines andern, der Welt: Gott ist so das verobjektivierte Ich. Aber weil es als ein anderes Ich vorgestellt wird, so muß ein Unterschied gesetzt werden; dieser ist die Erschaffung. Gleichwohl ist dieser Unterschied wieder nur ein formeller, imaginärer, vor dem Gedanken verschwindender. Die Erschaffung ist nämlich als die Realisierung der Idee ein ganz formeller, gleichgültiger, aber deswegen auch beliebiger Akt, ein Akt, der geschehen oder unterbleiben kann, ohne daß in der Hauptsache selbst etwas verändert ist; denn der Idee nach ist die Welt schon fertig und vollendet. Die Welt ist schon innerlich da; daß sie äußerlich, sinnlich auch da ist, ist ein Zusatz, der nur eine *sinnliche Vorstellung*, aber keinen neuen Gedanken und Begriff hinzufügt. Dem menschlichen Ich ist äußerlich, sinnlich die Welt vorausgesetzt, dem göttlichen innerlich, denn das göttliche Ich ist nicht Ich ohne die Idee seines Nicht-Ich, das Nicht-Ich ist also als Idee der Idee des göttlichen Ich von sich selbst vorausgesetzt. Aber dieser Unterschied ist[1] nur ein illusorischer. Die weiteren[2] Unterschiede, die dann noch zwischen dem göttlichen und menschlichen Selbst gemacht werden, sind ebenso[3] reine Illusionen der Phantasie oder handgreifliche Possenspiele der spekulativen Willkür. So wenn es z.B. bei Hr. Günther heißt: „Der Mensch hat nur die Form, das Selbstbewußtsein, nicht aber das Wesen mit Gott gemein, er ist dreifaltig im Wesen und eins in der Form, bei Gott ist es umgekehrt" (S. 405).[4] Jawohl, umgekehrt; denn euer Gott ist nur der umgekehrte Mensch. Es ist nur ein formeller Unterschied zwischen beiden, d. h. ein Unterschied nur für den Phantasten, den spekulativen Taschenspieler, aber nicht für den ernsten, besonnenen, kritischen Denker. Ich kann ebensogut sagen: Der Mensch ist dreifaltig in der Form, aber eins im Wesen – denn er ist nur *eine* Person, *ein* Wesen, *eine* Substanz, nicht drei

[1] vorausgesetzt. Aber ... ist: vorausgesetzt – ein Unterschied, der aber *B*

[2] illusorischer. Die weiteren: illusorischer ist, denn die innerliche Notwendigkeit der Welt für Gott ist in Wahrheit nur ein Ausdruck, eine Folge ihrer unleugbaren äußern, wirklichen Existenz. Aber ebenso sind die andern *B*

[3] sind ebenso *Fehlt an dieser Stelle in B.*

[4] *Seitenangabe fehlt in B.*

Substanzen[1] –, als ich sagen kann: Er ist dreifaltig im Wesen, aber eins in der Form. Die absolute Person ist nur die tabula rasa [unbeschriebene Tafel], auf der der Spekulant sich selbst abporträtiert, der goldene Rahmen, der das liebe Bild der menschlichen Persönlichkeit umschließt. Der Unterschied zwischen dem Baaderschen und Güntherschen „System" ist nur, daß bei Hr. Günther die menschliche Persönlichkeit, gleich einer Käferlarve, unverkennbar als solche nackt und offen zutage liegt, während sie bei Hrn. v. Baader gleich einer Wassereulen- oder Aftermottenlarve ihren *Hinterleib* in ein aus allerlei kuriosen Naturalien und Materialien zusammengesetztes Gehäuse versteckt, so daß man die Momente, wo sie gerade ihren *Kopf* hervorstreckt, erlauschen muß, um zu erkennen, daß ein tierisches Wesen in diesem tollen Dinge steckt. Ob Hr. v. Baader einen göttlichen oder chemischen Prozeß im Sinne hat, dürfte in den meisten Fällen schwer zu unterscheiden sein. Besonders spielt er mit dem Feuer gern – man könnte ihn füglich den Feuerwerker der deutschen Spekulanten nennen –, aber gleichwohl sind alle diese seine Naturspiele für den Kenner nichts weiter als zu Ehren der menschlichen Persönlichkeit und Beschränktheit veranstaltete Feuerwerke. Der Gott des Hrn. v. Baader hat an dem Menschen selbst seinen Kooperator und Vikarius. Sat sapienti [dem Wissenden genügt das].[2]

[3]Wodurch unterscheidet sich denn nun also die sogenannte positive Philosophie von dem Pantheismus der früheren Philosophie? Lediglich durch den *Wahn* des religiösen Fanatismus, der sich allein im Besitz des allein wahren Gottes, der alleinseligmachenden Vorstellung zu sein dünkt, der seine Partikularempfindung, seine Partikularvorstellung von Gott für Gott selbst hält und daher alles, was dieser seiner partikulären Vorstellung und Empfindung widerspricht, als Götzendienst mit Füßen tritt. Ihr glaubt, dadurch dem Pantheismus, der Konfundation des Geschöpfes mit dem Schöpfer, entgangen zu sein, daß ihr eurem Gotte eine eigene, persön-

[1] *In B folgt Zusatz:* , aber er wird sich dieses einen Wesens auf dreierlei Weise bewußt B

[2] *In A auf einer neuen Zeile:* (Schluß folgt). *Der Schluß beginnt dort Spalte 2337.*

[3] *Darüber als Überschrift in drei Zeilen:* Zur Kritik der / „positiven Philosophie" / (Schluß)

liche Existenz gebt? O sancta simplicitas [oh, heilige Einfalt]! Hatten die Götter des Olymps nicht auch persönliche Existenz? Kommt nicht dem Ibis, dem Apis der Ägypter[1] auch eine eigene[2] Existenz zu? Kommt es nicht einzig und allein auf die Wesensbestimmung an? Habt ihr aber andere Bestimmungen als entweder aus dem Wesen der Natur oder aus dem Wesen des Menschen? Sind nicht wirklich eure Bestimmungen des göttlichen Wesens Bestimmungen des menschlichen Wesens? Sind Persönlichkeit, Bewußtsein, Wille, Denken nicht menschliche Bestimmungen und die Unterschiede, die ihr zwischen göttlichem und menschlichem Bewußtsein usw. macht, nur Phantasmen, der reale Begriff immer die menschliche Bestimmung? Entweder macht ihr also den Menschen zu *keiner* Kreatur, gebt ihm ein besonderes Privilegium, macht ihn in der Tat zu Gott, nur daß ihr ihn, als Gott, als ein eigenes persönliches Wesen, wieder euch gegenübersetzt, oder eure Spekulation ist so gut Pantheismus, so gut Konfundation des Geschöpfes mit dem Schöpfer als die frühere Philosophie, nur daß euer Pantheismus ein Pantheismus *anderer Art* ist. Und so ist es auch in der Tat. Ihr habt vor dem Pantheisten nur den Schein und die Einbildung, daß ihr keine Pantheisten seid, voraus und unterscheidet euch, eben nicht gerade zu eurem Vorteil, nur dadurch von ihm, daß der Pantheist, der Philosoph das *Wesen* des Menschen vergöttert, in dem Bewußtsein, daß der Mensch nicht über sein Wesen hinauskann, ihr aber das *menschliche Selbst, die Person*, vergöttert, befangen in dem Wahne des tiefsten und verderblichsten Hochmutes, in dem Wahne, daß das menschliche *Individuum* über das *Wesen* des Menschen hinauskönne. Oder glaubt ihr etwa, durch eure religiösen Gefühle den Gedanken überflügeln zu können? O sancta simplicitas! muß ich abermals ausrufen. Sind eure Gefühle menschliche oder außer- und übermenschliche, d. h. über das Wesen des Menschen hinausgehende? Was über das Wesen des Menschen hinausgeht, das geht auch über die Wahrnehmbarkeit[3] und Empfindbarkeit für ihn hinaus. Sind sie aber menschliche, was sie notwendig sind, so ist auch ihr

[1] *Im Original A und B:* Ägyptier
[2] eigne *B*
[3] Vorstellbarkeit *B*

Inhalt ein menschlicher. Was nur immer in eure Gefühle eintreten kann, es ist nichts anderes als eine Manifestation des euch verborgenen menschlichen Wesens, das das *absolute Maß* des menschlichen Individuums ist. Und wie ihr euch auch nur immer zu einem Gegenstande verhalten mögt, dadurch allein schon, daß ihr euch zu ihm verhaltet, daß er euch Gegenstand ist, macht ihr ihn zu einem *menschlichen Gegenstande*. Die Religionsphilosophie ist daher nur dann *Philosophie*, wenn sie die Religion als die *esoterische* Psychologie weiß und behandelt. Die großen Epochen in der Geschichte der Religion und Philosophie bestimmen sich nur nach dem, was von dem Wesen des Menschen als das Höchste angeschaut, d. i. vergöttert[1], wird. Die Orientalen vergötterten z. B. das als Phantasie sich betätigende und den Menschen beherrschende Wesen des Menschen oder selbst gar den Wahnsinn, die Verrücktheit, das griechische Volk die ästhetische Anschauung, der griechische Weise die praktische oder theoretische Intelligenz, das Christentum das innere Gefühl, das Gemüt mit seinen Leiden und Freuden[2]. Wem die Intelligenz das Höchste ist, dem ist die ästhetische Anschauung das Niedere und der daher, dem diese das Höchste ist, ein Götzendiener; wem das sich selbst unbegreifliche Gemüt dagegen das Höchste ist, dem ist der Diener der selbstbewußten klaren Intelligenz ein Götzendiener. Nicht so unterscheiden sich also Heidentum und Christentum, daß jenes Götzendienst, dieses wahrer Gottesdienst ist – so urteilt nur der Fanatismus des religiösen Partikularismus, denn dem Muhammedanismus ist auch das Christentum Götzendienst–, sie unterscheiden sich nur dadurch, daß das Heidentum, das philosophische wenigstens, den Verstand, das Christentum die Liebe als das Höchste anschaute. Gott ist der *Νοῦς*, der Verstand – ein Satz, dem aber das Enthymema zugrunde liegt: Das Höchste ist der Verstand, also ist usw. – dies ist der spezifische Kern des philosophischen Heidentums; Gott ist die Liebe – ein Satz, dem aber wieder das Enthymema zugrunde liegt: Das Höchste ist die Liebe, also usw. – dies ist der spezifische, positive Kern des Christentums – (eine

[1] als das ... vergöttert: vergöttert, d. h. als das Höchste angeschaut *B*

[2] innere ... Freuden: Gemüt *B*

Behauptung, die ebenso einfach als fruchtbar ist und bis in die speziellsten Differenzen hinein sich durchführen und bewähren ließe)[1]. Wenn darum der als Gott angeschaute *Νοῦς* Menschenwerk ist, so ist es auch die als Gott angeschaute Liebe. Aber was ist dann nicht Menschenwerk? Selbst die Bäume, die Sterne, die wir sehen, sind so, wie wir sie sehen, Menschenwerk – menschliche Bäume, menschliche Sterne. Andern Wesen mit anderen Augen erscheinen die Wesen oder Dinge, die wir als Bäume benennen und anschauen, vielleicht als ganz andere Wesen oder Dinge. Dem bewaffneten Auge erscheint der tote Wassertropfen als ein belebter Fischteich. Und so notwendig – so unabhängig von unserm subjektiven Meinen und Wollen – die Dinge, die wir als Bäume sehen, uns mit unsern Sinnen als Bäume erscheinen, so notwendig erscheint sich die Vernunft in dem wahrhaft Denkenden, die Liebe in dem wahrhaft Liebenden als das höchste Wesen. Selig, befriedigt in sich ist die Liebe, selig, befriedigt in sich die Vernunft. Was in sich selig ist, will nicht über sich hinaus, kennt nichts Höheres als sich, weiß sich als und ist in der Tat das Göttliche. Darum gebietet uns Christus, zu werden wie die Kinder, wenn wir das Himmelreich erben wollen – darum, weil das Kind nicht über sich hinaus will, weil es befriedigt ist in sich, befriedigt in dem kindlichen Wesen des Menschen – wenigstens solange es noch ein wahres und unverdorbenes Kind ist. *[2]

Zum Schlusse erinnern wir daher die „positive Philophie" an das Sokratische „Erkenne dich selbst" und an den nicht oft genug zu wiederholenden Spruch der Bibel: Ihr seht nur die Splitter in den Augen anderer, aber nicht die Balken in euren eigenen, auf daß sie demütigst in sich gehe und zur Einsicht ihrer Schranke komme und uns hinfüro mit ihren

[1] *In B das Vorstehende nicht in Klammern.*

* Eine vortreffliche Entwickelung des eben angeführten Spruches und des tieferen Wesens des Kindes in dem angedeuteten Sinne findet sich in der interessanten, schon um ihrer meisterhaften Darstellung willen lesenswürdigen Schrift [Friedrich Feuerbachs] „*Theanthropos.* Eine Reihe von Aphorismen", Zürich 1838.

[2] *Hierzu in B keine Fußnote Feuerbachs. Zwischen dem letzten und vorletzten Absatz der Rezension in B eine Leerzeile.*

großsprecherischen Phrasen und Verheißungen verschone. Die Philosophie muß allerdings über die Hegelsche Philosophie hinausgehen. Es ist spekulative Superstition, an eine wirkliche Inkarnation der Philosophie in einer bestimmten historischen Erscheinung zu glauben. Ihr wollt Philosophen sein und schließt in enge Zeit- und Raumgrenzen das ewig schaffende Leben des Geistes ein? Gab es nicht eine Zeit, in der Aristoteles für die Philosophie und Vernunft selbst galt? Ist nicht diese Zeit mit ihrem Glauben verschwunden? Wird es nicht ebenso auch mit euch und eurem Glauben ergehen? Oder ist, was in einem Averroës Superstition war, bei euch Vernunft? Die Philosophie werde also frei und selbständig, aber sie werde auch einfach und natürlich. Die einfachsten Anschauungen und Gründe sind allein die wahren Anschauungen und Gründe. Die wichtigsten historischen, natürlichen und psychologischen Erscheinungen lassen sich auf eine weit einfachere und natürlichere, aber ebendeswegen unwidersprechlichere Weise erklären und auffassen, als von der spekulativen Philosophie bisher geschah. Die spekulative Philosophie Deutschlands lasse daher das Beiwort „spekulativ" fahren und werde und nenne sich in Zukunft Philosophie schlechtweg – Philosophie ohne Bei- und Zusatz. Die *Spekulation** [1] ist die *betrunkene* Philosophie. Die Philosophie werde daher wieder nüchtern. Dann wird sie dem Geiste sein, was das reine Quellwasser dem Leibe ist.

* Die Bedeutung, die hier dem Worte „spekulativ" gegeben wird, bezieht sich keineswegs auf Hegel – denn in Hegel hat die Spekulation, was wenigstens seine „*Phänomenologie*" beweist, eine immanente, philosophische Bedeutung–, sondern sie bezieht sich auf die Wendung, die die spekulative Philosophie teils schon vor Hegel, teils seit ihm genommen und die allerdings Hegel mit veranlaßt hat.

[1] *Hierzu in B keine Fußnote Feuerbachs.*

Der wahre Gesichtspunkt, aus welchem der „Leo-Hegelsche Streit" beurteilt werden muß; in Beziehung auf die in der „Augsburger Allgemeinen Zeitung" hierüber enthaltenen Artikel[1]

Die chronique scandaleuse [Skandalchronik] der deutschen Universitäten hat in unsern Tagen einen interessanten Beitrag erhalten. Bekanntlich gebührt die Ehre dieses Skandals der Universität Halle – derselben Universität, welche schon ein Jahrhundert früher, den 23sten November 1723, abends zwischen 8 und 9 Uhr, also bei Nacht und Nebel, die Philosophie, die damals in der Gestalt eines *Wolf[f]* die Herde der Gläubigen in Schrecken versetzte, unter dem heißen Dankgebete der Pietisten zum Teufel fahren sah. Ein schlagender Beweis, daß der Weltgeist ein beneidenswerteres Los den Universitäten bestimmte als den Völkern, welche nur einmal im Laufe der Geschichte dieselbe glänzende Rolle spielen dürfen. Aber warum wählte wohl der Weltgeist – wenn wir anders diesen Namen in die kleinlichen „entre-mangeries professorales [professoralen Einanderauffressereien]" hereinziehen dürfen – abermals Halle zum Schauplatz des Skandals? Ist Halle allein der geweihte Boden? Fand er nur hier die tauglichen Subjekte? Und warum mußte diesmal ein Historiker der Urheber des Skandals sein? War nicht von jeher das heilige Amt der Verketzerung den Theologen anvertraut? Ging nicht auch anno 1723 der Skandal von einem Theologen aus? Ist es also nicht ein außerordentlicher Fall, ein Eingriff in die uralten Privilegien der Theologischen Fakultät, daß hier ein Historiker den Ankläger macht? O alberne Fragen! Ein Historiker mußte natürlicherweise diesmal die Rolle des Joachim Lange, seines würdigen Vorgängers, übernehmen, erstens, weil es der Beruf des Historikers ist, immer nur alten Kohl uns aufzuwärmen, und

[1] *Im Erstdruck folgt auf einer besonderen Zeile:* Von L. Feuerbach

zweitens, weil er uns durch die Tat beweisen sollte, daß Historie ohne gesunden Menschenverstand die Menschheit nicht nur nicht bessert und bildet, sondern sie vielmehr im Jahre 1838 genau wieder auf denselben Fleck zurückstellt, wo sie bereits im Jahre 1723 stand. *Derselbe Ort* mußte aber deswegen gewählt werden, damit die Menge, welche von jeher, um sich recht wichtig zu machen, die Erscheinungen ihrer Zeit für die *einzigen* in ihrer Art hielt, diesmal wenigstens durch ein augenfälliges Zeichen zu der Einsicht käme, daß auch *derselbe Fall* hier vorliegt wie anno 1723. So führt der Untersuchungsrichter den Verbrecher an den Ort, wo er sein Verbrechen beging, um die Identität des Tatbestandes herzustellen und den Verbrecher womöglich zur Selbsterkenntnis und zum Eingeständnis seiner Freveltat zu bringen.

Allerdings hat der Hallische Historiker dem aufgewärmten pietistischen Kohl von 1723 auch „Vogelmiere und Schöllkraut" als „Unkräuticht" beigemengt, um den Kohl etwas pikant zu machen; aber diesen Zusatz dürfen wir dem Professor nicht besonders anrechnen. Was vernimmt die Gelbsucht des pietistischen Historikers von dem göttlichen Leben der im Kleinsten großen, im Gemeinsten herrlichen und bewunderungswürdigen Natur? Was Wunder, wenn alles, was den Augen des Naturfreundes ein Gegenstand freudiger Anschauung ist, den Katzenaugen des Historikers, die nur in der Finsternis vergangener Jahrhunderte in ihrem esse [Sein] sind, als vertilgungswertes Unkraut erscheint! Die Vogelmiere ist ein liebliches Pflänzchen und zeichnet sich, obwohl äußerlich unansehnlich, vor so vielen andern prahlerischen, aber ephemeren Erscheinungen der Pflanzenwelt vorteilhaft aus. Die Vogelmiere weiß nichts von dem Wechsel der Jahreszeiten; selbst unter der Decke des Schnees treibt sie im stillen ihr immer grünendes und blühendes Leben fort. Herrliches Bild der Philosophie, die ihren Mantel nicht nach dem Winde der Zeiten hängt, der auch noch unter dem Geistesdrucke des religiösen Materialismus und Historismus unserer Tage das Herz im Busen selbsttätig fortschlägt! Und Schöllkraut, o welch köstlich' Kraut! Schöllkraut ist zwar dem Vieh ein schädlich' Kraut; Heu und Stroh ist das Futter der Wiederkäuer. Aber Geschwüre heilt Schöllkraut, und Warzen beizt es den Menschen weg; Schöllkraut hat einen scharfen, bittern Saft. Herrliches Bild der Philosophie! Das tägliche Brot gibt die Philosophie nicht, aber Arzneikräfte besitzt sie; namentlich historische Schwären und Auswüchse, die das Antlitz der Menschheit entstellen und sie im Fortgang der Bildung hemmen, beizt sie weg mit dem scharfen, bittern Saft des Verstandes. Schäme dich darum nicht, Philosophie, daß du dem pietistischen Historiker als Unkraut erscheinst. Unkraut ist jegliche Pflanze – auch die schönste, auch die edelste –, die da steht, wo sie nicht stehen soll, die an ihrem Standort dem Menschen mit seinen beschränkten Zwecken in die Quere kommt; für den Naturforscher gibt es kein Unkraut. Aber freilich auf dem Boden, wo der Hallische Historiker steht, wie überhaupt da, wo der aus dem allgemeinen Leben verdammte Geist des mittelalterlichen Aberglaubens als Gespenst noch umgeht und mit den Ketten der Polizeigewalt jeden Selbstdenker bedroht, freilich da ist die Philosophie ein wahres Unkraut, denn sie steht hier ganz am *unrechten Platze.*

Zwar ist dem Professor der Geschichte nicht alle Philosophie ohne Einschränkung Unkraut. Gott bewahre! Er macht – wie ist er doch so billig und gerecht! – einen Unterschied zwischen *falscher* und *wahrer* Philosophie, und er trägt daher kein Bedenken – Dank seiner Großmut! –, den Hegel selbst „*selig*"zusprechen. Natürlich, der alte Hegel *hat* geschrieben, aber er schreibt nicht mehr, er *hat* gelebt, aber er lebt nicht mehr. Hegel ist ein perfectum [Vergangenes], und nur das abgestandene Wasser der Vergangenheit ist Wasser auf die Mühle des Historikers; nur die perfecta und *plusquam*perfecta [das Vergangene und Vorvergangene] liefern ihm den Stoff zu seinen Manufakturarbeiten. Das praesens [Gegenwärtige] legt dem Historiker das Handwerk, und er ist daher, lediglich aus Brotneid, ein abgesagter Feind der Gegenwart. Solange der Mensch lebt, *ist*, solange gehört er noch *sich selbst* an, aber wenn es einmal von ihm heißt: Er ist gewesen, o wehe, dann fällt er den Historikern in die Krallen. Zwar setzt der Lebende nach seinem Tode den Historiker zum Erben ein; aber natürlich wässert dem Historiographen schon bei Lebzeiten des Testamentators der Mund nach seiner einstigen Beute, und er lebt daher solange in dem Zustande der peinlichsten Sorglichkeit, Begierlichkeit und Ungewißheit, solange noch ein gesunder Blutstropfen in den Adern des Erblassers rollt. Kein Wunder also, daß der Hallische Historiker – die personifizierte Mißgunst des Historismus gegen die *gesunden* Blutstropfen der Gegenwart – vor dem alten Hegel respektvoll den Hut abzieht, denn der alte Hegel schlägt, eben weil er nicht mehr ist, in das Fach des Historikers ein. Hegel ist ein *wahrer* Philosoph, denn er hat *aufgehört* zu philosophieren. Auch diejenigen Hegelianer, welche die treuen Bewahrer der „geistigen *Hinterlassenschaft*" Hegels sind, sind *wahre* Philosophen, die echten Relikten Hegels, das heißt im Sinne des Historikers: Sie sagen, was Hegel *gesagt hat*, sie sind Historiker, und welche Krähe hackt der andern die Augen aus*? Aber die *jungen* Hegelianer, die nach Analogie von „Jüngling" vollkommen grammatisch richtig gebildeten Hegelinge, *die* sind dem Historiker ein wahrer Dorn im Auge, nicht deswegen, weil sie wirklich die Philosophie Hegels entstellt und verdorben hätten – im Gegenteil, man muß ihnen vielmehr nur ihre orthodoxe Anhänglichkeit an Hegel zum Vorwurf machen –, nein, nur deswegen, weil sie noch jung sind, d. h. noch Zeichen des Lebens von sich geben, noch gesunde Zähne in den Kinnladen, noch *bewegliches* und *folglich ketzerisches* Blut in den Adern haben.

Die Unterscheidung des Historikers zwischen falscher und wahrer Philosophie ist daher nur eine Distinktion einer vorgeblich[1] christlichen Gesinnung, hinter welcher er seinen Haß gegen die Philosophie überhaupt und jede selbständige, progressive Vernunfttätigkeit versteckt. Der freie Geist „ist ihm ja eine Seifenblase"; nur der Strang, an welchem im schreienden Widerspruch mit den heiligen Gesetzen der Vernunft und Freiheit ein Ketzer, d. i. ein Denker, erwürgt wird**, ist ihm eine reale Potenz, der nervus rerum [die

[1] *Hinzufügung durch den Zensor (vgl. GW 17, S. 358f.).*

* Diese Schilderung des Historismus bezieht sich nur auf den komischen Effekt, welchen die Hyperbel des „tausendjährigen" Glaubens und die Seligsprechung Hegels im Gegensatz zur Verfluchung der jungen Hegel, der Hegelinge, unwillkürlich hervorbringt.

** Die ersten Ketzer, welche hingerichtet wurden – der Gnostiker Priscillian und seine Anhänger in Spanien –, wurden mit dem Schwerte hingerichtet (gladio perempti. Sulpicius S.). Später wurde der Feuertod die solenne Todesart der Ketzer. Bekanntlich wurden nur diejenigen, welche

Sehne, das Bindeglied der Dinge], das Band zwischen der Gottheit und Menschheit, der Faden des Zusammenhanges, der die Geschichte zu einem harmonischen Ganzen verknüpft, der Anhaltspunkt seiner Vernunft- und Deduktionskraft und der Docht zu der Fackel seines Geistes, mit welcher er die Geheimnisse des christlichen Glaubens bei den Ungläubigen in ein besseres Licht zu stellen bemüht ist. Aber Philosophie ist wesentlich freier Geist, darum nur der Vorzug freier Menschen. Epiktet war wohl von Stand ein Sklave, aber von Geist und Gesinnung ein freier Mensch. Die *falsche* Philosophie ist daher nur der Vorwand, unter welchem der Professor einen *Kreuzzug* gegen die wahre predigt. Die im Sinne des Historikers falsche, d. i. ketzerische, Philosophie ist eben die allein wahre. Überdem muß der, welcher wirklich die wahre Philosophie will leben lassen, um der wahren willen auch die falsche leben lassen, denn mit der Möglichkeit des Irrtums fällt auch die Möglichkeit der Wahrheit.* Der Hallische Professor ist ein Arzt, der unter dem Vorwande,

erklärten, im katholischen Glauben zu sterben, von der spanischen Inquisition aus christlicher Liebe zuvor erdrosselt. Aber bei der großen Holzteuerung der gegenwärtigen bedrängten Zeiten und bei dem Drange, alles so schnell als möglich zu expedieren, ist allein noch der Strang ein konvenables Mittel.

* Den nämlichen, übrigens sich von selbst verstehenden Gedanken eines Ungenannten läßt der Historikus („Die Hegelingen", II. Aufl., p. 32) groß drucken, um das Verbrecherische dieses Gedankens recht augenfällig zu machen, und bemerkt dann in der Anmerkung, die Behauptung, „daß zur Wahrheit der Irrtum, zur Tugend die Sünde", d. h. die Möglichkeit des Irrtums, der Sünde, „gehöre . . ., ist geradezu die Lehre des Teufels vis-à-vis [gegenüber, in betreff] des paradiesischen Menschen". Also jener Vater, welcher seinen Sohn bis in sein reifes Mannesalter, um ihn vor den Gefahren der Welt, d. h. vor der Möglichkeit der Sünde, zu bewahren, einsperrte, beging eine echt christliche Handlung, denn er versetzte seinen Sohn in den Zustand des paradiesischen Menschen. Schade, daß der Historikus seinen christlichen Tugendeifer nicht durch die Tat verwirklichen kann! Er würde sicherlich uns allen miteinander die Beine abschlagen; denn der unchristliche Satz, daß mit der Möglichkeit niederzufallen auch die Möglichkeit des

seinen Patienten radicaliter zu kurieren, ihn totschlägt oder wenigstens totschlagen würde, wenn er dürfte und könnte, denn zur Zeit sind dem Historiker noch die Hände gebunden, so daß er das letzte *schlagende* Argument, das er gegen die Philosophen in petto [auf Lager] hat, leider noch nicht geltend machen kann und sich daher einstweilen mit dem Trostspruche „*In magnis voluisse sat est* [in großen Dingen genügt es, gewollt zu haben]" zufriedenstellen muß. Indes aufgeschoben ist nicht aufgehoben. Der Baum fällt nicht auf einen Schlag. Doch ich überlasse andern die „interessanten" – jawohl, unserer Zeit sehr interessanten und sehr einleuchtenden und auch sogleich von ihr, zur Bestätigung ihres bibelfesten Glaubens, mit einem erbaulichen Exempel aus der Bibel belegten und gewürzten – Wechselbälge unserer Zeit. Ich kehre zur *Sache* selbst zurück, d. h. hier zum *Skandale*.

Der Hallische Skandal von 1838 muß, als der, wie bereits gemeldet, nur aufgewärmte und wiedergekäute pietistische Kohl von 1723, von einem *allgemeinen* Gesichtspunkt aus gefaßt und beurteilt werden. Wir haben hier keinen originellen, besondern, neuen, sondern einen höchst *gemeinen* Vorfall – einen Fall, der selbst schon 1723 eine skandalöse *Gemeinheit* war. Denn schon vor Wolff war Cartesius der Gottlosigkeit beschuldigt worden, hauptsächlich deswegen, weil er den *Zweifel* als den einzig sichern Weg zur Gewißheit für die Philosophie bezeichnet hatte. Selbst heute noch hat es der Fanatismus gewisser religiöser Spekulanten dem Cartesius nicht vergeben, daß er eine so einfache und wohltätige und jetzt noch wahre Lehre der Menschheit gegeben. Und schon vor Cartesius wurde Ramus, weil er an der Autorität des Aristoteles gerüttelt hatte, als der verruchteste, gottloseste Neuerer und Ketzer aufs leidenschaftlichste verfolgt. Die Pariser Theologische Fakultät schämte sich nicht, selbst wegen der Veränderung der bisherigen Aussprache des lateinischen Buchstabens Q, einen Schüler des Ramus als Ketzer förmlich vor Gericht zu verklagen. Dasselbe Schicksal aber wie Cartesius, wie Ramus, wie Wolff

menschlichen aufrechten Ganges fällt, stützt sich ja hauptsächlich auf unsere zwei Beine. Allerdings in der Idee ist nicht das Positive an das Negative geknüpft, aber in der Wirklichkeit gilt das ausgesprochene Gesetz absolut.

hatte Aristoteles im Mittelalter, hatte Kant, hatte Fichte. Es handelt sich deswegen hier zunächst gar nicht darum, ob die *Hegelsche* Philosophie wirklich die Vorwürfe verdient, welche ihr der Historiker macht. Und der Verfasser des Artikels in der Ausgb. „Allgem. Zeitung", „Der Leo Hegelsche Streit", geht daher, ob er gleich die Rolle eines kompetenten Richters scheint spielen zu wollen – eine Rolle, die ihm übrigens schlecht gelungen ist –, von einem unphilosophischen, beschränkten, ja, falschen Gesichtspunkte aus, indem er den Fall nur als einen besondern, nur in Beziehung auf die Hegelsche Philosophie betrachtet. Der Hegelschen Philosophie ist aber widerfahren, was allen andern Philosophien begegnet ist; es muß daher nicht in ihrer besondern, sondern in ihrer *allgemeinen* Eigenschaft – darin, daß sie überhaupt Philosophie ist – der Grund ihrer Anfechtung von seiten des religiösen Standpunktes gesucht werden. Und so führt uns denn sogleich der vorliegende spezielle Streit auf die Differenz zwischen Religion und Philosophie überhaupt.

Ungeachtet aller Vermittlungsversuche ist die Differenz zwischen Religion und Philosophie eine unaustilgbare, denn sie beruhen beide auf entgegengesetzten Geistestätigkeiten. Die Basis der Philosophie ist das *Denken* und das *Herz* – denn zum Denken gehört nicht nur ein wohlorganisierter Kopf, sondern auch ein gesundes freies Herz –, die Basis der Religion das *Gemüt** und die *Phantasie*. Das Gemüt scheut und verschmäht die *Bestimmung* und *Begrenzung*, die im Begriffe der Wissenschaft überhaupt liegt, obgleich sie nicht das Wesen, sondern nur die Form derselben ausmacht. Dem Gemüte ist darum die Wissenschaft nur die Sphäre des *Endlichen*, weil ihm die Bestimmung nur als *Schranke* erscheint. Das Gemüt hüllt seinen Gegenstand in ein gewisses mysteriöses Helldunkel und gibt sich dadurch, je weniger es ihn bestimmt, um so mehr Stoff zum Deuten und Fühlen; kurz, das religiöse Gemüt hat zu seinem entsprechenden Bilde und Ausdruck den *musikalischen* Ton,

* Das Herz ist männlichen, das Gemüt weiblichen Geschlechts. Das Herz ist das natürliche, gesunde Gemüt, das Gemüt das kranke, übernatürliche Herz. Pascal erklärte die Krankheit für den natürlichen Zustand des Christen.

die Philosophie das *Wort*. Das Wort spricht nicht so zum Gemüte wie der Ton, eben weil das Wort bestimmt und begrenzt und daher den *zauberischen* Reiz zerstört, der in dem unbestimmten Tone liegt. Die dem Gemüte *entsprechende intellektuelle* Tätigkeit ist die *Phantasie*. Dem Gemüte ist die Vernunft eine endliche, nur die Phantasie die *unendliche* Tätigkeit; denn dem Gemüte erscheinen nicht nur die intellektuellen Bestimmungen, sondern auch die *Gesetze* der Natur, welche die Vernunft als vernünftige Gesetze erkennt, als Schranken, aber die Phantasie ist eben die Tätigkeit, welche sich nicht an die Gesetze der Natur bindet, sondern vielmehr mit schrankenloser Willkür gleichsam über die Natur gebietet, selbst die heterogensten Dinge ineinander metamorphosiert. Die Religion ist daher wesentlich *dramatischer* Natur: Sie hat nicht nur zur Folge und zu ihrem Ausdruck *feierliche Handlungen*, sondern auch zu ihrem Gegenstande erhabene, die Phantasie entzückende, das Gemüt ergreifende *Schau*spiele, Dramen (Wunder*). Die Religion hat nun allerdings auch zu ihrem Ausdrucke das Wort, sie hat eine *Lehre*; aber da die Lehre zu ihrem Gegenstande und Inhalt nur die Taten, die Phantasie und die Leiden des Gemüts hat, so ist die Differenz und Kollision zwischen der Religion und Philosophie, welche sich nicht nach dem, was dem Gemüte wohltut, sondern nach den strengen, rücksichtslosen Gesetzen der Vernunft und Wirklichkeit richtet, unvermeidlich und unaustilgbar.[1]

[2]Übrigens kommt die Philosophie keineswegs mit der Religion selbst unmittelbar in Kollision, denn mit der Religion selbst, wie sie als *Glaube* des einzelnen oder als Volksglaube existiert und durch Handlungen des – sei es nun äußern oder innern – Kultus sich ausspricht, kann man nur auf sinnliche, darum rohe, pöbelhafte und eigentlich frivole Weise in Gegensatz treten; die Philosophie kommt mit der Religion nur in Kollision, inwiefern sie in Worte, in Vorstellungen, in Begriffe, in Lehren gekleidet wird und

* So viel oder vielmehr so wenig genüge hier. Ausführlich über diese Dinge in einer eigenen Schrift.

[1] *Im Erstdruck folgt auf einer besonderen Zeile:* (Fortsetzung folgt). *Die Fortsetzung beginnt dort Spalte 489.*

[2] *Im Erstdruck darüber Wiederholung der Überschrift bis* muß *mit dem Zusatz* etc. *und auf besonderer Zeile:* (Fortsetzung)

diese ihre Vorstellungen und Begriffe als *Wahrheiten an und für sich*, als *Gesetze der Intelligenz* ausgesprochen und geltend gemacht werden, also nur mit der Religion, wie sie eine literarische Repräsentation hat – mit der *Theologie*. Sowenig die Philosophie unmittelbar die Belehrung des Volkes zu ihrem Gegenstand und Zweck hat, sowenig hat sie die Bekämpfung eines *wirklichen* Glaubens zu ihrem Gegenstande. Der Philosoph weiß ohnedem, daß man gegen das, was einmal Glaube, *wirklicher*, nicht vorgespiegelter Glaube, ist, durch Vernunftgründe nichts ausrichten kann; er kennt die *Grenzen* der Philosophie; er behauptet dem Leben überhaupt gegenüber die Stellung eines *vernünftigen* Arztes, dessen Weisheit vor allem darin besteht, die Grenzen seiner Kunst zu wissen und am gehörigen Orte einzuhalten. Die Philosophie wendet sich nur an die Intelligenz, sie hat daher auch zu ihrem Gegenstande nur *Lehren*, nur *Begriffe* und *Vorstellungen*. Sie hat es also z. B. nicht mit dem religiösen Wunder*glauben* als solchen selbst zu tun, sondern nur mit den Begriffen und Vorstellungen, durch welche der religiöse Wunderglaube auch als ein *vernünftiger* Glaube *begründet* und *gerechtfertigt* oder gar, wenn er vielleicht schon aus den intelligenten Klassen des Volks verschwunden ist, von neuem eingetrichtert, ihnen gewissermaßen wieder *aufgebürdet* werden soll. Und hier ist es nun allerdings heilige Pflicht, Begriffe und Vorstellungen, die man als falsche erkennt und jedem Denkenden als falsche *nachweisen* kann, zu bekämpfen, damit wenigstens die Menschen, die noch einer Belehrung zugänglich sind, vor Irrtümern, vor falschen Vorstellungen bewahrt werden. Es ist *Ehrensache* der Menschheit, gegen solche intelligente Belehrung nicht gleichgültig zu sein, wenn sie nicht zur *Tierheit* herabsinken will, die nur ihre subjektiven praktischen Bedürfnisse im Auge hat. Die Philosophie kämpft also – wenn sie anders polemisiert – nicht gegen den Glauben selbst – dieser liegt *außer* ihrem Gebiete –, sondern gegen die *Glaubenstheorien* oder überhaupt gegen den Glauben, wie er schon durch die Hände der *gelehrten* Herren hindurchgegangen, (um mich eines Kunstausdrucks der Hegelschen Philosophie zu bedienen:) der Unmittelbarkeit des Volkslebens entkleidet, zu einem *abstrakten, d. i.* wissenschaftlichen, wenigstens *formal* wissenschaftlichen, Objekt erhoben ist. Aber was einmal auf das Gebiet der Literatur versetzt ist, das hat das *Recht* verloren, *unantastbare Heiligkeit* für sich in Anspruch zu nehmen; es muß sich vielmehr gefallen lassen, ein Objekt selbst der *Kritik* und *Polemik* zu werden. Wenn man daher verbieten wollte, *gegen* Glaubensgegenstände zu schreiben, so müßte man vorher verbieten, *über* Glaubensgegenstände zu schreiben – ein *absolutes Stillschweigen* über religiöse Dinge gebieten; denn wenn es den Theologen erlaubt ist, die Wunder und andere Dinge durch schlechte Gründe, durch Sophismen, zu rechtfertigen und zu verteidigen, so muß es doch wohl den denkenden Köpfen erlaubt sein, dieselben durch gute Gründe, durch evidente Wahrheiten, zu widerlegen. Aber diese Widerlegung bezieht sich nicht direkt auf den Glauben des Gläubigen, sondern auf den Doktorglauben, auf den Glauben der Gelehrten, die selbst die Geheimnisse ihres Glaubens verraten haben, indem sie dieselben dem gefährlichen Element der Wissenschaft überantworteten, bezieht sich also nur auf die Bestimmungen, durch welche ein Glaubensgegenstand aus einem Objekt des Glaubens zu einem Gegenstand der Intelligenz gemacht wird. Es ist daher die größte Roheit, diesen wichtigen Unterschied zu übersehen und einem Philosophen, der z. B. die Unhaltbarkeit des Wunderbegriffs aufzeigt, die Gemeinheit aufzubürden, daß er *geradezu* den Wunderglauben selbst angreife. Allerdings ist die Widerlegung der Vorstellungen und Begriffe, auf welche sich der Wunderglaube gründet, eine indirekte Widerlegung des Glaubens selbst, aber nur für diejenigen, welche ihren Glauben von *Gründen* abhängig machen; denn der Wunderglaube stützt sich ursprünglich nicht auf den Begriff des Wunders – ein Theolog kann sich wohl durch allerlei Scheingründe den Glauben an das Wunder weismachen, aber auch dies wird ihm nur gelingen, wenn er schon aus Verstandesschwäche einen starken Hang zum Wunderglauben hat, und [ihm] überhaupt nur ein Bedürfnis sein, wenn er vorher schon dem *Unglauben* verfallen war und nun wieder den alten Glauben sich anschaffen will. Aber wer über *diese* Widerlegung des Glaubens sich ärgert und aufhält, der ärgere sich vorher über die Rechtfertigungen und Begründungen des Glaubens, denn diese sind es, welche den Gegensatz gegen den Glauben hervorrufen.

Wenn ein Beamter seinen Vorgesetzten als solchen in einer Schrift angreift, so hat er sich allerdings auch auf diesem geistigen Wege desselben Vergehens schuldig gemacht, als wenn er ihn unmittelbar angegriffen hätte. Aber wenn beide Schriftsteller sind, so wäre es wohl ein bißchen zu viel verlangt, wenn man dem Subalternbeamten zumuten wollte, daß er seinen Respekt auch auf seinen Vorgesetzten als Schriftsteller übertragen, seine Werke untadelhaft finden sollte, weil sie die Werke seines Vorgesetzten sind. Derselbe oder wenigstens ein ähnlicher Unterschied findet hier statt. Gegen den stillen, unmittelbaren, lebendigen, einfachen, in Handlungen sich betätigenden Glauben, wer sollte sich da kehren? Wer sollte ihn, sein Inhalt sei auch, welcher er wolle, nicht schonen, nicht anerkennen, nicht ehren? Aber wer sollte dagegen nicht berechtigt sein, gegen den lauten und selbst vorlauten, den geschwätzigen und ruhmredigen Glauben, gegen den Glauben, der sich literarisch breit und mausig macht, gegen den Glauben der Gelehrten, welcher nur eine erkünstelte Treibhauspflanze, ein *raffiniertes Reflexionsprodukt des Unglaubens* ist, zu Felde zu ziehen? Wenn daher die Philosophie gegen einen Glauben polemisch auftritt, so ist das ein *untrügliches* Zeichen, daß dieser Glaube *kein wahrer, kein lebendiger, kein gründlicher Glaube* mehr ist.

Aber auch abgesehen von dem angedeuteten Unterschiede: Die Philosophie ist eine *selbständige* Wissenschaft. Wie sie ihre eigne Geschichte, so hat sie auch *ihre eignen Gesetze*. Ihr höchstes Gesetz ist die Vernunft. Wahr ist ihr, was sie durch Vernunft- oder Erfahrungsgründe – was auf eins hinausläuft – bewähren kann. Nicht das Heilige ist ihr wahr, sondern nur das *Wahre heilig*. Die Autorität gilt hier nicht, das theoretische oder wissenschaftliche Gebiet muß absolut frei sein. Diese Freiheit liegt im Begriffe der Philosophie; diese Freiheit ist der Grund ihres Daseins. Nur die verleumdungssüchtige Bosheit oder der Unverstand verwechselt die Freiheit des Gedankens und der Gesinnung, welche das oberste Gebot, der *kategorische Imperativ* der Wissenschaft ist, mit dem blinden und schrankenlosen Zerstörungstriebe, der nur dem *religiösen* oder politischen Fanatismus eigen ist.[1]

[1] *Im Erstdruck folgt auf besonderer Zeile:* (Fortsetzung folgt). *Eine Fortsetzung wurde durch die Zensur verhindert.*

Über Philosophie und Christentum in Beziehung auf den der Hegelschen Philosophie gemachten Vorwurf der Unchristlichkeit[1]

Vorrede[2]

Diese kleine Broschüre enthält nichts anderes als den in den „Halleschen Jahrbüchern für deutsche Kunst und Wissenschaft" (Nr. 61–62, März 1839) angefangenen, aber durch „Hindernisse, deren Beseitigung nicht in der Macht der Redaktion stand", unterbrochenen Artikel „Der wahre Gesichtspunkt, aus welchem ‚der Leo-Hegelsche Streit' beurteilt werden muß". Nur der Titel ist also verändert, aber der Inhalt per tot discrimina rerum [durch soviel Wechselfälle hindurch] unverändert derselbe geblieben – ausgenommen, daß die an sich schon völlig gleichgültigen, zumal aber jetzt gänzlich interesselosen Beziehungen auf mehrere über diesen Gegenstand in der Augsburger „Allgemeinen Zeitung" erschienene Artikel, soweit es nur immer tunlich war, gestrichen worden sind.

Der gegenwärtige Titel bezeichnet besser als der frühere die eigentliche Tendenz dieses Schriftchens, die durchaus keine partikuläre ist; denn der „Hallesche Skandal" ist dem Verfasser nur der „aufgewärmte pietistische Kohl von anno 1723" und dient ihm nur zur Veranlassung, die Differenz zwischen Christentum und Philosophie überhaupt – eine Differenz, die durch die ganze

[1] *In A das Vorstehende auf sieben Zeilen des Titelblatts; dazu auf zwei Zeilen:* Von / Ludwig Feuerbach. *In B als Überschrift auf fünf Zeilen, darunter auf besonderer Zeile:* (1839)

[2] *Fehlt in B. B bringt die Vorrede unter der auf drei Zeilen gebrachten Überschrift* „Über Philosophie und Christentum"/ Von L. F. / (1839) *in veränderter Fassung und abgetrennt vom übrigen Text der Schrift (d. h. nicht in Band I, sondern erst in Band II der Sämtlichen Werke), als eine Art fiktiver Selbstanzeige.*

Geschichte des Christentums hindurchgeht – zur Sprache zu bringen.[1]

Diese Differenz bestimmt der Verfasser als eine *wesentliche* und *notwendige*, im Unterschied von der „spekulativen" Religionsphilosophie, welcher zufolge nur eine unwesentliche Differenz zwischen der Philosophie und dem Christentum oder der positiven Religion stattfindet, eine Differenz der Form nach, so daß beide dem Inhalt[2] nach eins sind, nur daß dort in der Form des Gedankens existiert, was hier in der Form der Vorstellung und Empfindung. Allein hier wird offenbar das Unwesentliche zum Wesentlichen und das Wesentliche zum Unwesentlichen gemacht. Gerade Phantasie und Gemüt konstituieren das *Wesen* der Religion – nicht der Inhalt als solcher, der vielmehr nur die Bedeutung der Vergegenständlichung des Gemüts und der Phantasie hat. Nicht das Absolute als solches ist der Gegenstand und Inhalt der Religion, sondern das Absolute, *wie* es Gegenstand nur des Gemüts und der Phantasie – *das* Absolute, dessen *wesentliche Inhaltsbestimmung* eben nur dieses Wie ist. *Nicht Gott als solcher* ist der wesentliche spezifische Inhalt und Gegenstand der christlichen Religion, sondern Christus – ein zweites, anderes,[3] von dem Vater, der aber nichts anderes ist als der Repräsentant der Gottheit *in sensu strictiori* [im strengeren Sinne], der Vertreter ihrer unveräußerlichen Rechte – man lese nur z. B. den „Aur. Prudentius contra Haeresim, quae Patrem passum affirmat [Aur⟨elius⟩ Prudentius gegen die Ketzerei, die Gottvater Leiden zuschreibt]" –, also von Gott im engern Sinne unterschiedenes, *individuelles*, inkarniertes, durchaus anthropomorphistisches, noch heute in seinem wahren Fleische und Blute genossen werdendes Wesen – ein Wesen, welches als *leidendes*, seiner göttlichen Attribute sich freiwillig entäußerndes, die Schuld der Menschen auf sich nehmendes Wesen *wesentlich* ein Bild und Objekt des Gemüts, als vorweltliches, wundertätiges, verklärtes und verherrlichtes Wesen aber *wesentlich* ein Bild und Objekt der Phantasie ist.

[1] Diese kleine Broschüre . . . zur Sprache zu bringen. *Diese beiden Absätze fehlen in B. Stattdessen steht dort nur, als ein Absatz:* Die Differenz zwischen Philosophie und Christentum ist das eigentliche Thema dieser Schrift.

[2] Inhalte *B*

[3] *Komma fehlt in B.*

Das Gemüt drückt Bedürfnis aus, die Phantasie Willkür – das höchste Gesetz des Gemüts ist, was befriedigt, das höchste Gesetz der Phantasie, was gefällt –, daher das Wunder ein unentbehrlicher, ja, absolut wesentlicher Gegenstand der Religion[1], denn das Wunder gefällt ebenso der Phantasie, als es dem Gemüte wohltut. Das Wunder ist eine im Lichte der Phantasie entzückend schimmernde Träne des Gemüts, die es darüber vergießt, daß seine Wünsche beschränkende Gesetze die Welt regieren. Das Gemüt macht sich selbst zum Gott, zum absoluten Wesen,[2] es will, daß nichts sei, was dem Gemüt widerspricht – *seine* Wünsche sind ihm die allein gültigen Gesetze. Das Gesetz des Herzens, im Widerspruch mit dem wirklichen Gesetz der Welt als äußere Tat verwirklicht, ist das Wunder – das Wunder daher die *natürliche*, aber ebendeswegen wesentlich charakteristische Anschauung der Religion von der Welt.

Die Phantasie ist die *subjektive* intellektuelle Tätigkeit, welche die Dinge darstellt, wie sie dem Gemüt entsprechen; die Vernunft[3] die *objektive* intellektuelle Tätigkeit, welche die Dinge darstellt, wie sie sind, ohne auf die Bedürfnisse des Gemüts Rücksicht zu nehmen. In der Vernunfttätigkeit hat der Mensch ein rein objektives Interesse – allerdings auch ein subjektives, denn ohne solches, ohne Trieb, ist nichts für den Menschen, aber dieser Trieb, der Vernunfttrieb, der Wissenstrieb, ist selbst ein rein objektiver Trieb. Die Vernunfttätigkeit ist die einzige absolute, d. i. *freie, unegoistische, beziehungslose*, Tätigkeit im Menschen. Die Wissenschaft verspricht ihren Jüngern für die Opfer, welche sie ihr darbringen, keine himmlische Seligkeit. Die Seligkeit liegt hier im Opfer selbst – in der beziehungslosen Freude an dem Gegenstand um des Gegenstands willen.

Die wesentliche Differenz zwischen der Religion, deren Prinzip Phantasie und Gemüt sind, oder der in ihren Diensten stehenden, ihr Wesen aussprechenden Theologie, und zwischen der Philosophie, die hier im Sinne der Wissenschaft überhaupt genommen wird, welche zu ihrem Prinzip die Vernunfttätigkeit hat, läßt sich daher darauf reduzieren, daß die Religion *die* Beziehung des Subjekts zum Objekt

[1] *In B folgt Zusatz:* ist *und danach Semikolon.*
[2] *In B Semikolon.*
[3] *In B folgt Komma.*

ist, welche in der Beziehung auf den Gegenstand lediglich nur eine Beziehung des Menschen *auf sich selbst*, auf seine innern und selbst physikalischen Bedürfnisse, ausdrückt, die Philosophie dagegen *die* Beziehung des Subjekts zum Objekt, welche in der Beziehung auf den Menschen – ohne solche ist, wie gesagt, nichts für ihn – lediglich nur eine Beziehung auf den Gegenstand ausdrückt. In dieser Weise hat sich der Verfasser bereits in seiner „Darstellung und Kritik der Leibnizschen Philosophie", § 14[1]: „Kritik des theologischen Standpunkts als Einleitung zur Leibnizschen ‚Theodizee'", ausgesprochen und dort als „die Kategorie der Theologie die Relation, als die der Philosophie die Substantialität" bezeichnet und dies durch den Unterschied des Ptolomäischen und Kopernikanischen Systems also veranschaulicht: „In der Theologie bewegt sich die Sonne um die Erde, in der Philosophie die Erde um die Sonne", und demgemäß die Konfusion von Theologie und Philosophie mit der unseligen Halbheit des Tychoschen Systems verglichen.[2] Der schlagendste, bezeichnendste,[3] die Behauptung des Verfassers aufs bestimmteste bestätigende Ausdruck von dem Wesen der Religion und Theologie ist eben der theanthropos, welcher nichts anderes ist als Gott, lediglich in *Beziehung auf den Menschen* vorgestellt, Gott, *wie er nur ist*[4] für das menschliche Selbst, für seine Gemütsbedürfnisse, so daß sein (Gottes) Wesen hier nichts anderes ausdrückt *als das Wesen des menschlichen Gemüts.*

Jeder Gegenstand wird allerdings nur nach seinen Beziehungen auf den Menschen von dem Menschen gewußt und erkannt – auch in der Wissenschaft –, aber das, was ein Gegenstand ist, liegt nicht *außer* und *hinter* seinen Beziehungen versteckt – eine Vorstellung, die Hegel trefflich widerlegt hat –, und es hängt daher nur von dem entweder beziehungslosen oder nur auf die eigenen[5] subjektiven Interessen und Bedürfnisse bezogenen Verhalten des Menschen zum Objekt ab, ob ihm das Objekt nur als ein subjektives

[1] *In der vorliegenden Ausgabe (Band 3) § 15.*

[2] In dieser Weise – Systems verglichen. *Fehlt in B.*

[3] *Fehlt mitsamt dem Komma in B.*

[4] *In B folgt Komma.*

[5] eignen *B. Diese geringfügige Veränderung, auch die umgekehrte, wird im folgenden nicht mehr vermerkt.*

Phänomen oder in seiner Gegenständlichkeit Gegenstand ist: Eine merkwürdige Täuschung des Menschen hiebei[1] ist, daß er da, wo er sich nur um seines Bedürfnisses willen zum Gegenstand verhält, objektiv, da, wo er sich frei und interesselos verhält, subjektiv sich zu verhalten einbildet. Daher kommt es, daß man die religiöse Tätigkeit für eine objektive, die philosophische für eine subjektive erklärt hat. Aber ebendeswegen, weil die Religion ein wesentlich anderes Interesse, ein wesentlich anderes[2] Verhalten zur Basis hat als die Philosophie, ist es unrichtig, von einer Identität der Religion und Philosophie zu reden. Allerdings gibt es einen Punkt der Identität, aber dieser ist ein ganz allgemeiner und überdies nur der äußerste und höchste Anknüpfungspunkt der Religion, der keineswegs ihre wesentliche Differenz, ihren wesentlichen Inhalt bildet.

Es ist freilich sehr leicht, über die kritische Differenz von Philosophie und Religion hinwegzukommen, wenn man das Unwesentliche der Religion, das nicht ihre spezifische Rechnung Begründende, zum Wesentlichen und umgekehrt das Wesentliche derselben zum Unwesentlichen macht, wie es unsere deutschen spekulativen Religionsphilosophen machen, wenn sie die Identität der Philosophie und Religion oder, was in ihrem Sinne eins ist, das positive Christentum als die absolute Religion erweisen wollen. Erstens betrachten sie nicht, wenigstens so, wie sie sollten, die höchst wichtige Identität aller Religionen als Religion – eine Identität, die natürlich nicht die Differenz ausschließt –, dann heben sie von den andern Religionen nur ihre Mängel und Widersprüche mit der Vernunft hervor, aber bei der *absoluten* Religion umgehen sie alle die Vernunft beleidigenden Dinge und Dogmen als unwesentliche Nebendinge, die etwa in der Zeit oder nur in der Vorstellungsweise der Religion ihren Grund hätten. Und doch hat gerade das angeblich Wesentliche oder Spekulative nur Sinn und Bedeutung im Zusammenhang mit dem angeblich Unwesentlichen oder Unspekulativen. Gegen solche Willkür kann man sich nicht stark genug aussprechen; denn sie verhindert alle wahrhafte

[1] hierbei *B*
[2] anders *B. Diese geringfügige Veränderung wird im folgenden nicht mehr vermerkt.*

und bestimmte[1] Erkenntnis, sie untergräbt die Möglichkeit, über alle streitigen Materien zu einem entscheidenden Resultat zu kommen. Wollt ihr mir[2] den christlichen theanthropos konstruieren – ich sage: den christlichen, um ihn zu unterscheiden von einem selbstfabrizierten, der mich nichts angeht –, so konstruiert mir vor allen Dingen auch die unbefleckte Empfängnis der Jungfrau Maria, auch den Teufel mit seinem ganzen Anhange, auch die Engel, auch die Mirakel. Alles dies ist *unzertrennlich* – in allen diesen ist ein- und derselbe Geist.[3]

Die wesentliche Differenz des Verfassers dieser Schrift von den christlich-spekulativen Philosophen (richtiger: Theologen), wie überhaupt von den Christentümlern der Gegenwart, besteht nur[4] darin, daß er die Dinge in ihrer *vollen Bestimmtheit* und *Totalität*[5], in ihrem *wirklichen, bestimmten, spezifischen* Charakter an der Hand der Empirie und Philosophie zu erfassen sich bestrebt. Die Idee ist ihm nichts anderes als die *absolute* Bestimmtheit eines Dings, wie es ist – *das, was ist, wie es ist*, zu erkennen die Aufgabe der Philosophie. Wenn daher der Verfasser vom Christentum redet, so redet er nicht von dem charakterlosen, laxen, schlappigen Christentum der neuern Zeit, dessen Glaube ein durchaus erlogener, sich selbst widersprechender, willkürlicher, *ungläubig*-gläubiger Glaube ist, nicht vom Christentum in einem unbestimmten Sinne, in jenem Sinne, in welchem es nur noch ein inhaltsloser Name ist und heutigentags von so vielen genommen wird, sondern vom Christentum in *seinem eigenen*, schlechtweg determinierten Sinne. Und ebenso, wenn der Verfasser von der Religion und ihrer Differenz mit der Philosophie redet, so meint er nicht die Religion in *seinem* Sinne, nicht im Sinne dieses oder jenes Philosophen, oder die Religion in ihrer *allgemeinen* Idee,[6] sondern die Religion *in ihrer* differentia specifica [ihrem artbildenden Unterschied], die Religion *in ihrer bestimmten, geschichtlichen, positiven Wirklichkeit*. Allerdings statuiert

[1] unbestimmte *So versehentlich A; hier berichtigt nach B.*
[2] *In B folgt Zusatz:* daher
[3] Alles . . . Geist. *Fehlt in B.*
[4] nun *B*
[5] und Totalität *Fehlt in B.*
[6] oder die . . . Idee, *Fehlt in B.*

auch der Verfasser eine Identität der Philosophie und Religion, aber nur in dem Sinne, in welchem sich der Verfasser in seiner „Darstellung Leibniz'" ausgesprochen: „Nur *der* Dichter ist ein religiöser *Dichter*, der in der Poesie, nur der Philosoph ein religiöser *Philosoph*, der in der Philosophie die Religion findet" (p.[1] 198)[2], nur in dem Sinne, in welchem die Identität der Kunst, der Philosophie mit der Religion nichts anderes bedeutet als die *Einheit*, den Frieden der Philosophie, der Kunst *in und mit sich selbst*. Die Kunst, die gewöhnlich den Namen der religiösen führt, weil sie die Gegenstände einer positiven Religion zum Objekt hat, ist nur die *scheinbar* religiöse Kunst; die *wahrhaft* religiöse Kunst ist die Kunst, die *in sich selbst*, als Kunst, in ihrer vollkommenen Freiheit und Selbständigkeit den Gegenstand religiöser Verehrung findet – die sich selbst anbetende Kunst. Nur der[3] Künstler ist ein irreligiöser Künstler – und darum auch ein schlechter oder wenigstens gemeiner, nicht das Höchste erreichender Künstler –, dem die Kunst als solche nicht *heilig* ist. Ebenso ist nur die[3] Philosophie irreligiös, die sich nicht selbst heilig ist, die sich nicht das Höchste und Letzte ist.

Wundere[4] sich darum keiner, wenn infolge dieser seiner, die Dinge in ihrer vollen Bestimmtheit erfassenden Betrachtungsweise der Verfasser Gedanken ausspricht, welche den herrschenden Illusionen und Vorurteilen radicitus [von Grund auf] widersprechen – Gedanken, deren ausführlichere Begründung und Rechtfertigung jedoch aus der Zeit noch nachfolgen wird[5].

---

1 S. *B. Geringfügige Veränderung, wird im folgenden nicht mehr vermerkt.*

2 *Vgl. GW 3, S. 176.*

3 *In B hervorgehoben.*

4 Wundre *B*

5 – Gedanken . . . wird *Fehlt in B.*

[1]Die chronique scandaleuse [Skandalchronik] der deutschen Universitäten hat in unsern Tagen einen interessanten Beitrag erhalten. Bekanntlich gebührt die Ehre dieses Skandals der Universität Halle, derselben Universität, welche schon ein Jahrhundert früher, den 23sten[2] November 1723, abends zwischen 8 und 9 Uhr, also bei Nacht und Nebel, die Philosophie, die damals in der Gestalt eines *Wolf[f]*[3] die Herde der Gläubigen in Schrecken versetzte, unter dem heißen Dankgebete der Pietisten zum Teufel fahren sah. Ein schlagender Beweis, daß der Weltgeist ein beneidenswerteres Los den Universitäten bestimmte als den Völkern, welche nur einmal im Laufe der Geschichte dieselbe glänzende Rolle spielen dürfen. Aber warum wählte wohl der Weltgeist – wenn wir anders diesen Namen in die kleinlichen „entre-mangeries professorales [professoralen Einanderauffressereien]" hereinziehen dürfen – abermals Halle zum Schauplatz des Skandals? Ist Halle allein der geweihte Boden? Fand er nur hier die tauglichen Subjekte? Und warum mußte diesmal ein Historiker der Urheber des Skandals sein? War nicht von jeher das heilige Amt der Verketzerung den Theologen anvertraut? Ging nicht auch anno 1723 der Skandal von einem Theologen aus? Ist es also nicht ein außerordentlicher Fall, ein Eingriff in die uralten Privilegien der Theologischen Fakultät, daß hier ein Historiker den Ankläger macht? – Oh, alberne Fragen! Ein Historiker mußte natürlicherweise diesmal die Rolle des Joachim Lange, seines würdigen Vorgängers, übernehmen, erstens, weil es der Beruf des Historikers ist, immer nur alten Kohl uns aufzuwärmen, und zweitens, weil er uns durch die Tat beweisen sollte, daß Historie ohne gesunden Menschenverstand die Menschheit nicht nur nicht bessert und bildet, sondern sie vielmehr im Jahr 1838 genau wieder auf denselben Fleck zurückstellt, wo sie bereits im Jahre 1723 stand. *Derselbe Ort* mußte aber deswegen gewählt werden, damit die Menge, welche von jeher, um sich recht

1 *Von hier ab der Text von B nicht mehr in Band II, sondern in Band I der Sämtlichen Werke unter der vorstehend Seite 219 wiedergegebenen Überschrift. In A ohne Überschrift Beginn auf neuer Seite.*

2 23. *B* 3 Wolfs *B*

wichtig zu machen, die Erscheinungen ihrer Zeit für die *einzigen* in ihrer Art hielt, diesmal wenigstens durch ein augenfälliges Zeichen zu der Einsicht käme, daß auch *derselbe Fall* hier vorliegt wie anno 1723. So führt der Untersuchungsrichter den Verbrecher an den Ort, wo er sein Verbrechen beging, um die Identität des Tatbestandes herzustellen und den Verbrecher womöglich zur Selbsterkenntnis und zum Eingeständnis seiner Freveltat zu bringen.

Allerdings hat der Hallische Historiker dem aufgewärmten pietistischen Kohl von 1723 auch „Vogelmiere und Schöllkraut" als „Unkräuticht" beigemengt, um den Kohl etwas pikant zu machen; aber diesen Zusatz dürfen wir dem Professor nicht besonders anrechnen. Was vernimmt die Gelbsucht des pietistischen Historikers von dem göttlichen Leben der im Kleinsten großen, im Gemeinsten herrlichen und bewunderungswürdigen Natur? Was Wunder, wenn alles, was den Augen des Naturfreundes ein Gegenstand freudiger Anschauung ist, den Katzenaugen des Historikers, die nur in der Finsternis vergangener Jahrhunderte in ihrem esse [Sein] sind, als vertilgungswertes Unkraut erscheint! Die Vogelmiere ist ein liebliches Pflänzchen und zeichnet sich, obwohl äußerlich unansehnlich, vor so vielen andern prahlerischen, aber ephemeren Erscheinungen der Pflanzenwelt vorteilhaft aus. Die Vogelmiere weiß nichts von dem Wechsel der Jahreszeiten; selbst unter der Decke des Schnees treibt sie im stillen ihr immer grünendes und blühendes Leben fort. Herrliches Bild der[1] Philosophie, die ihren Mantel nicht nach dem Winde der Zeiten hängt, der auch noch unter dem Geistesdrucke des religiösen Materialismus und Historismus unserer Tage das Herz im Busen selbsttätig fortschlägt! Und Schöllkraut, oh, welch köstlich' Kraut! Schöllkraut ist zwar dem Vieh ein schädlich' Kraut; Heu und Stroh ist das Futter der Wiederkäuer. Aber Geschwüre heilt Schöllkraut, und Warzen beizt es den Menschen weg; Schöllkraut hat einen scharfen, bittern Saft. Oh, herrliches Bild der Philosophie! Das tägliche Brot gibt die Philosophie nicht, aber Arzneikräfte besitzt sie; namentlich historische Schwären und Auswüchse, die das Antlitz

[1] *In B hervorgehoben.*

der Menschheit entstellen und sie im Fortgang der Bildung hemmen, beizt sie weg mit dem scharfen, bittern Saft des Verstandes. Schäme dich darum nicht, Philosophie, daß du dem pietistischen Historiker als Unkraut erscheinst. Unkraut ist jegliche Pflanze – auch die schönste, auch die edelste –, die da steht, wo sie nicht stehen soll, die an ihrem Standort dem Menschen mit seinen beschränkten Zwecken in die Quere kommt; für den Naturforscher gibt es kein Unkraut. Aber freilich auf dem Boden, wo der Hallische Historiker steht, wie überhaupt da, wo der aus dem allgemeinen Leben verdammte Geist des mittelalterlichen Aberglaubens als Gespenst noch umgeht und mit den Ketten der Polizeigewalt jeden Selbstdenker bedroht, freilich da ist die Philosophie ein wahres Unkraut, denn sie steht hier ganz am *unrechten Platze*.

Zwar ist dem Professor der Geschichte nicht alle Philosophie ohne Einschränkung Unkraut. Gott bewahre! Er macht – wie ist er doch so billig und gerecht! – einen Unterschied zwischen *falscher* und *wahrer* Philosophie, und er trägt daher kein Bedenken – Dank seiner Großmut! –, den Hegel selbst „selig"zusprechen. Natürlich, der alte Hegel *hat* geschrieben, aber er schreibt nicht mehr, er *hat* gelebt, aber er lebt nicht mehr. Hegel ist ein perfectum [Vergangenes], und nur das abgestandene Wasser der Vergangenheit ist Wasser auf die Mühle des Historikers; nur die perfecta und *plusquam*perfecta [das Vergangene und Vorvergangene] liefern ihm den Stoff zu seinen Manufakturarbeiten. Das praesens [Gegenwärtige] dagegen legt dem Historiker das Handwerk, und er ist daher, lediglich aus Brotneid, ein abgesagter Feind der Gegenwart. Solange der Mensch lebt, *ist*, solange gehört er noch *sich selbst* an, aber wenn es einmal von ihm heißt: Er ist gewesen, oh wehe!, dann fällt er den Historikern in die Krallen. Zwar setzt der Lebende nach seinem Tode den Historiker zum Erben ein; aber natürlich wässert dem Historiographen schon bei Lebzeiten des Testamentators der Mund nach seiner einstigen Beute, und er lebt daher solange in dem Zustande der peinlichsten Sorglichkeit, Begierlichkeit und Ungewißheit, solange noch ein gesunder Blutstropfen in den Adern des Erblassers rollt. Kein Wunder also, daß der Hallische Historiker – die personifizierte Mißgunst des Historismus gegen die *gesunden* Blutstropfen der Gegenwart – vor dem alten Hegel respektvoll den Hut abzieht, denn der alte Hegel schlägt, eben weil er nicht mehr ist, in das Fach des Historikers ein. Hegel ist ein *wahrer* Philosoph, denn er hat *aufgehört* zu philosophieren. Auch diejenigen Hegelianer, welche die treuen Bewahrer der „geistigen *Hinterlassenschaft*" Hegels sind, sind *wahre* Philosophen, die echten Relikten Hegels, das heißt im Sinne des Historikers: Sie sagen, was Hegel *gesagt hat*, sie sind Historiker, und welche Krähe hackt der andern die Augen aus? Aber die *jungen* Hegelianer, die nach Analogie von „Jüngling" vollkommen grammatisch richtig gebildeten Hegelinge, *die* sind dem Historiker ein wahrer Dorn im Auge, nicht deswegen, weil sie wirklich die Philosophie Hegels entstellt und verdorben hätten – im Gegenteil, man muß ihnen vielmehr nur ihre orthodoxe Anhänglichkeit an Hegel zum Vorwurf machen –, nein, nur deswegen, weil sie noch jung sind, d. h. noch Zeichen des Lebens von sich geben, noch gesunde Zähne in den Kinnladen, noch *bewegliches* und *folglich ketzerisches* Blut in den Adern haben.

Die Unterscheidung des Historikers zwischen falscher und wahrer Philosophie ist daher nur eine Distinktion seiner christlichen Heuchelei, hinter welcher er seinen Haß gegen die Philosophie überhaupt und jede selbständige, progressive Vernunfttätigkeit versteckt. Der freie Geist ist ihm ja eine Seifen-„Blase"; nur der Strang, an welchem im schreienden Widerspruch mit den heiligen Gesetzen der Vernunft und Freiheit ein Ketzer, d. i. ein Denker, erwürgt wird*, ist ihm eine reale Potenz, der nervus

* Die ersten Ketzer, welche hingerichtet wurden – der Gnostiker Priscillian und seine Anhänger in Spanien –, wurden mit dem Schwerte hingerichtet (gladio perempti. Sulpicius S.). Später wurde der Feuertod die solenne Todesart der Ketzer. Bekanntlich wurden nur diejenigen, welche erklärten, im katholischen Glauben zu sterben, von der spanischen Inquisition aus christlicher Liebe zuvor erdrosselt. Aber bei der großen Holzteuerung der gegenwärtigen bedrängten Zeiten uud bei dem Drange, alles so schnell als möglich zu expedieren, ist allein noch der Strang ein konvenables Mittel.

rerum [die Sehne, das Bindeglied der Dinge], das Band zwischen der Gottheit und Menschheit, der Faden des Zusammenhanges, der die Geschichte zu einem harmonischen Ganzen verknüpft, der Anhaltspunkt seiner Vernunft und Deduktionskraft, der Docht zu der Fackel seines Geistes, mit welcher er die Geheimnisse des christlichen Glaubens bei den Ungläubigen in ein besseres Licht zu stellen bemüht ist. Aber Philosophie ist wesentlich freier Geist, darum nur der Vorzug freier Menschen. Epiktet war wohl von Stand ein Sklave, aber von Geist und Gesinnung ein freier Mensch. Die *falsche* Philosophie ist daher nur der Vorwand, unter welchem der Professor einen *Kreuzzug* gegen die wahre predigt. Die im Sinne des Historikers falsche, d. i. ketzerische, Philosophie ist eben die allein wahre. Überdem muß der, welcher wirklich die wahre Philosophie will leben lassen, um der wahren willen auch die falsche leben lassen, denn mit der Möglichkeit des Irrtums fällt auch die Möglichkeit der Wahrheit.* Der

* Den nämlichen, übrigens sich von selbst verstehenden Gedanken eines Ungenannten läßt der Historikus („Die Hegelingen", II. Aufl., p. 32) groß drucken, um das Verbrecherische dieses Gedankens recht augenfällig zu machen, und bemerkt dann in der Anmerkung: Die Behauptung, „daß zur Wahrheit der Irrtum, zur Tugend die Sünde", d. h. die Möglichkeit des Irrtums[1] der Sünde, „gehöre . . ., ist geradezu die Lehre des Teufels vis-à-vis [gegenüber, in betreff] des paradiesischen Menschen". Also jener Vater, welcher seinen Sohn bis in sein reifes Mannesalter, um ihn vor den Gefahren der Welt, d. h. vor der Möglichkeit der Sünde, zu bewahren, einsperrte, beging eine echt christliche Handlung, denn er versetzte seinen Sohn in den Zustand des paradiesischen Menschen. Schade, daß der Historikus seinen christlichen Tugendeifer nicht durch die Tat verwirklichen kann! Er würde sicherlich uns allen miteinander die Beine abschlagen; denn der unchristliche Satz, daß mit der Möglichkeit niederzufallen auch die Möglichkeit des menschlichen aufrechten Ganges fällt, stützt sich ja hauptsächlich auf unsere zwei Beine. Allerdings in der Idee ist nicht das Positive an das Negative geknüpft, aber in der Wirklichkeit gilt das ausgesprochene Gesetz absolut.

[1] *In B folgt Komma.*

Hallische Professor ist ein Arzt, der unter dem Vorwande, seinen Patienten radicaliter zu kurieren, ihn totschlägt oder wenigstens totschlagen würde, wenn er dürfte und könnte, denn zur Zeit sind dem Historiker noch die Hände gebunden, so daß er das letzte *schlagende* Argument, das er gegen die Philosophen in petto [auf Lager] hat, leider noch nicht geltend machen kann und sich daher einstweilen mit dem Trostspruche „*In magnis* voluisse sat est [in großen Dingen genügt es, gewollt zu haben]" zufriedenstellen muß. Indes aufgeschoben ist nicht aufgehoben. Der Baum fällt nicht auf einen Schlag. Doch ich überlasse andern die „interessanten" – jawohl, unserer Zeit sehr interessanten und sehr einleuchtenden und auch sogleich von ihr, zur Bestätigung ihres bibelfesten Glaubens, mit einem erbaulichen Exempel aus der Bibel belegten und gewürzten – Wechselbälge unserer Zeit. Ich kehre zur *Sache* selbst zurück, d. h. hier zum *Skandale.*

Der Hallische Skandal von 1838 muß, als der, wie bereits gemeldet, nur aufgewärmte und wiedergekäute pietistische Kohl von anno 1723, von einem *allgemeinen* Gesichtspunkt aus gefaßt und beurteilt werden. Wir haben hier keinen originellen, besondern, neuen, sondern einen höchst *gemeinen* Vorfall – einen Fall, der selbst schon 1723 eine skandalöse *Gemeinheit* war. Denn schon vor Wolff war Cartesius der Gottlosigkeit beschuldigt worden, hauptsächlich deswegen, weil er den *Zweifel* als den einzig sichern Weg zur Gewißheit für die Philosophie bezeichnet hatte. Selbst heute noch hat es der Fanatismus gewisser[1] religiöser Spekulanten dem Cartesius nicht vergeben, daß er eine so einfache und wohltätige und jetzt noch wahre Lehre der Menschheit gegeben. Und schon vor Cartesius wurde Ramus, weil er an der Autorität des Aristoteles gerüttelt hatte, als der verruchteste, gottloseste Neuerer und Ketzer aufs leidenschaftlichste verfolgt. Die Pariser Theologische Fakultät schämte sich nicht, selbst wegen der Veränderung der bisherigen Aussprache des lateinischen Buchstabens Q, einen Schüler des Ramus als Ketzer förmlich vor Gericht zu verklagen. Dasselbe Schicksal aber wie Cartesius, wie Ramus, wie Wolff

[1] *Fehlt in B.*

hatte Aristoteles im Mittelalter, hatte Kant, hatte Fichte. Es handelt sich deswegen hier zunächst gar nicht darum, ob die *Hegelsche* Philosophie wirklich die Vorwürfe verdient, welche ihr der Historiker macht. Der Skandal wird vielmehr von einem unphilosophischen, beschränkten, ja, falschen Gesichtspunkte aus betrachtet, wenn man den Fall nur als einen besondern, nur in Beziehung auf die Hegelsche Philosophie betrachtet. Der Hegelschen Philosophie ist widerfahren, was allen andern Philosophen begegnet ist; es muß daher nicht in ihrer besondern, sondern in ihrer *allgemeinen* Eigenschaft, darin, daß sie überhaupt Philosophie ist, der Grund ihrer Anfechtung von seiten des religiösen Standpunktes gesucht werden. Und so führt uns denn sogleich der vorliegende spezielle Streit auf die Differenz zwischen Religion und Philosophie überhaupt.

Ungeachtet aller Vermittlungsversuche ist die Differenz zwischen (positiver) Religion und Philosophie eine unaustilgbare, denn sie beruhen beide auf entgegengesetzten Geistestätigkeiten. Die Basis der Philosophie ist das *Denken* und das Herz – denn zum Denken gehört nicht nur ein wohlorganisierter Kopf, sondern auch ein gesundes, freies Herz –, die Basis der Religion das *Gemüt** und die *Phantasie*. Das Gemüt scheut und verschmäht die *Bestimmung* und *Begrenzung*, die im Begriffe der Wissenschaft überhaupt liegt, obgleich sie nicht das Wesen, sondern nur die Form derselben ausmacht. Dem Gemüte ist darum die Wissenschaft nur die Sphäre des *Endlichen*, weil ihm die Bestimmung nur als *Schranke* erscheint. Das Gemüt hüllt seinen Gegenstand in ein gewisses mysteriöses Helldunkel und gibt sich dadurch, je weniger es ihn bestimmt, um so mehr Stoff zum Deuten und Fühlen; kurz, das religiöse Gemüt hat zu seinem entsprechenden Bilde und Ausdruck den *musikalischen* Ton, die Philosophie das *Wort*. Das Wort spricht nicht so zum Gemüte wie der Ton, eben weil das Wort bestimmt und begrenzt und daher den *zauberischen* Reiz zerstört, der in dem unbestimmten

* Das Herz ist männlichen, das Gemüt weiblichen Geschlechts. Das Herz ist das natürliche, gesunde Gemüt, das Gemüt das kranke, übernatürliche Herz. Pascal erklärte die Krankheit für den natürlichen Zustand des Christen.

Tone liegt. Die dem Gemüte *entsprechende intellektuelle* Tätigkeit ist die *Phantasie*. Dem Gemüte ist die Vernunft eine endliche, nur die Phantasie die *unendliche* Tätigkeit; denn dem Gemüte erscheinen nicht nur die intellektuellen Bestimmungen, sondern auch die *Gesetze* der Natur, welche die Vernunft als vernünftige Gesetze erkennt, als Schranken, aber die Phantasie ist eben die Tätigkeit, welche sich nicht an die Gesetze der Natur bindet, sondern vielmehr mit schrankenloser Willkür gleichsam über die Natur gebietet, selbst die heterogensten Dinge ineinander metamorphosiert. Die Religion ist daher wesentlich *dramatischer* Natur: Sie hat nicht nur zur Folge und zu ihrem Ausdruck *feierliche Handlungen*, sondern auch zu ihrem Gegenstande die[1] erhabene[n], die Phantasie entzückende[n], das Gemüt ergreifende[n] *Schauspiele*, Dramen (Wunder*)[2]. Die Religion hat nun allerdings auch zu ihrem Ausdrucke das Wort, sie hat eine *Lehre*; aber da die Lehre zu ihrem Gegenstande und Inhalt nur die Taten der Phantasie und die Leiden des Gemüts hat, so ist die Differenz und Kollision zwischen der Religion und Philosophie, welche sich nicht nach dem, was dem Gemüte wohltut, sondern nach den strengen, rücksichtslosen Gesetzen der Vernunft und Wirklichkeit richtet, unvermeidlich und unaustilgbar.

Übrigens kommt die Philosophie keineswegs mit der Religion selbst unmittelbar in Kollision, denn mit der Religion selbst, wie sie als *Glaube* des einzelnen oder als Volksglaube existiert und durch Handlungen des – sei es nun äußern oder innern – Kultus sich ausspricht, kann man nur auf sinnliche, darum rohe, pöbelhafte und eigentlich frivole Weise in Gegensatz treten; die Philosophie kommt mit der Religion nur in Kollision, insofern sie in Worte, in Vorstellungen, in Begriffe, in Lehren gekleidet wird und diese ihre Vorstellungen und Begriffe als *Wahrheiten an und für sich*, als *Gesetze der Intelligenz* aus-

[1] *Fehlt in B, wodurch dort die folgenden Einfügungen des Bearbeiters überflüssig werden.*

* So viel oder vielmehr so wenig genüge hier. Ausführlich über diese Dinge in einer eigenen Schrift. *[Vgl.* „Über das Wunder", *vorl. Bd., S. 293–340.]*

[2] (Wunder): – Wunder *B, wo die Fußnote hierzu fehlt.*

gesprochen und geltend gemacht werden, also nur mit der Religion, wie sie eine literarische Repräsentation hat – mit der *Theologie*. Sowenig die Philosophie unmittelbar die Belehrung des Volkes zu ihrem Gegenstand und Zweck hat, sowenig hat sie die Bekämpfung eines *wirklichen* Glaubens zu ihrem Gegenstande. Der Philosoph weiß ohnedem, daß man gegen das, was einmal Glaube, *wirklicher*, nicht vorgespiegelter Glaube, ist, durch Vernunftgründe nichts ausrichten kann; er kennt die *Grenzen* der Philosophie; er behauptet dem Leben überhaupt gegenüber die Stellung eines *vernünftigen* Arztes, dessen Weisheit vor allem darin besteht, die Grenzen seiner Kunst zu wissen und am gehörigen Orte einzuhalten. Die Philosophie wendet sich nur an die Intelligenz, sie hat daher auch zu ihrem Gegenstande nur *Lehren*, nur *Begriffe* und *Vorstellungen*. Sie hat es also z. B. nicht mit dem religiösen Wunder*glauben* als solchem selbst zu tun, sondern nur mit den Begriffen und Vorstellungen, durch welche der religiöse Wunderglaube auch als ein *vernünftiger* Glaube *begründet* und *gerechtfertigt* oder gar, wenn er vielleicht schon aus den intelligenten Klassen des Volks verschwunden ist, von neuem eingetrichtert, ihnen gewissermaßen wieder *aufgebürdet* werden soll. Und hier ist es nun allerdings heilige Pflicht, Begriffe und Vorstellungen, die man als falsche erkennt und jedem Denkenden als falsche *nachweisen* kann, zu bekämpfen, damit wenigstens die Menschen, die noch einer Belehrung zugänglich sind, vor Irrtümern, vor falschen Vorstellungen bewahrt werden. Es ist *Ehrensache* der Menschheit, gegen solche intelligente Belehrung nicht gleichgültig zu sein, wenn sie nicht zur *Tierheit* herabsinken will, die nur ihre subjektiven praktischen Bedürfnisse im Auge hat. Die Philosophie kämpft also – wenn sie anders polemisiert – nicht gegen den Glauben selbst – dieser liegt *außer* ihrem Gebiete –, sondern gegen die *Glaubenstheorien* oder überhaupt gegen den Glauben, wie er schon durch die Hände der *gelehrten* Herren hindurchgegangen, (um mich eines Kunstausdrucks der Hegelschen Philosophie zu bedienen:) der Unmittelbarkeit des Volkslebens entkleidet, zu einem *abstrakten*, d. i. wissenschaftlichen, wenigstens *formal* wissenschaftlichen Objekt erhoben ist. Aber was einmal auf das Gebiet der Literatur versetzt ist, das hat das Recht verloren, *unantastbare Heiligkeit* für sich in Anspruch zu nehmen; es muß sich vielmehr gefallen lassen, ein Objekt selbst der *Kritik* und *Polemik* zu werden. Wenn man daher verbieten wollte, *gegen* Glaubensgegenstände zu schreiben, so müßte man vorher verbieten, *über* Glaubensgegenstände zu schreiben – ein *absolutes Stillschweigen* über religiöse Dinge gebieten; denn wenn es den Theologen erlaubt ist, die Wunder und andere Dinge durch schlechte Gründe, durch Sophismen, zu rechtfertigen, so muß es doch wohl den denkenden Köpfen erlaubt sein, dieselben durch gute Gründe, durch evidente Wahrheiten, zu widerlegen. Aber diese Widerlegung bezieht sich, wie gesagt, nicht direkt auf den Glauben der Gläubigen, sondern auf den Doktorglauben, auf den Glauben der Gelehrten, die selbst die Geheimnisse ihres Glaubens verraten haben, indem sie dieselben dem gefährlichen Element der Wissenschaft überantworteten, bezieht sich also nur auf *die*[1] Bestimmungen, durch welche ein Glaubensgegenstand aus einem Objekt des Glaubens zu einem Gegenstand der Intelligenz gemacht wird. Es ist daher die größte Roheit, diesen wichtigen Unterschied zu übersehen und einem Philosophen, der z. B. die Unhaltbarkeit des Wunderbegriffs aufzeigt, die Gemeinheit aufzubürden, daß er *geradezu* den Wunderglauben selbst angreife. Allerdings ist die Widerlegung der Vorstellungen und Begriffe, auf welche sich der Wunderglaube gründet, eine indirekte Widerlegung des Glaubens selbst, aber nur für diejenigen, welche ihren Glauben von *Gründen* abhängig machen; denn der Wunderglaube stützt sich ursprünglich nicht auf den Begriff des Wunders – ein Theolog kann sich wohl durch allerlei Scheingründe den Glauben an das Wunder weismachen, aber auch dies wird ihm nur gelingen, wenn er schon aus Verstandesschwäche einen starken Hang zum Wunderglauben hat, und [ihm] überhaupt nur ein Bedürfnis sein, wenn er vorher schon dem *Unglauben* verfallen war und nun wieder den alten Glauben sich anschaffen will. Aber wer über *diese* Widerlegung des Glaubens sich ärgert und aufhält, der ärgere sich vorher über die Rechtfertigungen und Begründungen

[1] *In B nicht hervorgehoben.*

des Glaubens, denn diese sind es, welche den Gegensatz gegen den Glauben hervorrufen.

Wenn ein Beamter seinen Vorgesetzten als solchen in einer Schrift angreift, so hat er sich allerdings auch auf diesem geistigen Wege desselben Vergehens schuldig gemacht, als wenn er ihn unmittelbar angegriffen hätte. Aber wenn beide Schriftsteller sind, so wäre es wohl ein bißchen zuviel verlangt, wenn man dem Subalternbeamten zumuten wollte, daß er seinen Respekt auch auf seinen Vorgesetzten als Schriftsteller übertragen, seine Werke untadelhaft finden sollte, weil sie die Werke seines Vorgesetzten sind. Derselbe oder wenigstens ein ähnlicher Unterschied findet hier statt. Gegen den stillen, unmittelbaren, lebendigen, einfachen, in Handlungen sich betätigenden Glauben, wer sollte sich da kehren? Wer sollte ihn, sein Inhalt sei auch, welcher er wolle, nicht schonen, nicht anerkennen, nicht ehren? Aber wer sollte dagegen nicht berechtigt sein, gegen den lauten und selbst vorlauten, den geschwätzigen und ruhmredigen Glauben, gegen den Glauben, der sich literarisch breit und mausig macht, gegen den Glauben der Gelehrten, welcher nur eine erkünstelte Treibhauspflanze, *ein raffiniertes Reflexionsprodukt des Unglaubens* ist, zu Felde zu ziehen? Wenn daher die Philosophie gegen einen Glauben polemisch auftritt, so ist das ein *untrügliches* Zeichen, daß dieser Glaube *kein wahrer, kein lebendiger, kein gründlicher Glaube* mehr ist.

Aber auch abgesehen von dem angedeuteten Unterschiede: Die Philosophie ist eine *selbständige* Wissenschaft. Wie sie ihre eigene Geschichte, so hat sie auch *ihre eigenen Gesetze*. Ihr höchstes Gesetz ist die Vernunft. Wahr ist ihr, was sie durch Vernunft- oder Erfahrungsgründe – was auf eins hinausläuft[1] – bewähren kann. Nicht das Heilige ist ihr wahr, sondern nur das *Wahre heilig*. Die Autorität gilt hier nicht, das theoretische oder wissenschaftliche Gebiet muß *absolut* frei sein. Diese Freiheit liegt im Begriffe der Philosophie; diese Freiheit ist der Grund ihres Daseins. Nur die verleumdungssüchtige Bosheit oder der Unverstand verwechselt die Freiheit des Gedankens und der

[1] hinauslauft *A; hier berichtigt nach B.*

Gesinnung, welche das oberste Gebot, der *kategorische Imperativ* der Wissenschaft ist, mit dem blinden und schrankenlosen Zerstörungstriebe, der nur dem *religiösen* oder politischen Fanatismus eigen ist.

Die Anlegung eines äußerlichen Maßstabes an die Philosophie, die Forderung, daß sie übereinstimme mit den Lehren der Kirche oder den Aussprüchen der Bibel, ist daher eine *pöbelhafte* und boshafte Forderung. Warum verklagt ihr denn nicht die Astronomie, nicht die Geologie, nicht die Botanik, nicht die Mineralogie, nicht die Mathematik? Kümmert sich die Astronomie darum, ob in der Bibel die Sonne läuft oder stillesteht? Hat nicht schon selbst Kepler in seiner Zeit gesagt, heilig seien ihm wohl die Lehren der Kirche, heilig Laktanz, heilig Augustin, aber doch heiliger die *Wahrheit*? Kümmert sich die Geologie darum, daß die Flut in der Bibel von den Tränen der Reue herkommt, die Jehova in 40tägigen Regengüssen über die verderbte Erde herabströmen läßt? Kümmert sich die Mathematik darum, daß in der christlichen Theologie drei nicht drei, sondern eins ist? Ließe sich aber nicht an diese Wissenschaften die nämliche Forderung stellen wie an die Philosophie? Ließe sich nicht recht gut auch eine christliche Mathematik denken? Böte nicht zu einer solchen die Bibel reichlichen Stoff dar? Welche erbauliche Aufgabe wäre es nicht für einen Mathematiker, natürlich einen Mathematiker christlichen Sinnes, auszurechnen z. B., „ob und wie der Sand auf Erden zu zählen nach Genes. 13, 16", „wieviel Seelen mit Jakob in Ägypten gezogen", „wie die Tage des menschlichen Lebens durch alle species der Rechenkunst *erbaulich* zu zählen sind"; oder auszumessen, „wie groß die Statur des Riesen Goliath gewesen", „worin die schöne Taille oder proportionierliche Gestalt des Absaloms bestanden, also daß von den Fußsohlen bis zum Scheitel kein Fehl an ihm gewesen (2. Sam. 14, 25)" (*J. J. Schmidts „Biblischer Mathematikus"*, Züllichau 1736)! Wie höchst interessant wäre es aber erst für einen christlichen Mathematiker, die große Summe unserer Sündenschuld auszurechnen! Welcher Gegenstand könnte eines christlichen Mathematikers würdiger sein! „Setze z. B., mein Herz, ich habe schon 26 Jahre gelebt, so sind das 9496 Tage, 7 Stunden, 14 Minuten. Setze, du habest an jedem Tage nur eine einzige Sünde begangen, deswegen dir Gott hätte ungnädig werden müssen, so hast du deinen allerbesten Freund, deinen allerfreundlichsten Wohltäter und deine höchste Obrigkeit schon über 9000 mal gereizet. Diese 26 Jahre machen 227911 Stunden, 14 Minuten aus. Bedenke, mein Herz, ich bitte dich, nur deine Reden! Von einem jeden unnützen Worte müssen wir Rechenschaft geben (Matth. 12,36). Nun setze, du habest in jeder Stunde 10 unnütze Worte geredet, so hast du 2279110 solcher Worte geredet, von deren jedem man dich schon im voraus zur Rechnung zitiert hat" („*Die höchst nötige Berechnung der Sünden-Schulden*" von[1] G. Harganeck, Züllichau 1735). Wie nützlich wäre es, um die zarten Gemüter der Jünglinge nicht durch die „gemütlosen, leeren" Abstraktionen der Mathematik für die christlichen Wahrheiten unempfänglich zu machen, die Mathematik an *biblische Gegenstände* anzuknüpfen und auf unsern Gymnasien und Universitäten, die ja so bereits fast nur noch Versorgungsanstalten der christlichen Frömmigkeit sind, statt des Euklides oder eines im Geiste der heidnischen Mathematik geschriebenen Lehrbuches einen christlichen Mathematikus zu introduzieren!

Aber ließe sich nicht ebensogut wie eine christliche Mathematik auch eine christliche Mineralogie, Zoologie und Botanik denken und fordern? Welch ein würdiges Geschäft wäre es nicht für einen christlichen Botaniker, alle nicht in der Bibel enthaltenen Pflanzen als bloße, infolge der Erbsünde entstandene, Abarten und Varietäten auf die in der Bibel vorkommenden Pflanzen zu reduzieren, um zu beweisen, daß alles in der Bibel stehe! Hat man nicht einst auch die heidnischen Philosophien aus Mose und den Propheten abgeleitet? Hat nicht auch schon zu Anfang des vorigen Jahrhunderts ein gewisser Zimmermann in seiner „Scriptura Copernicanis seu potius Astronomia *Copernico-Scripturaria*" selbst das Kopernikanische System aus der Bibel, und zwar sogar aus derselben Stelle, auf welche sich vorzüglich die Opposition gegen dieses System stützte, herausgebracht? Wie weit hat es aber erst in unsern Tagen die biblische Exegese gebracht! Wie leicht

[1] v. *B*

müßte es also einem in die Geheimnisse der biblischen Exegese unserer Tage eingeweihten christlichen Botaniker sein, die ganze Flora in der biblischen Flora aufzufinden! Doch weg mit den profanen Pflanzen! Ein Botaniker, der die außerbiblischen Gewächse auf den heiligen Kern der biblischen Flora zurückführt, hat allerdings ein christliches Bestreben, aber keineswegs wahren christlichen *Sinn*; er ist schon geteilt zwischen der christlichen und unchristlichen Botanik; sein Herz ist schon verführt, sein Auge bezaubert von den Schönheiten und Mannigfaltigkeiten der *profanen* Flora; er will daher durch diese Reduktion nur sein christliches Gewissen beschwichtigen, seine profane Beschäftigung entschuldigen. Weg also mit den profanen Pflanzen, aber auch weg mit den profanen Steinen! Der christliche Botaniker beschäftige sich nur mit den Pflanzen, der christliche Mineralog nur mit den Steinen des heiligen Landes! Wie würdig eines christlichen Mineralogen, nur in der Anschauung der Steine des himmlischen Jerusalems oder des Tempels Salomonis zu leben! —[1] In der Tat, warum sollte der christliche Mineralog, wenn auch nicht alle Steine unserer lieben Erde in der Bibel enthalten sind, sich nicht demütig auf die Steine beschränken, welche in der Bibel enthalten sind, aber dadurch allein schon einen *unendlichen* Wert in den Augen des christlichen Mineralogen haben? Befriedigt die Bibel alle Fragen in religiösen Dingen? Läßt sie nicht vielmehr sehr naheliegende, sehr bescheidene und doch zugleich höchst wichtige Fragen unbeantwortet? Legt sie nicht auch unserer religiösen Wißbegierde Schranken auf? Gebietet sie nicht auch hierin Resignation und tröstet uns bloß mit dem *Glauben*? Woher wißt ihr also, ob nicht auch in den *natürlichen* Dingen das, was in der Bibel steht, die *Grenze* unseres Wissens und Forschens sein soll? Ihr wißt doch sonst so viel von den geheimen Absichten, Winken und Andeutungen der Bibel zu reden! Warum soll es denn nun nicht auch die Absicht der Bibel gewesen sein, Tiere, Pflanzen und Steine dazu in sich aufzunehmen, um *die* Menschen, welche nun einmal einen unwiderstehlichen

[1] *Gedankenstrich fehlt in B. Mit dem folgenden beginnt dort ein neuer Absatz.*

Trieb zu derlei Dingen haben, einesteils zu befriedigen, andernteils aber auch zu beschränken und von den Gefahren der sich selbst überlassenen Naturwissenschaft abzuhalten? Eine Pflanze, die in der Bibel vorkommt, hat nicht nur natürliche, sondern auch *übernatürliche* Kräfte, moralische Arzneikräfte; sie ist eine geistliche Kulturpflanze, die nicht mehr das Gift des ungebändigten Naturgeistes aushaucht, sondern, veredelt von der Hand der heiligen Schriftsteller, die wohltätigen milden Düfte verklärter Empfindungen uns einflößt. Aber ebenso ist es mit den Steinen, ebenso mit den Tieren der Heiligen Schrift. Sehe ich einen Wolf, so sehe ich auch sogleich im Geiste „die Wölfe bei den Lämmern wohnen und die Pardel bei den Böcken liegen", und mein Herz wird fromm und sanft gestimmt; sehe ich eine Heuschrecke, so ruft sie mir unwillkürlich die Plagen Ägyptens mit allen ihren wohltätigen moralischen Wirkungen ins Gedächtnis zurück; sehe ich eine Schlupfwespe, so denke ich auch sogleich an den Wurm, der in den wunderbaren Kürbis des Propheten Jonas stach, daß er sogleich verdorrte; sehe ich einen Esel, so fallen mir auch sogleich die erbaulichen Verse ein:

„Drei Eselswunder sind im Alten Testament,
Die wahrlich allerdings mirakulose gewesen."*

Aber warum kommen denn nun nicht *alle* Steine, *alle* Pflanzen, *alle* Tiere in der Bibel vor, wenn die wenigen, die sie geheiligt, so wohltätige supranaturalistische Wirkungen in uns hervorbringen? Nur darum, daß wir uns mit den Steinen, Pflanzen und Tieren nicht um ihretwillen, sondern nur um der Bibel willen abgeben, daß wir mit denen, die sie der Beschreibung oder ausdrücklichen Benennung gewürdigt, zufrieden sein und erkennen sollen, daß nicht die Natur, sondern die Bibel unsere wahre Bestimmung ist.

Ihr könnt euch nicht nur mit der Ausrede helfen, daß diese natürlichen Dinge die Bibel gar nichts angehen; ihr hättet wohl recht, so zu reden, wenn diese Dinge gar nicht

* Ehre dem Ehre gebührt. Diesen schönen Spruch verdanke ich einer höchst interessanten Schrift, betitelt „Die bedenkliche und geheimnusreiche Zahl Drei in Theologicis, Historicis et Politicis" v. J. F. Riederer, 1732.

in der Bibel vorkämen; aber da sie nun einmal in ihr vorkommen, so müssen wir auch das in ihr enthaltene Maß des Wissens für das Normalmaß der Menschheit halten und anerkennen, daß die Bibel unsere Neu- und Wißbegierde auch in den natürlichen Dingen nur soweit befriedigen wollte, als eben die Kenntnisse und Aufschlüsse der Bibel hierüber reichen. Überdem ist die Trennung von Natur[1] und Religion eine unhaltbare, falsche Trennung. Wer uns religiöse Aufschlüsse geben will, muß uns auch über die *Natur* belehren. Andere religiöse Anschauungen erzeugen auch andere Naturanschauungen und umgekehrt. Der Gedanke des frommen Pascal, daß nur in sogenannten weltlichen oder natürlichen, aber nicht in religiösen Dingen das Gesetz der Progression gelte, ist eine Chimäre und das Bestreben gar, geistige Rückschritte mit materiellen Fortschritten vereinbaren zu wollen, reine Torheit. Der sonst allmächtige und allgegenwärtige Teufel ist hauptsächlich auch[2] durch die Naturwissenschaft um seine Macht und selbst um die Würde einer selbständigen Persönlichkeit gekommen, so daß er jetzt höchstens nur noch in den Köpfen der alten Weiber, der frommen Theologen und gewisser spekulativer Philosophen, welche die Stärke der Vernunft in die Begründung der Unvernunft setzen, sein Unwesen treibt. Das Kopernikanische System namentlich hat wesentlich zur Veränderung der religiösen Anschauung der modernen Welt beigetragen. Unzähligen ist durch dieses System die Anschauungsweise, welche Gott nur auf den Menschen beschränkt, Gott selbst um des Menschen willen auf die Erde herabzieht, zu einer kleinlichen, unwürdigen Vorstellung geworden. Selbst wenn man auch nicht die Meinung hat, daß alle Sterne bewohnte Welten sind – eine Meinung, die selbst schon die Erde widerlegt oder doch limitiert, indem die Erde nur auf ihrer Oberfläche bewohnt ist, das Leben an den Polen, auf den höchsten Bergen, in den Sandwüsten erlischt, also nicht überall, wo Raum genug ist, auch schon die Bedingungen des organischen, wenigstens des höhern organischen Lebens

[1] Naturkenntnis *B*
[2] *Fehlt in B.*

sich vorfinden –, so führt doch dieses System auf eine Anschauung der Natur, die sich nimmermehr mit den kirchlichen oder biblischen Vorstellungen, welchen zufolge Gott selbst die Haare auf unserm Haupte zählt, vertragen kann. Gewiß wäre es daher der Bibel würdiger gewesen, in prophetischem Geiste die Wirkungen der großen Entdeckungen der neuern Zeit, besonders des Kopernikanischen Systems, zu antizipieren und die Einwürfe dieses von Christen selbst entdeckten Systems gegen die biblischen Vorstellungen zu berücksichtigen als das praeputium [die Vorhaut] der Juden und so manche andere uns, für die doch die Bibel bestimmt sein soll, völlig gleichgültige Dinge. Aber ebendeswegen, weil nichts in der Bibel von dem Kopernikanischen System und unzähligen andern Entdeckungen der modernen Welt steht, so hat die Bibel gewollt, daß wir mit den alten religiösen Vorstellungen auch die alten Vorstellungen von der Natur beibehalten, daß wir auch in den natürlichen Dingen nicht gescheuter werden sollen, als es die Erzväter Abraham, Isaak und Jakob waren; denn nur die Sophistik der Charakterlosigkeit[1] kann sich einbilden, daß man in natürlichen Dingen gescheuter werden kann, ohne es in religiösen Dingen zu werden, d. h., daß man mit dem *einen* Beine Fortschritte machen kann, während man mit dem *andern* Beine noch immer auf dem alten Flecke steht – eine Einbildung, die die gemeinste Erfahrung widerlegt. Ein Bauer, der den Gebräuchen seiner Väter in der Bestellung seiner Äcker und Felder untreu geworden, wird auch den religiösen Vorstellungen seiner Väter untreu; ein Schneider, der aus der Fremde in die Heimat zurückkommt, bringt mit einem neuen Hosenschnitt auch neue Ansichten über noch ganz andere Dinge mit. Oder glaubt ihr, daß nur die Pflanzen, die Steine, die Tiere, die und wie sie dem Naturforscher Gegenstand sind, unschuldige oder überhaupt geringfügige, gleichgültige Dinge sind? Oh, meine Herren, wenn ihr diesen Glauben habt, so seid ihr geradezu auf dem Holzwege. Diese Dinge nehmen nicht nur die Sinne, sondern auch die ganze Seele des Menschen in Anspruch.

[1] die . . . Charakterlosigkeit: der fromme Wahn *B*

Ein *wahrer* Mineralog und Geolog schätzt weit höher die Steine der Erde als die Steine des himmlischen Jerusalems. Ein Botaniker nannte in seiner profanen Entzückung eine Blume sogar *über*himmlisch schön. Und ein Zoolog, der sich mit den Eseln abgibt, wie sie sich in natura [in der Natur] vorfinden, der versteht nicht mehr die Sprache des Esels Bileams; versteht er sich aber nicht mehr auf diese Sprache, so mag der Esel schreien, soviel er will, er wird an dem ungläubigen Zoologen nimmer zum Doktor des Supranaturalismus. Nichts wird mehr zur wirklichen Leidenschaft als das Studium der Natur. Aber wer sich einmal in die Natur sterblich verliebt hat, der erblickt seinen Gott auch nur in der Natur und wird so notwendig dem Gotte Abrahams, Isaaks und Jakobs untreu.

[1]Warum verklagt ihr also nur die Philosophie, warum nicht auch die andern Wissenschaften? Warum stellt ihr an sie nur Forderungen, die ihr, wenn ihr ehrlich, mutig, konsequent und verständig sein wollt, an alle andern Wissenschaften stellen müßt? Ist also eure Forderung an die Philosophie nicht, wie ich sagte, eine pöbelhafte Forderung? Warum wollt ihr die biblischen oder kirchlichen Vorstellungen nur zu Schranken der Philosophie machen, warum nicht auch zu Schranken der übrigen Wissenschaften? Warum verlangt ihr nicht eine christliche Astronomie, eine christliche Chemie, eine christliche Botanik, warum nur eine *christliche Philosophie?*

[1]Warum? Ach, nur darum, weil ihr in eurem Wesen Heuchler und Lügner seid. Ihr haßt die Philosophie von Grund aus, ihr Wesen widersteht euch, weil sie nicht die Haare auf eurem Kopfe zählt, sondern euch schonungslos beim Schopfe faßt, um euch in den Strom des allgemeinen Lebens hinabzuwerfen, weil sie nicht die Wünsche des Herzens zu Gesetzen der Welt macht, nicht die Notwendigkeit der Natur der Sache dem erbaulichen Spiel phantastischer Willkür, nicht die allgemeinen Vernunftwahrheiten zugunsten einer partikulären historischen Erscheinung aufopfert. Aber ihr versteckt euren Haß gegen die Philosophie überhaupt hinter der Beschaffenheit

[1] *In B vom vorigen Absatz durch eine Leerzeile getrennt.*

der Unchristlichkeit dieser oder jener bestimmten Philosophie. Ihr wollt nicht, daß gar keine Philosophie sei; ei beileibe! Ihr wollt nur nicht, und zwar um Gottes, d. h. um eurer Seligkeit willen, daß eine unchristliche oder irreligiöse Philosophie sei. Aber wer nur eine *christliche* Naturwissenschaft will, der will nur das Christliche, nicht das Naturwissenschaftliche, der ist ein *falscher* Freund oder vielmehr ein *versteckter* Feind der Naturwissenschaft, welcher viel schlimmer und verächtlicher ist als ein *offener* Gegner, denn der Akzent, der Nachdruck ruht nur auf dem Prädikat der Christlichkeit; an und für sich, abgesehen von dem Beisatz des Christlichen, will er sie nicht.

Oder glaubt ihr, daß es eine ganz andere Bewandtnis mit der Philosophie habe als mit der Naturwissenschaft? Wohlan, so laßt uns denn die Philosophie selbst bis auf die einzelnen Teile, in welche die Philosophie, so auch die Hegelsche, sich unterscheidet, durchgehen, um zu sehen, ob man an die Philosophie die Forderung der Christlichkeit stellen könne. Gibt es eine christliche Naturphilosophie im Unterschiede von einer heidnischen? Nein! Oder haben vielleicht die Christen andere Augen und Ohren als die Heiden? Oder kommen sie auf anderem Wege in die Welt als die Heiden? Oder sollte sich vielleicht doch wenigstens am Anfang der Naturphilosophie ein christliches Prinzip anbringen lassen? Dieses Prinzip könnte nur die Idee der Gottheit sein, aber die Idee der Gottheit, namentlich als des Prinzips der Natur, ist keine spezifisch christliche, sondern allgemeine Idee (man denke nur z. B. an den Stoiker in Ciceros Schrift „De natura Deorum"), abgesehen davon, daß sich aus der Idee der Gottheit nichts Bestimmtes in der Natur ableiten und erkennen läßt. „Wie? Auch nicht aus der konkreten Idee der christlichen Trinität?" Freilich aus Bildern, die aus der Natur stammen, kann man hinwiederum mit leichter Mühe die Natur ableiten; aber es handelt sich hier nicht von Spielen der Phantasie, sondern von Erkenntnis, von wirklichen Begriffen. Also mit der Naturphilosophie ist nichts anzufangen. Darum weiter im Text!

Gibt es ein christliches, ein spezifisch christliches Naturrecht? – Auch nicht! Das Eigentumsrecht, die persönliche

Freiheit*, das Vaterland, die Obrigkeit, die Ehe waren den alten heidnischen Völkern ebenso heilige Verhältnisse und Begriffe, als sie es uns sind. Ja, den Christen war die Ehe *an sich* selbst unheilig – „Es ist dem Menschen gut", sagt der Apostel, „daß er *kein* Weib berühre. Aber um der Unzucht willen habe ein jeder sein eigenes Weib. Besser ist freien als brennen"** –, sie war ihnen nur heilig als *Bild* eines religiösen Verhältnisses. Aber der Rechtsphilosoph muß abstrahieren von dieser christlichen *Deutung* der Ehe, er hat die Bedeutung der Ehe lediglich aus der Natur der Ehe selbst abzuleiten und zu erkennen. Wenn der heidnische Philosoph Plato in seinem idealen Staate Eigentum und Ehe verwirft, so hatte er dazu seine guten Gründe, wahrscheinlich dieselben Gründe, die unsere Staaten haben, wenn sie in Zeiten der Not dem allgemeinen Besten die häuslichen Bande, Eigentum und Personen aufopfern. Die alten Staaten hatten wohl Sklaverei, aber auch die christlichen hatten sie und haben sie noch zum Teil. Das Christentum hat nicht die Sklaverei abgeschafft. Der Apostel selbst sagt: „Wer ein Sklave ist, bleibe ein

* Das Prinzip der *Besonderheit*, der *Subjektivität* im Gegensatz zum Einheitsprinzip des Platonschen „Staates" begründet und verteidigt Aristoteles im zweiten Buche seiner „Politik".

** Die wahre Erklärung dieser Stelle gibt Tertullian: „Melius est nubere quam uri: quale hoc bonum est, oro te, quod *mali comparatio* commendat? ut ideo *melius* sit nubere, quia deterius est uri. At enim *quanto melius* est neque nubere neque uri? [Heiraten ist besser als brennen: In welcher Weise, ich bitte dich, ist das etwas Gutes, was bloß der Vergleich mit dem Schlechten empfiehlt? So daß heiraten bloß deswegen besser ist, weil es schlechter ist, zu brennen. Aber wieviel besser ist es denn doch, weder zu heiraten noch zu brennen?]" („Ad Uxorem", lib. I, cap. 3). Siehe auch dessen Schrift „De exhortatione castitatis", cap. 3. Lächerlich wäre es, sich mit damaligen Verhältnissen helfen zu wollen. Für den Christen ist kein Unterschied zwischen damals und jetzt. Die Welt ist für ihn heute noch ebenso unchristlich, als es die damalige war, und der jüngste Tag noch jetzt ebensogut vor der Tür als einst.

Sklave."[1] Das Christentum war *Indifferenz* gegen rechtliche Verhältnisse.[2] Wenn daher in dem Naturrecht eines christlichen Philosophen nicht der Begriff der Sklaverei als eines rechtlichen Zustandes vorkommt wie in der „Politik" des Aristoteles*, so kommt das nicht daher, daß die Sklaverei als ein unchristliches, sondern daher, daß sie als ein *unrechtliches*, als ein dem *Vernunftrecht*, wenn auch nicht dem zufälligen positiven Rechte, *widersprechendes* Verhältnis erkannt ist.

Oder läßt sich die Forderung der Christlichkeit an die Logik und Metaphysik stellen? Aber ist denn bei den Christen das Ganze nicht mehr größer, als der Teil, die Gattung nicht mehr, universaler, als die Art, das Verhältnis

[1] *In B folgt Zusatz:* Und Luther äußert sich in betreff der Leibeigenschaft also (Leipz. Ausg., T. III, S. 552–53): „Die Leibeigenschaft ist nicht wider das christliche Wesen, und wer es saget, der leugt, sondern die christliche Freiheit erlöset die Seelen, und Christus ist ein Stifter derselbigen geistlichen Freiheit, die man nicht siehet. Was äußerlich ist, das lässet Gott gehen und fraget nicht so groß darnach."

[2] *In B folgt Zusatz:* „Äußerlich", sagt z. B. Luther (T. XIX, S. 283), „trägt ein Christ geduldiglich und fröhlich alle weltliche und bürgerliche Ordnung und braucht deren als Speise und Kleider; er kann leibeigen und untertan sein; er kann auch edel und ein Regent sein; er kann sich sächsischer Rechte oder römischer Rechte im Brauch und Teilung der Güter halten. Solch Ding irret alles den Glauben nicht." Und anderswo (T. XI, S. 471): „Nun sind wir zu diesem Leben nicht getauft, heißen auch nicht darum Christen, daß wir Bürger, Bauer, Herr, Knecht, Frau, Magd sind, regieren und uns regieren lassen, arbeiten und haushalten, sondern dazu sind wir getauft, und dazu hören wir das Evangelium und gläuben an Christum, daß wir dieselbigen Stände (ob wir schon hier auf Erden, solange Gott will, darinnen leben . . .) allesamt lassen und aus dieser Welt fahren in ein ander Wesen und Leben."

* Übrigens findet sich bei den Alten schon die bestimmte Unterscheidung zwischen dem Bürger und dem[3] Menschen. So sagt z. B. Aristoteles in seiner „Ethik", daß der Herr, weil die Freundschaft auf Gleichheit beruhe, zwar nicht mit dem Sklaven als Sklaven, aber wohl *als Menschen* Freundschaft schließen könne.

[3] den *A*; *hier berichtigt nach B*.

von Grund und Folge, Ursache und Wirkung nicht mehr gültig? Allerdings hat von jeher die Metaphysik die Begriffe des absoluten Wesens, der ersten Ursache, des wahrhaft Seienden betrachtet, aber sind diese Begriffe spezifisch christliche? Und ist nicht den christlichen Theologen nach ihrem eigenen Eingeständnis Gott ein „leerer Begriff", der volle, reale Gott nur der *Fleisch* gewordene, das Inhaltsvolle also das Fleisch? Denn wenn Gott an sich selbst ein „leerer Begriff" ist, so wird er ja nur durch die *Zulage* des Fleisches ein voller, und in dem Fleisch gewordenen Gott ist nicht Gott, sondern das *Fleisch* allein zu unterstreichen als das punctum saliens [der springende Punkt]. Aber kann man von der Metaphysik Fleisch verlangen? Selbst wenn auch der Begriff von Fleisch und Blut, der Begriff des Organismus,[1] in ihr vorkommen sollte, wie bei Hegel, so muß doch sie, welche die Dinge nach ihrer Allgemeinheit betrachtet, von dem bestimmten, historischen Fleische abstrahieren.

Oder läßt sich die Forderung der Christlichkeit an die Psychologie und Anthropologie stellen? Aber haben denn die Christen ein Gedächtnis, eine Vorstellungskraft, ein Empfindungsvermögen andern Wesens[2] als die Heiden? Treffen wir nicht bei den Christen, auch wenn sie noch so fromm sind, dieselben Triebe und Leidenschaften, dieselben Gesetze des Empfindens und Vorstellens an wie bei den Heiden? Oder an die Moral? Aber hat man nicht selbst schon im Zeitalter der Orthodoxie einen Unterschied zwischen allgemeiner oder natürlicher, d. h. philosophischer, und christlicher Moral gemacht? Oder an die Ästhetik?[3] Aber entzücken uns nicht ebenso die klassischen Werke der Alten wie die der Neuern? Finden wir im wesentlichen nicht heute noch dasselbe schön, was auch die Alten schön fanden? Oder brüstet ihr euch mit der Freiheit, Lieblichkeit und Gemütlichkeit der christlichen Romantik? Nun, so schlage ich euch zum Lehrmeister der Ästhetik den goldenen Esel des Apulejus vor, der zwar im Zeitalter der Antonine lebte, aber doch noch ein ein-

1 *Komma fehlt in B.*
2 andern Wesens: anderer Art *B*
3 *In B Ausrufungs- statt Fragezeichen.*

gefleischter Heide war. Dieser afrikanische Esel kann euch das Geheimnis der christlichen Romantik lösen: Es liegt in der wundervollen Fabel von der Vermählung der *Psyche* mit dem *Amor* – nichts zu erwähnen von untergeordneteren Erzählungen dieses humoristischen Romans, welche die Christen, wie z. B. Boccaccio, dem neuplatonischen Philosophen förmlich gestohlen haben.

Der Unterschied von Christentum und Heidentum tangiert also nicht die Philosophie, und es ist daher ein falscher Zug in der Hegelschen „Geschichte der Philosophie", daß er zwischen der Philosophie des heidnischen und christlichen Zeitalters einen so großen wesentlichen Einschnitt macht. Die Philosophie entsteht gerade erst da unter den christlichen Völkern, wo sie auf die heidnischen Philosophen zurückgehen – so im Zeitalter der Reformation. Und selbst[1] im Mittelalter war[2] die Philosophie eine eingeschmuggelte. Die rationelle Philosophie vererbte sich auf die Christen durch den Aristoteles, die mystische durch den sogenannten Dionysius den Areopagiten, dessen wesentlicher Inhalt christlicher Neuplatonismus ist. Aber der Neuplatonismus unterscheidet sich – abgesehen von seiner universellen, eklektischen Tendenz und nur das ins Auge gefaßt, was ihn spezifisch unterscheidet – von der alten Philosophie nur dadurch, daß das Märchen, die Mythentätigkeit, die bei Plato offenbar dem Logos, der Vernunfttätigkeit, untergeordnet war, bei den Neuplatonikern in eins mit der Vernunft verschmolz, *Phantasieren* und *Denken* bei ihnen ununterschieden ist. Unsere Philosophie aber unterscheidet sich von der alten nur dadurch, daß wir *andere Völker* und tausende von Jahren *älter* und an geschichtlicher Erfahrung reicher sind, daher auch ein viel komplizierteres und tieferes Bewußtsein haben als die Alten, deren Philosophie sich durch Unbedingtheit, Einfachheit und Einfalt[3] auszeichnet – eine Simplizität, die übrigens im besondern notwendig in ihren Gegensatz, die Sophistik und Skeptik, überspringt. Was daher an der heidnischen

[1] ebenso war *B*

[2] *Fehlt an dieser Stelle in B.*

[3] , Einfachheit . . . Einfalt: und Einfachheit *B*

Philosophie heidnisch, ist nicht Philosophie, sondern Bestimmung von außen, was an der christlichen Philosophie christlich ist, Zusatz von der Philosophie an sich gleichgültigen, fremden Ingredienzien; denn in der Philosophie handelt es sich darum, ob etwas wahr oder unwahr, aber nicht darum, ob es christlich oder unchristlich ist. Die Philosophie hat die *allgemeinen Gesetze* zu ihrem Gegenstande; sie darf sich daher nicht in die Besonderheit einer Religion einschließen, um nicht die Freiheit und Unbefangenheit ihres Blicks zu verlieren. Jede Religion vindiziert *sich allein* die Wahrheit, *sich allein wirkliche* Wunder, *sich allein* einen *unmittelbar göttlichen* Ursprung – eben weil sie nicht über sich selbst, am wenigsten über ihren Ursprung, nachdenkt; Denken ist nicht die Bestimmung der Religion. Aber die Philosophie hat dies als ein allgemeines Gesetz zu begreifen, hat zu erkennen, wie dies in der *Natur* der Religion *überhaupt* liegt. Jede Religion ist *rationalistisch* gegen die andern Religionen – wie rationalistisch sind z. B. Minucius Felix, Cyprian, Tertullian, Augustin gegen die Götter des Heidentums! Der rationalistische Monotheismus der Kirchenväter liegt überhaupt nur in ihrem *Gegensatz* zum Polytheismus der Heiden –, aber in bezug auf sich ist sie blind, bei sich macht sie eine Ausnahme von der allgemeinen Regel, da läßt sie nicht gelten, was sie bei andern ohne Bedenken gelten läßt. Findet sie in andern Religionen ähnliche oder gar dieselben Vorstellungen oder Wunder oder Gebräuche, so erklärt sie sich dies ohne weiteres entweder durch einen *Diebstahl* oder durch *Teufelsspuk*, wie z. B. Tertullian. Die Philosophie dagegen hat die verschiedenen Religionen keineswegs nur, wie Hegel tut, wenigstens nicht von vornherein, in einem Stufengang zu begreifen – denn bei einem Stufengang faßt man nur die *Differenz* ins Auge –, sondern vielmehr zu[1] vergleichen; sie muß daher zunächst rein empirisch oder geschichtlich verfahren, um durch diese Beobachtung und Vergleichung die *allgemeine Natur* der Religion, welche das letzte und oberste *Gesetz* für jede bestimmte Religion ohne alle Ausnahme ist, zu eruieren. Die Philo-

[1] *In B folgt Zusatz:* verbinden, zu

sophie muß daher, wenn sie die Religion zu ihrem Gegenstande macht, nicht nur die Bibel, sondern auch, und zwar mit derselben Freiheit und Unparteilichkeit, den Koran, den Zendavesta, die Vedas, die Religion der Griechen und Römer studieren und kann es deswegen bei dieser *Universalität* ihres Sinnes und Bestrebens nicht vermeiden, wenigstens das *Ehrgefühl* der besondern Religion zu kränken. Die Theologie nimmt freilich auch *Notiz* von den andern Religionen, aber sie ist schon von Hause aus in ihrem Gesichtspunkt bestimmt, beschränkt und *interessiert*; denn es ist ihre der Tendenz der Philosophie geradezu entgegengesetzte Tendenz, die besondere Religion in ihren ausschließlichen Prätensionen zu wahren. Ist euch eine Philosophie mit solcher universaler Tendenz eine verfluchte, wohlan, so verflucht das Dasein der Philosophie überhaupt, aber verflucht dann auch das Dasein einer Vernunft, denn nur die Vernunft ist es, die uns aus den süßen Träumen des Glaubens aufgeweckt und solche universale[n], übrigens sehr humane[n], Untersuchungen und Tendenzen aufgedrungen hat.

Die Frage nun, ob die Hegelsche Philosophie in specie [insbesondere] eine mit den Lehren der christlichen Religion übereinstimmende oder ihnen widersprechende Philosophie ist, diese Frage ist, in Beziehung auf sie im ganzen, also unbeschränkt genommen, nicht nur eine gehässige, sondern auch absolut tölpelhafte und sinnlose, das Wesen der Philosophie verkennende Frage; nur in bezug auf einen *besondern* Teil der Hegelschen Philosophie, in bezug auf seine *Religionsphilosophie*, verliert sie die Sinnlosigkeit, die sie in ihrer unbeschränkten Allgemeinheit hat. Hier, in seiner Religionsphilosophie, hat sich Hegel selbst auf den Boden der Religion gestellt; hier kann man mit Recht fragen: Stimmt das, was Hegel für Christentum ausgibt, wirklich mit dem Christentum überein? Aber auch hier muß man wieder zunächst, wenn man wenigstens *gerecht* sein will, nicht fragen, ob die Religionsphilosophie *Hegels*, sondern ob Religionsphilosophie *überhaupt* mit der Religion und ihren Lehren übereinstimmt, damit wir nicht der Hegelschen Religionsphilosophie als besondere Schuld anrechnen, was mehr oder weniger jeder Religionsphilosophie vorgeworfen werden kann. Denn auch hier stellt sich sogleich eine unvermeidliche Differenz heraus zwischen dem Gegenstand in der Religionsphilosophie und ebendemselben Gegenstand in der Religion selbst oder der sich unmittelbar an sie anschließenden Religionslehre. In der Religionsphilosophie wird *gedacht* über die Dinge, worüber die Religionslehre, die nur das Wesen der Religion ausspricht und apodiktisch als einen Glaubenssatz hinstellt, *nicht* denkt. Die etwaigen unbegreiflichen Widersprüche, die dem religiösen, sich unmittelbar an der Religionslehre anhaltenden Menschen aufstoßen und zum Denken Anlaß geben könnten, beseitigt er dadurch, daß er von der Zukunft ihre Lösung [er]hofft. Dem religiösen Menschen ist das *Denken* überhaupt eine *ketzerische, irreligiöse* Tätigkeit; er findet nur in dem einfachen, unbedingten Glauben das dem religiösen Gegenstand entsprechende Verhältnis, er glaubt, nur so dem Sinn und Willen der Religion gemäß zu handeln. Aber zwischen Denken und Nichtdenken ist ein großer Unterschied, ein Unterschied, der in der *Sache* selbst zum Vorschein kommen und selbst als ein wesentlicher, ein absoluter Widerspruch erscheinen muß, wenn man die Religionsphilosophie der Religionslehre gegenüberstellt, ohne über die Religionslehre zu *denken* und [ohne] zu untersuchen, was denn eigentlich in ihr enthalten ist. So fand man z. B. den Widerspruch zwischen der Hegelschen Religionsphilosophie und der christlichen Religionslehre besonders darin, daß im Christentum die Offenbarung Gottes eine gnadenvolle sei, zur Erlösung der in das Sündenelend versunkenen Menschheit, während nach Hegel der Segen der Offenbarung eigentlich nur Gott selbst zugute komme, weil er erst in dem Menschen sich selbst offenbaren werde. Wie *absurd* erscheint die Hegelsche Religionsphilosophie, wo um Gottes willen die Offenbarung geschieht, der christlichen Lehre gegenüber, wo sie nur um des bedürftigen Menschen willen geschieht! Was kann man sich widersprechender denken? So scheint es. Aber man braucht nur zu denken über die christliche Religionslehre, um wenigstens den Widerspruch nicht gar so horribel zu finden. Die Offenbarung ist dem Christentum zufolge ein Werk der *Liebe*, Gott *erbarmte* sich der Menschheit. Gott ist also dem Christentum zufolge *nicht gleichgültig* gegen das Wohl der Menschheit, das Heil derselben liegt ihm vielmehr am Herzen. *Liebe* ist selbst nach dem Christentum die *wesentliche* Eigenschaft Gottes. „Gott ist die Liebe", sagt der Evangelist. Aber der Liebe ist der (oder überhaupt ein) Gegenstand der Liebe ein *Bedürfnis*. Die Offenbarung drückt daher ebenso auf seiten Gottes als auf seiten des Menschen ein Bedürfnis aus, nur daß es dort das Bedürfnis des Gebers, hier des Empfängers ist. Erst an dem Menschen, an dem *Gegenstand* überhaupt wird die göttliche Liebe, wird das göttliche Wesen – wenn Liebe sein Wesen ist – *seiner selbst* bewußt. Auch der liebe- und mitleidsvollste Mensch wird, wenn ihm kein Gegenstand des Mitleids gegeben ist, nimmermehr wissen, was Liebe und Mitleid ist und daß sie seine eigenen Eigenschaften sind. Erst in den Tränen der Liebe, die er über das Elend des andern vergießt, wird ihm sein eigenes, vorher dunkeles[1] Wesen klar und durchsichtig, denn er erkennt jetzt seine Bestimmung, nicht nur für sich, sondern auch für andere zu sein. Wodurch überhaupt ein des Bewußtseins fähiges Wesen andern offenbar und bekannt wird, dadurch wird es sich selbst offenbar. Der Künstler wird durch sein Werk andern als Künstler bekannt, aber er selbst kommt auch nur erst an seinem Werke zum Bewußtsein, daß er Künstler ist. Die christlichen Mystiker gingen daher so weit, daß sie geradezu sagten, daß Gott eine *Sehnsucht* nach dem Menschen habe, und selbst die orthodoxen Theologen behaupteten – nur die einen weniger kraß als die andern –, daß Gott die Welt erschaffen, überhaupt also sich geoffenbart habe, damit seine Eigenschaften offenbar und bekannt würden, folglich *um sein*[*er*] *selbst willen, sich* zum Ruhme. Übrigens erkannten auch diese Theologen nicht, weil sie nicht *über* sich selbst und ihre religiöse Vorstellungen, sondern nur innerhalb derselben, nur beschränkt dachten, daß sie eben mit diesem Zwecke der Offenbarung, womit sie Gott gleichsam die Ehre der höchsten Unabhängigkeit und bedürfnislosen Selbständigkeit antun wollten, Gott zu einem des Menschen bedürftigen Wesen machten,[2]

[1] dunkles *B*
[2] *In B Semikolon.*

denn wer etwas um seines Ruhmes willen tut, der bedarf eines Wesens, welches ihn rühmt, eines Gegenstandes außer ihm oder ihm gegenüber, worin er sich spiegelt, woran seine Herrlichkeit sich erweist, sich offenbart. Wenn man daher dem Hegel diese seine Offenbarungstheorie zum Vorwurf macht, so macht man seiner Religionsphilosophie nichts weniger zum Vorwurf, als daß sie eben Religions*philosophie* ist. Denn wenn man einmal die Vorstellung einer Offenbarung, wenn auch in einem noch so allgemeinen Sinne, *annimmt* und darüber denkt, so muß man konsequenterweise ebenso in dem offenbarenden als in dem die Offenbarung empfangenden Wesen ein Bedürfnis, eine innere Notwendigkeit der Offenbarung anerkennen. Die Vorstellung einer nur beliebigen, rein willkürlichen Offenbarung ist eine *kindische*, alberne Vorstellung. Warum anders verwirft der eigentliche Pantheist allen und jeden Gedanken an eine Offenbarung, als weil sie ihm schlechtweg eine die Gottheit *erniedrigende*, verendlichende Vorstellung ist?

Auch die weitern Vorwürfe, die man der Religionsphilosophie Hegels gemacht, reduzieren sich darauf, daß sie eben Religionsphilosophie ist, so, wenn man ihr vorgeworfen, daß sie nicht auf das Einzelne, Individuelle, sondern nur auf das Allgemeine gehe. Aber welche Philosophie, ja, welche Wissenschaft überhaupt geht denn nicht auf das Allgemeine? Wenn der Naturforscher mit der größten Mühe und Sorgfalt diese einzelne Biene hier anatomiert, hat ihm diese einzelne Biene nicht allgemeine Bedeutung, läßt er sie nicht gleichsam den Opfertod für alle ihre übrigen lieben Schwestern sterben, um vermittelst dieser einzelnen alle zu erkennen? Wenn ihm nur die einzelne Biene in ihrer Einzelnheit[1] Gegenstand wäre, müßte er nicht alle einzelnen Bienen massakrieren, um sich endlich nach dieser großen Heldentat sagen zu können: Jetzt kenne ich die Biene, d. h. alle einzelne[n]? Ist ihm also diese eine nicht alle? Wie kann man es aber nun vollends der Religions*philosophie* zum Vorwurf machen, daß ihr Gegenstand nicht ein „Zahleiner", ein individuelles Wesen, „der Eine", sondern der *Alle* ist?

[1] in ... Einzelnheit: als einzelne *B*

Oh, welche Schande der Zeit, daß man sich nicht schämt, einem Philosophen den Vorwurf zu machen, daß Gott ihm nicht ein konkretes, individuelles Wesen, sondern ein Abstraktum, d. h. ein *allgemeines* Wesen, ist, wenn schon ein Prediger des 14ten[1] Jahrhunderts (Tauler) es wagen durfte, in *deutscher* Sprache auszusprechen, Gott sei das *gemeinste*, d. h. das *allgemeinste* Wesen! Aber war diese Bestimmung nicht eine Bestimmung aller *denkenden* Köpfe, so befangen und beschränkt sie auch sonst waren? Findet sie sich nicht selbst bei den scholastischen Theologen, bei den Kirchenvätern – freilich hier im direktesten Widerspruch mit den Vorstellungen ihrer positiven Religiosität? Bestimmter hat man ausgedrückt den Vorwurf, daß Gott nach Hegel nur ein *Gattungsbegriff*, und zwar der Gattungsbegriff der Menschheit, sei. Zu bedauern ist nur, daß Hegel dies nicht selbst *bestimmt* ausgesprochen, überhaupt den Gattungsbegriff der Menschheit, den Kant eigentlich erst in die Philosophie einführte (in seiner „Idee zu einer allgemeinen Geschichte in weltbürgerlicher Absicht" und in seiner Rezension von Herders „Ideen zur Philosophie der Geschichte"), nicht genug, wenigstens in *dieser* Beziehung, in Anwendung gebracht hat; dann würde seine Philosophie nicht den zweideutigen Nimbus von Mystizismus haben, der sie jetzt umgibt (z. B. in betreff der Offenbarungstheorie), dann würde er nicht in ein demonstrierendes, nur zwischen Form und Inhalt unterscheidendes, sondern in das allein *wahre*, in ein *kritisches* Verhältnis zu aller religiösen Spekulation und Dogmatik getreten sein. Aber wie kann man in seiner theologischen Beschränktheit und Befangenheit so weit gehen, daß man dem Hegel etwas zum Vorwurf macht, was nicht nur alle religiöse Spekulation, sondern die Religion selbst trifft? Kann denn ein menschliches Individuum in seinen Kopf oder sein Gemüt etwas aufnehmen, was nicht ursprünglich aus dem *Wesen* der Menschheit, *aus seiner Gattung*, stammt? Kann der Mensch seine Gattung wie einen Balg von sich abstreifen? Ist nicht alles, was er denkt und fühlt, absolut *bestimmt* durch seine Gattung? Sind nicht die erhabensten Be-

[1] 14. *B*

stimmungen, die er zu denken vermag, nur seiner Gattung entnommene Bestimmungen? Kann euch die Phantasie, die doch sonst so unbeschränkt ist, eine höhere Gestalt als die menschliche vorzaubern? Was ist der englische Leib anders als ein „Exzerpt" des menschlichen Leibes, aus dem man weggelassen, was den Menschen in seinen Wünschen geniert? Wenn nun aber der Mensch nicht einmal über seine sinnliche Gestalt hinauskann, wie will er über sein Wesen, seine Gattung hinaus?* Der positive Unterschied des Menschen von dem Tiere ist eben nur dieser, daß seine Gattung dem Menschen[1] Gegenstand ist; dadurch hat er ein *inneres*, zu *seinem Wesen* sich verhaltendes Leben, welches dem Tiere mangelt. Was sind denn alle Prädikate – aber was ist das Subjekt ohne seine Prädikate, was ist es anders als der Inbegriff aller seiner Prädikate? –, was sind, sage ich, alle Prädikate, welche die Spekulation – und selbst die Religion – der Gottheit geben kann, als *Gattungsbegriffe* – Begriffe, die der Mensch seiner Gattung entnimmt? Sind denn Wille, Verstand, Weisheit, Wesen, Realität, Persönlichkeit, Liebe, Macht, Allgegenwart nicht *Gattungsbegriffe*? Was ist selbst der Begriff der schöpferischen Tätigkeit anders als der Gattungsbegriff der Tätigkeit, abgesondert von den Schranken der *besondern* Tätigkeit, welche als solche eine bestimmte, d. h. an einen bestimmten Stoff gebundene Tätigkeit ist? Was ist die Allgegenwart anders als die Gegenwart, welche im menschlichen *Individuum* an einen bestimmten Ort gebunden ist, gereinigt von den Schranken der bestimmten Lokalität? Es wird nicht verneint das Dasein am *Orte überhaupt*, das Dasein im Raume, also nicht der Gattungsbegriff, sondern nur das Dasein an diesem Orte, mit Ausschluß des andern. Wenn der heilige Augustin, Dionysius der Areopagite, Thomas Aquino,

* Der eben genannte Tauler sagt: „All' unser Meister könnent nit finden, ob Gottes Kraft größer sei oder der Seel' Vermügen, hab ich denn alles Vermügen, so soll ich nimmer ufgehören, ich gewinn alle Ding'. Wäre ich mir selber wert, alle Ding' wären mir unwert, wäre ich mir selber groß, nichts nit wäre mir groß."

1 seine . . . Menschen: dem Menschen seine Gattung *B*

Albertus Magnus*[1] sagen: „Gott ist nicht gut, nicht schön, nicht gerecht, nicht wahr; er ist die Güte, die Schönheit, die Wahrheit selbst; die Güte, die Wahrheit ist selbst sein Wesen", was heißt das anders – freilich nicht für sie, aber für uns, denen sie Gegenstand sind – als: Gott ist der *reale Gattungsbegriff*? Denn wenn nach ebendenselben in der essentia divina [göttlichen Wesenheit] *Wesen* und *Sein* nicht sich unterscheiden, die Güte, die Wahrheit, die Gerechtigkeit usw. aber die essentia divina selbst sind, so ist die Gottheit nichts anderes als der realisierte oder *personifizierte* Gattungsbegriff der Güte, Gerechtigkeit[2]. Oder sind etwa Wahrheit, Güte, Gerechtigkeit etwas anderes als Gattungsbegriffe? ** Aber wer kann dies leugnen als höchstens ein blinder Fanatiker oder ein schwärmerischer Ideolog oder ein theosophischer Trunkenbold?

Dieser Vorwurf ist allerdings ein begründeter, daß die Hegelsche Religionsphilosophie die Dogmen nicht im Sinne der Kirche nimmt, d. h., daß z. B. das Dogma der Trinität in ihr etwas anderes bedeutet als in der kirchlichen Dogmatik. Hegel verdient diesen Vorwurf um so mehr, je größern Wert er auf die Übereinstimmung seiner Philosophie mit der christlichen Dogmatik im Gegensatz zu den frühern Philosophen zu legen scheint[3] und je ungerechter er gegen den *Rationalismus* war, welchem er nicht die Unterscheidung zwischen Form und Inhalt, wie der Orthodoxie, zugute kommen lassen wollte, als wenn nicht der Rationalismus, der seiner Natur nach

* Augustin z. B. „Cognitio Vitae" (eine Schrift, in der jedoch vieles nicht von A[ugustin]), cap. 7, Thomas A[quino] in seinem Commentar zum Dionysius A[reopagita], „Divina Nomina", z. B. fol. 200 und fol. 205 etc. de pulchro divino (Opp. Dion., Argentinae 1503). Albertus M[agnus], „Summa", I. Pars, Tract. 14, Quaest. 57.

1 *Diese Fußnote Feuerbachs fehlt in B.*

2 *In B folgt Zusatz:* , Wahrheit.

** Alle positiven Gattungsbegriffe – Ideen – haben nur darin ihren *Ursprung*, daß dem Menschen seine Gattung *Gegenstand* ist. Nur in und aus dem Bewußtsein der Gattung, der Menschheit, habe ich das Bewußtsein der Gerechtigkeit, der Liebe und Wahrheit.

3 zu . . . scheint: legt *B*

antidogmatisch ist, unendlich mehr Anspruch auf diesen Unterschied machen könnte als die stets bornierte Orthodoxie, als wäre die Weise, wie sich in einigen Popularphilosophen und Theologen der Rationalismus ausgesprochen, die einzige mögliche Weise, als könnte nicht auch hier, wie überall, ein Unterschied zwischen Tiefe und Seichtigkeit, zwischen Gründlichkeit und Oberflächlichkeit stattfinden. Aber diesen Vorwurf muß man auch schon dem von den Deutschen doch so sehr bewunderten und geschätzten *Leibniz* machen, wenn man gegen Hegel *gerecht* sein will. Auch er verteidigt die Dogmen der Kirche gegen Bayle, aber ohne sich an den Sinn der Kirche zu halten. Auch seiner „Theodizee" erging es gerade so wie jetzt der Hegelschen Religionsphilosophie und Philosophie überhaupt. Auch ihr warf man vor, daß sie die Lehren des Christentums zerstöre, daß sie den Glauben mit der Vernunft, das Himmlische mit dem Irdischen vermenge. Ein gewisser „Pfaffe" sprengte sogar aus, Leibniz habe selbst in vollem Ernste seine ganze „Theodizee" für ein bloßes Witzspiel und Blendwerk (lusum ingenii) erklärt, ja, ein *Theologe*[1] – gewiß ein denkwürdiger, klassischer Zug theologischer Dünkelhaftigkeit! – sprach sogar *Leibnizen* das *judicium*, die Urteilskraft, ab. Das meiste Ärgernis erregte – wer sollte es denken? – die vorherbestimmte *Harmonie* und die *beste Welt* Leibnizens. Die orthodoxen Theologen, welche ein *systematisches Interesse* daran haben, die Welt und Menschheit so schlecht als möglich zu machen, erblickten in der besten Welt eine gefährliche Nebenbuhlerin ihrer himmlischen Freudenwelt. Allerdings waren auch die Vorwürfe der Orthodoxie gegen Leibniz ebenso begründet, als sie es heute gegen Hegel sind; aber gleichwohl hat weder Leibniz noch Hegel geheuchelt. Die Differenz liegt in der Natur der Sache. Jede Vermittelung der Dogmatik und Philosophie ist eine concordia discors [zwieträchtige Eintracht], gegen die man ebenso im Namen der Religion als im Namen der Philosophie protestieren muß. Alle *religiöse Spekulation ist Eitelkeit und Lüge* – Lüge gegen die Vernunft und Lüge gegen den Glauben –, ein *Spiel* der

[1] Theolog (*nicht hervorgehoben*) *B*

Willkür, in welcher der Glaube die Vernunft und hinwiederum die Vernunft den Glauben um das Seinige betrügt. Wenn man sagt: „Man muß glauben, um zu erkennen, und erkennen, um zu glauben", so ist dies wohl im allgemeinen richtig. Allerdings muß man glauben, um zu erkennen – jeder Denker glaubt an die Wahrheit, glaubt an die Vernunft, glaubt an die Menschheit –, und allerdings erkennen, um zu glauben, wie wir denn dies schon aus der alten Kinderfabel wissen, wo es heißt: „Wer einmal lügt, dem glaubt man *nicht*, und wenn er auch die Wahrheit spricht." Aber in Beziehung auf den Streit von Dogmatik und Philosophie ist mit diesem allgemeinen Satz gar *nichts* gesagt. Denn es handelt sich hier nicht von einem allgemeinen, sondern einem ganz *besondern*, einem historisch-*dogmatischen* Glauben. Hier ist es sogar falsch, von einer Identität des Glaubens und der Erkenntnis zu sprechen; hier ist der Glaube der Verlust der Vernunft und die Erkenntnis der Verlust des Glaubens; denn der Glaube vertritt eben hier die *Stelle* der Vernunft; *man glaubt, was der Vernunft widerspricht, weil es ihr widerspricht*.

So ist z. B. der Sündenfall ein bloßes Glaubensobjekt, denn er widerspricht nach allen seinen Dimensionen der Vernunft. Der Fall Adams und Evas war nämlich ein rein *historischer* Fall. Ein *positiver* Grund dafür war nicht da, denn er war ein verderblicher, unheilvoller Fall, ein Fall, der nicht geschehen *sollte*; Adam und Eva hätten im Urstand bleiben *können* und zum besten ihrer Nachkommenschaft auch bleiben *sollen*. Es war ein rein *willkürlicher* Akt und ebendeswegen äußerlich ein rein historisches Faktum, von dem ich nichts weiß und nichts wissen kann aus der Vernunft, sondern nur durch die *Tradition*, ein Fall, der *außer allem Zusammenhang*, *ohne alle Analogie*, als ein absolut sinnloses *ἅπαξ λεγόμενον* [nur einmal Gesagtes] für mich dasteht.* Lächerlich ist

* Das Gesagte erhellt noch mehr, wenn man bedenkt, daß dem Fall Adams der Fall der Engel im Himmel vorhergeht – ein Fall, der aber nur ein *partikulärer* war, denn nur *einige*, nicht alle Engel sind gefallen. Hic[1] haeret aqua

[1] gefallen. Hic: gefallen; hic *B*. [*Die vorige Fußnote läuft Seite 259 weiter*.]

es daher, darüber spekulieren, d. h. ein rein willkürliches Faktum zu einer *Vernunftsache* machen zu wollen, aber nicht nur lächerlich, sondern auch ein wahrer Betrug gegen den Glauben und gegen die Vernunft. Denn ich kann das Faktum nicht denken, die Vernunft nicht befriedigen, ohne das Faktum zu etwas *anderem* zu machen, als es dem Glauben gilt, nämlich zu einer *notwendigen* Handlung, und ich kann den Glauben nicht befriedigen, das Objekt desselben nicht erhalten, ohne die Handlung zugleich wieder zu einer nicht-notwendigen, nicht-seinsollenden, zufälligen Handlung zu machen, d. h., ohne die Vernunft durch eine elende sophistische Distinktion[1] zu betrügen. Entweder war der Zustand Adams im Paradies ein *vollkommener*, wie es die Lehre des Glaubens ist – aber dann ist der Abfall ein Unding, das sich nimmermehr mit der Vernunft zusammenreimen läßt, oder ein *unvollkommener*, aber dann war der Abfall von seinem ersten Zustande ein gerechtfertigter, notwendiger Abfall und folglich kein Abfall, sondern eine vernünftige, höchst *lobenswerte* Handlung, deren Andenken wir noch heute feiern sollten. Will man daher den Glauben mit der Vernunft vermitteln, so bleibt nichts übrig als der Ausweg eines *unvollkommen*[2] *vollkommenen* Zustandes, d. h. eine Lüge, die zehnmal unvernünftiger und schlechter ist als der alte Glaube. Wirklich ist denn auch diese Chimäre einer unvollkommenen Vollkommenheit das Geheimnis aller

[hier stockt das Wasser] –, dessenungeachtet ein Fall, ohne welchen des Menschen Fall, als der gleichsam nur irdische Niederschlag von jenem meteorologischen Prozeß, nicht begriffen werden kann. „Nemo qui nescit de diabolo quem vocant ejusque angelis, quisnam hic diabolus fuerit antea et quomodo factus sit Diabolus, tum qua causa cum eo desciverint qui vocantur ejus angeli, poterit cognoscere malorum originem [niemand, der keine Kenntnis vom sogenannten Teufel und dessen Engeln besitzt, der nicht weiß, wer dieser Teufel früher gewesen ist und wie er zum Teufel schlechthin wurde, und dem unbekannt ist, weshalb damals seine sogenannten Engel gemeinsam mit ihm abtrünnig wurden, wird den Ursprung des Bösen erkennen können]" (Origenes, „Contra Celsum", lib. IV).

[1] *Im Original A*: Destinktion. *Hier berichtigt nach B*.
[2] unvollkommnen *B*

religiösen Spekulation, besonders katholischerseits, über das Dogma des Sündenfalls; denn der einfache Sinn, worauf sich das Gewebe aller dieser Spekulationen zurückführen läßt, ist kein anderer als der: Adam war zwar ein Mensch comme il faut [wie er sein soll] – wenn man anders noch so ein erhabenes Wesen Mensch betiteln darf –, aber er mußte seine Unschuld *bewähren*, er mußte seine Einheit mit Gott durch seinen *Willen realisieren* – hier spukt den Spekulanten ein Satz der modernen ungläubigen Philosophie im Kopfe: daß der Mensch das, was er an sich, *von Natur* sei, durch sich selbst betätigen müsse. Aber wenn Adam sich erst bewähren mußte, so war sein Urzustand, sein Stand, wie er aus Gottes Händen kam, noch nicht der *wahre*, noch ein *mangelhafter*, so befand sich Adam in einem *Widerspruch* zwischen dem, was er *wirklich* war, und dem, was er sein *sollte*, so war Adam als Werk *seines eigenen* Willens – wenn er anders sich bewährt hätte – ein vollkommeneres Wesen denn als ein *Werk Gottes*. Aber dies widerspricht geradezu dem religiösen Glauben, ohne daß doch die *Hypothese* des Glaubens durch diesen und andere hier nicht zu erörternde Widersprüche, die sich die Willkür der Spekulation erlaubt, auch nur im geringsten wahrscheinlicher, begreiflicher und vernünftiger wird. Die religiösen Spekulanten wollen zwei Herren dienen: dem Glauben und der Vernunft, aber ebendadurch befriedigen sie weder die Vernunft noch den Glauben. Zwischen dem positiven Glauben und der Vernunft bleibt – ihr mögt auch noch so viel von ihrer Einheit schwatzen – eine *unaustilgbare Differenz*, eine Differenz, die um so entschiedener sich herausstellen muß, je mehr das Bewußtsein der Vernunft, wie in unserer Zeit, erstarkt ist.

Wenn es daher schon *an und für sich* pöbelhaft ist, eine Wissenschaft – die Philosophie – des Unglaubens zu beschuldigen, und boshaft, eine *bestimmte* Philosophie zu verdächtigen, weil der Vorwurf nicht die bestimmte, sondern die Philosophie überhaupt trifft, so ist es dagegen jetzt, im neunzehnten Jahrhundert, ein wahrer Angriff auf die Ehre der deutschen Literatur und Wissenschaft und hiemit, wenn etwa auch unter anderem die Ehre einer Nation in ihrer Wissenschaft und Literatur liegen sollte, ein Angriff auf die Ehre der deutschen Nation, wenn man sich erdreisten darf, die Philosophen anzuklagen, daß sie die deutsche Nation von ihrem Glauben abziehen wollen. Hat denn der alte Glaube noch eine respektable Nationalexistenz oder auch nur respektable Organe zu seinen Vertretern? Gehören die deutschen Philosophen nicht auch zur deutschen Nation? Oder haben sie sich etwa selbst fabriziert? Oder sind sie, wie einst die Galläpfel, unmittelbare Exkremente des Teufels, emporgestiegen aus dem Abgrund der Hölle, um den frommen Deutschen die kostbare Perle ihres unbefleckten Glaubens zu entreißen? Oder haben nicht vielmehr schon die Poeten die frommen deutschen Schafe in der Schere gehabt, ehe sie in die Hände der Philosophen geraten? Schmeichelt sich nicht die Poesie eher in die Seele eines Jünglings ein als die Philosophie mit ihren schmuck- und reizlosen, abstrakten Sätzen? Oh, welche Schande unserer Zeit, daß man die Namen und, gottlob, höchst segensreichen Wirkungen eines Lessing, eines Herder, eines Schiller, eines Goethe schon vergessen hat – vergessen, daß die deutsche klassische Literatur eben gerade da beginnt, *wo*[1] der Geist der Orthodoxie[2] zu Ende geht! Ist Klopstock nicht gerade an seiner „Messiade" gescheitert? Ist euch das Distichon entfallen:

„Deine Muse besingt, daß Gott sich der Menschen erbarmte,
Aber ist das Poesie, daß er so ärmlich sie fand?"

[3]Ist Klopstock nicht allein da Dichter, heute noch genießbarer Dichter, wo er sich seinen rein und frei menschlichen Empfindungen überläßt? Glaubt ihr nun, daß ein Jüngling, welcher sich auch nur an den unschuldigen Gedichten eines Kleist, Hölty, Klopstock, Uz – des Verfassers der heterodoxen „Kunst, stets vergnügt zu sein" – ergötzt und mit Hölty z. B. aus voller Brust gesungen hat:

„Noch scheint der liebe Mond so helle,
Wie er durch *Adams* Bäume schien,

[1] *In B nicht hervorgehoben.*
[2] Geist . . . Orthodoxie: alte Glaube *B*
[3] *In B Beginn eines neuen Absatzes.*

Drum will ich, bis ich *Asche* werde,
Mich dieser *schönen* Erde freu'n"*[1],

glaubt ihr, frage ich, daß ein solcher Jüngling – vorausgesetzt, daß er kein charakterloser Wechselbalg ist, daß er einen natürlichen Entwickelungsgang geht, was freilich nur ein Vorzug gesunder Naturen ist – je an den Greueln der orthodoxen Theologie, an einem Sündenfall, der die ganze Natur und Menschheit verpestet hat, Geschmack finden wird? Wenn nun aber gar der nämliche Jüngling bei Lessings „Nathan dem Weisen" in die Lehre geht – die trefflichen polemischen Schriften Lessings gegen die Theologen wollen wir ihm sogar noch vorenthalten – und zugleich bei Herder Humaniora hört und hier noch obendrein bei der Konfirmation eines deutschen Fürsten, ganz im Widerspruch mit den Lehren des Katechismus, auf die Frage: „Was ist Religion?", den Satz: „Religion ist, was das Gewissen bindet. Gewissen ist unsere innerste Überzeugung", und auf die Frage: „Was gehört also nicht zur Religion?", den Satz: „Was nicht mein Gewissen bindet, das ist, was mich *nicht überzeugt*, wovon ich *keine Erkenntnis, keinen Begriff* habe oder was nicht meine Pflicht nach meinem *innersten* Bewußtsein angeht", zur Antwort empfängt, hierauf von Schiller sich in die Mysterien des Kultus der Schönheit einweihen läßt und endlich, nachdem es ihm hier ein wenig zu warm geworden, die Schillersche Glut in dem stillen Ozean der Goetheschen Liebes- und Lebensweisheit abkühlt, wenn, sage ich, dieser

* Wie ich höre, so hat die moderne Frömmigkeit in einer Liedersammlung für Schulen die poetische „Asche" Höltys in einen „Engel" umgewandelt. Aber dieser Engel verdirbt uns gerade die Freude an dieser Erde. – Interessant ist es, wie die Poeten, so empfindlich und weichlich sie sonst sind, in den Momenten der Begeisterung ihr Selbst der Liebe und den Himmel des Jenseits dem Himmel des Diesseits opfern. Schon Petrarca wurde durch seine Laura dem Augustinschen Glaubensbekenntnis untreu. Aber bei den Poeten läßt man sich gefallen, was bei den Philosophen für Verbrechen gilt, und doch ist die Sprache der Leidenschaft und Begeisterung die Verräterin der innersten Geheimnisse.

[1] *Diese Fußnote Feuerbachs gehört in B bereits zu dem Wort* Asche.

Jüngling nach solchen Vorstudien auf eine deutsche Universität kommt, so wird ihm – was gilt die Wette?–, auch ehe noch die Philosophen ihren Beitrag dazu geliefert haben, die moderne pietische Orthodoxie ungeachtet des „elastischen" Cul de Paris [Pariser Hintern ⟨Effekt der Damenmode⟩], den man jüngst dem Knochengerippe des alten Mirakelglaubens untergepolstert hat, in einer solchen häßlichen, widerlichen Gestalt erscheinen, daß er nur in dem entschiedensten Gegensatz die Quelle des Lebens und Heils finden wird. Warum verklagt ihr also nicht die Poeten? Warum nur die Philosophen, und selbst unter diesen warum nur *Hegel*? Warum bürdet ihr nur ihm die heutigen „Vernichtungstheorien" auf? Kann man sie nicht ebensogut dem Kant, dem Fichte, dem Herder, dem Lessing, dem Goethe, dem Schiller zur Last legen? Unterschieden sie nicht schon aufs strengste zwischen Historie und Wahrheit? War ihnen nicht schon das *historische*[1] positive Christentum etwas Ungewisses oder doch Gleichgültiges? Oder habt ihr vergessen die inhaltsvollen Worte dieser gedankenreichen Männer? Nun, so erlaubt mir, daß ich euch wenigstens *ein* erbauliches Exempel ihres kritischen Antihistorismus ins Gedächtnis rufe. Schiller schreibt an Goethe: „Ich muß gestehen, daß ich in allem, was *historisch*[2] ist, den Unglauben zu jenen Urkunden (Neues Testam.[3]) gleich so entschieden (hört! hört!) mitbringe, daß mir Ihre Zweifel an einem einzelnen Faktum noch sehr räsonabel vorkommen. Mir ist die Bibel (hört! hört!) nur wahr, wo sie *naiv* ist; in allem andern, was mit einem eigentlichen Bewußtsein geschrieben ist, fürchte ich einen Zweck und einen spätern Ursprung." Warum muß denn nun Hegel allein die Tendenz der Straußschen Kritik ausgeheckt haben? Warum nur er allein schuld sein an dem barbarischen „Vernichtungsglauben" der jungen Philosophen? War denn die Menschheit bis auf die Geburt Hegels stockblindgläubig? Ist er die Inkarnation der Vernunft? Haben nicht die alten Philosophen und Helden schon an den Qualen des Tartarus

[1] *In B in Anführungszeichen gesetzt.*
[2] *In B nicht hervorgehoben.*
[3] Test. *B*

und an den Freuden der elysäischen Felder gezweifelt? War Lukretius auch schon ein Hegelianer? Auch Seneca, weil er sagt: „*Lex* est, *non poena* perire [zugrunde zu gehen ist keine Strafe, sondern ein Gesetz]", und anderswo: „Homines pereunt, at humanitas perstat [die Menschen gehen zugrunde, aber die Menschheit bleibt bestehen]"? Erwachte nicht sogleich in Italien mit der alten Kunst und Wissenschaft auch die Hyder des alten Zweifels? Unterschied nicht schon Spinoza zwischen Dauer und Ewigkeit, d. h. zwischen nur quantitativem und qualitativem Sein? Hat nicht schon Fichte aufs strengste die Endlichkeit des empirischen Ichs ausgesprochen, wenn er z. B. sagt: „In der Wissenschaftslehre muß die Individualität der Vernunft absterben; nur die Vernunft ist ihr ewig"? Hat nicht auch schon der Philosoph von Sanssouci seiner Zeit gesungen:

„Mais nous qui renonçons à toute récompense,
Nous qui ne croyons point vos éternels tourmens,
L'intérêt n'a jamais souillé nos sentimens;
Le bien du genre humain, la vertu nous anime:
L'amour seul du devoir nous a fait fuir le crime;
Qui[1], finissons sans trouble et mourons sans regret
En laissant l'Univers comblé de nos bienfaits

[Aber wir, die wir auf alle Belohnung verzichten, / Die wir nicht an eure ewigen Qualen glauben, / Wir sind solche, deren Meinungen nie der persönliche / Vorteil verdorben hat; / Das Wohl des Menschengeschlechtes, die Tugend feuert uns an: / Nur aus Pflichtgefühl haben wir das Verbrechen gemieden; / Die wir ohne Unruhe und ohne Bedauern sterben, / Wir lassen das Universum überhäuft von unseren guten Taten zurück]"? Und wenn der Verfasser der „Gedanken über Tod und Unsterblichkeit" ausführlich bekennt, *seine* Weisheit nicht bloß vom Katheder geholt zu haben:

„Man hört die wahre Theologie
Von dem Katheder wahrlich nie,
D'rum bin ich nie auf Akademie
In Mast gestanden wie ein Vieh",

[1] Oui *So versehentlich B.*

wenn er erklärt, daß jede Wasserquelle, die sein Auge in die Tiefe ziehe, seine Seele mit fortspüle:

„Ich sehe in des Wassers Wellen
Des Todes Nacht sich mild erhellen",

daß er nur aus dem Quell der Natur Friede und Weisheit schöpfe, daß er selbst in den dunkeln Grüften der Natur bei den den vornehmen Menschenseelen verächtlichsten Geschöpfen, bei Unken und Fröschen, die andern nur sinnlose Töne hervorbringen, *collegia* gehört habe, waren die Unken und Frösche auch graduierte Personen, auch Hegelianer, die die Natur für das Anderssein der Idee erklären? Oh, wie seid ihr doch so scharfsinnig! Wie bringt euch um das bißchen Verstand, das die gütige Natur euch schenkte, euer kleinlicher Parteihaß! Alles, alles, was nur immer in der Natur des Menschen, in der Natur der Sache, in der Natur der Zeit liegt, muß dem Hegel auf den Hals geworfen werden. Am Ende machen sie noch in öffentlichen Blättern bekannt, daß wir erst aus der Hegelschen Philosophie essen und trinken gelernt haben. Oh, wie bestätigt ihr doch, ohne daß ihr es wißt und wollt, gerade in eurem Eifer gegen die mythische Erklärung eurer heiligen Geschichten diese Erklärungsweise! Wie jetzt der *Haß* alles auf *eine* Person wälzt, so drängte einst die *Liebe* alles in *eine*[1] Gestalt zusammen. Blind ist der Haß, und blind ist die Liebe; der Unterschied ist nur, daß die Liebe Götter, der Haß Teufel macht. – Der Personifikationstrieb ist keineswegs nur ein theoretischer, sondern auch ein praktischer Trieb des Menschen – wenn anders nur ein solcher Unterschied zu machen ist, denn was einmal eine theoretische Notwendigkeit für den Menschen ist, das verwirklicht er auch äußerlich unwillkürlich als eine reale Gestalt –, so war einst der *persönliche* Teufel, obwohl zuvörderst nur ein theoretisches Bedürfnis der Beschränktheit und Unwissenheit, zugleich eine praktische Realität und Autorität, eine sinnliche Wahrheit, ein *historisches Faktum*, an dem zu zweifeln für Unsinn und Gottlosigkeit galt. Aber wie[2] die Liebe,

[1] *In B nicht hervorgehoben.*

[2] macht. – Der Personifikationstrieb ... Aber wie: macht, daß *B, wo die Sätze dazwischen fehlen.*

blind gegen die Verdienste anderer Menschen, alles Gute in *eine* Person kondensiert, um durch diese Personifikation eine Sache zu heben und zu fördern, so würgt umgekehrt der Haß[1], gleichfalls auf Kosten fremder Verdienste, alles Schlimme in *eine* Gestalt hinein[2], um dadurch eine Sache zu degradieren und den Vernichtungskampf dagegen sich zu erleichtern. So erleichterten sich einst die Menschen den Kampf nicht nur gegen das moralische, sondern auch physikalische Übel, indem sie alle Störungen ihres Moral- und Nervensystems, ihrer Hausordnung, ihres Seelenfriedens und Unterleibs dem persönlichen Teufel schuld gaben. Und so machen sie es jetzt mit Hegel. Wie einst der Teufel, so muß jetzt Hegel alles getan haben, was den Leuten ein Dorn im Auge und ein Pfahl ins Fleisch ist. Aber justament[3] so muß man es auch machen, um sich jede unangenehme Wahrheit auf leichte Weise vom Halse zu schaffen. Eine Sache, die man unter einen bestimmten Namen subsumiert, ist dadurch aus einer allgemeinen Vernunftsache, auf die jeder kommen kann und kommen muß, wenn er sachgemäß denkt, zu einer *zufälligen*, partikulären Sache degradiert, auf welche nur dieser oder jener infolge dieses oder jenes bestimmten, an sich zufälligen Prinzips gekommen ist. Wie leicht ist es, den Tod zu widerlegen, wenn er nur eine *Konsequenz*[4] der Hegelschen Philosophie ist! Ach, wie leicht! Man wirft einige Bonbons poetischer oder philosophischer oder theosophischer Floskeln hin – und mit solchen Zuckerplätzchen, die selbst die Tränen des Kindes nur auf einige Augenblicke zu stillen vermögen, ist nun der Mann, der ernste, denkende Mann, für immer abgespeist. Gerade so verfuhr man auch einst gegen den Teufel wie jetzt gegen die Vernunft. Statt bestimmter Heilmittel bedurfte man bloß Namen, Floskeln und Gebetsformeln, um das Übel, d. h. den Teufel, zu vertreiben.

Aber, meine Herren, ihr richtet mit euren geistlichen Beschwörungsformeln doch nichts aus; denn der *Teufel*,

[1] so . . . Haß: der Haß aber umgekehrt *B*
[2] hineinwürgt *B*
[3] gerade *B*
[4] *In B nicht hervorgehoben.*

den ihr außer euch setzt, in eine besondere Gestalt verlegt, steckt ***in euch*** selbst. Ihr seht nur die Splitter in den Augen der Philosophen, aber nicht die Balken des Unglaubens in den Augen der gläubigen Theologen. Ihr erkennt nur – aus Mangel an Sagazität – den offenen, ehrlichen Unglauben, aber nicht den hinter den Glauben versteckten Unglauben. Ihr bemerkt nur an ***andern***, an euern Gegnern, daß sie nicht glauben, aber nicht, daß ihr selbst in der Tat nicht glaubt, was ihr zu glauben euch einbildet, daß euer Glaube nur Selbsttäuschung ist – nur ein ***abortus*** [eine Fehlgeburt] ***des Unglaubens***, der nicht zur gehörigen Reife und Ausbildung gediehen ist. Ihr staunt über meine Behauptung? Oh, meine Herren, diese Behauptung stützt sich auf Erfahrung und Erkenntnis. Wer den Glauben und den Unglauben kennt, beide aus ihren wahren Quellen kennt, wie sollte der nicht die ekle Komposition von Glaube[n][1] und Unglaube[n][1] erkennen! Exempla docent [Beispiele belehren]: Ein moderner frommer Theologe nennt, um die alte krasse Inspirationstheorie – die doch, wie alle dogmatischen Bestimmungen der ältern Zeit, die einzig mögliche, konsequente, ehrliche und insofern selbst[2] vernünftige ist, wenn man einmal auf dem Standpunkt des Offenbarungsglaubens steht – zu beseitigen, die Evangelisten und Apostel „*freie Organe*". Der fromme Mann gibt uns daher allerdings in dem Substantivum „Organe" eine Probe von seinem guten, alten, ehrlichen Glauben, aber in dem Prädikat, in dem verhängnisvollen Adjektivum „*freie*", zugleich eine glänzende Probe von seinem modernen ***Unglauben***. So ist es: Das Substantivum bei unsern frommen Theologen ist wohl der Glaube, aber das ***Prädikat***, in dem erst der ***Sinn*** dieses Substantivums liegt – der ***Unglaube***. Was Organ ist, das ist nicht frei, sondern dient selbst- und willenlos einer ***höheren Macht***, und was frei ist, ist eo ipso [ebendadurch] nicht Organ. Wenn also die Apostel freie Organe gewesen sein sollen, so wird in demselben Moment, ***wo behauptet*** wird, daß sie inspiriert[3] waren, die

[1] *So ergänzt auch B.*
[2] *In B folgt Zusatz:* die
[3] *Korrigiert nach B. Das Original von A schreibt versehentlich:* inspicirt (*inspiziert*).

Eingebung *geleugnet*, denn ein *freies* Organ ist *kein* Organ. So spukt selbst die Gallsche Schädellehre – wer sollte es glauben? – den frommen Bibelgläubigen im Kopfe. Am Organ hat's den Aposteln nicht gefehlt, aber leider, wie dies so oft bei der Gallschen Schädellehre in specie [insbesondere] der Fall ist, an der dem Organ entsprechenden Fähigkeit. So verdirbt der verfluchte Freiheitsschwindel der modernen Welt selbst in unsern Frommen die himmlischen Einflüsse, daß man nicht mehr unterscheiden kann, was Eingebung oder ein ipse fecit [eine Selbsttätigkeit] der freien Organe war! Ein anderer bibelgläubiger Theolog erklärt das Wunder (z. B. an der Hochzeit zu Kanaa) für einen *akzellerierten Naturprozeß* und gibt uns daher mit diesem beschleunigten Naturprozeß ein schlagendes Beispiel von der galoppierenden Schwindsucht des Wunderglaubens, der doch die Basis des ganzen Gebäudes ist, selbst in den Herzen der gläubigen Theologen. So weit ist die Kultur in unsern Tagen vorgeschritten! Den alten ehrlichen und deswegen so ehrwürdigen Theologen war das Wunder – und dies ist die einzige richtige Bestimmung des Wunders, wenn man einmal Wunder glaubt und die Bibel nicht zum besten haben will – der unmittelbare Ausdruck einer schrankenlosen willkürlichen Macht und daher eine gewaltsame Störung der guten Ordnung, ein übernatürlicher Eingriff in die Gesetze der Natur. Aber wie galant, wie höflich ist jetzt der Bibelglaube gegen die Natur! Jetzt sind die chemischen Feuerzeuge als beschleunigte Lichterzeugungsprozesse und die Dampfwagen als akzellerierende Bewegungsmaschinen biblische Wunder – Wunder im Sinne unserer gläubigen Theologen. Wie „elastisch" ist doch der Wunderbegriff! Habe ich also falsch geredet, wenn ich sagte, der Glaube sei wohl das Hauptwort in den Seelen oder auf den Zungen unserer Theologen, aber das epitheton ornans [schmückende Beiwort] der Unglaube? Spinoza, der Patriarch der Freidenkenden der neuern Zeit – wie merkwürdig: ein Israelit von Geburt –, hat in seinem „Tractatus theol. polit.", in dem trefflichen sechsten Kapitel „De miraculis [über die Wunder]", schon die Behauptung aufgestellt, daß die Wunder nichts anderes gewesen seien als ungewöhnliche natürliche Erscheinungen, die man aber aus Unwissenheit zu wider- und übernatürlichen Wirkungen gemacht habe. Wer daher ein Wunder für einen galoppierenden Naturprozeß erklärt, glaubt allerdings Wunder, aber er glaubt sie im Sinne des Unglaubens, welcher die Wunder natürlich erklärt; denn die Beschleunigung ist nichts Un- und Übernatürliches. Wie lange wird es noch anstehen, daß die gläubigen Theologen den Ungläubigen die Konzession machen: Der Theanthropos [Gottmensch], war nach Analogie des beschleunigten Naturprozesses, nur ein gesteigerter, deifizierter Naturmensch! Ein anderer Theolog schildert in einer Schrift „Über die Sünde" – oder wie sie sonst betitelt sein mag, ich erinnere mich nur noch, es sind schon sehr viele Jahre, des unauslöschlich widerlichen Eindrucks, den diese Schrift auf mich machte, und der tiefen Indignation, mit der ich den Frömmling zum Teufel warf –, dieser Theologe schildert den Zustand des Sünders gerade in dem bedeutungsvollsten Moment – man rate, womit – mit einer poetischen Reminiszenz, und zwar aus Schillers Taucherballade, wo „es wallet und siedet und brauset und zischt, wie wenn Wasser mit Feuer sich mengt". Der fromme Theologe hat also das Elend des Sünders, den Zustand der Erlösungsbedürftigkeit, als einen höchst poetischen Zustand oder vielmehr als einen moussierenden Champagnerprozeß empfunden und dabei gewiß begeistert ausgerufen: „Vivat [es lebe] die Sünde! Pereat [nieder] die Tugend!" Wieder andere Theologen leugnen, besonders den ungläubigen Kritikern gegenüber, geradezu, daß das in der Bibel steht, was mit klaren Worten in ihr geschrieben steht[1]. Das Wort Gottes ist ihnen also nicht, wie sie sich selbst einbilden und vorgeben, das Wort Gottes, das *Testament* des Herrn; denn welcher treue Sohn wird an dem Testament seines verehrten Vaters, wenn er es einmal als das Testament seines Vaters anerkennt, auch nur einen Buchstaben antasten, seinen letzten Willen nach Belieben verdrehen, leugnen, daß in dem Testament steht, was unwidersprechlich in ihm steht? Wäre ihnen daher das angebliche Wort Gottes das wirkliche Wort Gottes, so müßten sie, mit vollkommener Verzichtleistung auf ihren eigenen Verstand, alles in der Bibel geradeso annehmen,

[1] *In B folgt: Zusatz:*, wie z. B. das nahe Ende der Welt

wie es in ihr steht, und daher die unleugbaren Widersprüche der Bibel mit der Vernunft und den Gesetzen aller historischen Glaubwürdigkeit, die Irrtümer und Täuschungen der Apostel – z. B. in Erwartung des Jüngsten Tages – den ungläubigen Kritikern demütigst zugestehen, statt [sie] durch die Sophistik einer willkürlichen Exegese wegzuleugnen. Ja, so müßten sie handeln, wenn es ihnen wahrer Ernst wäre mit dem Wort Gottes, denn woher wissen sie denn, ob es nicht der Wille des Testamentators war, diese Widersprüche, diese Irrtümer und Täuschungen gerade deswegen in die Bibel hineinzuweben, damit doch endlich einmal die Menschheit so gescheut würde, ein zeitliches Wort nicht mehr mit dem ewigen Worte zu verwechseln, und dadurch erlöst von den endlosen Zweifeln und Streitigkeiten, die an ein unter allen Bedingungen der Endlichkeit verfaßtes Buch notwendig gebunden sind?

Warum verklagt ihr also die Philosophen, wenn sie einen Glauben verwerfen, der in euch selbst keine Wahrheit mehr ist, einen Glauben, der, weil ein einmal entschwundener Glaube ebensowenig naturgemäß wieder zurückgerufen werden kann als die verlorene Jungferschaft, in den bessern Köpfen nur als eine Karikatur, als ein *affektierter*, erheuchelter Glaube, in den beschränkten Köpfen aber nur in der Furiengestalt der Desperation und *fanatischer Brutalität* zum Vorschein kommen kann? Die Philosophen haben von jeher keine andere Bestimmung gehabt, als ehrlich auszusprechen, was die Menschheit zu bestimmten Zeiten im Sinne hatte, was sie freilich immer, sowie es ihr mit kahlen, dürren Worten ins Gesicht gesagt wurde, verschmähte und verleugnete, weil sie nicht die Wahrheit verträgt, weil sie sich absichtlich über sich selbst täuscht, die *Selbsterkenntnis* flieht, welche den eigentümlichen Zauber der Illusion zerstört. Nicht die Philosophen und Freigeister sind die Verderber der Zeit. Oh nein, in euch, meine Herren, steckt das Verderben der Zeit; es steckt in eurem Glauben, der nur ein verkappter Unglaube ist. Die Heuchelei – nicht nur die gemeine, äußerliche, sondern die innerliche, die Heuchelei der Selbstbetörung – ist das Grundlaster der Gegenwart. Wenn einmal Philosophen oder überhaupt Freidenker gegen einen Glauben auftreten, und zwar mit entschiedener Überzeugung, mit Gründen wissenschaftlicher Erkenntnis, so ist der Glaube bereits verschwunden aus den edleren Organen der Nation, aus den Denkorganen; er hat aufgehört, eine reale Potenz, eine geistige *Macht* zu sein, er existiert nur noch in der *Erinnerung*, die ihn, eben weil er bereits entschwunden, mit dem eigentümlichen Reiz der Vergangenheit ausmalt, nur noch in der *Einbildung* der einzelnen. So werft ihr den jungen Philosophen als ein besonderes Verbrechen vor, daß sie den Glauben an[1] ihre individuelle Fortdauer, besonders den Glauben an Himmel und Hölle,[2] verwerfen. Aber – abgesehen von der Pöbelhaftigkeit, einem Denker eine Erkenntnis zum Vorwurf zu machen, die sich durch Nachdenken seinem Bewußtsein als eine Vernunftnotwendigkeit ergibt, eine Erkenntnis, die er, wenn er sie andern mitteilt, ihnen nicht als einen Glaubensartikel, als eine religiöse Wahrheit aufdringt – nur in diesem Falle würde er sich selbst prostituieren –, sondern als ein Objekt der freien Intelligenz, d. h. als ein Widerlegbares und Bezweifelbares, hinstellt, abgesehen von dieser Pöbelhaftigkeit – wer kann, wenn er anders ein Paar Augen im Kopfe hat, verkennen, daß dieser Glaube längst aus dem *allgemeinen Leben* verschwunden ist, daß er nur in der subjektiven Einbildung der einzelnen, wenn auch unzähliger, noch existiert? Wo ein Glaube eine *Wahrheit* ist, nicht bloß eine Einbildung, da ist er – meine Herren – eine *praktische*, *lebendige* Wahrheit. Steht doch in der Bibel selbst der schöne Spruch: „Aus ihren Früchten sollt ihr sie, d. h. die Herren, erkennen." Ein Glaube daher, der nicht mehr die entsprechenden Früchte trägt, ist nur noch ein chimärischer Glaube, der nur einen philosophischen Kopf – Philosophen sind ehrliche, entschiedene Leute – zu seinem Organ zu bekommen braucht, um den Schein wegzuwerfen und sich als Unglaube zu erfassen und auszusprechen.[3] Was sind denn nun aber die Früchte, welche an dem Baume des himmlischen Paradieses hängen, wenn er noch in voller Kraft dasteht, so daß seine

[1] *In B folgt Zusatz:* das himmlische Jenseits und
[2] , besonders . . . Hölle, *Fehlt in B.*
[3] *Mit dem folgenden beginnt in B ein neuer Absatz.*

Äste stark genug sind, solche Früchte zu tragen? – Diese Früchte, diese himmlischen Geschöpfe auf Erden, sind nichts anderes als Mönche und Anachoreten, aber nicht Professoren der Geschichte, Mathematik, Medizin, Philosophie. Wie sträflich ist es, durch die Philosophie den Glauben um *das Verdienst* zu bringen, welches ihm allein die Ansprüche auf ewige Seligkeit erwirbt, um das Verdienst der Demut, der Resignation auf die Vernunft! Wie töricht, hier wissen zu wollen, was wir dort, ja, nur dort wissen können, wissen sollen, wissen werden, und zwar ohne alle Anstrengung des Denkens, die nur eine irdische Tätigkeit ist! Hier sollen und müssen wir darben, um uns die Freude der himmlischen Erkenntnis nicht zu verderben. Die Kinderchen selbst, die sich recht auf Weihnachten freuen, haben schon so viel Selbstbeherrschung, daß sie, auch wenn sie die Gelegenheit haben, die verborgenen Schätze schon vorzeitig zu Gesichte zu bekommen, ihre Neugierde unterdrücken, um sich die volle Freude auf den Heiligen Abend aufzusparen. Oh, ihr genäschigen, vorwitzigen Philosophen, nehmt euch diese Kinderchen zum Vorbild! Die Hoffnung auf den Himmel ist die einzige Weisheit dieser Erde; jeder Gedanke ist ein frevelhafter Zweifel an der Wahrheit dieser Hoffnung, ein Eingriff in die Rechte des Himmels. Oder soll etwa das bißchen Wissen uns dort zugute kommen? Aber dann müssen auch im Himmel Schulanstalten, wenn auch keine Gymnasien, Universitäten und Akademien, weil diese heidnischen Ursprungs sind, aber doch geistliche Schulanstalten, sein;[1] damit die hier hinter uns Zurückgebliebenen uns nachkommen und so vollkommene Gleichheit und Einheit hergestellt werde, denn wo Unterschied ist, da ist Neid, wo Neid, da ist Streit, und wo Streit, keine Seligkeit. Wer also einen Himmel glaubt, der philosophiert nicht, und wer philosophiert, der glaubt keinen Himmel; widrigenfalls ist sein Philosophieren entweder bloßer Tand oder sein Glaube eine bloße Einbildung, die er durch sein Tun widerlegt. Aber sind die übrigen Wissenschaften von dem Vorwurf der Lächerlichkeit, der Eitelkeit, der Frevelhaftigkeit frei da, wo der Glaube an den Himmel und die

[1] *In B Komma statt des Semikolons.*

Hölle eine *Wahrheit*? Ebensowenig als die Philosophie. Wie lächerlich ist es, hier Tag und Nacht beim trüben Lampenschein der menschlichen Vernunft sich mit historischen Forschungen abzugeben, wie frevelhaft, die verborgenen Zusammenhänge und Gänge des Labyrinths der Geschichte hier beleuchten zu wollen! Dort wird sich uns mit einem einzigen Blicke der ganze Wirrwarr enthüllen, wenn wir anders dort noch den Erdkloß eines Blickes würdigen. Was sind überdies alle historischen Quellen, die uns hier zu Gebote stehen, anders als elende, unzuverlässig[1] oberflächliche Zeitungsberichte politischer Kannegießer? Selbst wenn sie von Augenzeugen stammen, wie schwierig ist es, richtig zu sehen und alles zu sehen, was zu einem historischen Faktum gehört! Wer hat in Zeiten einer allgemeinen fieberhaften Aufregung, in Zeiten, wo geistige Epidemien die Menschheit befallen – und gerade diese sind die historisch interessantesten –, den Blick des prüfenden, unparteiischen Beobachters? Und wenn uns auch ein Held seine Geschichte selbst überliefert, wer bürgt uns denn dafür, daß er nicht hier im Nebel dieser Erde alles getrübt angesehen hat? Wie lächerlich ist es daher, hier die Geschichte aus – angeblichen – Quellen studieren zu wollen, da uns erst dort im *unmittelbaren* Verkehr mit den großen und kleinen Helden und Geistern der Vergangenheit, sei es nun im Himmel oder in der Hölle, das geheime Archiv der Geschichte aufgeschlossen wird! Oder verlieren wir dort die geschichtlichen Erinnerungen? Blüht dort nur noch die Herbstzeitlose des kahlen Selbstbewußtseins? Aber was bleibt denn dann von der Seele eines Historikers noch übrig, wenn man von ihm die Summe seines historischen Wissens abzieht? Ja, was bleibt selbst von uns andern übrig, wenn wir die geschichtlichen Erinnerungen verlieren? Müssen wir nicht, um unsern diesseitigen Verstand, unser diesseitiges Bewußtsein jenseits zu erhalten, auch den Inhalt des Diesseits mit hinübernehmen? Wie lächerlich ist es nun aber gar, sich als Anatom oder Physiolog in das verwickelte, schwierige System des irdischen Leibes hienieden hineinzustudieren, da doch einst – und dieses „einst" ist viel-

[1] unzuverlässige, *B*

leicht schon übermorgen, vielleicht schon morgen, vielleicht noch heute – dieses ganze System des rohsten Materialismus durch den himmlischen Leib über den Haufen geworfen wird! Wenn ich die Gewißheit habe, daß ein philosophisches Lehrgebäude nächster Tage – und wer den Himmel glaubt, der muß wünschen, daß der nächste Tag der letzte Tag auf Erden sei – von einem nagelneuen, wunderherrlichen, unzerstörbaren und zugleich höchst einfachen und lichtvollen System in seiner ganzen Erbärmlichkeit und Nichtigkeit dargestellt werde, lohnt es sich der Mühe, dieses nichtige System zu studieren? Wenn ich weiß, daß ich morgen in Gold und Silber strahle, werde ich den schmutzigen, lumpigen Kittel, den ich heute anhabe, eines andern als höchstens eines verächtlichen Blickes würdigen? War es zufällig, daß, solange der Glaube an Himmel und Hölle eine Wahrheit war, die Naturwissenschaften so vernachlässigt und zurückgesetzt waren? Wie lächerlich ist es ferner, sich der Mathematik zu widmen, mit ihren passageren Wahrheiten die unsterbliche Seele zu bemakeln! Dort verschwinden alle Wahrheiten der Größen- und Zahlenlehre; dort tanzen Millionen der himmlischen Scharen, denen auch ich mich einst anschließen werde, auf *einem* mathematischen Punkte. Wie kann ich aber das zur Basis meiner anhaltenden Forschungen, zum Prinzip meines geistigen Lebens und Wirkens machen, was ich einst selbst mit Füßen treten werde? Wie lächerlich und frevelhaft ist es nun aber vollends, sich mit Beschäftungen und Erfindungen abzugeben, welche keinen andern Zweck haben, als das menschliche Leben zu erleichtern, zu verschönern, zu vervollkommnen, also keinen andern Zweck, als das Diesseits zu *vergöttern*! Was ist *dieses* Leben gegen das ewige Leben? Eine bloße Wallfahrt in das himmlische Jerusalem, ein transitorischer Kandidatenzustand, ein Mißton, der in dem unendlichen Konzert des Jenseits überhört wird, ein elender Tropfen gegen den Ozean der Ewigkeit, ein Pfifferling gegen die erhabene Palme, die im Paradies mir blüht. Wenn das Leben aber nur eine Pilgerfahrt in den Himmel, die Erde bloß mein Nachtquartier ist, werde ich mich in ihr einrichten, als wäre sie mein Wohnhaus? Werde ich nicht vielmehr ganz gleichgültig sein gegen die Beschaffenheit meiner Herberge? Werde ich nicht die Ungeschliffenheit, die Härte und Kälte des Bodens meines Nachtquartiers in der Hoffnung und dem Glauben an meinen himmlischen Wohnort selbst mit Freuden ertragen? Ist überdies die Kultur des Bodens nicht auch ein Eingriff in die Prärogative des Himmels? Warum kultiviert der Mensch den Boden, als um sich einen glückseligen Zustand zu verschaffen? Will er also nicht durch *Selbsttätigkeit* sich erschaffen, was Gott nur sich selbst vorbehalten, was nur ein Gnadengeschenk des Himmels ist? Ist dies nicht ein frevelhaftes, hochmütiges Bestreben? Ist dies nicht Fichtescher Idealismus, der euch dem Atheismus gleich ist? Verläßt sich nicht auch in der Kultur des Bodens der Mensch nur auf sich? Macht er nicht sein Glück, sein Sein nur von der *Selbsttätigkeit* abhängig?

In der Tat: *Sind wir für den Himmel geboren, so sind wir für die Erde verloren*; die Erde – aber was gehört nicht zur Erde? – ist unsere Fremde, der Ort unserer Verirrung; *unsere wahre Bestimmung* hienieden ist nur der *Gedanke an den Himmel*, die Sorge, den Himmel uns zu erwerben, sei es nun durch das Verdienst der guten Werke oder durch das *Verdienst* des Glaubens. Der heilige Antonius – mit Recht der Heilige, denn er war kein Lügner und Heuchler wie die modernen Gläubigen; er bestätigte seinen Glauben durch sein Leben – redete also zu den ägyptischen Mönchen: „*Unser ganzes Leben ist nichts gegen das ewige Leben* und die ganze Erde eine Kleinigkeit gegen das Himmelreich. Wenn auch die ganze Erde unser Eigentum wäre und wir verzichteten darauf, was wäre dieses Opfer gegen den Gewinn des Himmels? – Der Verlust *einer* kupfernen Drachme gegen den Gewinn von hundert goldenen Drachmen. Der Spruch des Apostels: ‚*Ich sterbe täglich*', muß uns daher nie aus dem Sinne kommen, denn wenn wir so leben, als wenn wir jeden Tag sterben sollten, so werden wir nie sündigen. Dies ist aber so zu verstehen: Wenn wir des Morgens aufwachen, so müssen wir denken, daß wir nicht mehr den Abend erleben, und wenn wir uns wieder niederlegen, so müssen wir denken, daß wir nicht mehr aufwachen, denn das Leben ist nicht nur seiner Natur nach ungewiß, sondern auch Tag für Tag von der göttlichen Vorsicht uns zugemessen. Wenn wir so gesinnt sind und so jeden Tag zubringen, so werden wir nicht sündigen, nach nichts ein Verlangen haben, niemandem[1] zürnen und uns *keine Schätze auf der Erde sammeln*; nein, in der täglichen Erwartung unseres Todes werden wir besitzlos bleiben und allen alles vergeben und nimmermehr dem Verlangen nach fleischlicher oder sonstiger schmutzigen Lust unterliegen, sondern die irdische Lust als etwas Vergängliches verabscheuen im *ängstlichen Hinblick auf den Tag des Gerichtes*[2], denn je größer die Furcht und die Gefahr der Foltern ist, desto leichter wird die Lust überwunden und der sinkende Mut wieder aufgerichtet."[*][3] Wo daher der Glaube an ein himmlisches Leben *Wahrheit* ist, da *lösen sich alle Bande der Liebe und Menschheit auf*, denn sie sind nur *irdische*, endliche, der himmlischen Bestimmung entfremdende Verhältnisse. Die Gattin, die Mutter verliert über den Gedanken an das Wohl des Gatten, der Kinder den Gedanken an den Himmel; selbst jenseits noch verbittert ihr der Gedanke an die Ihrigen die himmlische Seligkeit, denn sie kennt keine egoistische Seligkeit, sie kennt nur die Seligkeit, die in der Verbindung mit den Ihrigen liegt. Der wahre, ihrem Glauben entsprechende Stand einer *Himmelsbraut* ist daher nur der *Nonnenstand*. Der Glaube an den Himmel konzentriert den Menschen *nur auf sich*, auf sein eigenes ewiges Heil; die himmlische Seligkeit genießt jeder, wenn auch in Gesellschaft, nur *für sich selbst*, und was für andere geschieht, geschieht nur im Interesse der eigenen ewigen Seligkeit. Der Glaube an ein himmlisches Leben zerstört das *Gattungsleben* der Menschheit, vertilgt den wahren Gemeingeist, entmenscht den Menschen und ist daher der *wahre* Vernichtungsglaube. Hierin allein liegt der Grund von der Verachtung, Anfeindung und Unterdrückung des Gattungstriebes im Christentum – der Gattungstrieb widerspricht dem Trieb nach ewiger selbstischer Seligkeit. Wo daher der Glaube an den Himmel nicht

[1] *Im Original A und B:* niemanden
[2] Gerichts *B*
[*] „Vita S. Antonii a. D. Athanasio scripta", edit. D. Hoeschelio, Augustae Vind. 1611, p. 26, 28, 30.
[3] *Mit dem folgenden beginnt in B ein neuer Absatz.*

mehr diese Früchte trägt, nicht mehr Heilige, wie ein[en] Antonius, in seinem Gefolge hat, nicht mehr die in diesem Glauben gegründeten Stiftungen wenigstens noch historisch heiliggehalten werden, da ist dieser Glaube keine Wahrheit mehr, da ist er nur noch eine Einbildung, eine Phantasie, d. h., mit andern Worten, ein *ehr-* und *charakterloser* Glaube, ein Glaube, der nur noch die Bedeutung eines subjektiven Trostmittels, aber ***keine moralische Würde***, keine praktische und folglich objektive Realität mehr hat.

Warum klagt ihr also den Denker an, wenn er mit der *Vernunft* widerlegt, was ihr, Heuchler, selbst vermittelst eures *Lebens* verleugnet und widerlegt? Freilich, ihr helft euch auch hier wieder sogleich und sucht durch armselige Sophismen den Widerspruch eures Lebens mit eurem Glauben euch aus dem Bewußtsein zu entfernen. Die Strenge der alten Christen, d. h. ihre Wahrhaftigkeit und Ehrlichkeit, ist euch nur Übertreibung oder gar Mißverstand der christlichen Wahrheit und Tugend. Natürlich, man muß, wie theoretisch ein Mittel zwischen Glauben und Unglauben, so auch praktisch ein schönes juste-milieu zwischen der christlichen Moral und dem Epikur[e]ismus der modernen Welt innehalten. Ihr wollt zwar, wie die alten Christen, die himmlischen Freuden, aber nicht, wie sie, dem Himmel die irdischen Freuden zum Opfer bringen. Während die alten Christen auf den Knien über dornige und steinige Pfade zum Himmel emporklimmten, wollt ihr, auf den Lorbeeren des Unglaubens ausruhend, auf Eisenbahnen und Dampfwagen ins himmlische Jerusalem hineingleiten. Euer Leben ist das treue Ebenbild eures Glaubens und eurer biblischen Exegese. Wie der Glaube bei euch nur die Bedeutung des Unglaubens hat, so legt ihr auch in euren Handlungen, wahrscheinlich um den Ungläubigen die Wahrheit eures Glaubens ad oculos [augenfällig] zu demonstrieren, die moralischen Gebote des Christentums immer nur im entgegengesetzten Sinne aus. Der biblische Spruch z. B.: „Niemand kann zwei Herren dienen", heißt bei euch: Jedermann kann zwei Herren dienen. Wie leicht konnte so ein alter Abschreiber aus übertriebenem Eifer oder aus Mißverstand des Christentums, welches ja die sinnlichen Triebe nur verklären will, „niemand" mit „jedermann" verwechseln! Oh, ihr Heuchler und Lügner! *Die Früchte des alten Glaubens wollt ihr im Jenseits genießen, aber im Diesseits euch unterdessen die Früchte des modernen Unglaubens köstlich schmecken lassen.** Und dennoch erdreistet ihr euch, zu fragen und darüber zu klügeln, was das Verhältnis des Staates zu einer ungläubigen Philosophie sei. Als wäre nicht euer ganzes Leben ein Pasquill auf euern Glauben, und als dürfte man einen Glauben wohl durch die Tat, aber nur nicht durch den Gedanken widerlegen. Aber, meine Herren, die Quelle des Unglaubens ist eben der *Widerspruch* des Lebens mit dem Glauben. Erst wird der Glaube durch die *Handlung*, dann erst durch den *Gedanken* widerlegt. Die Vernunft kommt[1] bei dem Menschen immer erst hintendrein[2], nach der Tat. Ehe ihr daher fragt, was das Verhältnis des Staates zu ungläubigen Denkern sei, so fragt zuerst, was sein Verhältnis zu solchen Subjekten sei, die zwar nicht gegen ihren Glauben schreiben, aber gegen ihren Glauben *handeln* und *leben* und daher dem beobachtenden Denker nichts weiter übriglassen, als aus den Prämissen, welche sie ihm selbst angeboten[3], die traurige Konklusion zu

* So hat man auch in unsern Tagen der *Rechtgläubigkeit*[4] des heiligen Athanasius ein donnerndes Vivat gebracht und auf das Wohlsein derselben so manche Champagnerflasche geleert; aber von dem *Leben* des heiligen Antonius, welcher die Herrlichkeit dieses rechten Glaubens selbst mit dem Schmutze seines Leibes, den er aus Frömmigkeit nicht abwusch, beleuchtete und bestätigte, von diesem Leben, das uns der *nämliche* Athanasius als ein Muster vorhält, davon schweigen die Herren stille. Ja, statt mit dem Amulett des alten Glaubens zugleich auch das *charakteristische symbolum*, das *epitheton ornans*, die *Dekoration* dieses Glaubens,[5] das *schmutzige Ziegenfell* des heiligen Antonius sich wieder anzuhängen, enkouragieren selbst die Herren, in der einen Hand das Kruzifix, in der andern die Fahne der Gewerbs- und Handelsfreiheit, die Völker dazu, daß sie nur getrost auf den Bahnen des *praktischen Unglaubens* fortfahren sollen! Oh, welche Heuchelei!

1 *In B folgt Zusatz:* ja

2 hinterdrein *B* 3 dargeboten *B*

4 *Im Original A:* Rechtsgläubigkeit. *Hier berichtigt nach B.*

5 *In B Gedankenstrich statt Komma.*

ziehen, daß ihr Glaube nur noch eine Chimäre ist. Oder ist es nicht mehr erlaubt, auch nur Tatsachen auszusprechen und zu analysieren? Nicht mehr erlaubt, aus Prämissen, die uns das Leben selbst in die Feder diktiert, richtige Folgerungen zu ziehen? Ist ein logischer Denker ein Staatsverbrecher?

Aber, meine Herren, noch eine Gewissensfrage zum Abschied – sind denn unsere Staaten wirklich *christliche* Staaten? Stimmt der Begriff des Staates überhaupt mit dem Christentum überein, mit *dem* Christentum, welchem die *Weltweisheit*, die Philosophie des Diesseits, widerspricht? Weiß das Christentum von etwas anderm als von einer religiösen Gemeinde? Widerspricht nicht selbst schon eine solche religiöse Gemeinde, die äußerlichen Staat und Prunk macht, die selbst durch den Donner der Kanonen die Kraft ihres geistlichen Segens unterstützt, dem Wesen des Christentums, geschweige erst der Staat? Kommt mir nicht mit den Stellen der Bibel, welche die Anerkennung der weltlichen Obrigkeit aussprechen! Anerkannte nicht auch das Christentum den Sklavenzustand?* Folgert ihr daraus die Christlichkeit dieses Zustandes? Und beziehen sich jene Stellen nicht auf bestehende Obrigkeiten? Aber soll denn unter den Christen nicht die einzige regierende Macht die religiöse Macht, nicht ihr einziger Herr und Meister und König der sein, von dem sie ihren Namen ableiten? Wo bleibt denn die göttliche übernatürliche Macht des Christentums, wenn es zu seiner Unterstützung, um die Christen in Zucht und Ordnung zu halten, der Polizeigewalt bedarf? Und wenn ja Strafen auch unter ihnen notwendig sind, sollen und können nicht bei Christen die kirchlichen Strafen diesem Bedürfnis hinreichend entsprechen? Bedarf[3] der fromme Christ eines

* Die Rechtmäßigkeit der Sklaverei hat man wirklich – und zwar mit vollem Rechte, denn der Herr ist dem Sklaven gegenüber die Obrigkeit, aber alle Obrigkeit ist von Gott –[1] aus der Bibel, sowohl dem A. als dem N. T., deduziert. S[iehe][2] z. B. den „Dictionnaire univ. des Sciences Morale, Economique, Politique etc." (par Robinet) à Londres 1777, Art. Esclave, p. 174–182.

1 – und zwar ... von Gott – *Fehlt in B.* 2 So *B*

3 *In B folgt Zusatz:* ferner

andern Schutzes als der göttlichen Obhut? Oder schickt sich etwa nicht für *den* Gott, der die Blumen auf dem Felde kleidet, ohne daß sie spinnen, und die Raben nicht verhungern läßt, eine unmittelbare Vorsehung, bedarf er zur Vermittlung der Vorsorge einer weltlichen Regierung? Aber ist dadurch nicht das Band zwischen Gott und den Menschen unterbrochen? Ist dies nicht ein Epikurischer Grundsatz? Haben die frommen, wahren Christen nicht selbst eingestanden, daß mit der Erhebung des Christentums auf den Thron der weltlichen Macht der Verfall des wahren Christentums begonnen habe? Haben sie nicht offen bekannt, daß weltliches Glück das größte Unglück des Christen sei? Haben sie nicht selbst Krankheiten des Leibes für Wohltaten der Seele erklärt? Wenn also ein Staat das weltliche Glück seiner Untertanen sich zum Zwecke setzt, wenn er alle das leibliche Wohlsein bezweckende[n] Anstalten fördert und folglich seinen Untertanen nur weltliche Bestrebungen und Gesinnungen gewissermaßen zum Gesetz macht, widerspricht er nicht dem Glauben und den ausdrücklichen Lehren *der* Christen, welche selbst die heutigen Christen noch als die Muster ihres Glaubens, wenn auch nicht ihres Lebens, anerkennen?

Wenn nun aber der Staat den Krieg sanktioniert und selbst dem Kriegerstand den Vorzug vor allen andern Ständen gibt, sanktioniert er hiemit nicht ein unchristliches Prinzip? – Ihr helft euch, um euer Gewissen zu belügen, mit der Gerechtigkeit der Sache. Aber wenn einmal der Krieg *an sich* unchristlich ist, was ihr nicht bezweifelt, so bleibt er dem Christen, auch wenn er gerecht ist, immer ein Gegenstand des Abscheues, denn nicht was recht, sondern was christlich, ist dem Christen Gesetz und Richtschnur. Der Feind raubt euch eure Weiber, eure Schätze, eure Ehre, eure Freiheit; das ist zweifelsohne sehr unrecht. Aber was raubt er denn euch[1]? *Irdische* Güter, die dem Christen in der Gewißheit der himmlischen Güter *nichts* sein sollen. Opfert ihr also nicht der Erhaltung der irdischen Güter die himmlischen Güter, der Heiligkeit des Eigentums die Heiligkeit des Christentums, der bürgerlichen Freiheit die christliche Freiheit, dem rechtlichen

[1] *In B folgt Zusatz:* im christlichen Sinn

Sinn den christlichen auf? Selbst wenn der Feind euch das Heiligtum eures Glaubens rauben will, was ist der einzige christliche Widerstand? Der Märtyrertod! Ihr helft euch ferner mit der traurigen Notwendigkeit dieser Welt. Aber für den Christen ist eben nur das *Christliche* das *Notwendige*. Trefflich sagt der Kirchenvater Tertullian in seiner Schrift „De Corona" im XI. Kapitel, wo er die Widersprüche des Kriegsdienstes mit dem Christentum aufzeigt: „Der Stand des Glaubens läßt keine Notwendigkeiten zu. Wo nur die *eine* Notwendigkeit ist, *nicht* zu sündigen, da gibt es keine Notwendigkeit zu sündigen." Ihr helft euch endlich damit, daß ihr sagt, der Soldat, welcher seinen Nächsten oder gar seinen Bruder in Christo totschlägt, tue dies nicht aus persönlichem Haß und Rachegefühl. Aber dies ist ein Sophisma.[1] Gegen diesen einzelnen Franzosen da, welchen der Deutsche niedersticht, hat er freilich keine besondere malice [Arglist], aber den Feind, die Franzosen überhaupt, haßt er bis in den Tod; er würde, wenn er so glücklich wäre, die ganze Nation unter *einen* Hut zu bringen, mit dem größten Vergnügen der vielgliederigen Bestie mit einem Hiebe den Kopf abschlagen, nur um seinem lieben Vaterland die Kriegskosten zu ersparen. Den alten *unbedingten*, *unverdorbenen* Christen war Blutvergießen (wenigstens zum Behufe weltlicher Zwecke) ein Greuel.* Also, meine christlichen oder viel-

[1] dies . . . Sophisma.: was ist damit gesagt? *B*

* „Nobis", sagt M[inucius] Felix in seinem „Octavius", cap. 30, not. 7, „homicidium nec videre fas, nec audire (oder vielmehr andere nach J. A. Ernestis Ausgabe, not. 13). Tantum ab humano sanguine cavemus, ut nec edulium pecorum in cibis sanguinem noverimus. [Von Menschentötung dürfen wir weder etwas sehen noch hören (. . .). Wir haben eine solche Scheu vor Menschenblut, daß wir nicht einmal in Speisen das Blut eßbarer Tiere kennen.]" Wenn dagegen andere Kirchenväter den Krieg für erlaubt halten, wenn selbst die Kirche die, welche Kriegsdienste taten, nicht von der Kirche und der Taufe ausschloß, usw. – man sehe hierüber die Zitationen in H. Grotius, „De jure belli ac pacis", lib. I, cap. II, § 9 (und § 7, über das Verhältnis zur Obrigkeit) –, so haben wir hier denselben Fall wie mit der Ehe und andern Punkten. Der Apostel Paulus und die Kirchenväter

mehr allerchristlichsten[1] Herren, ehe ihr die Frage aufwerft, was das Verhältnis des Staates zu einer unchristlichen Philosophie sei, bitte ich, mir *die* Frage zu beantworten – aber notabene [wohlgemerkt] ohne schlechte Sophismen –, ob und wie unsere Staaten, ja, der Staat überhaupt mit dem Christentum zusammenstimmt. Doch verzeiht einem Philosophen diese törichte Frage! Philosophen sind ja schlecht in historicis [in Geschichtlichem] bestellt. Eben fällt mir – aber leider zu spät – mein krasser Irrtum ein. Diese Frage ist ja schon seit Konstantin dem[2] *Großen* gelöst, der Standpunkt selbst, von dem [aus] diese Frage aufgeworfen werden könnte, ein *abgetaner*, *überwundener* Standpunkt. Jawohl, seitdem das Christentum das asketische Pallium Tertullians und das Ziegenfell des heiligen Antonius mit dem Purpur und Priesterrock vertauscht hat*, ist selbst das Schinderhandwerk, un-

erlauben und anerkennen die Ehe, aber was ihre wahre, innerste Gesinnung war, die sie nur der äußerlichen Weltnotwendigkeit zum Opfer brachten, unterliegt keinem Zweifel. Krieg, Staat, Ehe gehört im Sinne des Christen nur *dieser* Welt an, die er nicht als seine *wahre* Welt, als seine *Heimat* anerkennt. Der Christ ist *Bürger* des Himmels; nur was im Himmel *gilt*, nur was dort die Probe besteht, ist sein Gesetz. Wenn daher auch der Christ die Gebräuche und Sitten *dieser* Welt anerkennt und mitmacht, so geschieht das nur aus demselben Grund und mit denselben Gesinnungen, als wenn ein Reisender die Gebräuche und Sitten eines fremden Landes, solange er sich dort aufhält, mitmacht. Die Vertretung und Darstellung der wahren christlichen Gesinnungen übernahm daher später ein *besonderer* Stand, gleichsam zur Sühne für die übrigen unchristlichen Stände. Übrigens ist die Geschichte des Christentums – nicht nur die äußere, sondern auch die innere, welche denkenden Köpfen ein höchst interessantes und weites Feld noch darbietet – die Geschichte der größten Widersprüche, die je in die Erscheinung getreten sind.

1 allerchristlichen *B*

2 *In B hervorgehoben.*

* Schon im Zeitalter Konstantins galt der Geistlichkeit das *apostolische* Pallium für ein *unanständiges* Gewand. Ein gewisser Eustachius wurde auf dem Konzilium zu Gangrena anathematisiert, weil er als Priester das Pallium trug und

geachtet die Kirche sich bei der Hinrichtung der auf ihr Anstiften geschlachteten Ketzer immer ***krank gestellt*** und eine besondere Blutscheu ***affektiert*** hat, nicht nur ein christliches, sondern – noch weit mehr – ein allerchristlichstes Handwerk geworden. Seitdem die Staaten christlich sind, sind die Christen ***keine*** Christen mehr. Wenn man einen vicarius dei [Stellvertreter Gottes] hat, was braucht man Gott selbst? Und wenn die *Welt* christlich ist, was braucht der Christ selbst noch Christ zu sein? Freilich muß man hierbei nicht vergessen die übernatürliche magische Kraft des Christentums, welche die Natur der Dinge verkehrt, ihre natürlichen Eigenschaften in entgegengesetzte verwandelt. Die *verfolgende*, herrschende und herrschsüchtige Kirche ist z. B. in der Sprache des heiligen Augustins nicht die verfolgende, Gott bewahre!, sondern die *verfolgte*, die unterdrückte, die leidende, und der Strick, mit dem ein Ketzer erst gepeitscht und dann geknebelt und endlich gewürgt wird, nicht ein Zwangsmittel der peinlichen Halsgerichtsordnung, nein, nur ein Angebinde der christlichen Liebe. So verwandelt die magische Kraft des christlichen Glaubens Galle in Honig, Haß in Liebe, Lüge in Wahrheit! Oh, Wunder über Wunder! Erst geschehen nur natürliche Wunder, aber mit Konstantin dem Großen kommen die ***moralischen*** Wunder an die Reihe. Sonst wurde Wasser zu Wein, der Kranke gesund, der Blinde sehend, aber

dieses einfache Gewand bei der Geistlichkeit wieder einführen wollte (s. Salmasius' Notae zu Tertullians Schrift „De pallio", Lugduni B. 1656, S. 87). Da bekanntlich Kleider Leute machen, besonders Leute von Distinktion, so hat offenbar auch nur der Priesterrock den Unterschied zwischen Laien- und Priesterstand hervorgebracht. Denn derselbe Tertullian, der einen pompösen Panegyrikus auf das asketische Pallium schrieb, derselbe sagt noch: „Vani erimus, si putaverimus quod *sacerdotibus non liceat, laicis licere*. Nonne *et laici sacordotes* sumus? Ubi tres, ecclesia est, licet laici. [Nur aus Eitelkeit könnten wir glauben, Laien sei erlaubt, was Priester nicht dürfen. Sind wir nicht auch als Laien Priester? Wo drei beisammen sind, ist schon Kirche; ⟨drei⟩ Laien, versteht sich.]" („De exhort. castit.", cap. 7).

jetzt[1] das Unchristliche zum Christlichen. Erst wurden die Heiden auf wunderbare Weise in Christen, aber dann wieder die Christen auf natürliche Weise in Heiden verwandelt. Das Mittelalter hatte die Aufgabe, den wunderbaren Transsubstantiationsprozeß des Christlichen ins Unchristliche und das Unchristliche[2] ins Christliche fortzusetzen und auszubilden, und das tief fromme Mittelalter hat diese Aufgabe aufs beste gelöst. Jetzt haben wir statt der *Dornenkrone* des Christentums die *christliche Kaiserkrone*, statt Armut Reichtum, statt Einfachheit Prunksucht, statt Demut Hochmut, statt Barfüßigkeit Stiefeln und Sporn.* Sonst hieß es bei den Christen: Nur die Tugend unterscheidet uns – „sola virtute distinguimus[3]" ** –,

[1] *In B folgt Zusatz:* wurde

[2] das Unchristliche: des Unchristlichen *B*

* „Quis in principio, cum ordo coepit monasticus, ad tantam crederet monachos inertiam devenire? O quantum distamus ab his qui in diebus Antonii extitere monachi! Sic Macarius vixit? Sic Basilius docuit? Sic Autonius instituit? Sic patres in Aegypto conversati sunt? Mentior, si non vidi abbatem sexaginta equos et eo amplius in suo ducere comitatu. Dicas, si videas eos transeuntes, non patres esse monasteriorum, sed Dominos castellorum. [Wer hätte anfangs, als das Mönchtum begann, geglaubt, daß die Mönche zu so großer Trägheit entarten könnten? Oh, wie weit sind wir entfernt von denen, die in den Tagen des Heiligen Antonius Mönche gewesen sind! Hat so Macarius gelebt, so Basilius gelehrt, so Antonius Maßstäbe gesetzt? Haben die Väter in Ägypten sich so verhalten? Ich lüge, wenn ich nicht gesehen haben soll, daß ein Abt sechzig Pferde und sogar noch mehr in seinem Gefolge mitführte. Wenn man diese Leute vorüberziehen sah, hätte man sie nicht für Klosterväter, sondern für Schloßherren halten können.]" (Divus *Bernardus* Clarev. „Ad Gulielmum abbatem *Apologia*").

[3] distinguimur *B*

** Minucius Felix („Octav.", cap. 37, § 10), neben dem hier schicklich Voltaire einen Platz einnimmt, indem [d]er gleichfalls sagt („Mahomet"): „Les mortels sont égaux, ce n'est point la naissance, c'est la seule vertu, qui fait leur difference [die Sterblichen sind gleich; nicht die Geburt, sondern allein die Tugend macht die Unterschiede zwischen ihnen aus]."

aber jetzt kommen die *christlichen* Höfe, die *christlichen* Fürsten, die *christlichen* Grafen und Freiherren zum Vorschein, und es schneiden sich die Unterschiede zwischen den Patriziern und Plebejern selbst mit Messerstichen angesichts der christlichen Liebe und des christlichen Glaubens in die allerchristlichsten Herzen ein. Und nicht genug haben die gläubigen Christen an den[1] Würden, Reichtümern, Distinktionen[2], Titulaturen der christlichen Welt überhaupt[3]: Auch die Kirche, die Perle, die aus dem blutigen Saft des Seitenstichs des Heilands am Kreuze gequollen, muß mit allem Glanze irdischer Herrlichkeit und Eitelkeit schimmern, damit auch an der heiligsten Stätte die religiöse Macht des Christentums als ein lockender Gegenstand der Ehrsucht und Habsucht ihre Versöhnung mit der Welt und mit den menschlichen Schwächen und Leidenschaften feiere.* So verwandelte sich das erst *abstrakte* Christentum in ein konkretes, *reales* Christentum! Geistigkeit, Einfachheit, Armut, Barfüßigkeit sind Abstraktionen, traurige Abstraktionen, die schier an die Resignation und Abstraktion der Meta-

1 *In B folgt Zusatz:* weltlichen
2 *In B, wo das Komma fehlt, folgt stattdessen Zusatz:* und
3 der ... überhaupt *Fehlt in B.*

* „La grandeur", sagt ein satirischer Franzose, „et la majesté de l'Eglise Catholique demandent un Chef qui possede non pas les vertus d'un Prêtre, mais les talens d'un fin Politique. Elles demandent un Chef qui ait le courage de se damner pour le bien et pour l'agrandissement de ses Etats. C'est là le moyen de faire l'office du bon Pasteur, qui met sa vie pour ses brebis. [Die Größe und die Erhabenheit der katholischen Kirche verlangen einen Führer, der nicht die Tugenden eines Priesters, sondern die Talente eines schlauen Politikers besitzt. Sie verlangen einen Führer, der den Mut hat, sich zum Wohle und zur Vergrößerung seiner Staaten ins Verderben zu stürzen. So sieht das Mittel aus, den Dienst des guten Hirten zu versehen, der sein Leben für seine Schafe hingibt.]" Dieses satirische Urteil bestätigte das Urteil der Katholiken selbst. Der Kardinal Bellarmin gab auf die Frage, warum denn so wenige Kardinäle in der Liste der Heiligen stünden, zur Antwort: „Perchè vogliono esse santissimi [weil sie hochheilig sein wollen]" (Bayle, „Dictionnaire hist.", Art.

physik angrenzen[1]; aber glänzende Federn, aber Silber und Gold, aber Purpur und Seide, aber Stiefeln und Sporn sind „reale Potenzen", Dinge, womit sich schon ein menschliches Herz sattsam befriedigen kann. Zwar führte auch das Mittelalter in seinem Wappen die drei Blumen der Keuschheit, der Armut, der Demut ([des] Gehorsams). Aber was einst freier Wille war, wurde jetzt, wo der Wille verschwunden, zu einem äußerlichen Gesetz, und was einst Tugend, zu einem *Gelübde*, welches *nicht* gehalten wurde. Das *Wesen* war untergegangen, aber der Schein davon zurückgeblieben als ein *Bild* der Vorstellung und Einbildungskraft. Die Verwirklichung dieses aus dem Leben verschwundenen, nur in der Einbildung existierenden Christentums war die *christliche* Kunst. Das Bild erhält den Menschen in der süßen Illusion, das noch zu besitzen, was er bereits verloren; es sagt ihm gleichsam in den wohlklingendsten Phrasen orientalischer Blumensprache die größten Schmeicheleien ins Gesicht, welche dem Toren, weil sie ihm gefallen, für bare Münze gelten und ihn daher in den frommen Wahn einwiegen, daß er das wirklich noch sei und besitze, was das Bild ihm vorspiegelt. Die christliche Kunst war der Bernstein, zu dem sich das ätherische Öl des Christentums verkörpert hatte; aber das Christentum, das in dem schönen Stein eingefaßt war, ach, es war sowenig ein lebendiges als das Insekt, das in dem Bernstein eingeschlossen ist, es war nur ein Rest einer untergegangenen Welt. Den Mangel an innerer Wahrheit sollte die Kunst mit ihrer Farbenpracht beschönigen. Das einfache Abendmahl des Herzens war so

Bellarmin. Rem. U.). Der Kardinal Pallaviccini sagt von dem *frommen* Papst Hadrian VI.: „Fu Ecclesiastico ottimo, Pontefice in verità mediocre [er war der allerbeste Kirchenmann, aber in Wahrheit ein mittelmäßiger Priester]" (Bayle ibid., Art. Hadrian VI. Rem. Q.). Und der Papst Eugenius IV. bekannte selbst, nach dem Bericht seines Lebensbeschreibers, auf dem Totenbette, daß es für sein Seelenheil besser gewesen wäre, wenn er nie Kardinal und Papst gewesen (Bayle, Art. Eugen IV. Rem. C.).

[1] , die schier . . . angrenzen *Fehlt in B.*

zu einem splendiden Ohren- und Augenschmaus geworden.*

Der Text des Tafelgesangs war der Vers:

„Will das fromme Herz sich laben,
Muß auch Ohr und Aug' was haben."

Endlich kam die Reformation und zerstörte den blendenden, aber wesenlosen Schein und verwarf die drei christlichen Tugenden, die längst als lästliche Gebote empfunden waren, als die charakteristischen Eigenschaften des christlichen Standes und als die Mittel zur christlichen Seligkeit.** Nur im *Glauben*, hieß es jetzt, liegt die differentia specifica des Christen; im übrigen ist er Mensch wie ein anderer, gehört er der Welt, dem Staate an.***[1] Ihr dürft heiraten und Kinder zeugen, soviel ihr wollt

* „Ostenditur pulcher[r]ima[2] forma sancti vel sanctae alicujus et eo creditur *sanctior quo coloratior. Magis mirantur pulchra quam venerantur sacra*. O vanitas vanitatum, sed non vanior quam insanior. Fulget ecclesia in parietibus et in pauperibus eget. De sumptibus egenorum servitur oculis divitum. Inveniunt curiosi quo delectentur et non inveniunt miseri quo sustententur. [Man zeigt die schönste Form eines oder einer Heiligen, und so glaubt man: je farbenprächtiger, um so heiliger. Man bewundert das Schöne mehr, als man das Heilige verehrt. Oh Eitelkeit der Eitelkeiten, aber eher noch verrückter als eitel! Die Kirche glänzt an Wänden und leidet Mangel da, wo Armut herrscht. Auf Kosten der Bedürftigen wird den Augen der Reichen gedient. Die Neugierigen finden etwas zu ihrer Ergötzung, die Unglücklichen finden nichts, was ihnen verhelfen könnte, ihr Leben zu fristen.]" (Bernard. loc. cit.).

** Das *positive* Verdienst der Reformation um die Menschheit in *sittlicher* Beziehung – ein Verdienst, welches allein schon die Reformation als eine *notwendige* Handlung legitimiert – liegt eben hierin, daß sie die tiefe Heuchelei und Scheinheiligkeit der Klerisei und des Mönchtums entlarvte und zerstörte.

*** „Denn ein Christ weiß, daß es am *Glauben* liegt; darum gehet, stehet, isset, trinket, kleidet, wirket und wandelt er wie sonst ein gemeiner Mann in seinem Stande, daß man nicht gewahr wird seines Christentums" (Luther, Sämtliche Werke. Walch. T. 13, S. 119).

[1] *Diese Fußnote Feuerbachs fehlt in B.*

[2] *So ergänzt auch B.*

und könnt, ohne euch darüber ein einziges graues Haar wachsen zu lassen; ihr dürft euch Schätze sammeln im Himmel, aber auch auf Erden, ohne euch damit einer widerchristlichen Handlung zu zeihen; ihr dürft Kriege und Injurienprozesse führen, soviel ihr wollt, ohne euch darüber Skrupel zu machen; kurz, ihr dürft alles tun, was nur nicht mit Recht und Moral streitet; aber glauben müßt ihr, glauben steif und fest; nur der Glaube macht euch selig, nur der *Glaube* zu Christen, sonst nichts. So schwand das Christentum aus dem Leben, und an seine Stelle trat die natürliche Moral, der weltbürgerliche Verstand. Das Christentum gab das Adelsdiplom seiner übernatürlichen Herkunft auf; der Christ amalgamierte sich mit dem natürlichen Menschen, aber *ein* Anhaltspunkt der Differenz blieb noch übrig – der Glaube im *Widerspruch* mit der *natürlichen Vernunft*, d. h. mit der Vernunft *κατ' ἐξοχήν* [als solcher, schlechthin]. Nur diesen Widerspruch ließ man sich noch als den letzten Ausweg offen; er ist die letzte Grenze zwischen Himmel und Erde, der letzte Aufenthaltspunkt des Anspruchs auf ein himmlisches Jenseits, denn mit der Aufhebung dieses Widerspruchs schwindet das *intellektuelle* Bedürfnis und folglich die *sittliche* Bestimmung des Jenseits, welche allein darin bestehen kann, die Unbegreiflichkeiten und Widersprüche des Glaubens mit der Vernunft aufzulösen und so den Glauben in Erkenntnis umzuwandeln. Aber, oh Wunder über Wunder, der letzte und größte Transsubstantiationsprozeß des Christlichen ins Unchristliche und des Unchristlichen ins Christliche wird in *unserer Zeit* vollbracht.

Die ersten Stacheln von der Dornenkrone des Christentums gingen tief in das Fleisch des natürlichen Menschen hinein; selbst im Mittelalter ward noch von einzelnen das Christentum als das Kreuz des natürlichen Menschen empfunden – so brüsteten sich die Franziskaner noch mit den Wunden, den Stigmaten, welche dem Fleische des heiligen Franziskus als Wahrzeichen seiner himmlischen Liebesglut eingebrannt gewesen. Die Reformation zog die Stacheln der Dornenkrone aus dem Fleische heraus, aber[1] das Christentum war ihr doch noch ein *Dorn im*

[1] *Korrigiert nach B. A schreibt:* über

Auge des natürlichen Menschen. „Alle unsere Artikel im Glauben", sagt Luther, „sind sehr schwer und hoch, die kein Mensch ohne des Heiligen Geistes Gnade und Eingeben fassen kann. Ich zeuge und rede davon als einer, der nicht wenig erfahren hat ..." „Da wird sich die *Vernunft* nimmer drein schicken können, daß wir, wenn man uns in die Taufe steckt, durch das Blut Christi von Sünden abgewaschen werden, daß wir im Brote den Leib Christi essen etc. Solche Artikel werden für eine lautere Narrheit von weltweisen Leuten gehalten. Aber *wer's glaubt, soll selig werden.*" „Es ist aber eine lächerliche Predigt, die hier St. Paul tut, wovon beide, Tod und ewiges Leben, herkommen, und läßt sich ansehen für eine große *starke Lüge* bei der *klugen Vernunft* und *weltlichen Weisheit*, daß das ganze menschliche Geschlecht soll um fremder Schuld willen eines einzigen Menschen allzumal sterben[1] etc., das ist ja ein ungeschickt Ding, wenn man ihm will *nachdenken*. Und hat mich selbst oft wunderlich und fremd angesehen und ist wahrlich ein *schwerer* Artikel ins Herz zu bringen, wenn ich sehe einen Menschen tot hintragen und bescharren, daß ich doch mit solchem Herzen und Gedanken soll davongehen, daß wir werden miteinander wieder auferstehen. Woher oder wodurch? Nicht durch mich oder um irgendeines Verdienstes willen auf Erden, sondern durch diesen einigen Christum. Darum heißt es eine Predigt für den Christen und ein Artikel des Glaubens." „Auferstehung des irdischen Leibes strebt wider die Erfahrung. Denn man siehet vor Augen, daß alle Welt hingerissen wird und stirbt. Einen fressen die wilden Tiere, den andern frisset das Schwert; dieser lässet[2] ein Bein in Ungarn, jener wird mit Feuer verbrannt, den verzehren die Würmer in der Erden, jenen die Fische im Wasser, einen andern fressen die Vögel unter dem Himmel, und so fortan. Da will's *schwer* sein, zu glauben, daß der Mensch (d. i. der Leib) wiederum leben soll und des Menschen Glieder, die so weit voneinander zerstreuet, zu Asche und Pulver gemacht werden in Feuer, Wasser,

[1] *Korrigiert nach B. A schreibt:* streben

[2] *Korrigiert nach B (entsprechend dem Lutherschen Original) A schreibt:* läßt

Erde, wiederum zusammenkommen sollen. Wenn man's nach der *Vernunft* ausrechnen will, so läßt sich's ansehen, als sei dieser Artikel von der Auferstehung der Toten gar nichts oder doch ganz ungewiß." * Oh, armer Luther, oh hättest du erlebt das Licht unserer Tage, wie glücklich wärst du! Den letzten Haken, an den das Christentum seine Distinktion angeknüpft, den *letzten Splitter* von dem *Kreuze* der Christen, den *letzten Dorn* im Auge des natürlichen Menschen, den du übriggelassen, hat man jetzt, im goldenen Zeitalter der *„gläubigen, positiven Philosophie"*, vermittelst einer wunderbaren chirurgischen Operation glücklich herausgebracht. Jetzt, Luther, wärest du nicht mehr genötigt, zur Ehre der Bibel „die Vernunft zu erwürgen". Die einst dir so peinliche Unvernunft des Glaubens ist jetzt zur Vernunft geworden, aber dafür freilich auch die Vernunft zur Unvernunft übergeschnappt. Nicht mehr ist die Vernunft ein brüllender Löwe, ein ungeschlachtes wildes Tier, welches man mit dem Schwerte des Glaubens erwürgen muß; nein, sie ist kirre wie eine Turteltaube und fromm wie ein Lamm und geduldig wie ein Esel, dem man alles Mögliche aufbürden kann, und possierlich wie ein Affe, der dem Glauben alle seine Sprünge über die Grenzen der Vernunft und Natur nachmacht. Glaube und Unglaube leben jetzt in der schönsten Eintracht miteinander.[1] Oh, Wunder über Wunder! Auf der Hochzeit zu Kanaa wurde das Wasser auf eine der Vernunft unbegreifliche und widersprechende Weise in Wein verwandelt, und jetzt, auf der Hochzeit des Glaubens und der Vernunft, wird das mirakulös transsubstantiierte Wasser wieder in integrum [in seinen vorigen Zustand] restituiert, d. h. in das natürliche Wasser der Vernunft aufgelöst. Wie „elastisch" ist doch das Christentum! Erst geschahen die natürlichen Wunder, hierauf die moralischen, und endlich geschahen[2] die *intellektuellen* Wunder. Erst wurden die Heiden in Christen und dann wieder die Christen in praktische Heiden und endlich, um alle

* Diese Stellen sind Bretschneiders Schrift „Die Theologie und die Revolution" entnommen.

[1] Glaube . . . miteinander. *Fehlt in B.*

[2] geschehen *B*

Fakultäten durchzumachen und das Ganze für immer würdig zu beschließen, auch in theoretische, in intellektuelle Heiden verwandelt. Oh wundervolles Finale! Ich selbst bin ganz davon entzücket, ob ich gleich nicht verhehlen kann, daß mir der Esel Bileams durch sein überlautes Geschrei, womit er mir, zweifelsohne, um *seine* Existenz und Glaubwürdigkeit zu sichern, gegen die Verbindung des Glaubens mit der Vernunft feierlichst protestieren zu wollen schien, einige Mißtöne in das sonst so harmonische Konzert gebracht hat.* Doch ich will durch

* Der Esel oder vielmehr die Eselin Bileams wird hier keineswegs scherzeshalber angeführt. Wenn man von der Übereinstimmung der Vernunft und des Christentums redet – n[ota] b[ene] *des* Christentums, welches gegen die mythische Erklärungsweise seiner Wunder als eine Verletzung seiner Würde protestiert und auf die historische Wahrheit seiner Wunder pocht –[1], so hat auch der Esel Bileams ein Wort mit dreinzureden. Das Wunder mit diesem Esel wird von der Bibel ebenso schlicht als eine historische Begebenheit erzählt als irgendein anderes Wunder. Der gelehrte Joh. Clericus (le Clerc) macht in seinem Kommentar zu den Büchern Mosis, ob er gleich für seine Zeit ein aufgeklärter Orthodoxer war und selbst von den strengen Orthodoxen diesem seinen[2] Kommentar der Vorwurf gemacht wurde, daß er die Weissagungen und Wunder zu entkräften (enervare) suche, über das Wunder mit dem Esel Bileams folgende Bemerkung: „Idem effecit Deus per se aut per Angelum in asinae ore ac id quod facit in Organo, qui ejus instrumenti certis motibus varios modulatur sonos. Hoc a Deo fieri potuisse non magis incredibile est, quam creatos initio homines, quos loquendi facultate ornavit. Profecto res in se spectata ***nullam difficultatem*** habet; nec quidquam huic historiae objici potest, nisi mirum videri, propter rem tantillam factum esse prodigium, cui nunquam postea simile contigit. Quo factum ut Maimonides haec omnia in visione Balahamo visa esse fieri, ut alii observarunt, crediderit. At nihil est in hac narratione, quod vel minimam suspicionem creare possit somnii hic narrati. Nam quamvis invenire neque amus[3] rationem, ob quam Deus tantum ediderit portentum, quis hinc ausit colligere editum non fuisse? Dei consilia et

[1] –n[ota] b[ene] des . . . pocht – *Fehlt in B. [Die vorige Fußnote läuft S. 292 weiter.]*

[2] seinem *B* [3] neque amus: nequeamus *B*

eine so odiöse Erinnerung euch nicht den Genuß verbittern. Ich bitte mir aber dafür von euch eines aus: Verlangt nicht von den Ungläubigen, welche nicht, wie ihr, mit dem einen Auge in das himmlische Jenseits hinauf-, mit dem andern auf die Erde herabblicken, sondern beide Augen auf *einen* Punkt konzentrieren, daß sie auch schielen wie ihr und mit dem Himmel auch die Wahrheit opfern.

fines Dei quis dicere potest se ita perspexisse etc.? Itaque *huic historiae nihil potest objici, quod ejus fidem dubiam facere possit.* [Gott hat dasselbe selbst oder durch einen Engel am Maul einer Eselin vollbracht, was er an dem Organ tut, das mit bestimmten Bewegungen dieses Werkzeuges mannigfache Töne moduliert. Daß dies von Gott getan werden konnte, ist nicht unglaublicher, als daß zu Anbeginn Menschen geschaffen wurden, die er mit der Fähigkeit zu sprechen ausgerüstet hat. In der Tat bietet der an und für sich erstaunliche Vorgang keine Schwierigkeit; und nichts kann gegen diese Geschichte eingewendet werden, außer, daß es sonderbar scheint, daß ein Wunder geschehen ist für ein unscheinbares Wesen, dem später nie wieder dergleichen zustieß. Daher hat Maimonides geglaubt, dies alles habe Bileam in seiner Vision als wirklich geschehen erblickt, eine Bemerkung, die auch andere gemacht haben. Aber in dieser Erzählung ist nichts, was auch nur den geringsten Verdacht, es sei hier ein Traum erzählt worden, wecken könnte. Denn obwohl wir keinen Grund finden können, weswegen Gott ein so großes Wunder vollbracht hat, könnte daraus etwa jemand schließen, es sei nicht vollbracht worden? Daher kann gegen diese Geschichte nichts eingewendet werden, was ihre Glaubhaftigkeit erschüttern könnte.]" (p. 424, Edit. Tubingae 1733). Herder, in seinem „Geist der hebräischen Poesie", erklärt dieses Wunder aus den merkwürdigen Zuständen und der an das Unglaubliche grenzenden Einbildungskraft einer Schamanenseele, also als eine psychologische Erscheinung und Vision. Das läßt sich hören; aber mit dieser[1] Erklärung haben wir auch dem Esel das Maul gestopft und der Vernunft allein das Stimmrecht eingeräumt. Und nun stimmt freilich auch die Vernunft mit dem Esel überein, aber nur, weil der Esel jetzt selbst mit der Vernunft übereinstimmt, und zwar nur dadurch, daß er auf menschliche Sprache und Vernunft verzichtet hat und nichts mehr sein will als ein purer Naturesel.

[1] *In B folgt Zusatz:* oder irgendeiner andern natürlichen

Über das Wunder[1]

Non multa, sed multum [nicht vielerlei, sondern viel].[2]

„Die Welt", sagt Luther, „ist wie ein besoffener Bauer, hebt man ihn auf der einen Seite auf den Sattel hinauf, so fällt er auf der andern wieder herunter." Das Bild ist derb, aber wahr – die Menschheit bewegt sich nur in Extremen. Auch an uns bestätigt sich leider diese Wahrheit. Von dem leichtfüßigen Roß des Rationalismus, das unsre Väter trug, sind *wir* auf den faulen Packesel eines stieren Historismus und Positivismus gekommen[3]. Was unsern Vätern noch vor wenigen Dezennien für Torheit galt, das gilt uns wieder für die tiefste Weisheit; was ihnen nur *Bild*, nur *Vorstellung* war, das ist uns wieder zur *Sache*, zum *Faktum* geworden. Frei und aufrecht war darum der Gang unsrer Väter, während wir, die wir die Taschen voll von historischen factis [Tatsachen] haben, gebückt und gedrückt einherkeuchen; denn leicht ist das Bild – es ist ätherischen, geistigen Wesens –[4], aber schwer das Faktum – es ist grob materieller Natur –, das Faktum drückt den Menschen zu Boden. Oh, wir Armen! Es geht uns jetzt gerade so wie weiland in Florenz dem Mess.[5] Calandrino, von welchem uns *Boccaccio* erzählt. Auch diesem pauvre diable [armen Teufel] galten Fabeln für facta [Tatsachen] – Weinstöcke, die mit Bratwürsten zusammengebunden, Berge von Käse, Bäche vom besten Toskanerwein für naturhistorische Wahr-

1 *In A unter der Überschrift auf zwei Zeilen:* Von / Ludwig Feuerbach. *Stattdessen in B die Jahreszahl:* 1839
2 *Das Motto fehlt in B.*
3 herabgekommen *B*
4 *In B die Parenthese zwischen Semikola statt Gedankenstrichen.*
5 *Fehlt in B.*

heiten. Namentlich glaubte er steif und fest an das Märchen von der Existenz eines gewissen schwarzen Steines, welcher die wunderbare Eigenschaft besitze, den Menschen unsichtbar zu machen. Aber wie schwer lag dem armen *Calandrino* dieses antirationalistische Faktum in den Taschen, während seine ungläubigen Freunde, *Bruno* und *Buffalmacco*, welche ihn auf seiner Expedition nach dem Wundersteine begleitet hatten, leicht wie Götter neben ihm einherwandelten und sich lustig machten über den Toren, welcher so viele schwarze Steine, als er nur immer auf den Feldern finden und tragen konnte, mit sich nach Hause schleppte. Und doch waren, armer *Calandrino*, diese deine wunderbaren Steine auch nichts weiter als natürliche Steine.

Zwar fehlt es auch unter uns nicht an Leuten, die das *Bild* unsrer freien und vernünftigen Väter treu im Busen bewahren und, statt mit dem Geifer des Fanatismus zu besudeln, zu reinigen und vollenden suchen, nicht an Leuten, welche dem abergläubischen Historismus unsrer Zeit gegenüber dieselbe erfreuliche Rolle spielen, die einst *Bruno* und *Buffalmacco* dem *Calandrino* gegenüber spielten. Deiner muß ich vor allen hier gedenken, trefflicher *Schwabe*! Aber hat sich nicht das gelehrte und gemeine Volk in Masse gegen dich erhoben? Haben nicht selbst „Philosophen (?)" endlich auch ihr Scherflein dazu beigetragen, um dich womöglich in den Strom der Vergessenheit hinabzusenken? – Gewiß ist es also kein Anachronismus, in dieser Zeitschrift den alten verstockten Esel Bileams einer genauen, wenngleich kurzen Besichtigung zu unterwerfen, um seine Verwandtschaft mit dem menschenfreundlichen, gutmütigen Esel des Apulejus außer Zweifel zu setzen.

Die Wunder stehen in der Bibel. Allerdings; aber in der Bibel steht auch der Spruch: „Mit dem Maße, da ihr messet, mit dem sollt ihr wieder gemessen werden." Wem sollen wir also mehr glauben? Dem Wunder*, welches

* Es wird zur Verhütung von Mißverständnissen gleich hier bemerkt, daß das Wort „Wunder" hier immer in einem ganz präzisen, bestimmten Sinne genommen wird, nämlich in der Bedeutung einer (angeblich) supramundanen oder[1]

[1] supramundanen oder *Fehlt in B*.

nur einen partikulären Fall,[1] eine Anomalie ausdrückt[2], oder diesem Spruch, welcher eine allgemeine Vernunftwahrheit[3] ausdrückt? Ich dächte: diesem letztern. Beginnen wir also unter den Auspizien dieses Spruchs unsere Untersuchung des Wunderbegriffes.[4] Mit dem Maße, da ihr messet, mit dem sollt ihr wieder gemessen werden; oder: Was ihr wollt, daß euch die Leute tun, das tut ihnen auch; und folglich: Was ihr nicht wollt, daß euch die Leute tun, das tut ihnen auch nicht. Was tut denn nun aber das Wunder? – Das Wunder bringt die Erfahrung um ihren Kredit; das Wunder verdient also selbst keinen Kredit. *Wer andern eine Grube gräbt, fällt selbst hinein.* Das Wunder unterminiert aber den Boden der Erfahrung; es gräbt sich also selbst sein Grab.[5] Wer in dieser Welt Rechte für sich in Anspruch nehmen, wer Glauben von andern fordern will, der füge sich vorerst

supranaturalistischen Wirkung, also nicht in dem Sinne, in welchem man, und zwar mit vollem Rechte, von Wundern der Natur und Menschheit spricht, wie wenn man z. B. ein großes oder frühreifes Genie ein Wunder nennt. Oft genug hat man wohl diese beiden himmelweit verschiedenen Gattungen von Wundern miteinander verwechselt und durch die *vernünftigen* und *natürlichen* Wunder die hyperphysischen Wunder plausibel zu machen gesucht, aber höchst verkehrter- und gedankenloserweise, denn ebendeswegen, weil wir schon in der Muttersprache der Natur reich sind an treffenden Ausdrücken für das Erhabenste und Tiefe[6], bedürfen wir nicht das unverständliche Kauderwelsch hyperphysischer Wunderzeichen. Zweitens bemerke ich, daß ich mich *schämen*[7] müßte, über und gegen ein Subjekt, wie das Wunder ist, zu schreiben, wenn es mir nicht zum Behufe einer größern kritischen Arbeit der Vollständigkeit wegen nötig gewesen wäre, auch dieses mauvais sujet [diesen üblen Gegenstand] in seiner ganzen Blöße hinzustellen.

1 einen . . . Fall, *Fehlt in B.*

2 *Fehlt in B.*

3 eine . . . Vernunftwahrheit: ein Vernunftgesetz *B*

4 Wunders. *B, wo mit dem folgenden Satz ein neuer Absatz beginnt.*

5 Das Wunder . . . sein Grab. *Fehlt in B.*

6 Tiefste *B*

7 *In B nicht hervorgehoben.*

selbst den *Gesetzen* dieser Welt; wo nicht, so ist er vogelfrei.[1] Aber sollte denn[2] wirklich das Wunder so ein exlex [etwas so Gesetzloses], sollte es wirklich so verblendet sein, daß es selbst *die* Gesetze, von welchen seine eigne Glaubwürdigkeit abhängt, mit Füßen tritt? Allerdings ist es so. Das Wunder widerspricht keineswegs einer bloßen Regel, wo freilich der Satz gilt: Keine Regel ohne Ausnahme, einer Reihe von nur zufälligen, empirischen Fällen oder einer bloßen Gewöhnlichkeit[3]; es widerspricht vielmehr den *Gesetzen* der Erfahrung, den Gesetzen unsers Denkens, *den* Gesetzen, an welche allein die Kriterien historischer Glaubwürdigkeit und Wahrheit gebunden sind. Das oberste Gesetz aller Erfahrung, alles Denkens, die Basis selbst unsers Lebens, die Hypothese[4] unsers Glaubens und Zutrauens zu den Sinnen beruht einzig und allein auf der *Bestimmtheit* der Natur der Dinge. Diese Flüssigkeit z. B. ist Wasser, jene Tinte; wenn ich schreiben will, so greife ich nicht nach meinem Wasserglase, sondern nach dem Tintenfaß, weil ich weiß, daß nur die Tinte die für diesen bestimmten Zweck entsprechenden Eigenschaften hat. Die Erfahrung, sagt man daher, macht klug. Ein gebranntes Kind scheut das Feuer.[5] Und diese Bestimmtheit, in welcher der Mensch die Dinge fixiert, beruht nicht auf *seiner* Wahrnehmungsweise, so daß nur in ihm, dem Unterscheidenden, die Dinge so erschienen. Die Natur selbst ist dieser Verstand, der die Dinge so bestimmt, so determiniert.[6] Hierin offenbart sich eben ihre tiefste Weisheit und Providenz.[7] Jedes Ding, jedes Wesen in der Natur hat ein *autonomisches* Leben; die Bestimmtheit, in der es ist, *was es ist*, ist das *Gesetz* seines Lebens. Das[8] Auge hat nur Empfindlichkeit

[1] *In B beginnt mit dem folgenden ein neuer Absatz.*
[2] *In B wohl Druckfehler:* den
[3] , empirischen ... Gewöhnlichkeit: oder gewöhnlichen Fällen *B*
[4] Hypotheke *B*
[5] Ein ... Feuer. *In B in Anführungszeichen.*
[6] dieser ... determiniert.: es, welche die Dinge so bestimmt, so unterscheidet. *B*
[7] Hierin ... Providenz. *Fehlt in B.*
[8] So hat das *B*

für das Licht, das Ohr nur Sinn für den Schall. Jedem bestimmten Stoff steht ein bestimmtes, nur ihm entsprechendes, ihn penetrierendes Instrument in der Tierwelt gegenüber.[1] *Wahrheit* ist darum der Charakter der Natur, sie spricht sich nicht dunkel und zweideutig wie die Götter, die Orakel der Menschen aus. In der Sprache der Natur werden[2] die Dinge bei ihrem wahren Namen genannt, bedeutet ewig „Wasser" nur Wasser, „Wein" Wein und sonst nichts anderes. „Semper idem [immer dasselbe]" ist der Wahlspruch der Natur. Aber das Wunder dagegen spricht sich nur amphibolisch aus, verdreht jedes Wort der Natur, so daß immer gerade der entgegengesetzte Sinn herauskommt, nimmt die heterogensten Dinge willkürlich für Synonyme, bindet sich an keine Zeit, keine Zahl, keine Form, kein Geschlecht, flektiert einen Stab in eine Schlange und wieder umgekehrt eine Schlange in einen Stab, steigert das kalte, geschlechtslose Substantivum „Wasser" bis auf den Wärmegrad des Bluts und Weins oder bis auf den hyperbolischen Superlativ eines soliden Aggregats, wie z. B. bei dem Durchgang der Israeliten durch den Jordan, wo das Wasser auf einen Haufen zusammengehäuft wurde.

Wenn aber Wasser in Wein oder Blut verwandelt werden kann, so schwindet die Bestimmtheit der Natur und mit ihr die Wahrheit der Natur und Erfahrung, so ist der Wesensunterschied der Dinge ein bloßer *Schein*, so heben sich die Grenzen auf, die meine Wahrnehmung zu einer zuverlässigen, untrüglichen machen. Was durch die Wundermacht geschieht, das *kann* geschehen; aber was kann durch sie *nicht* geschehen? Ist ihr dieses[3] nicht unmöglich, so ist ihr nichts unmöglich. Wo wäre dann[4] eine Grenze? Nur die Wesensbestimmtheit der Dinge könnte sie beschränken, aber diese ist ja nichts für sie.*

[1] Jedem . . . gegenüber. *Fehlt in B, wo dann mit dem folgenden Satz ein neuer Absatz beginnt.*

[2] *In B folgt Zusatz:* vielmehr stets

[3] *In B hervorgehoben.*

[4] denn *B*

* In der Tat hat man das Wesen der Dinge zur *Grenze* der Wundermacht gemacht, behauptet, die Wundermacht

Wer Wasser in Blut verwandeln kann, der kann alles machen und ineinander verwandeln, selbst Menschen in Steine und Steine in Menschen. Wer überhaupt *ein* Gesetz der Natur aufhebt, hebt *alle* Gesetze derselben auf – vorausgesetzt natürlich, daß diese Aufhebung selbst nicht eine gesetzmäßige, naturbestimmte, organisch vermittelte, sondern wunderbare ist. Denke man nicht, daß der Glaube an ein einzelnes Wunder sich nur auf dieses *einzelne* beschränkt, die übrige Natur unverletzt bestehen läßt, so daß nach der Tat des Wunders die Natur sogleich wieder vermittelst eines neuen Wunders in ihr gewöhnliches Geleise zurücktritt oder selbst schon während des Vorgangs des Wunders die Aufhebung des Gesetzes sich, vermittelst einer höchst wundervollen Selbstbeschränkung der Wundermacht, nur auf diesen einzelnen Ort und Fall erstreckt. Abgesehen davon, daß auch in diesem Falle der natürliche Stand der Natur nur ein ungewisser, *interimistischer* ist, nur einem Vorhange gleicht, der auf kurze Weile heruntergelassen wird, bis wieder ein neues, wunderbares Schauspiel aufgeführt wird – der Glaube an dieses besondere Wunder ist der Glaube *an Wunder überhaupt*, der[1] Glaube oder das[2] Faktum, daß *dieser* Unterschied zwischen Wasser und Blut oder Wein keine Realität, keine Wahrheit ist vor der Macht der Wunderkraft, ist der Glaube oder das Faktum, daß *aller* Unterschied kein Unterschied, alle Bestimmtheit keine Realität ist, daß die Masse der Natur ein geschmeidiger Talg[3] ist, aus dem sich in den Händen der Wundermacht ad libitum [nach Belieben] alles Mögliche machen läßt. Wer einmal *ein* Wunder glaubt, dem ist überhaupt nicht die *geistige* Macht, noch

könne nicht mit einem Dinge verbinden, was dem Wesen oder Begriffe dieses Dinges widerspreche, ohne zu bedenken, daß durch diese Beschränkung das Wunder überhaupt geleugnet wird, denn das eben ist der Charakter des Wunders, daß es einem Dinge etwas beilegt, was dem Wesen desselben widerspricht.

[1] überhaupt, der: überhaupt. Der *B*

[2] *In B folgt Zusatz:* vermeintliche

[3] Ton *B*

die Macht der Natur, sondern allein die Wunderkraft die höchste, wahre, die Welt bestimmende und regierende Macht, dem erscheinen alle Grenzen, alle Unterschiede, alle Gesetze als *rein willkürlich*. Die Grundvorstellung ist hier die gemeine, niedrige: Die Gesetze der Natur hat Gott *gegeben*, wie ein König eine Konstitution gibt; was er gibt, das kann er wieder zurücknehmen. Heute macht das Wasser naß, morgen trocknet es vielleicht; heute bewegt sich die Sonne, morgen steht sie vielleicht stille. Die Bewegung, wie die Ruhe, ist nur der *Wille* des Herrn, aber der Wille ist seinem Wesen nach veränderlich und der Naturzustand der Welt daher, als ein gewollter, nur ein schwankender, beliebiger, prekärer Zustand.[1] Wenn ich daher diesen Willen, wie ich soll, mir stets lebhaft vergegenwärtige, wenn ich in der Anschauung desselben als eines lebendigen Wesens lebe, wenn er mir eine präsente Wahrheit ist, so kann ich nicht bestimmt wissen, wenn ich z. B. an den Brunnen gehe, um mir zur Reinigung meiner Wäsche Wasser zu holen, ob das, was ich hier als Wasser sehe, wirklich Wasser ist und ob nicht vielleicht meine Wäsche von ihm statt weiß rot wie von Blut wird; denn die Wunderkraft kann mir absichtlich ein quid pro quo [eine Verwechslung] vormachen, damit ich mich nicht auf mich verlasse, sondern stets in dem Abhängigkeitsgefühl von der Allmacht des wundertätigen Willens erhalte. Wenn ich, wie Bileam, einen Esel reden höre, so weiß ich nicht mehr, ob ich ein Esel bin oder ob der Esel ein Mensch ist: Der Unterschied zwischen Mensch und Tier ist aufgehoben.* Wenn ich Raben einen Propheten

[1] *In B beginnt mit dem folgenden ein neuer Absatz.*

* Es hilft nichts, zu sagen, der Esel habe nicht *selbst* geredet, er sei nur Organ gewesen, denn die Auswahl eines Organs richtet sich immer nach der Fähigkeit desselben. Wenn der Esel gleichgültig gewesen wäre, warum hätte nicht ebensogut auch die bloße Luft zum Organ dienen können? Aber auch zugegeben, der Esel oder vielmehr die Eselin Bileams sei nur ein ganz äußerliches und gleichgültiges Instrument gewesen – ein Esel, der sich zu einem bloßen Sprachrohr gebrauchen läßt, ist ein bloßer *Scheinesel*, ein Esel, dem die wesentliche Eigenschaft der Eselsnatur, der[2] Widerspenstigkeit und Hartmäuligkeit, abgeht. [2] die *B*

füttern sehe, so kann ich, mit meinen schwachen Augen wenigstens, zwischen diesen einträglichen Raben und zwischen Tauben, die gebraten in den Mund fliegen, keinen Unterschied entdecken.* Wenn Jehova oder wenigstens der Engel Jehovas als Mensch unter Menschen einherwandelt, so weiß ich nicht, ob nicht auch die Menschheit dieses meines Freundes oder Bruders, ja, ob nicht vielleicht meine eigene Menschheit nur eine Maske ist, hinter welcher ein Engel Jehovas steckt. Als ein Engel den Eltern Sam- oder[1] Simsons die Geburt desselben ankündigte, sah dieser Engel einem Menschen so frappant ähnlich, daß sie ihm selbst von einem Böcklein zu essen anboten. Aber wenn ich mich darin irren kann, daß ich einen Engel als einen Menschen ansehe und behandle, warum soll ich mich nicht irren können, wenn ich diesen[2] Menschen für einen Menschen und nicht für einen Engel ansehe? Wer bürgt mir dafür, daß er nicht ein verkleideter Engel ist? Wer weiß, ob nicht über kurz oder lang diese schöne Menschengestalt wie eine Seifenblase zerplatzen und am Himmel als Engel verdunsten werde? So loderte ja auch einst die Menschengestalt, in welcher der Engel Simsons erschienen, mit der Opferflamme des Altars zum Himmel empor. Aber so, wie hier diese Menschengestalt, verflüchtigt das Wunder alle

* I. Kön., c. XVII, V. 4 u. 6. Einige ältere Interpreten übersetzten das hebräische Wort hier nicht mit Raben, sondern mit Kaufleuten oder mit Arabern oder mit Einwohnern der Stadt Horbo (Horebim), der gelehrte *S. Bochart* aber widerlegt sie. Ob die neuesten Interpreten dem edlen Rabengeschlecht das ehrenvolle Propheten-Mundschenkamt gelassen oder entrissen haben, weiß ich nicht. Wenn übrigens ein Esel reden kann, so kann auch ein Rabe den Vormund eines Propheten machen, um so mehr, als der Rabe ein sehr pfiffiger Vogel ist. Aber auch die Verstandeskräfte des Raben ganz beiseite gesetzt: Die Stimme des Esels Bileams hat die ganze Natur *bezaubert*, und diese Stimme war zur Zeit des Propheten Elias noch nicht verhallt. Später (cap. 19) wird Elias durch einen Engel gespeist, also auf eine Weise, die ebenso wunderbar, wo nicht noch wunderbarer als die durch den Raben ist.

[1] Sam- oder *Fehlt in B.* [2] einen *B*

bestimmten und realen Gestalten der Natur in eitel Dunst und Schein [1], das Wunder macht den *ernsten Kodex* der Natur zu einem *lustigen Märchenbuch*; aber ebendeswegen gebührt auch dem Wunder selbst nur der *Rang eines Märchens*. Mit dem Maße, da ihr messet, mit dem sollt ihr wieder gemessen werden.

Um dem Wunder einen *Schein* historischer Glaubwürdigkeit zu geben, hat man die Wunder soviel als möglich *beschränkt* und die Bedingung ihres Geschehens an gewisse außerordentliche Zwecke geknüpft. Solange diese Zwecke nicht verwirklicht waren, solange wären die Wunder *notwendig* gewesen. So hat man z. B. früher [2] die christlichen Wunder auf die ersten Jahrhunderte des Christentums beschränkt. Aber alle solche Beschränkungen sind *willkürlich*. Die Wunderkraft ist an und für sich eine *schlechthin unbeschränkte* Kraft – eine Kraft, die sich an kein Gesetz, keine Notwendigkeit, keinen Zweck bindet. Der Zweck eines Dings ist eins mit seiner Bestimmtheit. Wenn Wasser in Wein verwandelt werden kann, so ist der Wein umsonst, zwecklos; er kann durch das Wasser, wo er fehlt, ersetzt werden, die Wunderkraft braucht ihn nur aus dem Wasser zu entbinden. Ebendeswegen halten die Dinge und Wesen so fest an ihrer Bestimmtheit, an ihrem Unterschiede; mit ihrer Bestimmtheit verlieren sie auch den Zweck, die Vernunft, den Wert ihres Daseins. Die Wunderkraft hebt aber die bestimmte Natur der Dinge auf; es ist daher ein Widerspruch mit ihrem Wesen, sie doch wieder durch Zwecke, wenn auch diese Zwecke anderer und höherer Art sein sollen als die mit der Natur der Dinge unmittelbar identischen, beschränkter [3] denken zu wollen. Wo einmal die Wunder beschränkt werden, da ist schon der echte, wahre Wunderglaube, der aus der *Liebe* zum Wunder stammt, verschwunden. Man kann die Wunder nicht leugnen, weil man sonst andere unbezweifelte Dinge, womit sie verknüpft sind, leugnen müßte, und man glaubt sie daher nur, *weil man sie nicht leugnen kann*, nur aus äußerlicher

[1] Semikolon *B*
[2] *Fehlt in B.*
[3] beschränkt *B*

Notwendigkeit; aber man entschädigt sich für diesen Zwang, man huldigt zugleich wieder seinem *ungläubigen* Verstand, indem man sie soviel als möglich in die Enge treibt und nur zum Behufe außerordentlicher Zwecke geschehen läßt.[1] Die Beschränkung des Wunders ist, wie gesagt, ein Widerspruch mit seinem Wesen; sie wird darum nur da geltend gemacht, wo man das Wunder, *im Widerspruch* mit seinem *eignen Wesen*, seiner *eignen* Vernunft glaubt, wo der Glaube an Wunder nur ein toter, ein *historischer*, ein *äußerlich* aufgedrungener ist.[2]* Wo der Glaube an Wunder ein wahrer, *lebendiger* ist, da geschehen *immer* Wunder – denn die *Notwendigkeit* des Wunders ist immer da, und sie ist eben da, wo der *Glaube* an Wunder eine *innere* Notwendigkeit und darum ein wahrer Glaube ist –, da geschehen auch genug *zwecklose* Wunder. So gibt es im Alten Testament genug Wunder, von welchen sich selbst nach dem Eingeständnis der orthodoxen Theologen der frühern Zeit durchaus kein,

[1] *In B bereits hierzu die Fußnote Feuerbachs, die in A erst zum folgenden, in B fehlenden Satz gehört.*

[2] Die Beschränkung . . . aufgedrungener ist. *Fehlt in B, wo dann mit dem nächsten Satz ein neuer Absatz anfängt.*

* Obgleich der Wunderglaube der Gelehrten im Zeitalter der Orthodoxie, das in allen diesen Dingen entscheidende Stimme hat, auch schon ein sich selbst widersprechender, verständiger, kalkulierender Reflexionsglaube war – daher sie auch den Grundsatz bei der Exegese der Bibel hatten, die Wunder nicht unnötig zu vermehren –, so war doch ihr Glaube darin noch eine gute Kopie von dem ursprunglichen, lebendigen Wunderglauben, daß sie, mit Hilfe der *Allmacht*, auch die unvernünftigsten Wunder als facta gläubig hinnahmen – selbst wenn auch diese nur auf dem Mißverstande eines Worts beruhten. So glaubte selbst der gelehrte *S. Bochart* noch, daß Jehova zum Besten des durstigen Simson aus der *Zahnhöhle* eines Eselskinnbackens eine Quelle habe hervorsprudeln lassen, bis *Clericus* und andere herausbrachten, daß es sich hier nur von einer Höhlung überhaupt handle. Freilich ist an sich kein großer Unterschied zwischen dem Wunder in der frühern und spätern Erklärung, aber auf seiten dieser ist doch wenigstens noch ein Schein von Natürlichkeit; das Wunder ist doch wenigstens an einen anständigen Ort versetzt worden.

wenigstens erheblicher, Grund oder Zweck derselben ausfindig machen läßt. Selbst im Neuen Testament fehlt es nicht an solchen Wundern. Kein Wunder: Jede Kraft strebt nach Äußerung, d. i. nach Selbstbetätigung, so auch die Wunderkraft, welche überdies keine endliche, sich erschöpfende Kraft ist und daher keine ökonomischen Rücksichten zu nehmen braucht. Im Gegenteil: Verschwendung liegt im Charakter der Wunderkraft. Der Arme gibt wohl keinen Pfennig ohne einen Zweck aus, aber der Reiche, dessen Vermögen unerschöpflich ist, wirft Goldstücke selbst zum Fenster hinaus. Der beschränkte Gelegenheitsdichter bedarf wohl einer Hochzeit, einer Kindtaufe, einer Leiche, um einen armen Tropfen aus seiner poetischen Ader herauszubringen, aber dem vermöglichen Dichter, in dem die Poesie eine Naturkraft ist, strömen die Lieder in reicher Fülle, wie dem Vogel, von der Kehle weg. So auch hier. Dem, der die Wunderkraft, sei es nun als eine ursprüngliche oder abgeleitete, mitgeteilte Kraft besitzt, strömen unwillkürlich – denn die Wunderkraft ist seine Naturkraft – wie elektrische Funken die Wunder aus.* So war, als Paulus den Zauberer Elymas verfluchte und dieser Fluch unmittelbar die Erblindung desselben zur Wirkung hatte, diese Wirkung gleichsam ein elektrischer Schlag, der von der magischen Kraft des Apostels ausging. Wo daher einmal die Wunder-

* Die Wunder bloß vom Willen abhängig zu machen ist daher ganz falsch. Sowenig der Wille ohne Dichtertalent ein Gedicht machen kann, sowenig kann er ohne Wundertalent ein Wunder hervorbringen. Die Wunderkraft ist keine erworbene, sondern *angeborne* Fertigkeit. *Wer Wunder tut, ist selbst ein Wunder* oder wundervolles Wesen. Wo er *keine* Wunder tut, da befindet er sich daher in einem *unnatürlichen* Zustand, da tut er sich *Zwang* an; da *verleugnet* er sich. Aber hingegen, wo er Wunder tut, da zeigt er, *was er ist;* da wirft er die Schranken des *Inkognito,* die er bisher beobachtet, hinweg, da offenbart er die Herrlichkeit und Wunder seiner Natur. Nicht das Tun, sondern das *Nicht*tun des Wunders hängt daher vom *Willen* ab, denn das Nichttun ist die Verleugnung seiner höhern Wundernatur, aber es gehört mehr Willenskraft dazu, sich zu verleugnen, als seiner Natur gemäß zu handeln.

kraft Wurzel geschlagen hat, da läßt sich hier[1] nicht mehr Maß und Ziel setzen, da wuchert sie unbeschränkt fort. Sie bleibt selbst nicht nur an die Persönlichkeit des Wundertäters gebunden; sie teilt sich sogar, wie ein contagium [eine Ansteckung], den Dingen mit, die mit den Wundertätern in Berührung standen.[2] Der Katholizismus hat den Wunderbegriff nicht nur historisch, sondern *lebendig* in sich erhalten, aber hier haftet auch die Wunderkraft selbst an den Knochen, an einzelnen Körperteilen[3], an den Haaren, selbst an den Kleidungsstücken der Heiligen und geistlichen Orden, z. B. an dem heiligen Karmeliter-Skapulier. So kam einst bei einer Belagerung in Flandern auf einen Fahnenträger eine feurige Kugel geraden Weges zugeflogen, aber, oh Wunder, o prodigium, das heilige Karmeliter-Skapulier, mit dem kurz zuvor der Fahnenträger beschenkt worden war, lähmte die Kraft der Feuerkugel, daß sie schadlos vor seinen Füßen niederfiel. Ein anderer Soldat sollte wegen seiner Vergehungen erschossen werden. Man schritt zur Exekution. Die Kugeln trafen Kopf und Brust des Verbrechers, aber sie glitten kraftlos ab. Das heilige Karmeliter-Skapulier machte ihn kugelfest. In Padua wollte sich einmal ein lüderlicher Kerl aus Verzweiflung entleiben; aber er konnte nicht. Dreimal hatte er sich schon den Dolch in die Brust gestoßen, aber umsonst. Was war die Ursache? Das heilige Karmeliter-Skapulier, welches er an seinem Leibe trug.* [4]

Dergleichen Wundererscheinungen sind keineswegs Ausschweifungen und Verirrungen eines falschen[5] Wunder-

[1] ihr *B* [2] *Mit dem folgenden beginnt in B ein neuer Absatz.*

[3] den . . . Körperteilen: einzelnen Körperteilen, an den Knochen *B*

* P. Paul. Metzger, „Sacra Historia etc." Aug. Vind. 1700, p. 571–75. Fol.[6]

[4] *Die Leerzeile zwischen diesem und dem folgenden Absatz fehlt in B.*

[5] Wundererscheinungen . . . falschen: Wunder sind keineswegs Folgen und Erscheinungen eines ausgearteten, abergläubischen *B*

[6] Fol. *Fehlt in B.*

glaubens; sie sind vielmehr *notwendige* Konsequenzen des wahren Wunderglaubens. Das Wunder widerspricht an und für sich der Vernunft; es läßt sich daher auch keine Grenze zwischen einem vernünftigen und unvernünftigen Wunder setzen. Im Gegenteil: *Je mehr ein Wunder der Vernunft widerspricht, je toller es ist, desto mehr entspricht es dem Begriffe des Wunders.* Der Wunderglaube ist an und für sich ein *superstitiöser* Glaube; warum sollte er nicht in seiner Ausbildung superstitiöse Früchte tragen, warum nicht in seiner Entwicklung sich bis auf einen Heiligenknochen, bis auf den Unterrock der heiligen Maria oder[1] den Schleier der heiligen Agave[2] erstrecken? Schon im Alten Testamente haben wir ja einen wundertätigen Prophetenmantel und wundertätige Prophetenknochen.*[3] Der Glaube an Wunder ist, bei Lichte besehen, nichts anderes als der Glaube an *Magie*, an *Zauberei*. Der Unterschied zwischen der Art und Weise, wie sich dieser Glaube bei den Israeliten und den Heiden gestaltet hat, ist nun[4] dieser, daß er bei den Juden lediglich an den *Glauben an Jehova* angeknüpft wurde. Die Kraft, zauberische, magische Wirkungen hervorzubringen, gehört im höchsten Grade nur dem Jehova und seinen Dienern an. Auch die ägyptischen Zauberer taten Wunder, aber nur *so viel* als Moses konnten sie nicht. Nicht der Qualität, nur dem Grade, der Stärke nach unterscheidet sich die mosaische oder jehovasche Wunderkraft von[5] der Macht der ägyptischen Zauberer. So hatten die Israeliten auch ihre Orakel und Wahrsager, nur daß sie im Dienste Jehovas stunden.[6] Die Wunderkraft ist[7] eine *sinnliche* Kraft; was ungewöhnliche, in Verwunderung setzende, aber zugleich in die *Augen* fallende Wirkungen hervor-

[1] Maria oder : Maria, *B*

[2] *In B folgt Zusatz:* , das h. Karmeliter-Skapulier

* Die Knochen des Propheten Elisa (II. Kön., c. 13) und der Mantel des Elias (II. Kön., c. 2).

[3] *Mit dem nächsten Satz fängt in B ein neuer Absatz an.*

[4] nur *B*.

[5] *Berichtigt nach B. Im Original A*: vor

[6] *Mit dem folgenden beginnt in B ein neuer Absatz.*

[7] *In B folgt Zusatz:* keine „geistige", sondern

bringen kann, das gilt dem rohen, sinnlichen[1], abergläubischen Menschen für ein *höheres* Wesen. Die Verwandlung des Wassers in Blut oder Wein ist nicht eine *geistige* Handlung, sondern eine Äußerung *sinnlicher* Macht, denn es wird aus diesem *sinnlichen* Stoff nur ein *anderer sinnlicher* Stoff gemacht; die[2] Wunderkraft bringt *dieselben* Produkte hervor wie die Natur, aber auf eine *gewaltsame, gebieterische, dämonische* Weise; daher ist sie selbst gelegentlich eine *vernichtende* Gewalt, wie sich dies z. B. bei der Verfluchung des Feigenbaums und der Erblindung des Zauberers Elymas zeigte. Was aber nur sinnlich wirkt, sei es nun schaffend oder vernichtend, ist selbst nur sinnlichen Wesens. Wenn also die Wundermacht selbst eine *sinnliche Macht* ist, warum soll sie nicht auch an einem *sinnlichen Stoffe* haften? Warum sich nicht dem Unterrock, dem Hemde, dem Schleier, dem Haarkamm *mitteilen* können wie im Katholizismus? Legen doch selbst auch die neutestamentlichen Schriftsteller dem[3] Kleide Christi eine wundertätige Kraft bei! „Und da war ein Weib, das hatte den Blutgang zwölf Jahre gehabt und viel erlitten vor[4] vielen Ärzten und hatte alles ihr Gut darob verzehrt etc. Da die von Jesu hörte, kam sie im Volk von hinten zu und *rührete seine Kleider an*, denn sie sprach: Wenn ich nur sein Kleid möchte anrühren, so wäre ich gesund. Und alsobald vertrocknete der Brunn ihres Blutes, und sie fühlte es am Leibe, daß sie von ihrer Plage war gesund geworden." „Und wo er in die Städte oder Märkte oder Dörfer einging, da legten sie die Kranken auf den Markt und baten ihn, daß sie nur den *Saum seines Kleides anrühren* möchten. Und alle, die ihn *anrühreten*, wurden gesund." Diese Wirkung kann man keineswegs als Folge des *Glaubens* ansehen; denn wenn der Glaube diese Macht hätte, wozu die Berührung? Überdies fehlt es im Neuen Testamente nicht an Wundern,

[1] gemeinen *B*
[2] Verwandlung des . . . gemacht; die *Fehlt in B*.
[3] *In B folgt Zusatz*: Schweißtüchlein und Koller Pauli (Apg. 19,21) und dem
[4] von *B*

welche[1] nicht der Glaube bewirkt hat. Und selbst wenn man dieses und andere Wunder lediglich auf Rechnung des Glaubens setzt, so ist doch damit weiter nichts gewonnen, als daß die Zauberkraft der Wundertätigkeit nach innen verlegt wird.[2] Der Geist des Wunderglaubens im Neuen Testament ist überhaupt nicht wesentlich verschieden von dem Geist des Wunderglaubens im Alten Testament. Sowenig Wert auch Christus selbst auf die Wunder legt, so hatten doch die neutestamentlichen Schriftsteller und Apostel keineswegs die Wundervorstellungen des A[lten] T[estaments] überwunden, die[3] Wunder des A. T. werden vielmehr von ihnen[4] gläubig angenommen und anerkannt – so selbst die Wunder- oder Zauberkraft des Gebets, welches *sinnliche* Wirkungen in der äußern Natur hervorbringt, wie z. B. das Gebet des Propheten Elias. Und wenn daher auch gleich dem Glauben eine Wunderkraft beigelegt wird, so hat doch dieser Wunder wirkende Glaube keine andere Bedeutung als das erfolgreiche Gebet des Propheten Elias um einen Regen – ein Gebet, welches offenbar kein *geistiger* Akt ist, denn wenn ich Gott um einen Regen anflehe, so ist mir das *Gebet* nur ein *Mittel* zu einem *sinnlichen Zwecke*, und wenn ich Gott durch mein Gebet förmlich *bestimme* und *bewege* zur Hervorbringung eines *erwünschten*, aber der Ordnung der Natur, sei es nun an sich oder wenigstens in diesem Augenblick, widersprechenden Effekts[5], so ist mein Gebet eine *magische Einwirkung* auf Gott und *vermittelst* dieses[6] auf die Natur, eine Beschwörungsformel, mit welcher ich aus dem zeither unerbittlichen Felsen der himmlischen, Wasser schaffenden oder gebenden Macht Regen hervorzaubere.*

[1] *In B folgt Zusatz:* offenbar
[2] Und selbst . . . verlegt wird. *Fehlt in B.*
[3] Sowenig Wert . . . überwunden, die: Die *B*
[4] von ihnen: im N. T. *B*
[5] Erfolgs *B*
[6] desselben *B*
* Wie bei der Zauberei oder Magie – Worte, die wir hier für identisch nehmen – Zahlen und Charaktere die Hauptrolle spielen, so spielt auch bei dem magischen Gebet des Propheten Elias die Zahl Sieben eine Rolle. Siebenmal –

Aber ebendeswegen, weil das Wunder an und für sich nur die Äußerung einer magischen Kraft, einer unbeschränkten, despotischen, willkürlichen, im Wesen aber sinnlichen Macht ist, sind alle Beschränkungen, durch die man dem Wunder einen Anstrich von Vernünftigkeit und historischer Glaubwürdigkeit geben will, nur willkürliche, äußerliche. Selbst wenn man diese Beschränkungen in den Verstand Gottes, in seine Weisheit verlegt, so wird dadurch der Widerspruch zwischen der göttlichen Vernunft oder Weisheit und der Wundermacht nicht gehoben. Die Wunderkraft ist eine *selbständige* Macht für sich und nicht die Macht der Weisheit, und ebenso umgekehrt ist die Macht der Weisheit nicht die Macht der Wunderkraft; denn die Macht der *Weisheit* ist die *stille, geräuschlose* Macht der *Intelligenz*, aber die Wunderkraft eine Macht, die nur *sinnlichen Effekt* und *Eklat* macht. Beide widersprechen sich von Grund aus: Die Weisheit imponiert der *Vernunft*, aber das Wunder nur den *Sinnen*; die Weisheit gibt zu *denken*, aber das Wunder nur zu *schauen*; die Weisheit *erleuchtet*, das Wunder *benebelt* den Verstand; die Wirkung der Weisheit ist Erkenntnis, die Wirkung des Wunders verblüfftes Staunen; die Weisheit verwandelt wie Orpheus Steine in Menschen, aber das Wunder Menschen in Steine; die Weisheit macht *frei*, aber das Wunder macht *Knechte* der *Furcht* und des *Schreckens*. „Sie *fürchteten* sich aber und verwunderten sich und sprachen untereinander: Wer ist dieser? Denn er gebietet dem Wind und dem Wasser, und sie sind ihm gehorsam." [1]

Um das Wunder in seinem wahren Charakter zu erkennen, darf man nur nicht die Vorstellungen des *historischen* Wunderglaubens auf den *lebendigen* Wunderglauben, der wirkliche Wunder vor sich gehen sieht, übertragen, um nicht das, was das Wunder *für spätere* Zeiten ist, zu einer Beschaffenheit des Wunders *an sich*

offenbar zur Erinnerung an die sieben Schöpfungstage – muß sein Ministrant hin- und hergehen und nach dem Meere blicken.

[1] Aber ebendeswegen, weil ... ihm gehorsam." *Der ganze Absatz fehlt in B.*

selbst zu machen. Das Wunder stammt aus Zeiten, welche nicht, wie die moderne Menschheit, in dem herben kritischen Unterschied zwischen Subjektivität und Objektivität, Vision und Erfahrung, Glaube und Wirklichkeit, Sage und Geschichte lebten, aus Zeiten, welchen der Glaube an [1] sogenannte übernatürliche Dinge, an Wunder, ein *natürlicher* Glauben war, welche daher *sahen*, was sie *glaubten, weil* sie es glaubten. Was man glaubt, ist schon vorher, ehe man es sieht, ein Faktum, eine sinnliche Gewißheit. Solange man *glaubte*, daß die Insekten aus Aas und Unrat entstehen, solange sah man auch wirklich die Insekten aus Aas und Unrat entstehen.* Es gibt in der Tat nichts Komischeres als die Frage, ob Wunder wirklich historische facta sind, ob wir ihren Erzählern Glauben schenken sollen. Für den Denkenden ist die Frage über die Faktizität [2] des Wunders schon durch die Bemerkung, daß die Wunder zu Zeiten geschahen, wo der *Wunderglaube* ein allgemeines, historisches Faktum war, abgetan, indem schon hieraus der absolute Widerspruch zwischen einem Wunder und einem historischen Faktum sich deutlich ergibt. Historisches Faktum ist nämlich, was nicht

[1] in *A. Hier berichtigt nach B.*

* Der gelehrte Jesuit Athan. Kircher gibt uns selbst das Experiment an, wie wir Mücken aus den Kadavern von Mücken entstehen sehen können. So leicht ist es, zu sehen, was man glaubt! Übrigens ist die hier gezogene Parallele zwischen dem Wunderglauben und dem Glauben an die Entstehung der Insekten aus Kot und Aas keineswegs etwa eine bedeutungslose. Der Wunderglaube und der Aberglaube auf dem Gebiete der Natur fällt in eins zusammen. Der Glaube an Wunder ist der Glaube, daß *alles möglich* ist. Wer diesen Glauben im Kopfe hat, dem ist auch alles *ohne Unterschied* auf dem Gebiete der Natur glaublich. Der Glaube an Wunder ist selbst der Glaube an eine generatio aequivoca [Urzeugung]. Nur durch eine generatio aequivoca entsteht Wein aus Wasser. Das Wunder ist ein Alchimist, der aus Kot Gold, ja, noch mehr: ein organisches Wesen, macht, wie Moses, der das erste Beispiel von dem Wunder einer generatio aequivoca gab, indem er Staub in Läuse verwandelte – ein Wunder, das daher auch die ägyptischen Zauberer nicht nachmachen konnten.

[2] *Berichtigt nach B. Im Original A:* Faktivität

eher ist, als es geschieht. Der historische Held hat wohl einen Plan, eine Absicht, eine Tendenz; aber die Begebenheiten vereiteln oder verändern doch seinen Plan; er weiß nicht voraus, was geschieht; das historische Faktum ist daher, es mag noch so viele Folgen, noch so große Bedeutung haben, es mag selbst notwendig sein im Zusammenhang der Geschichte, doch für sich selbst ein *zufälliges* Faktum. Aber das Wunder *ist, ehe es geschieht*. Es[1] geht ihm ein Glaube, eine *Vorstellung* vorher, es[2] *muß* geschehen. Das Wunder ist das *Postulat* einer Vorstellung*; es ist das Faktum, welches etwas *bedeuten* soll, und diese Bedeutung liegt eben in der dem Wunder vorausgehenden Vorstellung und ist das Wesen *des* Faktums, welches ein Wunder ist. Während bei einem wirklichen Faktum die Faktizität[3] das *Wesentliche* ist, ist sie dagegen bei dem Wunder das Unwesentliche. Die Bedeutung des historischen Faktums liegt darin, daß es *Faktum* ist, daß es *geschehen* ist. Das historische Faktum genügt sich selbst, es will nichts weiter sein, nicht mehr bedeuten als sich selbst, es setzt seinen Stolz lediglich *in die Tat*, darein, *daß es ist*. Aber das Wunder allegorisiert, dogmatisiert, demonstriert; das Faktum *als solches*, abgesehen von seiner Bedeutung, von der *Qualität*, daß es ein *Wunder* ist, ist ihm nicht Zweck, sondern nur Mittel. Das Wunder ist ein *analytisches* Faktum (wenn wir anders diesen Ausdruck „Faktum" brauchen dürfen), das historische Faktum ein *synthetisches*, d. h., das wunderbare Faktum fügt nichts *Neues*, nichts von der Vorstellung *Unterschiedenes* zu der Vorstellung, welche dem Wunder vorausgeht, hinzu. Wenn Moses zweifelte, daß er ohne Wunder bei seinem

[1] geschieht. Es: geschieht; es *B*

[2] vorher, es: vorher; es *B*

* „Und er trieb die Geister aus mit Worten und machte allerlei Kranke gesund, *auf daß erfüllet* würde, das gesagt ist durch den Propheten Jesaiam, der da spricht: Er hat unsere Schwachheit auf sich genommen und unsere Seuche hat er getragen (Matth. 8, 16. 17). Aber auch in den Kranken selbst geht der Glaube an die Möglichkeit der Wunderkur dieser voraus.[4]

[3] *Wieder in A:* Faktivität

[4] Aber auch . . . dieser voraus. *Fehlt in B*.

Volke Glauben finden werde [1], und deswegen von Jehova mit Wunderkräften ausgestattet wurde, so war in den Israeliten hier der Glaube oder die Vorstellung vorausgesetzt, daß der nur, welcher Wunder tue, ein Abgesandter Jehovas sei. Das Wunder ist die *Hypotheke*, auf welche hin der Mißtrauische und Zweifelnde Glauben borgt. Aber das Ideal des Propheten, des Abgesandten Gottes, hat er schon vorher in seinem Kopfe, er sieht schon im Geiste *vor sich* seinen Messias stehen; er zweifelt nur, ob *dieser* [2] Mensch da der verheißene [3] Erretter ist – ein Zweifel, der, weil er nur eine Persönlichkeit, nicht eine Wahrheit betrifft, nur durch ein *sinnliches Zeichen* gehoben werden kann. Der Zuschauer gibt daher dem Wundertäter seinen *Beifall*: „Da capo [noch einmal]!", sagt er zu ihm, „du hast recht; du bist's"; er *erinnert* sich nur; er sieht nichts Neues; er erkennt in dem Wundertäter einen alten Bekannten und Vertrauten. Während der historische Held mit der Türe in das Haus hineinfällt, erscheint der Wundertäter als ein längst erwarteter Gast. [4] Ergo [5], der wesentliche Unterschied zwischen dem historischen und dem wunderbaren Faktum ist, daß der Glaube an ein historisches Faktum erst *durch das Faktum selbst* erzeugt wird, erst post festum, hintendrein, nachfolgt, während der Glaube an das Wunder dem wunderbaren Faktum *vorausgeht*. Der Wunderglaube – versteht sich: der lebendige, denn der *historische* Wunderglaube stammt aus dem (sei es nun wirklichen oder vermeintlichen) Faktum – muß deswegen als der *Ursprung* des Wunders selbst anerkannt werden. Das *faktische Wunder* [6] erzeugt mir nimmermehr den Glauben an das Wunder; denn um das Wunder auch *nur als Wunder* wahrzunehmen, dazu gehört schon ein *besonderer Wundersinn* oder Wunderglaube. Wenn z. B. das stürmische Meer plötzlich auf ein gebieterisches Wort stille wird, so sagen mir meine Sinne nichts weiter, als daß

[1] würde *B*
[2] dieses *B*
[3] *Im Original A:* verhießene. *Hier berichtigt nach B*
[4] *Mit dem folgenden beginnt in B ein neuer Absatz.*
[5] *In B deutsch:* Also,
[6] faktische Wunder: wunderbare Faktum *B*

unmittelbar *nach* dem Worte, welches den Sturm beschwor, der Sturm sich legte; aber daß *dieses Wort die Ursache* von dieser plötzlichen Stille ist, das sagen mir weder meine Sinne – denn das Verhältnis der Kausalität gehört überhaupt nicht den Sinnen an – noch mein Verstand oder[1] Vernunft – denn die Vernunft glaubt nicht und weiß nicht[2] davon, daß das Wort Zauberkraft ausübt, indem für sie das Wort nur auf den *Sinn* eines denkenden oder doch hörenden, aber nicht auf ein sinnloses Wesen einen Eindruck macht. Der Mensch, welcher nur seinen Sinnen und seiner Vernunft, den einzigen Quellen historischer Glaubwürdigkeit, folgt, kann daher nicht von diesem oder irgendeinem anderen ähnlichen Ereignis behaupten: Es ist ein Wunder. Er kann nichts weiter sagen als: Ich begreife nicht, wie das Ding zuging; es überraschte[3] mich; es geht über meine bisherigen Erfahrungen; ich muß es als ein merkwürdiges Ereignis in mein Raritätenbüchlein eintragen; aber ob es ein Wunder ist, davon weiß ich nichts, das zu behaupten wäre eine unvernünftige Dreistigkeit. Nur der *Glaube an Wunder*, der sich perfekt auf *die* Sprache versteht, welche selbst auf sinnlose Kreaturen eine Zaubermacht ausübt, dem das Wunder, wenn auch gar kein vernünftiger Zusammenhang zwischen der Ursache und Wirkung *denkbar* ist, etwas sehr *Begreifliches* und *Natürliches* ist, nur dieser ist gleich mit der Behauptung: *Es ist ein Wunder*, bei der Hand. Es ist gleichgültig, ob dieses *einzelne spezielle* Wunder dem Gläubigen schon vorher bekannt war; es ist genug, daß ihm das *Wunder überhaupt* eine natürliche, geläufige Vorstellung ist. Übrigens *repetieren* sich auch die einzelnen Wunder und lassen sich daher auf gewisse Kategorien und eingeborne Ideen des Wunderglaubens zurückführen[4]. So beschwört schon Moses das Wasser, so trägt auch das Wasser schon im Alten Testament (II. Kön., c. 6, V. 6) einen schweren, naturgesetzmäßig untersinkenden Körper, so speist auch der Prophet Elias mit einem ganz geringen, aber unerschöpflichen[5]

[1] – denn das . . . Verstand oder: noch meine *B*
[2] nichts *B* [3] überrascht *B*
[4] und lassen . . . zurückführen *Fehlt in B.*
[5] *Berichtigt nach B. Im Original A:* unerschöpflichem

Quantum Mehl und Öl eine Frau nebst ihrer Familie ein ganzes Jahr hindurch und der Prophet Elisa mit zwanzig Gerstenbroten hundert Mann, so weckten auch die Propheten schon selbst Tote auf.

Könnte man nachweisen, daß die Vorstellung des Wunders erst aus dem wunderbaren Faktum entstanden, daß sie nur diesem ihr Dasein verdanke, nur der präzise Aus- und Abdruck desselben sei, könnte man namentlich nachweisen, daß erst mit den Wundern des Christentums die Vorstellung des Wunders und der Glaube daran unter die Menschen gebracht worden sei, so wäre die Tatsächlichkeit der Wunder erwiesen; wir würden kein Mißtrauen in sie setzen; es würde uns nicht einfallen, sie für subjektive Erscheinungen [1] zu erklären, sowenig als wir ein Faktum beanstanden, dessen Vorstellung und Kunde uns erst durch das Faktum gegeben wurde. Da sich aber dies nicht beweisen läßt, da vielmehr das Wunder [2] keine andere Bedeutung hat als die, eine präexistierende Vorstellung [3] zu bestätigen und sinnlich zu beglaubigen, so müssen wir die Vorstellung des Wunders als den wahren Grund des faktischen Wunders erkennen. Das Wunder ist im allgemeinen nichts anders als eine (relativ oder subjektiv) notwendige Vorstellung, angeschaut als Faktum. Die wunderbaren facta gehören daher in eine ganz andere Sphäre, ganz andere Kategorie als die historischen facta. Der Glaube an historische facta oder vielmehr das *historische Wissen* unterscheidet sich von dem sinnlichen und vernünftigen Wissen lediglich dadurch, daß es ein *vermitteltes* oder mittelbares Wissen ist. Der Historiker *überzeugt* sich von der Wahrheit des Faktums; er glaubt nicht blindlings; er vergleicht, prüft, untersucht. Das historische Faktum hat – und dies ist der letzte entscheidende Grund – eine *innere* Wahrscheinlichkeit, daher wir alberne Dinge, auch wenn sie in einem sonst noch so glaubwürdigen Historiker stehen, wie z. B. die vielen Wundergeschichten im Sueton,

[1] *In B folgt Zusatz:* oder Vorstellungen

[2] *In B folgt Zusatz:* , wenigstens das christliche,

[3] *In B folgt Zusatz:* , die Vorstellung, daß Wundertätigkeit nur ein göttliches Attribut, wer also in Menschengestalt Wunder tut, in Wahrheit ein Gott sei,

unbedenklich verwerfen. Das historische Faktum unterscheidet sich nur seiner Besonderheit, aber nicht seinem *allgemeinen Wesen* nach von einem Faktum, das vor unsern Augen geschehen ist; es geht vielleicht wohl über den Kreis unsrer Erfahrungen hinaus, aber nicht über die Möglichkeit der Erfahrung selbst, über die Gesetze der Natur und des Denkens. Allerdings kann sich hierin der einzelne irren, wenn er das beschränkte Maß *seines* Verstandes für das Normalmaß der Vernunft überhaupt hält und daher alles, was über *seinen* Verstand hinausgeht, in das Reich des Fabelhaften verweist. Je kleinlicher, feigherziger ein Mensch ist, desto mehr wird er kühne Taten bezweifeln, je einfältiger und gemeiner, um so weniger an den Edelmut und das Genie anderer Menschen glauben. Aber durch solche partikuläre[n] Fälle wird nicht die Autorität der Vernunft als des obersten Prinzips aller historischen Glaubwürdigkeit erschüttert. Das historische Faktum ist daher *ein Objekt des Wissens*, weil ich nicht nur besondere, vermittelte Gründe, sondern auch *allgemeine* vernünftige Gründe dafür habe: Ist es nicht geschehen, so *konnte* es doch geschehen. So sagen wir auch von einer Anekdote: Ist sie nicht wirklich, so ist sie doch wahr, sie ist charakteristisch; sie trifft. Das historische Faktum ist ein schlichtes Faktum; es macht keine *besonderen hochmütigen* Ansprüche; es *beleidigt* nicht unsre [1] Vernunft; wir fühlen uns vielmehr von ihm angezogen; ein Band der Gemeinschaft findet zwischen ihm und uns statt; in dieser seiner Anspruchlosigkeit, seiner Gemeinschaftlichkeit liegt seine Gewißheit.[2] Aber das Wunder bleibt, auch angenommen als historisches Faktum, stets nur ein *Gegenstand des Glaubens*. Es geht über die Vernunft, über die Erfahrung hinaus, d. h., es *wider*spricht der Vernunft und Erfahrung; es ist ein absolut *isoliertes*, *singuläres*, *analogieloses* Faktum, welches ich daher *nur glaube im Widerspruch* mit *dem*, worauf ich sonst den Glauben an ein *historisches* Faktum gründe, wodurch nie [3] sonst etwas zu einer historischen Tatsache wird. Der Glaube an das wunderbare

[1] unsere *B*
[2] *Mit dem folgenden beginnt in B ein neuer Absatz*
[3] mir *B*

Faktum ist immer zugleich der Glaube an die *Wahrheit der Vorstellung* z. B. der Resurrektion[1], welche durch dieses Wunder bewährt werden soll. *Es ist eins*, ob ich das *Faktum* oder die dem Faktum zugrunde liegende *Vorstellung* (oder Lehre) hinstelle: Die Vorstellung wird mir dadurch nicht gewisser, nicht klarer, nicht nähergebracht, sie mag mir nun in abstracto als Vorstellung oder in concreto als sinnliches Faktum dargestellt werden. Ob mir z. B. einer die Verwandlung des Wassers in Wein als ein wirklich geschehenes Wunder erzählt oder bloß als eine Vorstellung von sich gibt oder gar als eine Möglichkeit aus der Vorstellung der Wunderkraft vordemonstriert, es ist eins; die Sache wird mir dadurch nicht begreiflicher.[2] Wer mir eine Vorstellung als Faktum hinstellt, der will nur kurzen Prozeß mit mir machen. „Es ist Faktum! Punctum satis [Schluß, genug]! Was willst du dagegen machen? *Du mußt* es glauben." Aber ebendadurch werden meine Zweifel nicht aufgeklärt, sondern nur niedergeschlagen – das Faktum ist ein Gewaltstreich –, keine *innern* Gründe angegeben, die die Sache wahrscheinlicher machten. Das[3] Faktum ist illiberal, anmaßend, tyrannisch, es macht mir eine Vorstellung zum *Gesetz*, es schiebt mir sie ins Gewissen hinein, indem sie[4] dieselbe zu einem Faktum, d. i. [zu] etwas *nicht mehr zu Bezweifelndem*, macht, *ohne doch die Zweifel* von[5] Schwierigkeiten *aufzulösen*. Aber das Faktum bleibt dadurch ebenso im Widerspruch mit der Erfahrung und Geschichte als die Vorstellung im Widerspruch mit meiner Vernunft.[6] Ein *dogmatisches Faktum* ist daher die tollste Chimäre, die je in einen Kopf gekommen, toller als ein hölzernes Eisen. Das Dogma als Dogma (d. h. als Lehre) hat nur innere Merkmale; es macht auf *Wahrheit* Anspruch, es appelliert mit diesem Anspruch an den Gedanken, es gibt sich der prüfenden Vernunft preis; es macht seine Geltung nur abhängig von der Note, die es beim Examen

1 Auferstehung *B*

2 Ob mir z. B. . . . nicht begreiflicher. *Fehlt in B.*

3 *In B folgt Zusatz:* dogmatische

4 es *B*

5 und *B*

6 Aber das . . . meiner Vernunft. *Fehlt in B, wo dann mit dem nächsten Satz ein neuer Absatz anfängt.*

der Vernunft erhält. Ob etwas *wahr* oder *nicht wahr*, darüber kann nur die Vernunft, nicht die Sinnlichkeit entscheiden; der Sinnlichkeit fehlt's an judicium [Urteil]. Das Faktum[1] ist *gleichgültig* gegen die *Unterschiede* von *wahr* oder *falsch*, *gut* oder *schlecht*, *vernünftig* oder *unvernünftig*. Auch das Schlechte geschieht, auch die Lüge existiert; auch sie ist eine sinnliche Tatsache. Ein dogmatisches Faktum ist daher nichts als ein Dogma, welches durch Unterschleif sich auf den Ehrenpost der Wahrheit emporschwingen will, indem es die schwache Seite des Menschen, die sinnliche Einbildungskraft, besticht, um dadurch die Vernunft zu betäuben, welches, überzeugt, nicht durch innere Gründe, durch *sich selbst*, zu siegen, sich auf Zeugen beruft, die ebenso das Gegenteil bewähren. Dem wahrheitliebenden Mann geht ein dogmatisches Faktum darum wider den Mann.[2] Durch[3] facta überhaupt siegen zu wollen, das ist ebenso große Brutalität, als wenn ich in einer Disputation durch Ohrfeigen die Einwürfe meines Gegners widerlegen will. *Das Faktum ist der Triumph der Sinnlichkeit über die Vernunft*. Es dringt mir durch sinnliche, d. i. *peinliche Zwangsmaßregeln*[4], der Vernunft zum Trotz, das Geständnis ab, daß es recht hat; es entfesselt die *niedern* Kräfte des Menschen, die sinnlichen Begierden und Affekte, um dadurch die höhern Kräfte, die Freiheit des Urteils und Entschlusses, gefangenzunehmen.

Da nun aber das Wesentliche des dogmatischen Faktums und des[5] wunderbaren Faktums überhaupt die demselben zugrunde liegende Vorstellung ist, [da] das Faktum mir nicht glaubig wird, wenn nicht *vorher* mein Verstand oder Sinn der Vorstellung seinen Beifall gegeben hat, so ist es notwendig, daß da, wo das wunderbare Faktum *Beweis-*

[1] *In B folgt Zusatz:* als solches

[2] Dem wahrheitliebenden . . . den Mann. *Fehlt in B.*

[3] *In B folgt Zusatz:* dogmatische

[4] *In B hierzu als Zusatz folgende Fußnote Feuerbachs:* „Sie fürchteten sich aber und verwunderten sich und sprachen untereinander: Wer ist dieser? Denn er gebietet dem Wind und dem Wasser, und sie sind ihm gehorsam." *Das Wort* fürchteten *ist dabei hervorgehoben.*

[5] Faktums . . . des: oder *B*

kraft hat, die demselben zugrunde liegende Vorstellung eine *geläufige, plausible* Vorstellung ist. Das Faktum soll ja nichts weiter sein als die sinnliche Bewährung der Vorstellung, und der Glaube an die *Wirklichkeit* des Faktums ist daher immer zugleich der Glaube an die *Wahrheit* der zugrunde liegenden Vorstellung. Es ist unmöglich, daß der Mensch ein *absolut* isoliertes und analogieloses, ein absolut seinen Vorstellungen, seinem Verstande *widersprechendes* Faktum glaube. Uns freilich widersprechen die Wunder, uns gehen sie über oder – es ist eins – wider die Vernunft, über und wider die Gesetze der Natur. Aber die, welche diese Wunder glaubten und[1] sahen, hatten die Natur nicht *so* wie wir zum Gegenstande, wußten nichts von *Gesetzen* der Natur. Das *Wunder* war ihnen das *Verständliche*, das *Natürlich*[*e*], die Natur, wie sie uns Gegenstand ist, das Unverständliche, das Unbekannte.[2] Sie glaubten die Auferstehung der Toten als ein Faktum, weil ihnen die Vorstellung der Auferstehung eine natürliche Vorstellung war. Der Glaube an die Auferstehung ist überhaupt[3] der *natürlichste* Glaube an die Unsterblichkeit. Selbst bei den Wilden findet er sich. So entleibten sich die Negersklaven in Westindien, in der Hoffnung, in ihrem Vaterlande wiederaufzuleben.* Die Kirchenväter suchten durch Bilder aus der Natur, d. h. durch andere[4] ähnliche Erscheinungen, die Auferstehung

[1] oder gar *B*

[2] Das Wunder . . . das Unbekannte. *Fehlt in B.*

[3] *In B folgt Zusatz:* für den ungebildeten Menschen

* Wilde Völker glauben sogar an die Auferstehung von Tieren. Wenn[5] die Lappen einen Bären – der Bär ist bei ihnen ein hochverehrtes Tier – aufgezehrt haben, so begraben sie die Knochen mit großen Feierlichkeiten und geben jedem Knochen einen eigenen Platz, weil sie überzeugt sind, daß der Bär wiederhergestellt werde, um einen neuen Körper zu bekommen (*Penannt*, „Arktische Zoologie", I. T., p. 68). Einige Nationen nennen den Kolibri Huitzitzil oder Vcililin, den *Wiedergebornen*, weil sie glauben, daß er alle Jahre stürbe und bei dem Wiederaufblühen der Blumen, von welchen er sich nährt, wieder auflebe (Penannt ebend. II. T., p. 269).

[4] *In B folgt Zusatz:* , nach ihrer Meinung

[5] *In B folgt Zusatz:* z. B.

der Körper den Heiden glaublich und plausibel[1] zu machen.* Sie widersprach also nicht ihrer Naturanschauung. Und es ist gleichgültig, ob ihnen diese Analogien das Faktum glaublich und eingänglich machten oder ob sie erst später, durch das Faktum, auf diese Analogien kamen. Genug, sie widersprach nicht der Weise, wie sie die Natur kannten und betrachteten; sie glaubten an die Wirklichkeit des Faktums, weil ihnen die Vorstellung des Faktums[2] eine Wahrheit war. So läuft hier alles auf die Vorstellung hinaus; selbst bei solchen Wundern, welche nicht eine *bestimmte* Vorstellung (ein Dogma im engern Sinne) ausdrücken. Sie geschahen, weil man sie für *möglich* hielt, weil in den Vorstellungen[3] in der Naturanschauung der damaligen Menschheit ihnen *kein Hindernis* in den Weg gelegt war, weil nicht am Eingang in die Welt der Verstand, welcher nichts einläßt, was seinen Gesetzen widerspricht, Wache stand, noch keine Handelssperre zwischen dem [un]beschränkten[4] Reich der Möglichkeit und dem festbestimmten Reich der Wirklichkeit eingetreten, noch kein Abgrund, keine Kluft zwischen der subjektiven und objektiven Welt befestigt war. Wunder geschehen, wo der Mensch sich, und zwar *sich* nicht in der allgemeinen und unendlichen Idee der Menschheit, sondern in der Beschränktheit seiner Einzelheit und Besonderheit, namentlich in seiner bestimmten Nationalexistenz, als den Endzweck der Natur erfaßt, wo daher die Natur an seinen

[1] und plausibel *Fehlt in B.*

* So sagt z. B. Minucius Felix in seinem „Octavianus": „Vide adeo, quam in solatium nostri resurrectionem futuram omnis natura meditetur. Sol demergit et nascitur, astra labuntur et redeunt; flores occidunt et reviviscunt: post senium arbusta frondescunt, semina non nisi corrupta revirescunt. [Sieh' doch nur, wie – uns zum Trost – die ganze Natur auf künftige Wiederauferstehung sinnt! Die Sonne versinkt und wird geboren, die Gestirne schwinden und kommen wieder; die Blumen vergehen und leben wieder auf; nach dem Altern belaubt sich das Gebüsch, Samen, außer wenn sie verdorben sind, keimen wieder.]" (c. 34, § 12).

[2] des Faktums: , die das Faktum ausspricht, *B*

[3] *In B folgt Komma.*

[4] *So ergänzt auch B.*

Interessen und Schicksalen teilnimmt, mit ihm lebt und fühlt, wo, was *subjektiv*, für den Menschen, eine Bedeutung hat, auch *objektiv*, für die Natur, von Bedeutung und Wichtigkeit ist. Bei der Geburt, bei dem Todesfall eines wichtigen Mannes, überhaupt bei einem bedeutungsvollen Ereignis – da ergreift auch die Natur ein Schauer, der ihr durch alle Glieder geht und sie aus ihrer gewohnten Laufbahn bringt, da wird sie im eigentlichsten Sinne rappelköpfisch[1] – so z. B. bei den Römern. Was aber bei den Römern[2] vermittelst einer Nervensympathie zwischen der Natur und dem Menschen gleichsam von selbst und folglich scheinbar *zufällig* erfolgt, das geschieht bei den Israeliten auf den ausdrücklichen Befehl Jehovas. Die Natur ist hier abgerichtet wie ein Pudel, der die tollsten Kunststückchen kann – ein geduldiger, folgsamer Esel, der auf seinem Rücken durch alle Gefahren hindurch Israel wohlbehalten ins gelobte Land trägt.

Die Wunder sind daher nichts weniger als *übernatürliche* und *übermenschliche* Werke oder Handlungen, wozu sie der *historische*, verständige Wunderglaube gemacht hat. Wenn der *Wunderglaube* selbst *kein Wunder*, nichts Übernatürliches und Übermenschliches, ist, so sind auch die *Gegenstände* des Wunderglaubens keine Wunder, sondern sehr *menschliche* und *natürliche* Dinge. Um die objektive Realität des Wunders zu erweisen, müßte man daher erst beweisen, daß der Wunder*glaube* ein Wunder, daß die *Vorstellung* des *Wunders* eine *übernatürliche und übermenschliche Vorstellung* ist. Aber wie könnte denn der außerdem so natürliche Mensch eine wirklich übernatürliche Vorstellung haben? Müßte er nicht dazu selbst ein expreß mirakulöses Vermögen besitzen? Wie könnte er aber dieses mit seinem Selbstbewußtsein, seinem Verstande, seinen Vorstellungen zusammenreimen? Wie ein seinen übrigen Fähigkeiten widersprechendes Vermögen besitzen? Wie sich dieser übernatürlichen Vorstellungen bewußt sein, wenn sie wirklich über seine Natur ginge[3], folglich auch über die *Möglichkeit* der Vorstellung? Würde

[1] , da wird . . . rappelköpfisch *Fehlt in B.*
[2] Heiden *B*
[3] gingen *B*

der natürliche Verstand, das natürliche Bewußtsein diese innerlichen Wunder nicht auch natürlich fassen, natürlich erklären, das Wunder also zerstören? Und wo bedürfte es denn noch[1] äußerer Wunder, wenn schon der Wunderglaube ein Wunder wäre? Doch wozu Argumente gegen eine grundlose, alberne Annahme? Sowenig, wie wir gezeigt haben, die Auferstehung eine übernatürliche und übermenschliche, sondern vielmehr sehr natürliche Vorstellung ist, sowenig ist das Faktum der Auferstehung selbst ein übernatürliches Faktum, ein Wunder. Aber dasselbe gilt von allen andern Wundern.[2] Die Wunder sind *psycho*- oder vielmehr *anthropologische* Erscheinungen; sie haben ihren Grund im Menschen. Aber *wo*? Der Mensch hat viel Gelaß; er ist eine lebendige Universität. Bei welcher Fakultät sollen wir sie inskribieren? – Der philosophischen Fakultät. Der[3] *Vernunft widerspricht* das Wunder – das ist ausgemacht, darin stimmen die Gläubigen und Ungläubigen überein, darum wird der Glaube an Wunder den Gläubigen als ein *Verdienst* angerechnet. Aber das Wunder *widerspricht nicht dem Menschen* im allgemeinen; er hat vielmehr einen starken Hang zum Wunderglauben; er ist sogar *wundersüchtig*, so sehr auf das Wunder erpicht, daß er selbst, wie die [H]ebräer,[4] den Glauben an Göttliches nur vom Wunder abhängig macht. Hätte der Mensch keine Liebe zum Wunder, wie käme es denn auch, daß er an wunderbaren factis so festhielte? Was hätte er für ein Interesse an einem wunderbaren *Faktum*, hätte er keinen Sinn, keinen Hang zum Wunderbaren überhaupt? Wir haben daher hier einen Widerspruch zwischen der Vernunft und dem Menschen, denn wenn das Wunder dem Menschen *gefällt*, aber der Vernunft *mißfällt*, so sind beide notwendig miteinander im Zwiespalt. Aber wer kann diesen Streit schlichten, wer die Hand zur Versöhnung bieten? Offenbar nicht der leidenschaftliche Mensch, sondern nur die Vernunft, deren Grundsatz ist: Der

[1] *Fehlt in B.*
[2] Sowenig, wie wir . . . andern Wundern. *Fehlt in B, wo dann mit dem folgenden Satz ein neuer Absatz beginnt.*
[3] Der philosophischen . . . Der: Bei der philosophischen Fakultät? Nein, der *B*
[4] , wie . . . Ebräer, *Fehlt in B.*

Klügere gibt nach, und deren Triumph über den Menschen gerade darin besteht, ihn so zu beherrschen, daß er ihre Herrschaft nicht fühlt. Sie kann ihn aber nicht beherrschen, ohne sich selbst zu einem Wesen seinesgleichen zu erniedrigen, nicht vergeistigen, ohne sich zu versinnlichen, nicht vernünftig machen, ohne mit ihm selbst, dem kindischen, unvernünftigen Menschen, zu spielen. Die Vernunft als solche widerspricht dem sinnlichen Menschen; sie ist zu schlicht und einfach für ihn, zu sehr in sich vertieft, zu kalt und streng, zu unbekümmert um das, was ihm schmeichelt und wohltut; die Vernunft hat das Allgemeine, das Ganze, das *Universum* im Auge, der sinnliche, egoistische Mensch *nur sich*, sein Wohl und Heil. Aber die Phantasie entspricht dem Menschen, die Phantasie ist die Vernunft, aber die entäußerte, die *sinnliche* Vernunft, die sich den menschlichen Schwächen, Leidenschaften und Wünschen *akkommodierende, die sich selbst verleugnende*, die mit dem Menschen *spielende* Vernunft.[1] Das Wunder ist *nur ein Phantasieobjekt* – das allein ist seine *wesentliche* Bestimmung –, vor der Vernunft als solche[r][2] löst es sich in ungereimte Widersprüche auf. Es gibt daher *kein* einziges als ein historisches Faktum erzähltes Wunder, das *nicht die Phantasie hätte erfinden können*, kein Wunder, das nicht für die Phantasie ein reizendes *Schauspiel* wäre, während es für die Vernunft sinnlos ist.*[3] Die Wunder gelten daher für übervernünftige Werke, weil die Phantasie dem sinnlichen,[4] nur an der *Oberfläche* der Dinge klebenden Menschen eine höhere Macht als die Vernunft ist. Die Vernunft ist dem sinnlichen Menschen die Repräsentantin des trockenen Einerleis, die Repetieruhr der Außenwelt, wie er sie mit seinen gewöhnlichen Augen im alltäglichen Leben wahrnimmt. Der Sinn ist ihm, was er *jetzt* sieht, die Vernunft, was er *immer* gesehen hat. Was *so oft* geschehen ist, wird und muß immer geschehen, *weil es geschehen* ist. Das

[1] *Mit dem folgenden beginnt in B ein neuer Absatz.*
[2] *So ergänzt auch B*
* d. h. als Faktum, allerdings nicht als Bild, als Symbol.
[3] *Feuerbachs Fußnote hierzu fehlt in B.*
[4] *In B folgt Zusatz:* ungebildeten,

Immer, welches sich von dem Jetzt nur durch die oftmalige Repetition desselben unterscheidet, hat für ihn die Bedeutung des Gesetzes, der Notwendigkeit; aber der Grund ist *kein innerer*, kein vernünftiger Grund. Die Vernunft selbst ist in ihm nur eine *Gewohnheit*, aber die Gewohnheit die altera natura [zweite Natur]. Von Jugend auf hat er das Schauspiel der Natur gesehen, er hat sich daran gewöhnt; es ist ihm zur andern Natur geworden; obgleich es in seinem Anfang ein Unbekanntes war und, wenn er es in den Jahren, wo er fähig ist, über etwas sich zu verwundern, zum *ersten Mal* erblickte, auch etwas Unbekanntes und das *größte Wunder* wäre, so ist es ihm doch durch das ofte Sehen etwas *Gewöhnliches, Natürliches, Gemeines, Bekanntes, sich von selbst* Verstehendes geworden. Die Frage, *wie* das Ding geschieht, hat für ihn gar *keinen Sinn*. So fragt er nur bei etwas Außergewöhnlichem, was er *noch nicht* gesehen hat. Seinen Verstand hat er in seinen Sinnen: Der *Grund* liegt für ihn im[1] *Faktum*. Frage ihn: Wie siehst du?! Er wird lachen. Er hat keinen Sinn für die Frage; wie sollte er einen Sinn für die Antwort haben? Das Sehen ist ihm kein Rätsel – er *denkt* und *forscht* nicht –, wie sollte die Auflösung des Rätsels oder auch nur der Versuch für ihn Interesse haben? Würde er blind geboren worden sein und plötzlich zum Sehen gebracht werden, so würde er wohl staunend fragen: Ei, was ist das? Wie geht das zu? Aber weil er von Jugend auf gesehen hat, so ist es ihm kein *auffallender* Gegenstand, der seine Wiß-, d. h. hier Neugierde reizte, d. i. *kein Wunder*.[2] Das Wunder begibt sich[3] daher nur für *die* Menschen, welchen das *Unbekannte* das *Bekannte*, welchen das *wahrhaft Wunderbare kein* Wunder ist und welche ebendeswegen ein Bedürfnis nach *besondern*, aber gleichfalls *sinn-* und *augenfälligen* Wundern haben, um damit die *Leere* ihrer alltäglichen Anschauung auszufüllen. Das Wunder hat nur Sinn für *die*[4] Menschen, welchen die Natur ein *gleichgültiges Objekt* der Gewohnheit ist, für die,

[1] *In B folgt Zusatz:* bloßen
[2] *In B fängt mit dem folgenden ein neuer Absatz an.*
[3] begibt sich: existiert *B*
[4] *In B nicht hervorgehoben.*

welche *keinen Sinn* für die Natur und ihre Erkenntnis haben für die, welche nicht auf dem Standpunkt der Erkenntnis, des *Denkens* stehen, wo sich der Mensch von der Natur unterscheidet und sie als *Objekt* sich gegenüberstellt, wo er den gedankenlosen Schlendrian seiner Jugendgewohnheiten und Vorurteile gewaltsam unterbricht, wo die Natur ihm ein neuer, unbekannter, nicht nur seine Sinne, sondern seinen Geist reizen der Gegenstand, das Gewöhnliche ein Fremdes, das Gemeine ein Erhabenes, das *Natürliche etwas Wunderbares* wird. Das Wunder hat nur Sinn *im Gegensatz* – das Wunder ist polemischer Natur – gegen ein als gemein und bekannt vorausgesetztes Ungemeines und Unbekanntes; denn seinem *Inhalt* und *Wesen* nach unterscheidet sich das Wunder – und hierin offenbart sich die ganze *Flachheit* und *Nichtigkeit* des Wunders – als ein *sinnliches* Faktum *nicht* von andern sinnlichen factis. Daß die Sonne, um das heroischste Wunder des Alten Testaments auszuwählen, stille stand, war ein Wunder. Aber worin lag das Mirakel? Darin, daß es bisher nie geschehen war. Wäre die Sonne immer stille gestanden, so wäre ihre Bewegung ein Wunder gewesen. Das Merkmal, daß es ein Wunder ist, liegt daher nicht *an ihm selbst*, am *Inhalt an sich selbst*, sondern nur darin, daß sie bisher *nicht gestanden* ist. Die Bewegung ist nichts Übernatürliches, das Stillestehen gleichfalls nicht. Etwas wirklich Übernatürliches wäre nur dann in diesem wunderbaren Faktum enthalten gewesen, wenn etwas, was *über alle unsere Sinne* geht, von dem wir nie etwas gesehen und geahndet, mit der Sonne vorgegangen wäre. Das Wunder liegt nur im *Widerspruch* mit der bisherigen Erfahrung Das Wasser ist kein Wunder, auch das Gehen ist kein Wunder, aber das Gehen auf dem Wasser, weil dies dem bisher Gesehenen oder Erfahrnen, welchem zufolge ein Mensch, der nicht schwimmt, im Wasser untersinkt, widerspricht – das ist ein großes Wunder. Brot essen und von ihm gesättigt werden, ist kein Wunder, aber daß ein paar Brote Tausende von Menschen sättigen, das ist Wunder. Der Unterschied von dem Gewöhnlichen ist nur, daß hier mit einem *geringen* Quantum eine Wirkung verknüpft wird, die sonst immer nur durch ein unvergleichlich größeres, der Menschenanzahl entsprechendes Quantum bewirkt wird. Der Inhalt ist immer ein *rein sinnlicher*; das (scheinbar) Wunderbare liegt nur darin, daß mit einem sinnlichen Ding ein *andres sinnliches* Prädikat, welches nur *diesem* Ding, jedoch nicht der sinnlichen Anschauung überhaupt widerspricht, aber, wohlgemerkt, nicht ein unbestimmt anderes[1], sondern das *entgegengesetzte* Prädikat verknüpft wird, so daß das Subjekt selbst zu einem *andern* Subjekt wird. Das Wunder verwandelt den *Blinden* in den *Sehenden*, den *Tauben* in den *Hörenden*, den *Lahmen* in den *Gehenden*, die *Bewegung* der Sonne in *Ruhe*, den *Toten* in den *Lebendigen*, *Wasser* in *Wein* oder *Blut*, den *Sturm* in *Stille*, *wenig* Brot in *vieles* Brot, „*unsaubre Geister*" in „*Säue*".[2] Die *Verwandlung* ist das Wesen des Wunders – das an der Hochzeit zu Kanaa in Wein verwandelte Wasser ist[3] der symbolische Grundstoff aller Wunder. Aus der Finsternis eines blinden Auges, d. h. eines Auges, dem die organischen Bedingungen des Sehens fehlen, plötzlich das Augenlicht hervorzuzaubern, das erfordert keine geringere Kraft, das ist ebensogut eine creatio ex nihilo, eine Schöpfung aus nichts, als die Verwandlung des Wassers in Wein eine Schöpfung aus nichts ist. Der Gesunde, der körperlich Vollkommne ist ein anderer Mensch als der Kranke, als der Krüppel – welch ein Unterschied zwischen einem gebornen Taubstummen und einem Menschen, dem von Kindesbeinen an der Engel des seelenvollen Tons hülf- und lehrreich zur Seite stand! Der Kranke, der *urplötzlich* aus seinem Elend in das Paradies der Gesundheit versetzt wird, hat daher eine ebenso *substantielle* Verwandlung erfahren als das Wasser, welches in Wein verwandelt wird. Wer einem Taubstummen den Strom der Rede plötzlich entlockt, der tut ebenso Großes als Moses, wenn er aus einem Felsen einen lebendigen Quell hervorzaubert. So reduzieren sich alle Wunder darauf, daß mit einem Subjekt ein Prädikat verknüpft wird, welches mit dem Wesen dieses Subjekts im *Widerspruch* steht. Die Sprache liegt wohl im Wesen des Menschen, aber mit einem wirklichen Taubstummen

[1] andres *B*
[2] *Mit dem folgenden Satz beginnt in B ein neuer Absatz.*
[3] *Fehlt in B.*

nicht nur die Fähigkeit, sondern unmittelbar zugleich auch den *vollkommnen Gebrauch* der Sprache* zu verknüpfen, das ist fast ein ebenso großer Widerspruch, als wenn ich einem Esel menschliche Worte in den Mund lege, d. h. einen Esel, wenn auch nicht seiner Gestalt, aber seinem Sprachorgan nach, plötzlich in ein redendes Wesen verwandle. Daß sieben Brote sieben Menschen sättigen, das ist in der Ordnung, das ist legitim; daß aber sieben Brote Fünftausende sättigen, das ist ein Widerspruch gegen alle logischen, physikalischen und mathematischen Gesetze, ein Widerspruch, der nur in der Märchenwelt, in der Welt der Phantasie eine Möglichkeit ist.[1] Das Wunder drückt daher nichts andres aus, repräsentiert uns nichts andres[2] als das *Wesen* der Phantasie, denn das wesentliche Tun der Phantasie ist nichts andres als die willkürliche Verknüpfung und Verwandlung widersprechender Dinge mit- und ineinander. *Kein Wunder widerspricht der Phantasie, kein Wunder ist der Phantasie ein Wunder*, ein unverständliches, fremdartiges Ding. In der Phantasie macht sich der Mensch zum *Herrn* der Natur, aber eben nicht auf eine vernünftige, sondern *phantastische*, nicht auf eine geistige, sondern selbst wieder *sinnliche* Weise. In der Phantasie ist die *geistige* Tätigkeit nur eine *formelle*, nur *Schein*; die Phantasie ist versenkt in den Stoff der sinnlichen Anschauung; nur in der Anwendung desselben, in der Kombination, in der Verknüpfung ist sie unbeschränkt, frei, d. i. *willkürlich*. Die Freiheit der Phantasie ist der Zufall der Willkür – daher alle phantastischen Köpfe die Freiheit der Phantasie, das *Spiel* der Willkür, für die Freiheit der Vernunft nehmen[3] oder gar über diese setzen, weil dem kindischen, phantastischen Kopf der Ernst der Vernunft pedantischer Zwang ist. Die Phantasie ist die erste und darum selbst noch sinnliche Erhebung des Geistes über die Sinnlichkeit. Die schönsten Phantasien stammen daher aus dem Orient, wo die Menschheit in einer unent-

* „Und alsobald taten sich seine Ohren auf, und das Band seiner Zunge ward los und redete recht" (Mark[us] 7, 35).

[1] *Mit dem folgenden fängt in B ein neuer Absatz an.*

[2] ,repräsentiert . . . andres *Fehlt in B.*

[3] *So richtig in B. In A hier Druckfehler.*

schiedenen Mitte zwischen Geistigkeit und Sinnlichkeit steht.

Aber was das Wesen der Phantasie ausmacht, das macht auch das Wesen des Wunders, seines Lieblingskindes, aus.[1] Das Wunder bringt uns nichts andres zur Anschauung als die *Willkür*, die mit dem sinnlichen Stoff nach Belieben schaltet und waltet. Das *Wesen* des Wunders ist *sinnlich*; es *versetzt uns ebensowenig* als die Phantasie *über das Gebiet des Sinnlichen hinaus*.[2] Die angeblich höhere Geistestätigkeit[3], die sich im Wunder offenbaren soll, ist nur *Illusion*, nur *Schein*,[4] denn das Wunder *setzt*[5] *an die Stelle* eines *sinnlichen* Prädikats oder Subjekts nur ein anderes[6], ihm (sei es nun überhaupt oder in diesem besondern Fall) widersprechendes, aber immer wieder sinnliches Subjekt oder[7] Prädikat. Der Stoff der Wundertätigkeit ist, wie in der Phantasietätigkeit, ein *sinnlich gegebener*, nur dieses *Setzen* des einen Subjekts[8] oder Prädikats an die Stelle des andern ist *keine* in der äußern Natur *gegenständliche*, ist die subjektive, eigne,[9] willkürliche Tätigkeit des Wundertäters. Die Wundertätigkeit ist eine *Taschenspielerei*, denn auch beim Wunder geht es ebenso wie bei dem Taschenspieler – der größte Meister der Taschenspielerkunst ist aber die Phantasie – mit ganz *natürlichen* Dingen zu; das Geheimnis desselben ist nur das Geheimnis der Phantasie, welche die sinnliche Anschauung, ob sie gleich nur vom Fonds derselben lebt, zum besten hält. Ebendeswegen, weil der Inhalt des Wunders ein sinnlicher, natürlicher ist, *nur* die *Weise*, wie das Subjekt oder Prädikat an die Stelle eines andern tritt, eine sinnlich *nicht* gegenständliche ist, ist es eine *notwendige*, im Wesen

[1] das Wesen der . . . Lieblingskindes, aus.: von der Phantasie, das gilt auch von ihrem Lieblingskinde, dem Wunder. *B*

[2] Das Wunder bringt uns . . . Sinnlichen hinaus. *Fehlt in B.*

[3] Geistesmacht *B*

[4] nur Schein, *Fehlt in B.*

[5] *In B folgt Zusatz:* , wie gezeigt,

[6] andres *B*

[7] Subjekt oder: Objekt und *B*

[8] Objekts *B*

[9] *Komma fehlt in B.*

des Wunders begründete Konsequenz, daß das Wunder auch zum Objekt einer *natürlichen Erklärung* wird, auch *die Weise*, wie es dabei zuging, in das Gebiet der natürlichen Ursachen gezogen wird. Das Wunder hat sich einmal diese[1] *Blöße* gegeben, daß es den *Gegensatz* zur Natur selbst wieder in die sinnliche Sphäre hineinstellt und aus der Natur nimmt, es kann daher nicht die Frage abweisen: Bist du denn überhaupt ein Wunder? Ist nicht vielleicht dieses Ereignis, vorausgesetzt, daß ihm wirklich etwas Historisches zugrunde liegt, daß es nicht handgreiflich sich als ein reines Produkt der Phantasie hinstellt, nur deswegen ein Wunder, weil du nicht die Ursache, die Weise des Hergangs kennst? Und das Wunder kann hierauf nichts antworten, denn es ist kein Freund der Philosophie und Naturforschung; aber es will auch hierauf nichts antworten, denn es ist glücklich in seinen Träumen – ein unbefangnes[2], kindliches, oft freilich auch kindisches Spiel der Phantasie mit den Dekorationen der Dinge dieser Welt, die für die Phantasie[3] nur die Bedeutung eines Maskenballs hat, um dem Menschen eine angenehme Erholung von den strengen Arbeiten und Pflichten der Vernunft und Wirklichkeit zu verschaffen.

Die Phantasie ist, wie schon angedeutet, die von den Herzensbedürfnissen und Wünschen des Menschen bestimmte Intelligenz. Dem Menschen, der zu einem geliebten Gegenstand in der Ferne eilt, ist jeder Fluß, weil er nicht darüber hinweggehen kann wie über festen Boden, jeder Baum, der ihn zu einem Umweg nötigt, jeder Hügel, den er ersteigen muß, eine Schranke, die sich störend mitten zwischen ihm und dem[4] Gegenstand seiner Wünsche hinstellt; in seiner Phantasie ist er schon an dem ersehnten Orte, aber langsam schleppt er als eine lästige Bürde seinen schwerfälligen Körper mit sich fort. Der Schmerz über den Widerspruch der Wirklichkeit mit dem Bedürfnis seines Herzens preßt ihm den Wunsch aus: Oh, wär' ich doch so leicht wie ein Vogel, so schnell wie der Wind!; er

[1] die *B*
[2] unbefangenes *B*
[3] die Phantasie: sie *B*
[4] ihm und dem: ihn und den *B*

seufzt – und siehe!, dort oben im Himmel schweben seine Seufzer als Engel – von Seele sentimentale Geschöpfe, aber von Körper Vögel – oder luftartige[1] Wesen – und über diesen Engeln das höchste Wesen als ein *schlechthin schrankenloses Wesen*, als ein Wesen, dessen Willen nichts im Wege steht, bei dem Befehlen (Wünschen, Wollen) und Schaffen identisch ist. Das Herz vergegenständigt[2], verselbständigt seinen Wunsch und Drang, frei zu sein von allen Bestimmungen und Schranken, als die absolute, die göttliche Willkür, die Allmacht. In der göttlichen Allmacht macht der bedrängte Wunsch sich Luft, hier strömt das beklommene Herz seine Seufzer aus, hier entledigt es sich der eignen Schranken; hier feiert es seine Saturnalien;[3] hier entschädigt es sich für das, was es in der Welt entbehrt; hier gibt sich der Mensch, was er haben möchte, was ihn schmerzt, nicht zu besitzen; hier macht er seine Wünsche zu den Gesetzen, den siegreichen Mächten der Welt,[4] Gott ist ihm die[5] Anschauung und Empfindung der Freiheit von den Schranken der Wirklichkeit: *Gott kann alles;* ihm ist nichts unmöglich, sein Wille ist das einzige Gesetz. Der Wunsch zerbricht die Schranken der Subjektivität – er *will*, daß das *sei*, was er wünscht –, die Allmacht ist der *realisierte Wille* des Wunsches, daß das ist, was er will, daß sein möchte[6]; denn *dem Wunsch ist nichts unmöglich;* er *mag* und *vermag* alles. Aber die willfährige Phantasie ist es, welche verwirklicht, was das Herz will; in ihr ist als *Objekt* gesetzt, was im Herzen nur als subjektiver Wunsch existiert. Die Vernunft sagt dem Menschen kalt und trocken: *Es ist*; aber der Wunsch beschwert sich über das, was ist. *Sein* ist dem *Wunsche* eine Schranke; er sagt daher: Es *soll* sein (scilicet [es versteht sich], was ich wünsche), und die Phantasie sagt: Es *wird* sein, was du willst, daß sei.[7] Die Phantasie ist der Engel

[1] von Seele . . . luftartige: vogelleichte, ungebundene, selige *B*
[2] vergegenständlicht *B*
[3] hier feiert . . . Saturnalien; *Fehlt in B.*
[4] Welt,: Welt. *B*
[5] *So richtig in A. In B hier Druckfehler.*
[6] , daß das . . . sein möchte *Fehlt in B.*
[7] Die Vernunft sagt . . . willst, daß sei. *Fehlt in B.*

des Herzens, der Himmel auf Erden, der Spiegel der Welt, wie sie den Wünschen des Menschen entspricht. Was anders ist denn nun aber das Wunder als der als ein *sinnliches Faktum* realisierte Wunsch des Menschen, von den Gesetzen der Vernunft und Wirklichkeit, die seinem Herzen als Beschränkungen erscheinen, frei zu sein. Das Wunder speist Hungrige, ohne benötigt zu sein, die Nahrungsmittel mühselig herbeizuschaffen, heilt blind, lahm, taubstumm Geborne; aber der Hungrige *wünscht* zu essen, der Lahme *wünscht*, gehen, der Blinde, sehen, der Taube, hören zu können.

Keineswegs widerspricht darum auch das Wunder an der Hochzeit zu Kanaa dem Geiste und Wesen der übrigen Wunder. Sowenig der Wunsch nach Wein, zumal bei einer Hochzeit, wo es erlaubt ist, des Guten ein wenig mehr zu tun als gewöhnlich, ein unsittlicher Wunsch ist, sowenig ist der Wunsch des Kranken nach Gesundheit ein sittlicher Wunsch. Der Wunsch fragt überhaupt nicht darnach, ob er sittlich oder unsittlich ist; er ist sein eigener [1] Herr und Gesetzgeber. Warum sollte der, welcher die Wünsche der Menschen zu Gesetzen seiner Handlungen macht, die Erfüllung derselben von ihrer Sittlichkeit oder Unsittlichkeit abhängig machen? Jeder Wunsch, der auf *sinnliche* Erfüllung dringt, ist sogar vom Standpunkt der strengen Sittlichkeit und Religiosität aus ein unsittlicher. [2] Die Heilung eines Kranken hat wohl immer einen sinnlich wohltätigen, aber deswegen noch lange nicht einen religiös oder sittlich wohltätigen Zweck und Erfolg. Der Wunsch, gesund zu werden, kann selbst auf ganz unsittlichen Motiven beruhen und die Heilung daher in einem solchen Fall nur dazu dienen, den Rekonvaleszenten vollends ins Verderben zu stürzen. So war es mit den zehn aussätzigen Männern bei Lukas Kap. 17, 12. Sie wurden alle durch die Wunderkraft geheilt, aber unter diesen zehn war nur einer, auf welchen dieses Wunder einen religiösen Eindruck machte. Warum sollen wir also an dem Wunder an der Hochzeit zu Kanaa Anstoß nehmen? Im Gegenteil, wir können dieses joviale Wunder auch in dieser Beziehung als

[1] eigner *B*
[2] Jeder Wunsch . . . ein unsittlicher. *Fehlt in B.*

dasjenige Wunder ansehen, wo uns allein *reiner Wein* eingeschenkt wird.* [1] In vino veritas [im Wein ist Wahrheit], heißt es auch hier. Das Wunder geht vor in einer Gesellschaft. Schon hierin haben wir eine charakteristische Eigenschaft des Wunders überhaupt. Das Wunder bedarf Zuschauer, es produziert sich, es ist berechnet auf Effekt, es ist ein Schauspiel, das nur gesehen, aber nicht gelesen werden kann, etwas nur für die Masse, aber nicht für den Denker, etwas für die Sinne, aber nichts für den Geist. Die Gesellschaft empfindet Mangel an Wein. Das Wunder ergänzt diesen Mangel: Das Wunder ist gefällig, zuvorkommend, es erfüllt die Wünsche des Menschen, und zwar mit einem einzigen Zauberschlag, ohne Vermittlung von Raum und Zeit und andrer langweiliger Kategorien, welche die von dem ungeduldigen Wunsch beflügelte Phantasie überspringt. Aber der *objektive Inhalt* ist ein rein sinnlicher, wie bei allen andern Wundern, und muß ein sinnlicher sein, da der Wunsch, worauf er sich bezieht, seiner Natur nach immer sinnlich ist – die Wundertätigkeit ist ein *chemischer Prozeß*, der in seinem *Produkt erlischt*, der zu seinem Resultat ein caput mortuum [den Totenschädel, chem.: einen Destillationsrückstand] hat; das *Produkt* des Wunders ist *kein* Wunder: Wasser wird in *Wein* verwandelt, ein indifferentes Getränk in einen Stoff, der des Menschen Herz erfreut. Wer sollte sich dieses nicht gefallen lassen? Wer nicht ein Wesen, das die Fülle des Segens in sich trägt, dem die augenblickliche Erfüllung aller Wünsche zu Gebote steht, als ein höheres Wesen verehren? So haben wir hier das Geheimnis des Wunders klar aufgetischt. Das Wunder verwandelt das kalte, indifferente, universale Wasser der Vernunft, den Grundstoff der Lebensweisheit und Naturphilosophie, in den wohlschmeckenden, sinneberauschenden, aber leicht verfliegenden Champagner der Phantasie.

* Bei keinem Wunder dringt sich aber auch so sehr die Notwendigkeit, den Wundern eine symbolische Bedeutung zu geben, wenn man anders nicht sich und das Wunder lächerlich machen will, dem Leser auf als eben bei diesem Wunder.

[1] *Hierzu in B keine Fußnote Feuerbachs.*

Welche *Realität* kommt daher den Wundern zu? – Dieselbe, welche den Gespenstern. Die Gespenster sind Phantasiewesen, Phantasieprodukte, Gestalten, die *keine* Gestalten, Körper, die *keine* Körper sind – reine Schemen, reine Erscheinungen, d. i. rein *optische* Wesen, die[1] Phantasie *zerrüttet* die *Sinnenharmonie*, sie *isoliert* und *separiert* den Gegenstand, wie er für die Augen erscheint, von seinem Dasein für die übrigen Sinne. Den *materiellen* Sinnen ist der Abgeschiedene entschwunden; aber wie er einst vor meinen Augen dastand, so steht er noch jetzt in der Erinnerung, in meiner Phantasie da; das Bild des Auges ist das Bild der Phantasie,[2] nur vermischt sich jetzt zugleich mit dem Bilde des Lebens das[3] *Bild des Todes*[4]. Was ich – wenn auch nur innerlich – sehe, steht mir als Objekt gegenüber. Die Grenze zwischen der Wahrnehmung des Objekts *in mir* und des Objekts *außer mir* ist eine leicht verschwindende. Je lebhafter ich einen abwesenden Gegenstand mir vorstelle, desto mehr werde ich der Gegenwart entrückt, desto weniger höre und sehe ich, was außer mir vorgeht. Warum soll mir nun nicht, indem mir das Wirkliche zum Unwirklichen, das Gegenwärtige zum Abwesenden wird,[5] das Abwesende zum Gegenwärtigen, das Unwirkliche zum Wirklichen werden? Warum soll ich nicht außer mir wahrnehmen, was ich selbst in mir schon in einem Zustand des Außersichseins wahrnehme? Die Erinnerung macht uns träumerisch; es verschwindet in ihr der Unterschied zwischen subjektiv und objektiv. Und die ergreifendsten Erinnerungen überraschen uns gerade[6] oft plötzlich, unwillkürlich, mitten selbst in den trockensten, nüchternsten Beschäftigungen. Wie leicht nehme ich nicht in solchen Momenten, wo ich von meinen Erinnerungen plötzlich, wie von einem unerwarteten Gast, überrascht werde, dieses herzzerdrückende Phantasma als eine Erscheinung außer mir wahr! Wie relativ,

[1] Wesen, die: Wesen. Die *B*
[2] das Bild des . . . der Phantasie, *Fehlt in B*.
[3] Lebens das: Lebendigen das schauerliche *B*
[4] Toten *B*
[5] *In B folgt Zusatz:* umgekehrt
[6] sogar *B*

wie individuell ist überhaupt für den Menschen im besondern die Bedeutung des Wirklichen! Den rohen Menschen sind Träume wirkliche Begebenheiten. Sie glauben, daß die Seele im Schlaf außer den Körper hinausgehe und herumspaziere. Ist nun aber gar das Bild des Toten das Bild einer unsaubern Persönlichkeit, das Bild eines Bösewichts, eines Geizhals[es] [1], eines Misanthropen, eines Mörders, so wird das Bild zu einem förmlichen Gespenst, das, als ein Gegenstand der Furcht und des Schreckens, hauptsächlich auch nur an ungeheuern Orten, auf Kirchhöfen, an einsamen Plätzen, in verlaßnen Schlössern, und nur zur Zeit der Furcht, in der Nacht, umgeht. So isoliert die Phantasie die Gesichtserscheinung im Gespensterglauben und macht, ungeachtet des lauten Widerspruchs der übrigen Sinne, die rein optische Existenz, abgetrennt von allen andern die Wirklichkeit bedingenden Eigenschaften, zu einer wirklichen, objektiven Existenz. Daß nun aber das Gespenst ein bloßes optisches Phantasma ist, geht hauptsächlich daraus hervor, daß es, ungeachtet seiner Leiblichkeit, durch feste Gegenstände, durch Wände und verschloßne Türen, hindurchgeht. Dem reinen Schemen, dem absolut Durchdringlichen und Nichtigen, ist natürlich auch die dichteste Materie nicht undurchdringlich. Ich sehe zwar nicht mit meinen leiblichen Augen durch die Türe hindurch, aber die Augen der Phantasie, die keine Grenzen und Schranken kennt, sehen durch. Kein Wunder daher, daß auch das Phantasma durch die Türen hindurchgeht, ohne Löcher zu machen. Die Gespenster machen nun freilich auch Lärm und Wind mancherlei Art; aber das sind lauter spätere menschliche Zusätze. Das Gespenst hat seinen Ursitz in der Phantasie und dem ihr zunächstliegenden Sinne, dem Auge.* Daß bei einem Gespenst [2], das einmal geglaubt und als wirklich geschaut wird, auch die übrigen Sinne, vor allem das Ohr, das Organ der Furcht, sympathisch

[1] *So ergänzt auch B.*

* Eine vollständige Genealogie des Gespensts soll übrigens hiemit[3] nicht gegeben sein.

[2] *So richtig in A. In B hier Druckfehler.*

[3] hiermit *B*

mit in Aufruhr komme[1], ist ganz natürlich. Aber gerade der Tastsinn, der treue Kontrolleur und Korrektor des Auges, geht leer dabei aus. Ja, das Gespenst und der unglaubige Tastsinn sind absolute Antipoden. Alle Gespenster, die sich bisher noch auf der Tat ertappen ließen waren argumenta ad hominem [hier gemeint: Beweise aus den eigenen Annahmen heraus], so daß die *wahren* Gespenster nur entia optica [optische Wesen] sind – *Abstraktionen* der Phantasie, Wesen, welchen die wesentlichsten Bestimmungen der Wirklichkeit, gerade *die* Bestimmungen abgehen, durch die wir das Phantasma von der Realität unterscheiden, Wesen, welche aber gleichwohl die Phantasie zu *wirklichen* Wesen macht, weil sie selbst diese Geschöpfe erzeugt und keine Tätigkeit sich selbst verleugnet, sondern jedes Objekt, welches ihrem Wesen gleicht, für ein wirkliches hält. So hält das Herz seine Gefühle für Wahrheiten, so denn auch die Phantasie ihre Phantasien für Realitäten.

Aber wie die Gespenster und die mit ihnen verwandten Engel und Dämonen, so ist auch das Wunder eine Abstraktion der Phantasie, beruhend auf einer Störung der Harmonie der Sinne, der Grundlage von der Gewißheit aller Realität. Welche Mißtöne bringt nicht z. B. ein redender Esel in die Harmonie meiner Sinne! Meine Ohren sagen mir: Der Esel ist ein Mensch, denn die Rede ist ein charakteristisches Merkmal des Menschen; aber meine Augen widersprechen dem Ohr und sagen: Quod non [mitnichten], der Esel da ist wirklich ein Esel. Das, was meinen Augen sonst den Esel repräsentiert hat, dasselbe hat auch stets meinem Ohr einen Esel repräsentiert: Ich habe nur Eselsgeschrei aus dem Maul eines Esels vernommen. Aber hier widerlegt das Auge das Ohr und das Ohr hinwiederum das Auge. Ich kann daher auch nicht *gewiß* sein, ob der redende Esel *Schein* oder *Wahrheit* ist, weil die *Zeugenaussagen* sich widersprechen, sowenig als ich gewiß sein kann, ob ein Gespenst nur ein Phantasma oder eine Realität ist, solange ich nicht das Gespenst mit Händen greifen kann. Wenn ich selbst auch sehe, daß der Esel sein Maul auftut, indem ich zugleich

[1] kommt *B*

menschliche Worte höre, so kann ich doch, da ich nur einen Esel vor mir sehe, einen Esel, von dem ich nie erfahren habe, mir auch gar nicht denken kann, daß er spricht, keineswegs bestimmt sagen und wissen, daß diese Worte *aus* dem Esel selber kommen, ich kann mir höchstens nur *einbilden*, daß der Esel da vor meinen Augen es sein könnte, aus welchem die menschlichen Töne, die in mein Ohr fallen, kommen. Um die Gewißheit zu haben, daß der Esel wirklich es ist, welcher spricht, müßte ich in diesem außerordentlichen Falle die Worte in Gestalt von sichtbaren Figuren aus dem Munde des Esels aufsteigen sehen. Der Widerspruch des ungläubigen Auges gegen das gläubige Ohr könnte nur so gehoben werden. Es müßte also ein neues Wunder vorgehen, damit ich nur das Wunder als Wunder sehen, als eine sinnlich beglaubigte, *objektive* Erscheinung wahrnehmen könnte. Aber so, wie jetzt die Sachen stehen, ist der redende Esel nur ein *abstraktes* Phantasma, und zwar kein optisches, sondern ein akustisches – ein *Wunder der Akustik*. Die optische Bedeutung des Wunders fiel hier nur in die Augen des Esels, der, hellsehender als Bileam, vor der glänzenden Erscheinung bereits furchtsam auf die Hinterbeine getreten war, während der verstockte Prophet noch nichts wahrnahm, bis ihn endlich der Esel zur Rede setzte. Aber dafür ist auch dieser Fall ein ganz besonderer, abnormer Fall; denn fast alle Wunder sind *optische Phänomene*.[1] Denken wir nur z. B. an den wunderbaren Gang auf dem Meere. Um den Gang auf dem Wasser zu einem Wunder zu machen, dazu wird erfordert, daß der Körper des Gehenden von Natur schwerer ist als das Wasser, denn wäre er seiner Natur nach leichter, so wäre das *Nicht*-Untersinken eine natürliche Erscheinung. In dem Moment daher, wo ein Wundertäter auf dem Wasser auftritt, macht er durch sein absolutes Machtgebot seinen Körper leichter als Wasser oder vielmehr zu *keinem* Körper, einem Körper ohne Schwere, einem Körper, wie er ein Objekt bloß des Auges und der Phantasie ist, aber nicht der übrigen Sinne, durch die sich mir erst eine Erscheinung des Auges als reales Objekt darstellt. Wäre er ein wirklicher

[1] *Mit dem nächsten Satz fängt in B ein neuer Absatz an.*

Körper, ein Körper, der die Totalität der Bestimmungen der Körperlichkeit in sich vereinigte, so müßte er im Wasser untersinken, durch den Druck der Schwerkraft meinen Augen entzogen werden. Meine von der Phantasie, die ihre Günstlinge selbst durch die festesten Gegenstände ohne Anstoß durchpassieren läßt, bezauberten Augen sehen daher wohl einen Körper über die Wogen dahinschweben, aber für meine Vernunft, welche den *Eindruck* der Schwere hier vermißt, ist dieser leichtfertige Körper nur ein *Schein*körper. Aus diesem Beispiel sehen wir zugleich, wie einfältig und oberflächlich die[1] Phantasie ist. Die Phantasie negiert eine oder mehrere sinnliche Eigenschaften, aber nur nach ihrem *oberflächlichen Schein*, weil ihr nur dieser in die Augen fällt. So glaubt sie, daß die Schwere negiert ist, wenn ein Körper im Wasser nicht untersinkt oder mit Engelsflügeln durch die Lüfte schwebt, daß ein solcher Körper erhaben ist über die Gesetze der Schwere; sie sieht nicht ein, daß dennoch ihr sublimierter Körper ein gehorsamer Diener der Schwere ist, weil er geht oder fliegt, Gehen und Fliegen aber nur möglich ist nach den *Gesetzen der Schwere*.[2] Wenn bei einigen Wundern die nur optische Bedeutung selbst mit blendendem Glanze in die Augen fällt, so tritt sie dagegen bei andern Wundern allerdings in den Hintergrund. Aber man bedenke, daß die Wundertätigkeit ein chemischer Prozeß ist, welcher in seinem Produkte erlischt, eine *meteorologische Erscheinung*, die zwar einen Augenblick den höhern Regionen angehört, aber sogleich wieder verpufft[3] und so vom Himmel auf die Erde herabfällt. Die andern Sinne nehmen daher allerdings teil an den Wundern, aber sowie das Wunder auf die Zunge oder in den Magen oder in die Hand genommen wird, so hat es schon *aufgehört* ein Wunder zu sein, so ist auch nur noch das caput mortuum [der Rückstand], das irdische Resultat, übriggeblieben. Der an der Hochzeit zu Kanaa wunderbarlich produzierte Wein war allerdings wohl seiner Ursache oder

[1] *In B folgt Zusatz:* von der Erfahrung und Vernunft verlassene

[2] *Mit dem nächsten Satz fängt in B ein neuer Absatz an.*

[3] *In B folgt Komma.*

Entstehung nach ein übernatürlicher, himmlischer, aber seiner Qualität, seinen Wirkungen nach ein ganz natürlicher Wein – ein Wein, der recht gut, ohne daß es die Gäste gemerkt hätten, durch einen andern, auf natürlichem Wege erzeugten Wein hätte ersetzt werden können. Wenn es ein übernatürlicher, himmlischer Wein gewesen wäre, so hätte ja auch ein neuer, ein übernatürlicher, ein himmlischer Magen und Gaumen zum Genusse desselben erschaffen werden müssen. Im Weine war also die Wundertätigkeit im eigentlichen Sinne wieder zu *Wasser* geworden. Während sonst der Wein die Geistestätigkeit potenziert und erregt, so hatte er hier dagegen eine depotenzierende, niederschlagende Wirkung; denn sowie der Wein auf die Zunge kam und von ihr als natürlicher Wein erkannt wurde, so war auch schon der Wundereffekt vorüber und das während der Verwandlung aus den Schranken seiner Ufer gewaltsam emporgehobne[1] Wasser der Natur durch den Kanal der Kehle in sein altes Becken wieder zurückgelaufen, auf seinen primitiven Zustand reduziert. Objektiv lag hier das Wunder nur in dem momentanen mysteriösen Indifferenzpunkt des Verwandlungsaktes – die beiden Pole der Wundertätigkeit, der negative Pol des Wasserstoffes und der positive des Weinstoffes, waren ja nur natürliche Potenzen –, subjektiv aber nur in dem Moment der Überraschung, wo man aus den mit Wasser angefüllten Krügen wider Erwarten Wein herausfließen oder gar plötzlich Wasser in Wein sich verwandeln sah, d. h. plötzlich an der Stelle des Wassers Wein erblickte. Das Wunder war nur ein *Augenblick*, und zwar nicht nur ein *chrono-*, sondern auch *physiologisches*[2] – ein *abstraktes Gesichtswunder*, indem für den Geschmackssinn, welcher doch bei diesem ästhetischen Wunder die entscheidende Stimme hätte haben sollen, das Wunder bereits ein *abgestandnes*, *traditionelles* Wunder war, welches sich nur auf die einseitige Aussage des Auges stützte – eine Aussage, die aber eben vor dem Forum des Geschmackssinns ob der natürlichen Qualität des Weins als eine grundlose hyperphysische Hypothese

[1] emporgehobene *B*
[2] physiologischer *B*

verworfen wurde –, denn für den Gaumen wäre es nur ein *unmittelbares, untrügliches* Wunder gewesen, wenn sich auf der *Zunge*[1] der Wein in Wasser[2] verwandelt hätte.

Ebenso ist es mit der wunderbaren Speisung der fünftausend Menschen. Für die Hände, den Magen, den Gaumen unterschied sich das wunderbare Brot nicht von gewöhnlichem, natürlichem Brote. Der *Substanz* nach war das Wunder gar kein Wunder; der Wunderakt war nur der *formelle* Akt der Berechnung[3] und Vervielfältigung des Brotes, ein Akt, der eben nur eine *Szene für das Auge* war, und gewiß eine so außerordentlich schnelle, dem Auge entgehende Szene, daß auch hier das Wunder nicht auf einer objektiven Wahrnehmung, sondern nur auf einem subjektiven Schlusse beruhte, nämlich diesem: So wenige Brote waren da, so viele, so unermeßlich viele Menschen wurden damit gesättigt, also müssen diese Brote auf eine wunderbare Weise vervielfältigt worden sein[4]. Selbst die meisten[5] wunderbaren Heilungen sind nur optische Schemen, Phantasiegespenster von Heilungen, weil ihnen die Bestimmungen oder Merkmale abgehen, die allein eine Heilung zu einer wirklichen, *organischen* Heilung machen. Sowenig ein Körper, dem die Schwerkraft abgeht, ein *wirklicher* Körper ist, sowenig ist ein Organismus, der sich nicht – sei es nur[6] allein oder vermittelst der Unterstützung der Kunst – *aus sich selbst* kuriert, nicht in *organischer* Entwicklung die Krankheit *selbsttätig* überwindet, sondern plötzlich, auf ein bloßes Machtgebot hin die Krankheit oder gar einen organischen Fehler wie ein Gewand von sich wirft, ein Organismus, welcher in der Wirklichkeit *stich-* und *stand*hält.* Augenzeugen erzählen diese Wunderkuren, aber Augenzeugen, die *glaubten*, daß ein Organismus auf eine wunderbare, d. i. gewaltsame,

[1] *In B nicht hervorgehoben.*
[2] der . . . Wasser: das Wasser in Wein *B*
[3] Berechnung *B*
[4] , und gewiß eine . . . vervielfältig worden sein *Fehlt in B.*
[5] *Fehlt in B.* [6] nun *B*
* Keineswegs kann man die Wunderkuren etwa durch seltne, ungewöhnliche Fälle von natürlichen Heilkräften als durch Analoge veranschaulichen, denn die Wunderkuren sollen dasselbe bedeuten und ausdrücken als die Totenerweckun-

dem *Wesen* des Organismus absolut widersprechende Weise geheilt werden können, weil ihnen der Organismus, *wie er ist*, nicht Gegenstand ihrer Anschauung und ihres Bewußtseins war, Augenzeugen folglich, die durch ihren Glauben und durch ihre Phantasie bestochne Zeugen waren. Die Wunderkuren erfolgten auf der Stelle; unmittelbar auf das Machtgebot stand auch schon der lahm Geborne auf und lief davon. Johannes bemerkte ausdrücklich, daß in *derselben* Stunde, wo das Wort an den Königischen erging: „Dein Sohn lebt", derselbe genesen war. Das Auge hatte also keine Zeit, um zu unterscheiden, ob das Wunder der Heilung ein Faktum oder nur eine Gesichtstäuschung war. Wohl konnte der Erfolg der Wunderkur später bestätigt werden. Aber im Erfolg war ja auch schon das Wunder erloschen, der status naturalis [natürliche Zustand] eingetreten. Das Sehen, das Gehen, die Körperreinheit, die Gesundheit ist so wenig etwas Übernatürliches als der Wein an der Hochzeit zu Kanaa, als das Brot, mit dem das Wunder der Speisung vor sich ging. Selbst in dem Kranken ging die Wunderkur auf eine so außerordentlich geschwinde, unorganische Weise vor sich, daß er gar nicht fühlen konnte, wie es denn eigentlich mit ihm zugegangen, ob seine Heilung oder seine Krankheit nur ein Traum war.[1] Wer auf organischem Wege gesundet, genest nicht auf einmal; nur allmählich nehmen seine Kräfte zu, allmählich kehrt ihm das süße Gefühl der Gesundheit wieder; in diesem allmählichen Gang stellt ihm der Organismus gleichsam ein Zeugnis aus, daß seine Krankheit, aber auch seine Genesung keine Einbildung, sondern ein wirkliches Faktum ist. Die Genesung ist hier ein Gegenstand der innern und äußern *Erfahrung* – die Krankheit eine schwere Last, deren Gewicht Tag für Tag verringert und deren Nachdruck selbst in dem Moment, wo der Körper endlich ausschnauft, noch verspürt wird. Ein

gen – die Macht des Unmöglichen. „Von der Welt an ist es nicht erhöret, daß jemand einem gebornen Blinden die Augen aufgetan habe."

[1] Augenzeugen erzählen diese Wunderkuren . . . Krankheit nur ein Traum war. *Fehlt in B.*

Kranker dagegen, in dem die Gesundheit, im Widerspruch mit dem Wesen und den Gesetzen des Organismus, durch eine generatio aequivoca [Urzeugung] entstanden, der urplötzlich genesen ist, d. h., der krank ist *gewesen* und nun plötzlich gesund *ist*[1], ohne gesund *geworden* zu sein, bei dem das tempus perfectum [die Vergangenheitszeit] der Krankheit ohne das Mittelglied eines imperfectum [einer unvollendeten Vergangenheit] in das praesens [die Gegenwart] der Gesundheit übergeschnappt ist, ein solcher Patient kann sich wohl *einbilden*, daß er krank gewesen und nun gesund ist, kann wohl auch andern leichtgläubigen Leuten diese Einbildung beibringen, aber er kann sich nicht, selbst nicht einmal zu seinem eignen Privatgebrauch, durch ein glaubwürdiges Attest hierüber legitimieren. Eine Krankheit, die *urplötzlich*, auf einen bloßen Machtspruch hin *verschwindet*, ist eine Krankheit ohne *alles Gewicht*, ist ebensogut nur eine *doketische*, rein *optische* Krankheit, als ein Körper ohne Gewicht nur ein optischer Körper ist.[2] Ein lahm Geborner, der „nie noch gewandelt" und nun plötzlich auf den Ruf „Stehe auf!" sich aufrichtete, wandelte, lief und sprang wie die beiden Lahmen, die Petrus und Paulus geheilt, ein solcher Lahmer hatte auch nur eine optische Lahmheit, einen[3] optischen Körper; denn wäre sein Körper ein *wirklicher* gewesen, so hätte er nicht sogleich auf seinen Beinen stehen, geschweige die schwierigen gymnastischen Kunststücke[4] ausüben können, sondern den *Gesetzen der Schwere* unterliegen müssen, da ein Mensch, auch mit gesunden, aber noch ungebildeten und ungeübten Füßen, vorausgesetzt natürlich, daß er einen schweren Körper hat, erst kriechen und fallen muß, ehe er sich in das abstrakte System des Gleichgewichts einschießt.*

1 *In B nicht hervorgehoben.*

2 Eine Krankheit, die . . . optischer Körper ist. *Fehlt in B.*

3 optische . . . einen: doketische oder nur optische Lahmheit, einen doketischen oder nur *B*

4 *In B folgt Zusatz:* des Springens und Laufens

* Bei Markus haben wir allerdings eine Wunderkur, bei welcher ein Stufengang beobachtet wird. „Und er nahm den Blinden bei der Hand . . . und spützete in seine Augen

und legte seine Hände auf ihn und fragte ihn, ob er etwas sähe. Und er sahe auf und sprach: *Ich sehe Menschen gehen, als sähe ich Bäume*. Darnach legte er abermal die Hände auf seine Augen und hieß ihn abermal sehen, und er ward wieder zurechte gebracht, daß er *alles scharf sehen konnte*" (c. 8, 23–25). Aber offenbar ist dieser Stufengang nur ein Zusatz von Markus, um die Wunderkur natürlicher und wahrscheinlicher zu machen – ein Vorsatz, der nur die Vorstellungsweise des Markus verrät, aber nicht den naturgemäßen Gang ausdrückt. Der berühmte blind Geborne wenigstens, den Cheselden operiert hatte, konnte lange nicht – und doch hatte er schon vor seiner Operation bei sehr starkem Lichte Farben unterschieden – durch das bloße Gesicht verschiedene Gestalten, z. B. einen Hund von einer Katze, unterscheiden, während der Blinde bei Markus, sowie er nur die Augen aufschlägt, schon die Bäume und Menschen, als wären sie alte Bekannte von ihm, bei ihrem Namen nennt und sieht. Aber freilich war hier keine chirurgische, sondern wunderbare Operation im Spiel.[1]

[1] *Diese Fußnote Feuerbachs fehlt in B.*

Inhalt

Vorbemerkung V

Kleinere Schriften I (1835–1839) 1

Hegel. Sendschreiben an Bachmann. Von Rosenkranz (Rezension) 3

Jacobi und die Philosophie seiner Zeit. Von Kuhn (Rezension) 14

Die Philosophie des Rechts nach geschichtlicher Ansicht. Von Stahl (Rezension) 24

Hegels Geschichte der Philosophie. Herausgegeben von Michelet (Rezension) 44

Kritik des Anti-Hegels [von Bachmann] 62

Geschichte der neuern Philosophie I/1. Von Erdmann. – Cartesius und seine Gegner. Von Hock (Rezension) 128

Die Idee der Freiheit und der Begriff des Gedankens. Von Bayer (Rezension) 137

Zur Kritik des Empirismus. [Über:] Kritik des Idealismus und Materialien zur Grundlage des apodiktischen Realrationalismus. Von Dorguth (Rezension) 149

Geschichte der neuern Philosophie I/2. Von Erdmann (Rezension) 165

Zur Kritik der „positiven Philosophie". [Über:] Über das Wesen und die Bedeutung der spekulativen Philosophie und Theologie in der gegenwärtigen Zeit. Von Sengler (Rezension) 181

Der wahre Gesichtspunkt, aus welchem der Leo-Hegelsche Streit beurteilt werden muß [Über: Die Hegelingen. Von Leo] (Rezension) 208

Über Philosophie und Christentum [Über: Die Hegelingen. Von Leo] 219

Über das Wunder 293

FSC
www.fsc.org
MIX
Papier | Fördert
gute Waldnutzung
FSC® C083411

Kolibri 360 GmbH
Ferdinand-Jühlke-Straße 7
99095 Erfurt, Deutschland
produktsicherheit@kolibri360.de